페미니즘
위대한
역사

KB074059

Only paradoxes to offer

: French feminists and the rights of man

by Joan W. Scott

Copyright © 1996 by the President and Fellows of Harvard Colledge

All rights reserved

Korean translation copyright © 2017 by LP Publishing Co.

Published by arrangement with Harvard University Press, Massachusetts, USA

Through Bestun Korea Agency, Seoul, Korea.

All rights reserved

이 책의 한국어 판권은 베스툰 코리아 에이전시를 통하여

저작권자인 Harvard University Pressd와 독점 계약한 도서출판 앨피에 있습니다.

저작권법에 의해 한국 내에서 보호를 받는 저작물이므로

어떤 형태로든 무단 전재와 무단 복제를 금합니다.

Only Paradoxes to Offer

페미니즘
위대한
역사

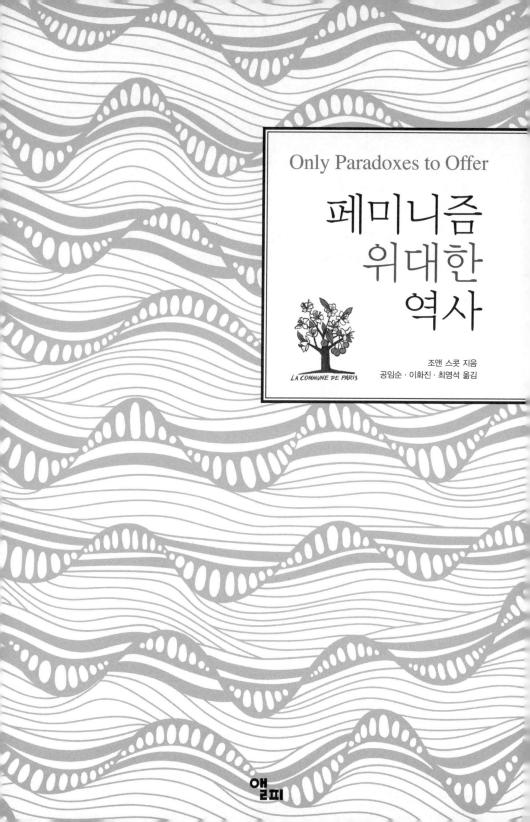

LA COMMUNE DE PARIS

조앤 스콧 지음
공임순 · 이화진 · 최영석 옮김

앨피

차례

서문

"오직 역설만을 던져 주는" 여성들__37

01
페미니즘 역사 다시 읽기

06

평등이냐 차이냐

루이제 바이스, 투표권 획득과 그 이후

한국의 페미니즘 담론은 무엇인가?

한국의 독자들이 이 책을 읽을 수 있게 되어 무척 기쁘다. 페미니즘 이론에서 상당히 중요한 의미가 있는 책임에도 불구하고, 프랑스 페미니스트들에게 초점을 맞추었다는 이유로 출판을 꺼리는 상황에서 이 기쁨은 또한 말할 수 없이 크다. 내 연구는 프랑스에 한정되고 있지만, 나는 다음과 같은 질문을 던지려고 역사를 탐구한다(어떤 역사이든지 간에 나는 그렇게 한다). 성차性差는 어떠한 방식으로 만들어져 왔는지, 사회와 정치에서 여성이 종속되어 온 이유는 무엇인지, 그리고 다른 시공간에서는 어떤 형태들이 있었는지 하는 것들이다.

이 책은 '젠더 분석gender analysis'에 어떻게 접근해야 할지 하나의 사례를 제시했다는 점에서 그 의미가 자못 크다고 생각한다. 젠더란 성차의 담론이고, 성차 담론은 의미를 여성과 남성의 육체적 차이로 환원해 버린다. 담론은 단지 관념만이 아니라, 제도 · 구조 · 일상적 행위 · 특별한 의례에 이르기까지 모든 것과 관련이 있다. 담론은 세계를 조직하는 하나의 방법이다. 사회조직보다 앞서거나, 사회조직을 결정하지는 않지만 사회조직과 떨어뜨려 생각할 수 없는 것이 곧 담론인 셈이다. 그리하여 결과적으로 젠더 담론을 연구한다는 것은 성차의 사회조직을 연구하는 일이 된다. 젠더는 생물학적 실재를 반영하지 않는다. 대신 젠더는 그 실재의 의미를 창조한다. 젠더는 남성과 여성, 남성성과 여성성 간의 고정적이고 불변하는 경계가 아니다. 오히려 유동하는 범주이며, 그렇기에 특정한 역사적 맥락에서 연구되어야 한다.

'젠더 분석'은 역사에 이미 결정된 이름을 갖다 붙이는 것이 아니다. 오히려 개개의 사례들에 대해 던지는 질문들이다. 여기에서 '여성'이란 무엇을 의미하는가? 여성과 남성의 관계는 어떻게 해서 구분되었는가? 어떠한 형태로, 그리고 어떠한 비유를 통해서? 여성들이 권리를 요구해 온 정치적 맥락은 무엇인가? 종교적인 맥락은 무엇인가? 이 맥락들이 여성의 배제와 지배를 뒤엎는 데 사용했던 언어를 어떤 식으로 제공하고 있는가?

내가 이 책에서 검토한 프랑스의 사례에서, 선구적인 페미니스트들에게 권리청원의 필요성을 제공한 것은 보편적 평등이라는 정치적 약속이었다. 더 최근에 세계의 다른 지역에서는 인간 권리를 규정한 국제연합의 보편적 선언이 거스를 수 없는 서막을 열어 주었다. 그러나 이러한 서막들이란 무엇이며, 각 국가의 환경에 따라 어떻게 달라지는가? 한국의 페미니즘 역사는 프랑스의 페미니즘 역사와 같지 않을 것이다. 그 차이를 탐구하고 설명하는 것은 역사가들의 몫이다.

몇몇 차이들은 프랑스 계몽주의의 평등사상에 영향받은 바 크다. 이 책에서 나는 시민권의 초석이 된 추상적 '개인'이라는 관념이 특히 그렇다고 주장하고 있다. 형식적인 정치적 평등은 추상화의 산물이다. 개인들을 모두 동일하게 표현하려면 인종·사회·민족·종교·직업 그리고 기타 다른 여러 정체성들에서 개인을 떼어 놓아야 했기 때문이다. 그러나 이 정치 이론에 따르면, 여성은 그 성sex과 분리될 수 없다는 것이 문제였다. 그러므로 여성은 언제나 남성으로만 상상되는 원형적인 '개인'과 동일한 존재가 아니었고, 정치적 목적에서 동등한 사람으로 간주되지 못했다.

이 책에서 내가 서술하고 있는 '역설paradox'이란 이런 것이다. 동등하다고 여겨지기 위해서 여성은 남성과 똑같아야만 했다. 그러나 이 평등 요구를 인정받으려면 육체적 차이에서 비롯된 불평등한 대우에 항의해야 했던 것이다. 평등에 대한 요구는 불가피하게도 차이를 언급하게 했다. 시민권의 차등이 과연 적합한가 하는 문제를 거론할 때조차도 말이다. 페미니스트들은 그야말로 덫에 걸렸다. 그들 자신의 논리적 실패 때문이 아니라, 동일성에 근거해 평등을 전제했던 (자유주의 공화주의) 정치 이론의 논리 때문이었다. 동일성은 추상화로써 획득되는데, 추상화는 여성을 그 성과 분리하려고 하지 않았다. 이 책에서 나는 이러한 역설이 매우 다루기 어려우며, 페미니스트들이 처한 지속적인 (그리고 본질적인) 딜레마를 보여주고 있음을 강조했다. 나의 최근 저작인 《Parité : Sexual Equality and the Crisis of French Universalism》(2005)에서는 이 딜레마를 벗어날 길을 찾았던 1990년대의 페미니즘 운동을 검토했다. 하지만 이는 또 다른 이야기다.

이 책의 방법론에 기초해서, 한국의 연구자들에게 묻고 싶은 질문이 있다. 여성이 정치와 공적 영역에서 배제되었다면, 그 근거는 무엇이었는가? 가부장적 정치와의 절합articulation에서 유교주의는 어떻게 작용했는가? 여성에 대한 체제의 정의는 어떻게 여성을 정치에서 배제했으며, 동시에 전복과 불복의 가능성을 열어 놓았는가? 기독교는 어떠한가? '민주화'라는 말은, 그 용어가 등장했을 때 여성을 어떻게 배제했으며, 동시에 페미니즘 운동이 출현할 수 있는 여지를 만들었는가? 논쟁과 차이들에도 불구하고, 이 운동들이 직면한 딜레마는 무엇이며, 그 딜레마의 원천은 또 무엇인가? 환언하면, 프랑스 페미니즘의 추상적 개인주의와 그 영향에 비견할 만한 한국의 담론은 무엇인가 하는 물음이다. 혹 분단국가의 정치학에 그 실마리가 될 만한 것은 없는가? 일제 식민지의 경험은 어떠한가? 이 모든 질문은 정치 운동으로서 페미니즘이 구체화되는 큰 틀에 대해 묻고 있다.

이 책의 독자들이 이러한 질문들을 과제로 삼고 이 책에 견줄 만한 책을 쓰기를 진심으로 바란다. 왜냐하면 독자들의 대답이 여성의 역사와 페미니즘 역사를 기술하는 일의 중요성을 증명해 줄 뿐만 아니라, 바로 이런 노력 속에서 정치 이론과 정치체제에 대한 통찰력이 얻어진다는 사실을 보여 줄 것이기 때문이다.

뉴저지 프린스턴에서

2006년 6월 4일

조앤 W. 스콧

10여 년 만의 재출간이 갖는
현재적 의미

출판사에서 뜻하지 않은 전화를 받은 것은 2016년도 서서히 저물어 가는 때였다. 이 책을 재출간한다는 소식이었다. 기실 우리는 이 책의 판권이 완료된 것도 재출간을 하게 된 속사정도 모르고 있다가 출판 사의 전화를 받고서야 비로소 알게 된 셈이다. 첫 출간 당시의 열정과 고민도 제각기 바쁜 일상사에 쫓겨 희미해진 지금, 이 책을 번역하느 라 끙끙대던 지금보다 젊었다면 젊었을 그 시절의 패기나 치열한 문 제의식도 기억 저편에서만 꿈틀거리고 있었다. 오랜만에 펼쳐든 책이 시간의 더께만큼이나 낯설게 여겨진 것도 변명 같지만 어쩔 수 없는 일이었다. 다시 읽기가 아니라 '새로운' 읽기가 된 것은 이러한 연유 에서다.

돌이켜 보자면, 이 책이 출간된 2006년은 지금과는 많이 달랐 다. 저자인 조앤 월라치 스콧Joan Wallach Scott만 해도 이 해에 처음으 로 그녀의 저서가 한국에 첫선을 보였다. 주지하다시피 조앤 스콧 은 〈젠더: 역사 분석의 유용한 범주Gender: A Useful Category of Historical

Analysis〉(1986)를 통해 여성사 분야에서 두각을 드러냈고, 더구나 이 논문이 실린 1989년(1999년 개정판)의 《젠더와 역사 정치학Gender and the Politics of History》은 미국역사학회의 저명한 '조앤 켈리상'의 영예를 스콧에게 안겼다. 이러한 세계적인 명성에도 불구하고 일부 페미니즘 연구자들을 제외하면 이름조차 아는 사람이 드문 상황에서 그녀의 책이 출간된 것이다. 이는 비단 역자들뿐만 아니라 한국 독자들에게도 스콧의 저서를 공식적으로 접할 첫 기회를 제공했다. 이 역서 이후 조앤 스콧의 저서가 꾸준히 번역되면서, 이제 그녀는 우리나라에서도 더 이상 낯설지 않은 존재가 되었다.

2006년 당시, 한국은 인문학 붐의 절정기를 막 지나고 있었다. 탈식민주의 논의의 활성화와 함께 젠더 연구도 새로운 활로를 모색하고 있던 시점이었다. 이 맥락을 고려하면, 이 역서가 2006년에 간행된 것은 여러모로 눈여겨볼 만하다. 'Only Paradoxes to Offer: French Feminists and the Rights of Man'의 원제가 시사하듯이, 이 책은 다섯 명의 여성 전사(페미니스트 활동가)들의 연대기이자 여성 문제를 프랑스혁명의 맥락에서 되짚는 대단히 드문 역사서이다. 프랑스혁명사와 교차하며 만들어 내는 이 역동적인 여성정치사는 여성 문제를 바라보는 시각 자체를 전환하는 계기가 되기에 충분했다. 섹스/젠더를 둘러싼 여성 문제를 인종과 계급 및 지역과 식민지화의 문제와 결부시켜 사고할 수 있는 새로운 전망과 기획은 이 역서를 당대의 지평 속에서 재성찰할 여지를 남겨 놓게 된다.

그렇다면 그로부터 10여 년이 지난 지금, 스콧 책의 재출간은 어떠한 의미가 있을까. 미증유의 사태를 맞이한 한국 사회의 현 시국은 이 책의 문제의식을 다시금 정련할 기회를 마련해 준다. 무엇보다 2016년과 2017년은 여성 대통령을 타이틀로 아버지의 대를 이은 여성 정치가의 부상과 몰락의 대드라마를 연출하고 있는 중이다. 여성 이슈는 정치뿐만 아니라 강남역 살인 사건과 메갈리아 논쟁 및 성소수자의 퀴어 담론과 여혐 이슈를 기화로 우리의 일상 문제로까지 바짝 다가서면서, 이에 대한 논란이 현재의 불안정한 정세만큼이나 혼란스러움을 더하고 있다. 다소의 위험을 무릅쓰고라도 이 책이 전하고자 하는 짧지만 강렬한 언명을 곱씹게 되는 이유이다. "지금까지 여성의 문제는 모든 인간의 문제였다"는 언명 말이다.

이 책의 1장에서 스콧은 자신의 작업을 이후 작업과 연계시켜 바라봐 달라고 요구했다. 이 같은 바람은 당시 그녀가 당면한 새로운 상황의 전개 때문이었다. 그녀가 밝힌 새로운 상황의 도래란, 프랑스의 독특한 정치실험에 해당하는, 아니 어쩌면 세계적으로도 시도된 바 없는 '남녀동수gender parité' 캠페인이었다.(본문 51쪽) 이 캠페인은 근대혁명의 발상지로 격변의 시대를 열었던 프랑스가 어째서 1944년에 이르러서야 완전한 여성참정권(투표권과 피선거권)을 실시했는가와 직결돼 있다. 한국이 도입한 여성할당제는 스웨덴에서는 선출직의 거의 40퍼센트를 여성이 차지하는 결과를 낳았다. 그러나 남녀동수 캠페인은 여성할당제와는 또 다른 차원에서 젠더 균등을 실현하려는 급진적인 움직임을 배태하게 된다. (여성참정권에 대한 프랑스와 여타 국가 간의 비교는 '초판 옮긴이 글' 참조)

프랑스혁명의 공화주의가 그 근간으로 삼았던 것은 이 책의 주요 주제이기도 한 '추상적 개인'이었다. 직업과 연령 및 지역, 계층, 종교를 모두 초월해 개개인의 '권리' 관념에 정초한 이 추상적 개인의 보편 형상은 절대왕정의 신분제를 대척점으로 하여 프랑스혁명의 산물인 공화주의를 정당화했다. 이러한 맥락에서 개개인의 구체적 조건과 상황을 가리키는 '차이'는 추상적 개인의 보편 형상 앞에서 무화되거나 삭제되어야 했다. '1인1표제'의 대의제 시스템과 인민주권의 원리는 바로 이 추상적 개인의 보편 형상을 경유해서만 가능한 것이었다는 점에서, 성차도 예외 없이 다른 차이와 동일하게 비非가시화의 대상이 되어야 함이 마땅했다.

하지만 문제는 공화주의의 성립 근거라 할 절대적 평등의 척도인 '1인1표제'의 참정권이 여성에게만은 적용되지 않았다는 사실이다. 누구나 자신을 대표/재현할 수 있고 대표/재현될 수 있다고 하는 이 절대적 평등의 예외지대가 그야말로 여성의 성차를 중심으로 제도화·일상화되면서, 이념(대의)과 현실 간의 간극과 균열을 초래했던 셈이다.

이념(대의)과 제도 내지 현실 간의 틈새에서, 다섯 명의 여성 전사(페미니스트 활동가)들은 공화주의의 평등을 주장하기 위해 성차를 재도입하는 모순과 역설의 삶을 온 몸으로 껴안게 된다. 그것이 또한 페미니즘의 '불화에 찬 계보학'을 구축해 왔음을 이 책은 설득력 있게 묘파하고 있다. 현재에 이르는 과거의 이 지난한 고투의 역사가 이 책 《페미니즘 위대한 역사Only Paradoxes to Offer》를 꿰뚫고 있다면, 이 책의 2부에 해당하는 후속 작업이 《Parite! 성적 차이, 민주주의에 도전하다Sexual Equality and the Crisis of French Universalism》이다. 2005년에 발간되어 2009년에 번역되어 나온 《Parite! 성적 차이, 민주주의에 도전하다》는 페미니즘의 '불화에 찬 계보학'을 잇는 '남녀동수' 캠페인의 현재적 기획과 실천을 담고 있다.

1990년대 초반에 제창되기 시작한 이 '남녀동수' 캠페인은 식민지화의 유산인 북아프리카 이민자들의 대량 유입으로 인한 프랑스 대의제의 위기를 맞아 공화주의의 한계와 결함을 지적하고, 공화주의의 원리를 재확립한다는 이념과 목표를 공유했다. 이는 한편으로 '남녀동수' 캠페인이 급진적인 운동의 양상을 띠었으면서도, 다른 한편으로 공화주의에 대한 거부나 철폐가 아닌 체제 내적인 운동으로 자리매김한 이유의 일단을 말해 주는 것이다. '남녀동수' 캠페인은 프랑스 공화주의의 근간 이념인 추상적 개인의 보편 형상을 더 철저하게 밀고 나가는 비판적 개입으로 그 개념 자체를 '세상의 절반씩인 남녀'로 대체해 나가고자 한 실천운동이었기 때문이다.

따라서, 엄밀히 말해 '남녀동수' 캠페인은 한국의 지지부진한 여성할당제와는 그 맥락과 양상을 달리한다. '남녀동수' 캠페인은 이를테면 여성할당제가 겨냥하는 여성도 남성과 똑같이 50퍼센트의 지분을 나눠 갖는다는 양성 간 평등이 아닌 양성의 평등을 출발점으로 삼았기 때문이다. 비록 그 전개 과정에서나 결과적으로 나타난 현상이 '남녀동수' 캠페인을 여성할당제와 별다른 차이를 못 느끼게 했을지라도, 추상적 개인의 보편 형상을 남성이라는 단일 주체가 아닌 남녀의 해부학(생물학)적 이원성에 기초한 복수주체로 전위해 가는 새로운 개념 규정은 '남녀동수' 캠페인을 프랑스 페미니즘의 역사에 한 획을 긋는 사건으로 자리매김하게 했다.

이 급진적이고 비판적인 인식을 매개로 '남녀동수' 캠페인은 성 sex(gender와 구분되는 남녀의 타고난 성)을 통해 탈-성화de-sex의 정치 주체를 재구축하려는 프랑스의 뿌리 깊은 공화주의 전통을 계승했을 뿐만 아니라, 2007년 스콧의 3부작에 해당하는《베일의 정치학The Politics of the Veil》과도 맞닿는 지점을 형성했다 할 것이다.

《베일의 정치학》은 2004년 프랑스의 한 고교에서 무슬림 여학생들의 히잡 착용을 금지한 조치를 둘러싼 논란을 다룬 책이다. 결국 국가까지 개입해 히잡 착용 금지를 합법화하기까지 이 사건은 열띤 찬반 공방 속에서, 예의 프랑스의 뿌리 깊은 공화주의의 평등 원칙을 관철하는 것으로 마무리되었다. 스콧은 이 사건의 역사적 의미를 무슬림 이민자와 성차를 동시적으로 개입시켜 가며, 프랑스의 절대적 평등 원칙이 지닌 문제점을 고찰하고 재검토한다.

세상의 절반씩인 남녀의 해부학(생물학)적 차이는 프랑스 공화주의의 평등 원칙과 배치되는 것이 아님을 주장하며, 남자와 여자의 이원적 성으로 개인, 더 나아가 시민의 보편 형상을 바꾸고자 시도했던 '남녀동수' 캠페인에 뒤이은 베일로 표상되는 무슬림 이민자들의 권리 주장은 프랑스 공화주의가 놓인 이상과 실제 간의 혹은 이념과 현실 간의 해묵은 갈등과 긴장을 대리 체현하는 것이었음을 스콧은 놓치지 않는다.

성sex에 기대어 탈-성화de-sex의 정치주체를 재구축하려던 '남녀동수' 캠페인이, 성차를 없애기 위해 역으로 성차를 다시 끌어들이는 모순과 역설을 피해 갈 수 없었던 것처럼, 히잡 착용 금지법으로 귀결된 무슬림 이민자들의 권리 주장은 소위 정체성 정치와 결부되어 차이와 평등의 불편한 관계를 수면 위로 재부상시킨 셈이었다. 이 일련의 해소되지 않는 논쟁이 스콧의 3부작을 관통하는 주된 줄기라면, 그 첫 번째에 해당하는 《페미니즘 위대한 역사》는 3부작의 입구이자 문턱임이 틀림없다. 《페미니즘 위대한 역사》에 대한 찬찬한 주의와 독해가 요구되는 이유가 여기에 있다.

2016년 서울국제여성영화제는 한 편의 흥미로운 영화를 개막작으로 선택했다. 영국의 여성참정권 역사를 스크린에 옮긴 〈서프러제트 Suffragette〉였다. 이 영화는 《페미니즘 위대한 역사》에서도 잠시 언급된 바 있는 에멀린 팽크허스트Emmeline Pankhurst가 주도한 여성사회정치동맹WSPU: Women's Social and Political Union의 여성참정권 획득을 향한 투쟁과 활동상을 실감나게 그린다. 팽크허스트는 《페미니즘 위대한 역사》에 등장하는 다섯 명의 여성 전사(페미니스트 활동가)들과 마찬가지로 골칫덩이로 낙인찍혔으며, 당국의 억압적인 감시 아래 1913년 한 해 동안만 감옥을 13차례나 들락거리는 기록을 세우기도 했다.

제1차 세계대전의 발발을 계기로 한 전후방의 구분 없는 전시체제의 강화는 여성 노동력의 동원과 참여의 필요성을 높이며, 지금까지 거부되던 여성참정권 획득의 길을 열었다. 애초 여성 근로자를 배제하고 시행하려던 여성참정권 부여 움직임은 여성의 전쟁 참여를 대가로 하여 모든 계층의 여성에게로 확대되었다. 1918년에 만 30세 이상의 여성들이 그 대상자였다면, 1928년에 이르러서는 21세 이상의 남녀 모두가 '1인1표제'의 투표권을 행사하는 공히 보통선거권의 이름에 걸맞은 대의제 형태가 갖추어졌던 것이다.

영화 〈서프러제트〉는 《페미니즘 위대한 역사》와 더불어 여성참정권 운동의 혼란과 불안 및 좌절과 불신의 이야기를 고스란히 담아낸다. 어찌 보면 빠져들기 쉬운 유혹인 개별 여성 인물들의 헌신과 희생의 일대기로 비춰질 수도 있지만, 스콧이 경고하려 한 것이 바로 이러한 여성 '영웅' 전기의 위험성이다.

"나는 이 여성들이 본받을 만한 영웅들이라고 생각하지 않는다. 그녀들은 정치적·문화적 경쟁을 이끌어내고 그것을 섬세하게 검토할 수 있게 하는 장소, 즉 역사적인 위치 혹은 지표다. 한 여성을 장소나 위치로 형상화한다고 해서 그녀의 인간성을 부정하는 것"(본문 73쪽)은 아니라는 스콧의 거듭된 지적도 이를 가리키는 것이다. 그녀들을 예외적인 개인으로서가 아닌 구체적인 역사의 행위자로 위치시키는 것, 자율적 개인의 영웅적 의지나 행위 이전에 근대적 제도와 담론 및 이데올로기의 효력이자 배제된 산물로 인식해야 할 필요성을 스콧은 강조한다. 특정한 역사적 순간과 국면에 자신을 던졌던 이 여성들의 쟁투는 '페미니즘의 불화에 찬 위대한 역사'를 추동하는 힘이었고, "오직 역설만을 던져 온 여성들의 역사"(본문 56쪽)였다는 것이 스콧의 주장이다.

"오직 역설만을 던져 온 여성들의 역사"를 매개 고리로 이 책은 페미니즘의 향후 진로에 좋은 길라잡이가 되어 줄 것이다. 여성 문제는 여성 자신이 초래한 것만도 아니며, 이를 여성에게 전가한다고 해서 해소되거나 상쇄되지 않는다. 대표성과 대의제의 갈등이 그 어느 때보다 첨예하게 맞부딪히는 지금, 바로 그 기원의 자리에서 곤경과 모순을 껴안은 채로 페미니즘은 탄생했고 또한 현재에 이르렀다. 여성 이슈가 외려 이 곤경과 모순을 가리고 회피하는 알리바이가 되지 않도록, 더 나아가 남녀의 성대결로 회수되지 않도록 할 책임이 우리 모두에게 있다.

이 책은 우리보다 앞서 이 문제들을 치러 냈고 현재도 치르고 있는 프랑스의 사례를 통해 우리의 과거와 현재를 재점검하고 성찰할 기회를 제공한다. 역자 일동은 재출간에 값하는 전체적인 보완과 수정으로 이 책이 좀 더 많은 독자들과 만나기를 기대하며 일독을 권한다. 이제 페미니즘에 눈뜬 초보자의 마음으로 자기가 선 자리를 살피는 고민의 시간만큼 페미니즘은 연대와 공감의 채널을 더 넓고 깊게 만들어 갈 수 있을 것이다. 이 작업에 조금이라도 보탬이 되기를 바라는 마음 간절하다. 재출간에 따르는 오역은 여전히 역자 일동의 몫이다. 저자와 교섭하고 역자들의 게으름을 인내하며 어려운 출판 환경에도 이 책을 재출간하기로 결정한 출판사에도 감사함을 표하고 싶다.

2017년 1월
역자 일동

공화주의 모순 '찌른' 페미니즘

"여성은 단두대에 오를 권리가 있다.
그러니 연단에 나설 권리도 가져야 한다."

프랑스 페미니즘의 역사에서 기념비적 인물로 꼽히는 올랭프 드 구즈는, 1791년 총 17개 항으로 된 〈여성과 시민의 권리선언〉 제10항에서 이렇게 선언했다. 이 말은 묘한 역설을 품고 있다.

인간Man의 권리 선언은 보편적인 인간man의 권리를 말함인가, 아니면 보편적 '남성man'의 권리를 말함인가? 드 구즈가 이 문제를 처음 제기한 사람은 아니지만, 그녀는 저술과 운동, 말과 실천으로 이를 스캔들로 만들었다. 단순하게 보자면, 이 질문은 남성이 여성을 배제하는 용어상의 모순에 대한 지적이다. 더 명확히 말하자면, 민주주의의 완성을 향해 나아가는 길에 놓인 장애물에 이의를 제기하는 것이다. 따라서 드 구즈가 선언문 속에서 '인간'을 '남성과 여성'으로 여러 차례 바꾸어 서술한 것은 근대 자유주의 사상의 완성을 돕는 일이었다.

그러나 여기에는 여성을 보편적 인간에 포함하면서도 동시에 배제하는, 근대 자유주의/민주주의의 아포리아가 담겨 있다.

여성은 법으로 규제받을 수 있다. 프랑스의 시민citoyen(ne)이기 때문이다. 그러나 여성은 정치적 권리를 행사할 수 없다. 프랑스의 시민Citoyen이 아니기 때문이다. 다시 말해, 여성은 남성과 동등한 정치적 권리를 갖는 주권적 주체가 아니었던 것이다. 여성이 〈인권선언〉에 포함되는 '인간'이라면 왜 이런 모순이 존재하는가? 인간이라면 누구나 가져야 하는 권리는 당연히 여성에게도 주어져야 한다.

얼핏 자명해 보이는 이 요구는 수많은 의문점을 낳는다. 인간 누구나 권리를 갖는다면, 여성은 남성과 어떻게 구분되는가? 여성은 그저 남성보다 조금 열등한 다른 판본일 뿐인가? 여성이 여성으로서 어떤 특질을 지니고 있어서 그로 인해 남성보다 우월하거나 저열하다면, 어떻게 동등한 권리와 의무를 주장할 수 있다는 말인가? 이 책에 등장하는 페미니스트들은 다양한 방식으로 이 의문들에 응전했다.

여성이라도 능동적인 상상력을 발휘한다면 남성 못지않은 주체가 될 수 있다고 주장한 올랭프 드 구즈, 모성을 지닌 여성은 남성과 '한 쌍'으로 결합하여 법적 주체가 된다고 믿은 잔 드로앵, 여성을 특수화하는 대신에 공화주의적 대의에 호소했으나 가부장적 공화주의 앞에서 번번이 실패하여 사고뭉치 급진파 페미니스트로 낙인 찍힌 위베르틴 오클레르, 성차性差를 논하는 자리에서 아예 벗어나 여성이 제대로 된 '개인'으로 자리매김하는 것이 여성해방의 길이라고 보았던 마들렌 펠티에, 그리고 원래 페미니스트라기보다는 지식인으로서 페미니스트를 자임하여 공화주의 이데올로기의 모순을 이용하고자 했던 루이제 바이스에 이르기까지…, 이들은 각기 다른 입장과 태도로 페미니즘의 당면 과제에 맞닥뜨렸다. 그 과제는 투표권 쟁취였다. 그 결과는 드 구즈의 운명이 암시한다. 1793년, 자신의 말처럼 단두대에서 목이 잘렸던 것이다.

프랑스에서 여성참정권 쟁취가 힘겨웠던 것은 일반적으로 에둘러 말하듯 '남성 중심적 가부장제 사회의 폭압' 때문만은 아니었다. 보편적 인권이라는 근대 정치사상의 이상을 증거하는 참정권을 얻어 내려고 노력한 이 페미니스트들은, 그들 본인들이 페미니즘 내부의 불화와 혼선을 드러내는 징표이기도 했다. 여성이 갖는 차이를 강조할 때 '인간으로서의 공통 토대'를 논증하기란 쉽지 않았다. 반대로 여성과 남성의 동등성을 강조하면, 자신을 남성으로 착각하고 남성과 여성을 동일시하는 광인狂人이라는 비난을 무릅써야 했다. 그러나 더 중요한 것은 이들과 이들이 주도한 페미니즘 운동이 근대 정치사상 자체의 모순과 궁지, 해결 불가능성을 드러내는 징후였다는 사실이다.

여성이 투표하면 민주주의가 후퇴한다?

드 구즈의 운명이 프랑스 여성참정권 운동의 성격을 드러낸다는 것은 두 가지 의미에서다. 하나는 드 구즈 개인의 운명처럼 이 운동이 실패의 연속이었다는 점이다. 일찍이 드 구즈가 제기한 여성의 정치 참여 문제는, 근대 혁명의 발상지 중 하나로 인식되는 프랑스의 명성에 걸맞지 않게 그 후 200여 년간이나 계속 논란거리로 남아 있었다.

20세기 초반 들어 전 세계 각국에서 차례차례 인정한 여성참정권을 프랑스는 1944년에 이르러서야 부여했다. 뉴질랜드(1893)와 오스트레일리아(1902)를 시작으로 핀란드(1906), 노르웨이(1915), 소련(1917), 캐나다(1918), 독일·오스트리아·폴란드·체코슬로바키아(1919), 미국·헝가리(1920), 영국(1918, 1928), 미얀마(1922), 에콰도르(1929), 남아프리카공화국(1930), 브라질·우루과이·태국(1932), 터키·쿠바(1934), 필리핀(1937) 등이 여성참정권을 인정하는 동안 프랑스 의회는 계속 여성참정권 법안을 거부했다. 게다가 여성들이 주도한 페미니즘 운동의 충격과 효과로 참정권 인정 결정이 내려진 것이 아니라, 제2차 세계대전 와중이던 1944년 4월 21일 알제리에 본부를 두고 있던 프랑스 임시정부가 갑작스럽게 이를 결정했다. 왜 이런 결과가 빚어진 것일까?

일찍이 프랑스혁명 직후 프랑스 제헌의회가 주권재민의 원칙을 권리장전에 담아 선포하기는 했으나, 여성의 투표권이나 피선거권 문제는 논의된 바가 없었다. 논의할 필요를 느끼지 못했기 때문이다. 여성은 공공 영역에 진출하여 활동하는 사회적 존재가 아니라, 사적 영역에 머무르는 자연적 존재일 뿐이었다. 여성이 보편적 '인간'으로 간주되지 못한 것은 단지 일시적인 오류가 아니었다. 오랫동안 프랑스에서 여성이 투표권을 획득하지 못한 가장 큰 이유가 바로 여기에 있었다. 여성은 성별에 따라 차이를 갖는 존재였던 반면, 남성은 탈성화된 존재였다. 이처럼 여성이 권리와 의무를 모두 갖는 주권적 주체로 간주되지 못했으므로, 여성의 참정권 요구는 냉소를 불러일으키거나 더 빈번하게는 무시되었다.

드 구즈의 시도가 실패로 끝난 이후, 정치적 격변기가 닥칠 때마다 페미니스트들은 여성의 권리 문제를 끈질기게 제기하였다. 특히 1848년 3월, 2월혁명으로 성립한 제2공화국 들어 모든 프랑스인에게 투표권을 인정하는 보통선거권이 인정되자 여성 투표권은 더욱 절실한 문제가 되었다. '모든 프랑스인'의 범주에 여성은 당연스레 빠져 있었다.

페미니스트들은 이 문제를 재빨리 공론화하려고 했다. 그 대표적인 사건이 1849년 잔 드로앵이 직접선거에 출마한 일이었다. 그러나 드로앵의 출마는 아무런 지지를 받지 못했을 뿐만 아니라, 차가운 반응만을 낳았다. 보통선거권이 주변 유럽 국가들보다 일찍 인정된 것이 어떤 의미에서 프랑스 페미니즘에 악영향을 주었다. 보통선거권의 인정으로 위협을 느낀 부르주아들은 최소한 선거권에서만큼은 더 이상의 진전을 허락하지 않으려고 했다.

이후 2월혁명으로 제2공화정의 대통령이 된 루이 나폴레옹이 1851년 쿠데타를 일으켜 황제의 지위에 올라 제2제정이 시작되었다. 이 제2제정 말기 들어 초기 페미니즘 운동은 활기를 띠었다. 이 시기 운동을 주도한 레옹 리셰Lèon Richer나 마리아 데렘Maria Desraismes은 여타 사회주의 운동에서 페미니즘 운동을 분리하여 독자적 흐름으로 이끄는 성과를 내기도 했으나, 가장 결정적인 문제였던 참정권 문제에는 적극적으로 대처하지 못했다. 1870년 보불전쟁(프로이센-프랑스전쟁)에서 프랑스가 패하고, 파리코뮌이 실패로 돌아간 상황에서 나폴레옹 3세의 정부 같은 비민주적 체제의 등장을 막는 것이 무엇보다도 중요한 문제로 인식되었다. 때문에 초기 페미니즘 지도자들의 전략은 소극적이었고, 공화제의 안정을 해치는 적극적 시도는 자제해야 한다는 주장이 우세했다. 그럼에도 불구하고 참정권 문제를 강력하게 제기한 이가 위베르틴 오클레르였다.

오클레르는 여성의 투표권 획득이야말로 다른 무엇보다 우선하는 선결 과제라고 주장했다. 그리하여 '모든 프랑스인'에게 부여된 선거권을 여성이 갖지 못하는데도 세금을 내는 것은 부당하다며 세금 납부 거부 운동을 전개했으며, 1908년에는 '남성들의 표만 들어 있는' 투표통을 엎어 버리는 등 폭력적이고 과격한 수단을 때때로 사용했다. 그런데 오클레르의 이러한 활동을 두고 당시 대다수의 여성운동가들은 '공화제에 손상을 끼친다' '품위 없는 행위다'라며 부정적으로 평가했고, 오클레르는 고립되었다. 국제적 페미니즘 연대에도 힘을 쏟았던 오클레르의 행위는, 사실 영국 페미니스트들의 영향을 받은 것이었다.

에멀런 팽크허스트를 위시한 영국의 페미니스트들은 단식투쟁 등 자극적인 투쟁 방법으로 전 사회의 주목을 끌었고, 방화와 같은 극단적인 행위도 서슴지 않았다. 그러나 프랑스의 대다수 페미니스트들은 법률의 테두리 안에서 온건한 운동을 펼치고자 했다. 오클레르와 동시대에 활동했으나 다음 세대 페미니스트에 해당하는 마들렌 펠티에가 감행한, 프랑스인들을 깜짝 놀라게 했던 행동도 영국 페미니스트들에 비하면 그다지 충격적인 것이 아니었다. 펠티에는 "여성은 투표를 해야 한다"는 슬로건을 내걸고 자동차를 타고 파리 거리를 가로질렀다.

이후 1930년대에 루이제 바이스가 조직한 참정권 운동에 이르기까지, 소수에 불과했던 참정권 지지자는 점점 늘어났다. 좌익에서부터 가톨릭 여성단체에 이르기까지 전체 여성운동이 참정권 획득을 가장 중요한 목표로 제시하게 되었다. 오클레르 등이 의회에 진정서를 여러 차례 제출했으나, 의회에 여성참정권 관련 법안이 최초로 제안된 것은 1901년이었다. 이 법안은 그대로 무시되었다. 이후 여성에게 완전한 선거권을 부여하거나 혹은 제한적 선거권을 부여하자고 주장하는 법률이 계속 상정되었다. 당시 의회에 제출된 여성참정권 관련 법안 중 유명한 것은 제1차 세계대전 이후 전사자의 아내와 딸 등에게 투표권을 주자는 '죽은 자의 투표' 법안이다. 이 법안은 페미니스트들에게조차 환영받지 못했다. 여성을 주체적 시민으로 인정하지 않은 까닭이다.

1919년 5월에 이르러, 여성참정권 법안이 최초로 프랑스 하원을 통과했다. 그러나 상원은 이를 거부하였다. 제2차 세계대전 전까지 하원이 법안을 제출하면, 그것을 상원에서 거부하는 상황이 반복되었다. 상원의 거부는 이들이 보수적이었기 때문만은 아니다. 가장 핵심적인 거부 사유는 여성의 정치 참여가 불러올 정치적 파장에 대한 염려였다. 과거 페미니즘 운동 초창기에 운동 지도자들이 여성 투표권 운동에 소극적이었던 이유도 여기에 있었다.

여성이 대개 남성보다 보수적이므로, 여성의 투표권 허용은 보수파의 대거 등장과 민주주의의 후퇴로 나타날 것이다. 그러므로 여성의 참정권은 될 수 있는 한 연기되어야 한다. "가톨릭 사제들이 프랑스를 좌지우지하게 될 것"이라는 주장은 여성참정권을 거부하는 가장 유력한 논리였다. 당시 상원의 다수는 보수파가 아니라 급진당이었다. 이들은 이런 이유에서 조직적으로 여성참정권을 거부했다. 그러다 1944

년 제2차 세계대전의 와중에 마침내 드골이 프랑스 여성의 선거권을 인정했다. 그런데 이 결정 뒤에는 상원이 거부한 것과 같은 이유가 숨겨져 있었다. 드골은 전후 좌파의 활동을 제약하기 위한 정치적 고려로 여성에게 투표권을 부여했던 것이다.

젠더/섹스의 범주를 재사유하라!

드 구즈의 운명이 페미니즘 행위자들의 실패를 예시한다면, 프랑스 페미니즘 운동은 그저 계속된 좌절의 기록일 뿐인가? 가장 절실한 문제였던 투표권 획득 과정의 애매한 결말과 프랑스 페미니즘의 역사를 살펴보면 이런 결론도 타당해 보인다. 그러나 여성주의 역사가 조앤 스콧은 프랑스 페미니즘의 역사를 다르게 읽는 또 하나의 시각을 이 책에서 제시한다. 그 틀에서 바라보면, 앞에서 간략하게 서술한 '프랑스 여성들의 참정권 투쟁사'에 내재한 기술 방식이 철저하게 비판되어야 함을 알게 된다. 한 마디로, 드 구즈가 처한 역설은 실패의 증거만이 아니라는 것이다.

《젠더와 역사 정치학Gender and the Politics of History》(1989)에서 스콧은 젠더/섹스 구분의 어려움을 지적하며, 여성이 시간과 장소를 넘어 동질적이라고 여겨지게 된 것은 사회과학과 페미니즘이 가졌던 보편화 충동 때문이라고 지적한다. 흔히 젠더/섹스는 사회적 성/생물학적 성이라는 도식으로 구분된다. 이 젠더 개념은 생물학적 성에 속박되어 온 여성을 사회적 · 역사적 · 문화적으로 확장하여 살펴볼 수 있게 해 주었다. 그러나 젠더가 남녀 사이에 존재하는 불변의 차이를 의미한다면, 생물학적 시각이 아닌 무엇으로 그 보편성을 담보할 수 있을 것인가?

이렇게 되면 젠더는 젠더/섹스 구분 이전의 본질주의적 시각으로 후퇴하고 만다. 젠더/섹스의 구분은 문제를 해결하기보다는 문제를 일으킨다. 섹스 · 젠더 · 성차를 모두 담론의 효과로 보아야만 비로소 분석이 원활해진다. 스콧은 기존에 제시된 범주 자체를 재사유하라고 말한다. 젠더 개념에 기대어 여성들이 참여한 모든 역사적 현장에 '통합적 여성 주체'가 있었다고 가정하는 것은 오류다. 오히려 역사적 탐구 대상은 그 역사적 현장을 '통합적 여성 주체'가 이끌었다고 보는 시각 그 자체이다. 다시 말해 고정된 여성의 존재와 경험을 선험적으로 가정하는 대신에 그 범주의 생산 자체를, 그로 인해 파생된 효과를 역사적 분석 대상으로 삼아야 한다는 것이 스콧의 방법론이다.

이런 시각에서 보면, 남성 혹은 여성이라는 고정된 성차가 있고, 거기에 정치가 이리저리 영향을 준다는 생각은 역사적 방법론으로서 생산적이지 못하다. 중요한 것은 어떻게 정치로 성차가 구성되느냐이다. 이전에는 존재하지 않던 성차가, 남성들의 권리를 인정해 줄 타자가 필요해지자 여성성을 끌어들이며 비로소 만들어진 점에 주목해야 한다. "성차는 여성 배제의 원인이 아니라 효과"인 것이다.

젠더를 역사 분석의 유용한 범주로 삼으려면, 이처럼 고정된 범주에 얽매이지 않고 그 범주 자체를 역사적 해석의 텍스트로 재인식해야 한다. 문제가 되는 것은 고정된 '여성'이라는 보편적 주체만이 아니라, '보편'을 자임하는 온갖 종류의 담론들이다. 이 '보편'들의 모순과 존립 불가능성은 구체적이고 특수한 역사적 상황 속으로 들어가 살필 때, 그 '보편'들이 강요한 고정된 범주들로 인해 드러난다.

데리다와 푸코, 라캉 등 소위 포스트구조주의자들의 영향과 흔적을 물씬 풍기고 있는 스콧의 역사학 방법론은 페미니즘 역사학을 다른 기술 방식으로 역사에 접근시키며, 동시에 페미니즘 이론의 진전에도 일정하게 기여하고 있다. 최근 들어 다양하게 제기되는 페미니즘 이론들의 흐름 속에서 바라본다면 스콧의 논지가 그리 낯설지만은 않을 것이다.

스콧이 지적하듯이, 생물학적 특수성에 여성을 비끄러매는 것을 젠더 개념으로 극복하려는 시도는 또 다른 본질주의적 시각과 이원론을 낳는다는 점에 많은 이들이 동감했다. 때문에 최근의 페미니스트들은 성을 일관된 하나의 관점으로 보는 대신, 복수적이고 다양한 구성이 일어나는 장소이자 그 효과로 보는 경향이 지배적이다. 이런 이론적 성과가 구체적인 역사적 맥락으로 탐구된다면 어떤 결과를 빚을 것인가?

조앤 스콧은 자신의 역사 방법론을 이 책《페미니즘 위대한 역사 Only paradoxes to Offer》을 통해 구체적으로 보여 준다. 이 책은 조앤 스콧이 여성사 발전에 이론적·실제적으로 기여한 점을 인정받아 미국 역사학회에서 '조앤 켈리'상을 수상한《젠더와 역사 정치학》보다 심화된 역사서이자 젠더 정치학서라고 할 수 있다.

스콧은《젠더와 역사 정치학》에서 자신이 이론화한 역사 방법론을 이른바 여성 페미니스트라고 불린 프랑스 여성 인물들을 중심으로 충실하고도 세심하게 독해했다. 하지만 이 책은 본인의 말처럼 이들 인물 간의 연관성이나 전기에 초점을 맞추지 않았다. 이들은 정치적 · 문화적 경쟁들을 이끌어 내고 그것을 섬세하게 검토할 수 있게 하는 장소, 즉 역사적인 위치 혹은 지표였기 때문이다. 마찬가지로 이 책 《페미니즘 위대한 역사》 또한 앞서 우리가 요약한 여성참정권 투쟁의 역사, 여성해방의 역사가 아니다. '보편'적 주체를 가정하려는 우리의 역사 관습은 이 책을 읽을 때에도 작동하기 쉽다. 그러나 이 책을 '여성'이라는 틀로 묶이는 '투사'들의 이야기로 읽는 것은 저자의 기본 시각을 무시하는 처사이다.

오직 "역설만을 던져 주는" 존재

이 책에 등장하는 페미니스트들은 서로 각기 다른 방식으로 '여성'해방과 보편적 인권의 획득을 꿈꾸었고, 각기 다른 방식으로 실패하도록 강요받았다. 눈여겨보아야 할 것은 이들이 보여 준 불굴의 의지뿐만이 아니라, 이들 각자가 서로 다른 역사적 맥락과 환경 속에서 때로는 '여성'이라는 범주에 기대어, 때로는 '인간'이라는 범주를 딛고 서로 다른 '여성'상을 제시하며 싸워 나갔다는 사실이다. 이런 의미에서 이 책은 평등과 차이, 본질주의와 다원주의 사이에서 길항拮抗하는 페미니즘 '정체성의 정치' 논쟁을 다룬 역사적 자료이자 지침서로 기능할 수 있다.

소위 본질주의가 아직도 유효성이 있다면, 그것은 실천의 차원을 고민하는 이들에게 이만큼 매력적인 다른 뒷받침이 없기 때문이다.

'여성'의 이름으로 단결하라는 말은 '만국의 노동자여 단결하라'는 마르크스의 외침만큼이나 호소력이 있다. 여성이라는 일정한 공통 정체성을 내세우지 않는다면, 어떤 근거에서 참여와 연대가 가능할 수 있겠는가? 실제로 이 책에 등장하는 페미니스트들은 모두 '여성'을 내걸고 실천의 동력을 얻었다. 그러나 이들이 내세운 '여성'이 과연 같은 범주였는지는 생각해 볼 문제이다.

'여성'보다 엘리트적 '개인'을 내세우며 남성 복장을 즐겨 입은 마들렌 펠티에의 '여성'과, 모성에 기반한 여성의 정체성을 내세우고자 했던 잔 드로앵의 '여성'은 분명 같지 않다. 이들은 '여성' 안에서 동성애자나 양성애자를 배제하기도 했고, 인종 차별주의적 시각을 공공연히 드러내기도 했다. 마르크스가 말한 '만국의 노동자' 속에서 성적 취향이나 인종적 위계에 따른 균열을 상상하기가 쉽지 않은 것처럼 말이다. 그러나 그럼에도 불구하고 이 페미니스트들은 정치적 행위자였고, 그걸 본질적인 문제로 보았든 통과의례로 보았든지 간에 참정권 제한에 맞서 투쟁을 벌였다.

특히 이들이 모두 '참정권'의 제한에 맞서서 싸웠다는 점은 이 책이 겨냥하는 대상이 페미니즘 그 자체라기보다, 페미니즘을 출현하게 한 보편적 인권 담론과 그 역사적 현현태인 근대 자유주의/공화주의/민주주의 정치 철학과 제도임을 짐작하게 해준다. 제목에서 강조된 '역설paradox'은 페미니즘 자체에 내재한 역설만을 가리키는 것이 아니다. 오히려 페미니즘의 역설이란 것이 근대 정치·사회 사상의 핵심에 자리한 균열이 일으킨 파열음의 반향임을 드러낸다.

'인간의 보편적 권리'를 행사하려면 '개인'이 성립되어야 했다. 개인성과 남성성이 동일한 것으로 파악되고, 개인을 타자와 분리하여 구별짓기 위해 비개인을 만들어 내야 했을 때 비로소 '여성'이 구성되었다. 이런 맥락에서 이 책에 등장한 여성들이 "오직 역설만을 던져 주는only paradox to offer" 존재로 비춰진 것은 필연적이었다. 정치적 언어를 말할 수 없는 이들이, 말할 수 없는 것을 말할 때, 그들은 공동체의 치부를 공공연히 떠드는, 추문의 발화자가 되기 때문이다.

그러므로 이 책은 '여성의 특수한 경험'에 한정되는 역사 연구를 지향하지 않는다. 이 말은 여성의 경험이 제한적이라거나 부분적이라는 의미가 아니다. 반대로 페미니즘적 역사 연구를 통해, 끊임없이 '여성'이라는 범주를 놓고 투쟁을 벌이는 온갖 담론들이 스스로 허방을 짚으며 역설을 드러내게 만든다는 뜻이다.

친숙한 사례들을 들어 보자. 식민지 시기, 조선의 민족 해방을 위해 여성해방을 유예한 '근우회'는 민족이라는 '보편' 속에서 '여성'이 놓인 담론적 위치를 단적으로 드러낸 사례이다. 식민지 시기에 '민족'은 민족 해방 혹은 노동자 해방이 여성 해방을 가져올 것이라고 공언했으나 실제로 그러했던가? 민족의 아버지/국부國父의 출현은 여성을 전근대적 가부장제가 할당한 자리에 재위치시켰을 따름이다.

현재 한국의 여성 운동도 돌이켜보자. 혹시 구체적 성과를 내려는 조급함에 '여성'이라는 단일한 정체성에 매달리고 호소하는 일을 반복하고 있지는 않은가? 그로 인해 여성이라는 범주 내부의 충돌을 억압하고 있지는 않은가?

이 책이 세심하게 펼쳐 보이는 역사적 사례 속의 이질성과 충돌, 성찰은 더욱 확대될 수 있다. '보편적' 세계성을 보여 준다고 자위하는 미국의 세계 지배와 거침없는 일방주의 속에서 이른바 (한국을 포함한) '제3세계' 지식인들은 민족/국가의 해방을 위해 보편적 인권과 이성에 호소하는 문법을 자주 사용한다. 여기에는 어떠한 역설이 잠재해 있는가? 이 책이 여러 차례 강조하는 역설은 나 혹은 당신이 머무르는 현재, 이곳에서, 여전히 작동하고 있다.

올랭프 드 구즈는 다음과 같은 감동적인 말을 남겼다.

오, 여성들이여! 당신 앞에 놓인 장애가 무엇일지라도 이를 극복하는 길은 당신의 능력에 달려 있습니다. 오직 당신의 의지에 달려 있습니다!

드 구즈는 '여성'이라는 고정화된 범주를 소환하여 거기에 의지하려고 했을까? 그리하여 이 방법론이 '여성'을 특수화하고 실체화하여 진정 실천적이고 발본적인 생산적 긴장이 풀어지게 하는 효과를 낳았을까? 물론 그럴 수도 있다. 그러나 이 시기 드 구즈가 '여성'을 불러내지 않았다면, 그녀는 어디에서도 실천의 동력을 얻지 못했을 것이다.

프랑스 페미니스트들의 역설은 페미니즘을 구성하게 한 '보편' 이데올로기들의 완결성을 무너뜨림과 동시에, 실제 운동 현장과 맞닥뜨린 이들에게 실천의 지난함도 알려 준다. 스콧의 말을 빌리면, 역설은 피할 수 없다. 정해진 한계만을 돌파하는 방식으로 '운동'은 구성되지 않는다. 담론적 모순의 장소에서 태어난 운동들의 특수성을 탐구하여, 이 운동들을 자극하는 동시에 제어하는 억압의 신발 끈을 몰래 풀어 내어 제 발로 넘어지게 하는 것이 스콧의 전략이다. 드 구즈의 말대로, 앞에 놓인 장애가 무엇일지라도 이를 헤쳐 나가야 하는 것은

'당신'이다. 두려움과 고통에 부대끼더라도 현실의 구체적인 맥락 속으로 뛰어들어야만 한다. 그 실천이 지배담론의 궁지를 어떻게든 드러낼 때까지. 이 말이 역설적으로 여겨지더라도 그것이 현실이라면, 우리는 "오직 역설만을 던져 준" 이 책 속의 여성들에게 빚진 바가 있는 셈이다.

오랜 기간 동안 번역을 기다려 준 앨피출판사에 감사한다. 앨피의 기다림과 배려 덕분에 번역을 마칠 수가 있었다. 혹 역자들의 부족한 식견으로 인해 저자의 본뜻을 곡해했을지도 모른다. 이 책은 그만큼 역자들에게 도전이자 시련이었다. 여기에 따르는 모든 책임은 역자들에게 있다. 독자들의 많은 관심과 질책을 바란다.

2006년 6월

공임순 · 이화진 · 최영석

"오직 역설만을
던져 주는" 여성들

■ 일러두기

( )는 원저자의 설명이고, [   ]는 옮긴이의 설명이다.

LA COMMUNE DE PARIS

정치적 투쟁은 당면한 쟁점이 자연이나 진리를 근거로 삼을 수 없을 때 과열되기 마련이다. 역사적으로 여성 교육권이나 참정권 문제를 비롯한 젠더 논쟁이 그랬다. 생물학이 이성, 도덕적 반성, 정치적 행동의 힘을 결정하는가? 출산은 지적 능력과 상충되는가? 이런 질문들에는 뭐라 답하기가 어려웠기 때문에, 발끈한 이들은 대개 법률이나 법규의 형식을 빌려 해결을 보려고 했다. 결과적으로 법이 인간 행동 지침으로서의 진리를 대신하게 된 것이다. 그러나 이 대체代替가 그대로 받아들여진 것은 아니다. 대신 법률이 통하는 것이면 무엇이든 자연이나 진리에 기초한다고 이야기되었다. 승자들은 승리의 원인을 정치에서 찾지 않았다. 자신들의 과학적·도덕적 이해력이 뛰어나서 승리했다는 식이었다. 여기에서 알 수 있듯이, 자연을 인식하는 태도에 법이 끼친 영향은 애매모호했다.

젠더 논쟁은 성들 간의 차이를 설명하기 위해 으레 '자연nature'을 끌어들이되, 법적 수단을 빌려 그 차이를 명확히 설정하고자 했다. 여기에는 일종의 순환 논리가 있다. 남성과 여성이 응당 가지고 있다고 여겨지는 본성이 법률과 정책을 정당화했지만, (역사적으로도 맥락상으로도 다양한) 이 '본성essence'은 사실 법률과 정책이 낳은 결과였던 것이다.

프랑스 시민권은 이런 상황을 단적으로 보여 준다. 1789년 대혁명에서 1944년에 이를 때까지 시민은 남성들이었다. 여성은 배제되었다. 신체와 정신의 연약함이 그 이유였다. 여성의 신체는 오로지 출산과 가사에나 적합하고, 그 예민한 감수성은 성적 과잉이나 종교적 광신에 빠져들기 쉽다고 여겨졌다. 그리고 이 근거들이 최종적으로 호소한 권위는 '자연'이었다. 자연은 감히 도전하기 어려운 권위였다.

그러나 페미니스트들은 이 권위에 굴하지 않고 여성을 시민권에서 배제해 온 관습에 도전했다. 그들은 신체적 성과 정치 사이에는 논리적으로나 경험적으로 아무런 연관이 없다는 것, 다시 말해 성차는 사회적·지적 혹은 정치적 능력을 재는 척도가 아님을 주장했다. 이 책에서 분명해지겠지만, 그들은 힘차고 주목할 만한 주장을 폈다. 하지만 또한 역설적이었다. 여성의 배제에 항의하려면 여성을 대표해 행동해야 했고, 그래서 그토록 부정했던 바로 그 차이에 호소했던 것이다.

여성을 정치에서 배제하는 조항들은 젠더를 권위적으로 정의하려는 시도들을 담고 있었다. 이 조항에서 페미니스트들은 해결하기 어려운 딜레마와 직면했다. 이는 '평등' 혹은 '차이'에 대한 논쟁의 형태로 오늘날까지도 계속 이어지고 있다. 여성은 남성과 같은가? 이 동질성이 평등을 요구할 수 있는 유일한 근거인가? 아니면 여성은 남성과 다르고, 그 차이 때문에 혹은 차이에도 불구하고, 동등한 대우를 받을 권리가 있다는 것인가? 어떤 입장이든 성차에 권위적인 정의가 될 수 있는 전제를 암묵적으로 인정하는 가운데, 여성과 남성에게 고정적이고 대립적인 정체성을 부여한다. 결과적으로 성차는 잘 따져 보아야 하는 것이되, 그 자체 바뀔 수는 없는 자연현상으로 받아들여진다. 사실 인종이나 민족처럼 그 의미가 계속 논란거리가 되는 불확정적인 현상 중 하나인데도 말이다.

페미니즘 운동과 안티페미니즘의 반동을 포괄하는 페미니스트 정치학이 격렬하게 전개된 것은, 그만큼 성차가 논증되기 어려운 문제이기 때문이다. 페미니즘의 권리 청원이 갖고 있는 역설적인 성격 역시 그렇다. 내가 이 책에서 논하고 있는 프랑스 페미니스트들은 그들이 시작하지도 않은 동일성과 차이에 대한 논쟁에 휘말리게 되자, 차별 조항들을 뒤엎어 버리려고 했다. 하지만 다른 역사적 환경에 처해 있던 흑인이나 유대인 혹은 무슬림과 마찬가지로, 프랑스 페미니스트들은 집단 정체성group indentity의 부정적인 성격을 거부했을 때마저도 자신들에게 귀속되는 집단 정체성을 떠맡아야 했다. 그리고 집단 정체성을 받아들이게 된 뒤에는 그것이 정치적 목적과 전혀 무관하다고 단언할 수도 없게 되었다.

그러나 이러한 난점들이 페미니즘을 막을 수는 없었다. 오히려 페미니즘에 정치적 힘을 불어넣었다고 말하고 싶다. 페미니스트들의 입장은 역설적이었다. 프랑스혁명기 올랭프 드 구즈Olympe de Gouges[[(〈인권선언〉에 여성의 권리가 빠져 있다고 항의한 프랑스 여성운동가)]의 말을 빌리면, 페미니스트들은 "오직 역설만을 던져 주는" 여성들이었다. 그들은 한편으로는 젠더에 대한 권위적인 정의들을 받아들이는 듯했지만, 다른 한편으로는 이 정의들을 거부했다. 공언하면서 동시에 거부함으로써, 자연의 이름으로 제시되고 법을 통해 부여된 젠더 정의의 모순, 그리고 그 정의 안에서 생략된 바를 드러냈다. 페미니즘의 권리 청원은 〔프랑스혁명이 표방한〕 자유 · 평등 · 형제애라는 원칙이 지닌 한계를 폭로했고, 그 원칙의 보편적 적용 가능성에 의문을 던졌다. 성차라는 관념의 이용뿐만 아니라 성차의 근거를 권위적으로 자연에서 찾으려는 시도 또한 그들은 비판했다. 이런 까닭으로 정치인들이 남녀의 만고불변의 본성을 끌어들여 젠더의 의미를 법제화하려고 시도하는 요즘에도, 그들의 이야기는 우리와 매우 깊은 관련이 있다. 그러므로 우리가 프랑스 페미니스트들의 투쟁을 결정 불가능성의 정치학이라는 말로 이해할 수 있다면, 아마도 우리 시대의 갈등과 딜레마, 역설 역시 더 잘 이해하고 진단할 수 있을 것이다.

* * *

이 책은 차이의 작동이 이론화되고 논의되며 검토되는 맥락에서 구체화되었다. 1987~1988년 고등학술연구소the Institute for Advanced Study의 젠더 세미나가 계기가 되어, 나는 구체적인 역사적 시기를 통해 페미니즘의 이론을 생각해 보는 방식의 하나로 올랭프 드 구즈에 대한 논문을 발표하게 되었다(이론에 근거한 역사가 가능하다는 것을 보여 주겠다고 한 것은 포스트구조주의 이론에 대한 나의 관심이 여러 역사가들 사이에서 몹시 거센 저항에 부딪혔던 데 대한 응답이기도 했다).

나는 1989년 프랑스혁명 200주년 기념행사 기간에 어바인에 있는 캘리포니아대학에서 개최될 여성과 프랑스대혁명에 대한 컨퍼런스(레슬리 래빈과 사라 멜저가 조직했다.)를 위해 드 구즈론을 써서 발표하기로 이미 마음먹은 상태였다. 내가 맡은 것은 "19세기 여성에게 프랑스혁명이 미친 영향"이었지만, 먼저 프랑스혁명 그 자체를 숙고하지 않고서는 그 영향들을 고찰하는 것이 불가능하다고 생각했다. 그리고 페미니즘에서 중요 인물인 드 구즈는 그 문제에 파고들기 좋은 지점이 될 듯했다. 논문을 발표한 후에 도나 해러웨이와 나는 꽤 오랜 대화를 나누었던 것으로 기억한다. 그녀는 올랭프 드 구즈에서 출발한 '평등 대 차이'라는 대립항의 해체를 계속하여, 19세기와 20세기를 통틀어 더 많은 사례들을 추적해 프랑스 페미니즘의 역사에 대한 책을 써 보라고 격려해 주었다. 이런 대화가 가끔 부채질해 주는 열정 덕분에, 이 책이 다루고 있는 다른 페미니스트들에 대해서도 생각해 보기 시작했다.

1991년 4월 토비아스와 호텐스 코헨 르윈 강의를 준 세인트루이스의 워싱턴대학의 초대로, 이 책의 다섯 개 장 중 제2장이 된 초안을 작성했다. 그해 가을에는 코넬대학의 칼 베커 강의에서 이 책의 제3장이 된 글의 개정판을 발표했다. 나중에 나는 빈의 인문과학연구소에서 제1장, 3장, 5장, 그리고 6장의 내용을 구성했다. 이 강의 기회들을 통해 나는 프로젝트를 완성할 수 있었을 뿐만 아니라, 명민한 청중인 연구자들과 학생들을 만날 수 있었다.

청중의 비평적 반응, 학생들과 동료들, 그리고 친구들의 질문과 제안은 모두 학술적인 교류를 나누고 페미니즘 학문을 심화하는 계획의 일환이었는데, 이 책의 아이디어와 논의를 구체화하는 데 크게 도움이 되었다. 교류가 가장 풍부하게 이루어졌던 여러 만남들이 페미니스트 센터(둘만 이름을 대 본다면, 브라운에 있는 여성 교육과 연구를 위한 펨브로크센터, 산타크루즈에 있는 캘리포니아대학의 여성 연구 프로그램)에서 있었다는 것은 이 연구소들이 매우 중요한 곳임을 증명해 주리라.

내가 만난 가장 훌륭한 비평가들은 학생들이었다. 지금은 그중 많은 친구들이 자기 이름을 건 연구자가 되었다. 학생들의 질문과 솔직한 도전 덕분에 명료하게 논의할 수 있었고, 세밀하게 해석할 수 있었다. 그들은 또한 내가 못 보고 지나쳤거나 무시해 버린 자료들에 눈을 돌리게 해 주었고, 관련 문헌과 자신들의 통찰을 아낌없이 나누어 주었다. 그들의 비판적인 참여와 우정 덕분에 가르치는 일은 나의 학문적 생애에서 진정 없어서는 안 될 일부가 되었다.

자료들을 모으고 여러 초안들의 개별 장들을 쓰도록 조언하고 도와준 학생들과 동료들, 친구들에게 감사한다. 앤드류 아이젠버그, 레오라 오슬랜더, 제임스 보노, 웬디 브라운, 조슈아 콜, 마리앤 콘스터블, 드류실라 코넬, 폴 프레들랜드, 도나 해러웨이, 스티브 호스, 칼라 헤세, 조너선 카하나, 로이드 크래머, 루스 레이스, 해럴드 마, 클레어 모제스, 메리 루이즈 로버츠, 실비아 섀퍼, 찰스 소워윈, 헤이든 화이트. 데브라 키츠는 능숙한 번역과 연구 보조, 그리고 편집에 대한 충고까지 해 주었다. 전체 원고를 특별히 주의 깊게 꼼꼼히 읽어 준 이안 버니, 주디스 버틀러, 크리스티나 크로스비, 로라 엥겔스타인, 도널드 스콧, 엘리자베스 위드에게 고맙게 생각한다. 여름 휴가 기간에 원고를 충실하고 비판적으로 읽어 준 데니즈 릴리에게는 특별한 감사의 말을 전한다. 하버드대학 출판부의 익명의 독자 두 분은 유익하고 보완적인 방식으로 내 주장과 기획상의 모순들을 지적해 주었다.

연구자들은 도서관 없이는 일할 수 없다. 나는 이 책을 쓰는 동안 몇몇 도서관에서 작업을 했다. 파리에 있는 국립도서관, 마게리트 뒤랑 도서관, 라 빌 드 파리 역사도서관, 프린스턴에 있는 프린스턴대학의 파이어스톤 도서관과 고등연구소에 있는 역사 연구/사회과학 도서관 등이다. 연구소 도서관의 엘리엇 쇼어, 패리다 카심, 마샤 터커, 레베카 부쉬비에게 특히 감사한다. 그들은 구석진 곳에 묻혀 있던 자료를 발견해 주었고, 컴퓨터로 필요한 정보에 접근하는 법을 가르쳐 주었으며, 지성과 인내와 따뜻한 격려로 이 모든 일들을 도와주었다.

모든 복잡다단한 일들 중에서도 원고의 기술적인 준비는 멕 길버트가 했다. 그녀는 내 결점들을 참아 주고 시종일관 일을 잘해 내는 출중한 비서다.

지적인 동료이자 좋은 친구가 되어 온 가족이 있으니 나는 정말 운 좋은 사람이다. 가족은 가장 엄격한 비평가이자 가장 든든한 지지자였다. 어떤 때에는 직접적으로, 또 다른 때에는 약간 주제에서 벗어난 생각과 책에 관해 대화를 나누면서, 아니면 전혀 다른 문제를 토론하기도 하면서 내가 이 책에서 다룬 여러 사안들을 생각할 수 있도록 해 주었다. 내 삶에서 영원할 그들의 존재에, 그리고 그들이 내게 준 모든 것들에 깊이 감사한다. 이 책을 그들에게 바친다.

조앤 W. 스콧

01

페미니즘 역사
다시 읽기

1789~1944

페미니즘은 여성을 정치적으로 배제하는 것에 맞선 항변이었고,
그 목표는 정치에서 '성차'를 제거하는 것이었다.
하지만 페미니즘은 ('성차'를 통해 담론적으로 나타난) '여성'의 편에서
권리를 요구해야 했다.
'여성'을 대변한다는 점에서, 페미니즘은
자신이 없애 버리고자 했던 '성차'를 생산해 냈던 것이다.
'성차'를 받아들이고 또한 거부해야 하는
이러한 역설이 오랜 역사를 통틀어
페미니즘을 하나의 정치 운동으로 구성해 왔다.

LA COMMUNE DE PARIS

다시 읽기에 실패하는 사람들은 어디에서나 같은 이야기를 읽을 수밖에 없다.

—— 롤랑 바르트

여성과 민주주의 정치

이 책은 〔프랑스혁명이 발발한〕 1789년부터 〔프랑스 여성들이 투표권을 쟁취한〕 1944년까지 프랑스에서 있었던 여성의 정치적 권리를 위한 구체적인 운동들을 되돌아보고 페미니즘의 역사를 다시 사유하는 데 그 목적을 두었다. 이 책에서 나는 저마다 다른 역사적 계기로 활동한 페미니스트 정치운동가들의 저술과 행동을 분석하여 19세기 페미니스트들이 물려준, 이른바 전형적인 페미니즘 역사 서술에 어떤 대안을 제시하고자 했다.

그 페미니스트들은 자기 시대가 이룩한 위대한 진보의 역사에 필적하는 역사를 구축했다. 그들은 영원히 잡히지 않는 목표를 향해 점차 진보해 가는 목적론적인 이야기를 썼다. 그중에는 민주주의 정치의 여성 배제에 맞서는 방법을 여성 자신들 내부에서 발견해 내는 이야기가 있는가 하면, 페미니스트들을 과거 여성들의 이질적이고 불연속적인 행동들과 상상적으로 동일시하고 이를 지속적인 역사적 전통으로 굳혀 놓은 이야기도 있다. 어떤 이들은 이 이야기들에서 자신들의 이론적인 논쟁과 관련된 도덕적인 교훈을 가외로 이끌어 내기도 했다. 20세기 후반의 우리는 과거의 모든 페미니스트들이 평등 아니면 차이를 요구했으며, 그중 하나는 다른 하나보다 더 성공적인 전략이었다고 (그리고 여전히 그렇다고) 주장하는 이야기를 쓰고 있다.[1]

사실 이러한 19세기식 접근으로는 페미니즘 경험의 저변을 분석할 수 없을뿐더러 그 경험 자체를 살펴보는 것조차 어렵다. 이때 페미니즘 경험의 저변이란 처치 곤란한 모순, 선배들의 딜레마를 되새겨야 하는 운명에 처해진 듯한 강박적인 반복, 투표권처럼 오랫동안 추구해 온 목표를 획득했을 때에도 여성들의 동등한 대표권을 보장받지 못하는 무력함 같은 것들을 포함한다. 페미니즘의 역사가 진보의 불가피성, 개별 행위자들의 자율성, 평등과 차이 중 어느 한쪽의 선택을 당연히 여기는 한, 이는 페미니즘이 작동해 온 이데올로기적인 담론 조건을 한 치의 의심도 없이 재생산할 뿐이다. 그러니 정작 필요한 것은 분석적 거리다.

내가 페미니즘 역사에 대해 다른 식의 접근이 필요하다고 절실히 느낀 것은 최근 〈뉴욕타임스〉에 실린 프랑스발 기사[2] 때문이다. 프랑스 국회에서 여성의 의석 보유율은 아주 낮다(여성의 선거권이 인정된 1944년 이래, 그 비율은 3~6퍼센트 정도로 다른 서유럽 민주주의 체제보다 낮으며, 변하지 않고 그대로 유지되고 있다). 주로 여성들로 구성된 한 그룹은, 이런 상황에 진절머리가 나 국회의원의 젠더 비율 균등gender parity을 주장했다. 이들은 자신들의 요구가 "다소 이상주의적"이라고 인정하면서도, 의회 총 의석 수의 반절을 여성에게 할당하는 법안의 통과를 추진했다. 이 그룹에게 일종의 성명서가 된 책이《여성 시민들이여, 권력을 가져라!Au pouvoir citoyennes!》였다.

이 책의 저자인 클로드 세르방 슈리베르Claude Servan-Scheriber는 "여성 배제는 혁명 이래 프랑스 정치철학의 일부였다"고 말했다. "우리 세대의 여성들은 — 나는 55세이다. — 선거권을 위해 싸울 필요가 없었다." 하지만 거의 50년 전 "보통선거권이 통과된 이후 아무것도 달라지지 않았다"고 그녀는 주장했다. 지금 벌어지는 비율 균등 운동은 세르방 슈리베르가 1789년의 위대한 민주주의 혁명을 정밀하게 추적해서 제기한 문제, 다시 말해 참정권보다 선행하는 문제를 새로운 형식으로 제기하려는 시도인 셈이다.〔이 책은 1996년 초판 발행됐다. 프랑스는 2001년 '남녀동수법'을 제정하여 지방의회 여성 의원의 비율을 10퍼센트 미만에서 50퍼센트 가까이로 높였다. 우리나라도 2000년 정당법을 개정하여 국회의원 비례대표 후보 선발 때 여성의 공천 비율을 30퍼센트로 명문화하는 '여성공천할당제'를 도입했다.〕

이 문제란, 페미니스트들이 어떻게 여성의 지위를 민주주의 공화국에서 완전한 정치적 권리를 부여받은 자율적이고 자기재현적인 개인들로 설정할 수 있었는지에 관한 것이다.[3] 여성들이 보편적 자유와 평등, 정치적 권리라는 혁명의 (그리고 그 후 모든 공화국의) 약속을 실현하는 것은 왜 그리도 오랫동안 그토록 어려웠던가.

그 답은 페미니즘의 영웅적 투쟁의 일대기, 부당한 배반, 그리고 전략적인 실수들만으로는 설명되지 않는다. (이런 새로운 설명도 투쟁과 배반 없이는 존재하지 않는 것이 사실이지만 말이다.) '더 큰' 정치적 현장에서 비껴 있다고 여겨져 온 여성운동 자체의 역사도 답이 될 수는 없다. 또한 정치에 선행하거나 정치 외부에 존재하는 사회·경제적인 요인들, 혹은 정치가들이 스스로 자신들의 행동에 부여하는 근거들을 들먹이는 것으로도 충분하지 않다. 그보다는 페미니즘의 반복과 충돌을 페미니즘을 생산했던 정치적 담론 내의 모순적 징후로 읽어 내는 것이 그 답이 요구하는 바다. 페미니즘이 호소하면서도 거부했던 그 정치적 담론들은 개인주의, 개인의 권리, 사회적 의무 같은 것들이다. 이는 프랑스에서 민주적 시민권이라는 제도를 조직하기 위해 공화주의자들(또 몇몇 사회주의자들)이 이용했던 담론들이기도 하다.

　페미니스트들은 자기들의 진보적인 역사를 기술하면서도, 그 실천이 보이는 반복성을 인식하고 있었다. 정신과 의사이자 사회주의 활동가였던 마들렌 펠티에Madeleine Pelletier는 1913년에 쓴 글에서 페미니즘 운동의 발생을 19세기 혁명의 격변기와 연관시켰다. 하지만 1993년에 클로드 세르방 슈리베르가 그랬듯이 펠티에도 첫 번째 혁명의 트라우마로 거슬러 올라갔다. 페미니즘이 "권리 청원 방식의 전부를 배운" 것은 바로 그때였다.[4] 이들의 주장이 타당한지, 그리고 그 결과에 만족할 수 있는지의 여부는 모든 이를 위한다는 프랑스혁명의 권리선언과 여성 시민권 거부 사이의 모순을 인식하느냐 하지 않느냐에 달려 있다. 페미니스트들에게는 이 모순이 자명해 보였지만, 남성과의 차이를 근거로 여성의 선거권을 거듭 거부한 입법자들에게는 그렇지 않았다.

　따라서 페미니즘 역사는 불일치와 부조화, 그리고 무엇이 모순적이고 무엇이 모순적이지 않은지에 대한 논쟁들을 반복해서 매번 다루

1789년 7월 14일 바스티유. 이 책은 프랑스혁명이 발발한 1789년부터 프랑스 여성들이 투표권을 획득한 1944년까지 프랑스 페미니즘의 역사를 다루고 있다. 여성들은 남성들과 마찬가지로 공화국 건설을 위해 투쟁했으나, 여성이라는 이유로 이후 150여 년간 남성과 동등한 정치적 권리를 갖지 못했다.

어야 했다. 하지만 그 질문은 보편 원칙과 배타적 실행 사이의 (어쩌면 화해할 수도 있을) 갈등을 넘어서 '성차sexual difference'라는 더욱 처치 곤란한 문제로 확장되었다. 여성과 남성의 생물학적 차이를 들어서 배제를 합리화했을 때, '성차'는 자연적인 사실일 뿐 아니라 사회적이고 정치적인 차별의 존재론적 근거로 설정되었다. 민주주의 혁명의 시대에 '여성'은 성차 담론을 통해 정치적 아웃사이더로 존재하게 되었다.

페미니즘은 여성을 정치적으로 배제하는 것에 맞선 항변이었고, 그 목표는 정치에서 '성차'를 제거하는 것이었다. 하지만 페미니즘은 ('성차'를 통해 담론적으로 나타난) '여성'의 편에서 권리를 요구해야 했다. '여성'을 대변한다는 점에서, 페미니즘은 자신이 없애 버리고자 했던 '성차'를 생산해 냈던 것이다. '성차'를 받아들이고 또한 거부해야 하는 이러한 역설이 오랜 역사를 통틀어 페미니즘을 하나의 정치 운동으로 구성해 왔다.

이 역설을 다루는 어려움에 대해서는 1788년에 올랭프 드 구즈 Olympe de Gouge도 기술한 바 있다(그녀는 1791년 출간된 《여성과 시민의 권리선언Declaration of the Rights of Woman and Citizen》의 저자로 이후 페미니즘 역사에서 중요한 위치를 차지한다). 그녀는 장 자크 루소Jean-Jacques Rousseau에 대한 경쟁의식에서 긴 논문을 썼는데, 그 논문에는 정치 개혁에 대한 제안뿐만 아니라 철학·과학·진보·연극계의 현 상황에 관한 일련의 관찰을 아우른 자기식의 사회계약론도 들어 있었다. 그러다 논의가 장인과 숙련공이 과학과 지식을 추구할 때 사회적으로 나타나는 해로운 결과에 이르자(관습적으로 요구받은 위치와 역할에서 일탈하고자 하는 그들의 야망은 사회질서를 위협할 것이다), 드 구즈는 통럴한 비난을 멈추고 이렇게 논평했다.

"내가 이 문제를 조금이라도 더 깊이 다루면, 너무 많이 파헤치는 게 될 것이다. 그리고 곧 신흥 부자들의 적의를 사게 되리라. 그들은 나의 훌륭한 사상을 숙고해 보거나 나의 선량한 의도에 감사하기는커녕, 해결하기 쉬운 문제는 주지 않고 오로지 역설만을 던지는 여성이라고 나를 무자비하게 비난할 것이다."[5]

"해결하기 쉬운 문제는 주지 않고 오로지 역설만을 던지는 여성"이라는 이 마지막 서술은 올랭프 드 구즈와 당시의 페미니스트들, 그리고 이후의 계승자들이 놓여 있던 상황을 개괄해 보여 준다. 사회적 야망을 바라보는 드 구즈의 생각이 교육과 과학적 진보가 주는 혜택에 관한 일반의 통념과 어긋난다는 것도 역설적이지만, 혁명기 프랑스에서 여성으로서 드 구즈의 위치 역시 이 역설로 탄생했고, 드 구즈 본인도 스스로 그렇게 구성되었음을 알고 있었다는 점 역시 역설적이다.

지금과 마찬가지로 드 구즈 시대에도 '역설paradox'은 보통 전문적인 의미로는 쓰이지 않았다. 전문적인 의미에서, 논리학자들은 역설을 참인 동시에 거짓인 해결 불가능한 명제로 정의한다(《로베르 사전》은 "나는 거짓말을 하고 있어."라는 거짓말쟁이의 진술을 예로 든다). 수사학과 미학 이론에서는 복잡하게 모순적인 생각과 감정, 더 나아가 시적 창조성까지 담아내는 능력을 가리킨다. 통상적인 용법에는 형식적이고 미학적인 의미의 흔적도 남아 있으나, 유력한 정설에 도전하는, 즉 전통에 반기를 든 의견을 의미할 때 가장 빈번히 사용하는 말이 '역설'이다.(글자 그대로 '교리doxa'에 항거하기 위한 것) 역설은 지배적인 것과의 차이를 강조함으로써 지배적인 것과 불화하는 위치를 분명히 한다.[6] 전통적인 믿음에 도전적이지만 이를 완전히 전복시키지는 않는 진실을 퍼뜨리는 사람들은 역설에 대한 전문적인 정의에 적당히 들어 맞는 상황을 만든다.

그러나 페미니즘의 역사는 그저 반대만 하는 뻐딱한 여성들의 역사가 아니다. 또한 "인간Man의 권리를 요구하는 여성들"이라는 모순어법적인 설명으로 포착될 수도 없다. 내가 주목한 역설은 대항의 전략이 아니다. 역설은 페미니즘 그 자체를 구성하는 요소이다. 페미니즘의 역사는 오로지 역설만을 던져 온 여성들의 역사이다. 여성 차별적인 입장이 주장하듯이, 여성의 이지력이 불완전하거나 여성의 본성과 근본적으로 충돌하기 때문이 아니다. 페미니즘이 이론과 실천을 올바르게 상정하지 못했다는 말도 이유가 될 수 없다. 페미니즘 역사가 역설의 역사인 이유는, 근대 서구의 페미니즘이 역사적으로 개인성과 남성성을 동등하게 여겨 온 민주주의 정치의 담론적 실천으로 구성된 것이기 때문이다.

'개인individual'이라는 단어는 여러 용례에서 모호한 의미로 사용된다. 한편으로는 인간을 대표하는 추상적인 원형이면서, 다른 한편으로는 그 종種의 다른 것들과 구별되는 유일무이한 존재, 별개의 사람을 뜻한다. 첫 번째 정의는 (프랑스의 계몽주의 철학자들과 혁명적인 정치가들이 만든) 다음과 같은 주장의 기초를 이루는 정치학 이론에서 흔히 쓰인다. 인간은 (자유, 재산, 행복에 대한) 자연적이고 보편적인 권리를 가지며, 이에 근거하여 모든 인간은 시민의 정치적 권리를 요구할 수 있다. 역사적으로 공화국이 이런 포괄적인 관념에 기반하지 않았다 해도, 혁명적인 철학자들은 공화국의 수사학적 기반을 이루는 추상적 개인주의를 만들어 냈다.[7] 두 번째 정의는 디드로Denis Diderot나 루소 같은 철학자들이 유일무이한 자아self의 관념을 명확히 구별해 내고, 타자와의 차이로써 이 자아의 유일무이함을 구체화했을 때 나타났다. 이 타자는 아래 인용한 《백과전서Encyclopédie》(디드로와 달랑베르 등이 여러 학문을 집대성하여 18세기 중엽 편찬한 책으로, 볼테르·루소·몽테스키외 등 당시 프랑스의 계몽사상가들이 대거 참여했다. 프랑스혁명의 사상적 토대를 제공했다.)의 "개인" 항목 설명에서처럼, 자아가 존재하는 경계들, 서로 구별되는 자질들과 특성들을 만들어 주었다.

> 피터는 인간man이고, 폴도 인간이다. 그들은 같은 종에 속한다. 그러나 그들은 '헤아릴 수 있는 차이'로만 서로 구별된다. 한 사람은 잘생겼고, 다른 한 사람은 못 생겼다. 한 사람은 교양 있고, 다른 한 사람은 무식하다. 실제로 그 자신에게서 분리되어 존재하는 또 다른 주체로 나누어질 수 없기 때문에 각자는 어원상 '개인'이다. 총합한 그의 특성은 그 아닌 다른 사람에게는 들어맞을 수 없는 것들이다.[8]

이 차이들은 절대적이지 않다. 누구와 누구를 개인들로 구별해 내는 것은 그들이 지닌 무한한 다양성이다. 이 정의에 따라 인간 종이 공통으로 보유하게 된 것은, 모든 사람은 각자 구별된다는 사실이었다. 바로 이 대조의 관계로 개인성은 성립되었다. 우리가 서로 완전히 다른 개인들이라는 관념은, 더 본질적인 인간의 공통성을 명료하게 드러내려 한 추상적인 개인이라는 정치적 관념과 팽팽한 긴장 속에 존재했다. 사실 이 차이의 성질은 정치적 공동체에 필요한 공통된 기반을 탐색하는 과정에서 과도할 정도로 구체화되었다.

프랑스혁명기 정치 이론가들은 추상적 '개인'을 인간 공통의 본질을 표현한 것으로 받아들였다. 그리고 〔그들이 인간 일반에게 부여됐다고 한〕 권리들은 자연적인 것으로 간주되었다. (드 콩도르세 후작의 말을 빌리면) "그 권리들이 인간의 본성에서 나왔"기 때문이다. 이때 인간이란 "판단을 내리고 도덕적 이념을 가질 수 있는 … 어떤 예민한 존재"로 정의되었다.[9] 이런 점에서 인간이 모두 똑같다고 생각하려면 출생, 가족, 부, 직업, 재산 소유권, 종교 등에 따른 사회적 지위들과 구별되는 추상적 개인 관념이 있어야 했다.[10] 이는 또한 추상적 개인을 얼굴 생김새와 피부색, 성sex과 같은 신체적인 특징들에서 떼어 내어 육체에서 분리된 것으로 다룬다는 의미이기도 했다. 이러한 추상화를 통해 근본적인 인간의 동일성, 즉 일련의 보편적 특징들을 가정할 수 있었다. 그리하여 정치적, 사회적, 심지어 경제적 평등까지도 사고할 수 있는 길이 열렸다. 만일 인간이 근본적으로 같다면 인간을 단 하나의 개인으로 형상화할 수 있을 것이다. 추상적 개인은 단일한 개인이었다.[11]

그러나 단일한 유형이라는 점과 "일련의 심리학적 특성과 경향들"[12]을 지니고 있는 것으로 묘사된다는 점 때문에, 개인이라는 추상적 개념은 이러한 필수적인 특징을 갖추지 못했다고 여겨지는 사람들을 배제하는 기능을 했다. 그래서 18세기 후반과 19세기 초 감각주의 심리학자들은 인식의 생리학적 기초를 강조하고, 차이의 문제를 제기했다.[13]

그런데 신체 기관이 인간의 느낌과 경험의 원천으로 여겨지자, 피부색과 생식기관이 인간 능력을 평가하는 척도가 되었다. 심리학자들은 이성과 도덕적 고결함으로 인간다운 개인임을 예증하는 이들(백인 남성들)과 이른바 자연적 경향 때문에 개인의 원형에 부응할 수 없는 이들(타자들―여성, 그리고 애초에는 흑인)을 구분하는 데 이러한 신체 기관상의 차이를 이용했다. 그래서 의사 피에르 장 조르주 카바니스Pierre-Jean- Georges Cabanis는 모든 인간은 마음으로 타자의 고통을 느끼고 도덕성이라는 능력을 지닌다고 주장하면서도, 남성은 심오하고 바람직한 감수성을, 여성은 변덕스러운 감정을 갖는다고 구별했던 것이다.

그 결과, 내부 기관이 다른 데서 비롯된 차이들이 남성과 여성의 사회적 역할을 결정했다. 남자는 날 때부터 이미 충분히 도덕적이지만(그래서 인간을 대표할 만하지만), 여성은 도덕성이 부족하다.[14] 추상적 개인 개념에 담긴, 쓸모 있고 심지어 필수적인 모순 중 하나가 바로 여기에 있었다. 추상적 ‘개인’은 (군주제와 귀족제의 위계와 특권에 대항하여) 보편적인 포섭을 체계화하는 토대로서 구체화되었지만, 인간의 단일한 형상과 다른 이들을 비非개인이라든가 개인보다 열등하다고 정의함으로써 배제의 기준으로도 이용할 수 있었던 것이다.

추상적 개인주의가 지시한 원형적 개인은 곧 모든 인간으로 일반화되었고, 개인성이라는 관념을 유일한 것으로 환기시켰다. 그러나 개인의 유일무이함을 생각하려면 여전히 차이를 통한 관계성이 필요했다. 결국 구별 단위가 아니라면, 개인이란 무엇이겠는가? 경계 짓기, 타자와의 분리가 아니라면 어떻게 그 단일한 본성을 구분할 수 있을 것인가? 대조 관계가 없이 어떻게 개인성 감각을 확보할 것인가? 다른 식으로 설명하자면, 개인성에는 원형적인 인간 개인이라는 관념이 거부하려고 했던 바로 그 차이가 필요했다.

정치적 특권을 제거하려 했다고는 하지만, 추상적 개인 개념은 이처럼 개인성의 경계를 세우는 과정에 대해 문제를 제기하는 동시에 그것을 무시했다. 그러나 무시하는 것으로는 이를 해소하거나 없애 버리지 못했다. 여전히 차이의 문제는 남아 있었다. 구체적인 특성들을 지닌 단일한 유형인 추상적 '개인'은, 다양한 개인들의 존재도 개인의 존재를 보장하는 타자의 역할도 허락하지 않았다. 그럼에도 개인성이라는 관념은 구별과 차별의 감각을 동반했다.

〔인간〕 권리 이론가들 중 한 사람인 〔18세기 프랑스의 철학자〕 콩도르세Marquis de Condorcet는 차이를 고의적으로 무시하는 추상적 개인주의는 정치적 참여를 규정하는 데 별로 유용하지 않다고 주장했다. "여성이 시민의 권리를 행사할 수 없다고 입증하기는 어려울 것이다. 임신하거나 일시적으로 몸 상태가 좋지 않은 개인들은 왜 권리를 행사할 수 없다는 것인가? 겨울 내내 통풍에 시달리거나 감기에 잘 걸리는 사람들이 권리 행사를 보류해야 한다고 생각하는 사람은 아무도 없으면서 말이다."[15]

사회적 특징들과 차이의 관계들은 존재했지만, 이것들이 형식적인 정치적 참여를 결정하는 데 요청된 것은 아니었다. 콩도르세는 정치적 평등이 (차이들과 무관하다고 공언하기 위해서) 그것이 인식해야 하는 차이들을 무시해야만 하기 때문에, 그 자체로 역설적인 개념임을 알고 있었다.

그러나 확실히 콩도르세의 입장은 프랑스 정치사에서 몇 사람만의 소수 의견에 머물렀다. 정치학에서 개인성과 차이를 다루는 더 전형적인 방식은 젠더의 기능으로 차이를 설명하는 것이었다. 젠더의 기능은 때로는 재생산적 노동이라는 기능적 분업으로, 때로는 자연화되어 의심의 여지가 없는 이성애적인 욕망의 표현으로 이상화되었다.[16] 이렇게 접근하자 자아/타자의 차이가 갖는 무한한 다양성은 성차의 문제로 축소되었다. 남성다움maleness은 개인성과 동일시되고, 여성다움femaleness은 그 대립항으로서 고정되어 있고 위계적이며 불변하는 타자성과 동일시되었다(남성성masculinity이 여성성feminity의 타자로 간주된 것은 아니다). 그리하여 정치적 개인은 보편적·남성적인 것으로 생각되었다. 여성은 개인이 아니었다. 여성은 인간의 원형과 일치하지 않으며, (남성) 개인의 개인성을 확증하는 타자였기 때문이다.[17]

1794년 국회 공식 기록에 나타난 한 에피소드는 〔남성에게〕 정치적 시민권을 부여해 준 개인성을 정의하기 위해 어떻게 차이를 성차와 동일시하는지 보여 준다. 그해에 혁명가들은 (카리브 해에서 영국을 패배시키려고) 노예제도를 폐지하고 기존 노예들에게 시민권을 부여했다(유색의 자유민 남성들에게 선거권이 주어진 것은 그보다 이른 1792년이었다). 의회에서 해방이 선언되자, 두 명의 유색인 하원의원이 연단으로 올라가 서로 끌어안고 의장의 키스를 받았다. 그때 하원의원 (이자 공화국 안보위원회 소속인) 피에르 조제프 캉봉Pierre Joseph Cambon이 발언권을 얻었다. "국회에 정기적으로 참석해 온 한 흑인 여성 시민이 있습니다. 우리가 그녀의 모든 힘없는 형제들에게 자유를 부여하는 것을 보고 지금 그녀는 몹시도 감격하고 있습니다. (박수) 나는 지금 이 순간 이 사실이 말해지기를, 이 여성 시민이 의석을 허락받기를, 그녀의 이러한 시민적 덕목이 충분히 인정받을 수 있기를 바랍니다.” 이 여성은 남은 회기 동안 의장 가까이에 앉을 수 있는 자격을 얻었다. 이 여성이 흐르는 눈물을 닦아 내며 자리에 앉자, 환호성과 박수갈채가 터져 나왔다.[18]

이처럼 같은 인종 남성이 자신을 대표하도록 허용하고 자신의 편에서 행동한 입법자들에게 감사를 표하는 것이 여성의 ‘시민적 덕목’이었다. 한 흑인 여성을 흑인 남성의 시민권 진입의 기호로 만드는, 이 형제애적fraternal 포섭의 순간을 캉봉이 잡아 낸 것은 결코 우연이 아니다. 여성과 구분되는 남성의 차이는 남성들 사이에 존재하는 피부색과 인종 차이를 송두리째 제거하는 데 기여했다. 바로 이 순간, 이런 방식으로, 추상적 개인의 보편성은 공통적인 남성다움이 되었다.

다음 장에서 살펴보겠지만, 시민권의 젠더화는 프랑스 정치 담론의 지속적인 주제였다. 루소는 이후 프랑스 혁명가들에게 자주 인용된 까닭에 이 주제의 중요한 사례가 되었다. 루소는 남성들의 의식은 사랑하는 대상을 소유하고자 하는 욕망으로 경험되는데, 바로 이 의식이 그들을 “야만인”과 구별짓는다고 썼다. 이 욕망은 남성과 여성 간의 온화한 사랑의 기반이며, 더 나아가 남성들 간의 정치에서는 질투와 알력의 기반이다. 남성은 자신의 욕망을 추구해야 하지만, 여성은 사회의 조화를 위해 자신의 욕망을 억누르거나 재조정해야 한다. 이것이 루소의 생각이었다.[19]

루소는 그저 사례만 제시한 것으로 그치지 않았다. 한 세기 남짓 지난 후, 프랑스 사회학자 에밀 뒤르켐Émile Durkheim은 루소적인 개인이 갖는 도덕적 이기주의를 논하는 글에서, 우정 —“연대solidarity”— 의 결속이 좀 더 원시적이고 계산적인 형태의 관계인 인간적 교류를 대체해 왔다고 주장했다. 그의 우정 모델은 "혼인 사회"였다. 이 사회는 근본적인 차이의 매력을 바탕으로 하는데, 만일 사회적 관계가 유사성에 의존한다면 작동하지 못할 것이라고 뒤르켐은 주장했다.

닮았다는 이유로 두 이미지가 결합한다면, 그 결합은 들러붙은 것에 불과하다. 두 표상은 불분명한 채로 … 서로 혼합되기 때문에 연대하게 되고, 하나가 될 뿐이다. … 이와 반대로 노동 분업에서는 서로 외부에 있고 분명하게 구분되기 때문에 결합한다. 어떤 감정도, 감정에서 유래한 어떤 사회적 관계도, 이 두 경우가 완전히 다르다.[20]

뒤르켐은 차이에 근거한 상호 인력引力을 '유기적 연대'라는 개념으로 정리하고, 이를 가장 잘 보여 주는 것이 근본적인 유사성의 문제라고는 전혀 존재할 수 없는 이성애라고 보았다. "남성과 여성은 다르다는 바로 그 이유 때문에 서로 상대를 열정적으로 갈구한다." 이 이끌림은 나아가 차이는 "공동의 결실을 위해서 서로를 필요로 한다"[21]는 사실에 기초한다. 차이에서 비롯된 이러한 열정적 이끌림은 불합리함(그러나 교란시키지는 않는)을 합법적인 권리의 차이로 만들었다. 뒤르켐이 문명의 징후로 간주했던 여성의 '정치적 배제'는, 노동 분업이라는 새로운 제도의 일부였다. 시민권이 개인성과 일치하는 한, 그것은 남성의 특권으로 생각되었다.

프랑스 제3공화국 시절[1871~1940] 널리 회자된 이탈리아 범죄학자 세자르 롱브로소Cesare Lombroso는 개인성의 문제와 관련하여 가장 적나라한 대조를 제시한 바 있다. "여성은 모두 같은 범주에 들어가지만, 남성은 각자가 그 자체로 개별적이다. 여성의 골상학은 일반화된 표준에 따라 결정되지만, 남성은 각각의 사례가 유일무이하다."[22]

다음 장에서 논의할 이 주제들의 역사적 변종들은, 그것들이 '개인'이라는 말의 의미를 변화시킨 구체적이고 역사적으로 독특한 인식론들에서 뻗어 나왔다는 점에서 매우 중요하다. 개인이란 본래 봉건제의 사회적 · 법적 특권에 반하여 정의된 개념으로, [프랑스혁명이 일어난] 1789년에는 법 앞에서 만인의 평등을 선언하는 하나의 방식이었다. 19세기 말 몇몇 이론가들은 개인을 사회적인 것 혹은 사회와 대립되는 것이 아니라, 사회의 산물로 정의했다. 다른 이론가들은 개인을 대중민주주의mass democracy가 창출한 군중과 대립시켰다. 대중민주주의를 비판하는 사람들은 합리성, 독립성, 자율성은 탁월한 지성과 교육에서 나온다고 보았다. 이런 특성들은 시민권의 선결 조건도 또 그 산물도 아니었다. 1944년까지 프랑스에서 시민권과 개인성의 공통 지반은 여전히 남성성masculinity이었다.

개인성과 시민권에 대한 이념을 재공식화하려는 시도에는 분명하고 지속적인 주제가 있었다. '인간'의 정치적 권리를 행사하는 보편적인 개인은 추상적이고 동시에 구체적인 개념이었다. (욕망의 문제이든 재생산적 기능의 문제이든) 여성과의 차이가 개인의 전형성과 개인성의 경계를 모두 보장했다. 개인성은 남성적인 특권일 뿐만 아니라, 인종적으로도 제한을 두는 개념이었다. 개인성은 서구 백인 남성이 '야만적인' 상대에게 갖는 우월성을 보장했다. 그리고 개인성은 일부일처제가 공인하는 사회적 · 정신적 노동 분업으로 성취되고 표현되었다.

혁명가들의
거짓말

철학자들과 정치가들이 개인 권리의 보편성에 제한을 둔 까닭을 해명하고자 '성차#差'를 제시했다면, 페미니즘은 모순을 강조하며 등장했다. 페미니스트들은 프랑스혁명과 제1[1792~1804]·제2[1848~1852]·제3공화국[1871~1940]이 여성의 시민권을 거부하여 자유·평등·형제애라는 [대혁명의] 보편 원칙을 저버린 것을 비난했다. 당연히 19세기의 시작부터 끝까지 '거짓말'이라는 단어가 울려 퍼졌다.

페미니스트들은 모순을 꼬집는 데에 그치지 않고, 개인성을 규정하는 당대의 기준에 따라 자신들도 역시 개인임을 입증해 모순을 바로잡으려고 했다. 이들은 여러 민법이 이미 여성을 개인으로 인정하고 있다고 지적했다. 그러나 당연하게 여겨지는 성차의 문제를 이들 역시 피할 수(혹은 해결할 수) 없었다. 페미니스트들은 성을 끌어대다가도 성과 무관하다고, 모든 개인과 동일하다면서도 여성은 다르다고 주장했다. 그들은 사회가 명명하는 여성이 되기를 거부하면서도, 동시에 여성이라는 이름으로 말했던 것이다.[23] 공화국이 내세운 개인 개념의 모호함(보편적 정의와 남성적 구현)은 이처럼 페미니즘 논쟁을 통해서 들춰지게 되었다.

사실 페미니스트들의 행위agency[作爲]는 정확히 이 지점에 존재했다. 그들은 "오직 역설만을 던져 주는" 여성이었던 것이다. 여러 페미니스트들의 용기와 창의성, 그들 공동의 목소리가 가진 전복적인 힘과 역사적인 의미는 역설로 제시된 불온한 스펙터클에 놓여 있었다(그리고 여전히 놓여 있다). 왜냐하면 그들의 존재를 격렬히 부정하는 전통적인 신념 내부에 존재하는 모순과 모호함, 곧 자기모순을 구체화하고 전시하는 것은 확실히 불안정하긴 해도 때로는 변혁을 추동하는 힘이 되기 때문이다.

프랑스 공화주의 같은 이데올로기/정치제도는, 일관성이 사회조직의 필수 조건이고 이 일관성을 획득하려면 제도 자체가 필수 조건이라고 내세워야만 작동된다. 이를 위해 이데올로기/정치제도는 내부의 모순과 편파성, 부조리를 부정하거나 억압한다.[24] 그러므로 '성차'만들기는 개인과 시민의 범주에서 여성을 배제한 것이 모순이 되지 않도록 고안된 방식이었다. 초기 혁명가들과 이후의 공화주의자들은 마침내, 모든 인간 개인이 (그들의 차이가 무엇이든지 간에) 동등한 권리를 (그리고 자연적으로) 부여받는다는 관념을 정치체제의 전제로 삼았다.

페미니스트들 역시 사회조직에 일관성이 필요하다는 공화주의의 주장을 받아들였다. 그들도 일관성에 대한 의무를 함께 지고 있었기 때문에, 제도가 그 기준을 만족시키지 못하고 있다고 문제를 제기했던 것이다. 페미니스트들은 보편주의 원칙을 선언하고도 여성의 완전한 정치 권리 행사를 배제하는 공화주의의 위선과 모순을 도전적으로 비난했으며, 더 나아가 이 모순을 해결하는 것이 왜 어려운지도 구체적으로 보여 주었다. 이렇게 페미니스트들은 이데올로기/정치 제도의 억압된 단층선斷層線들을 집요하게 폭로했고, 제도의 본래 기획에 의문을 품고 이를 다시 생각해 볼 필요성을 느끼도록 만들었다. 페미니즘의 힘과 위험성은 바로 이 지점에 있(었)다. 페미니즘이 두려움과 멸

시를 불러일으킨 이유도 여기에 있다.[25]

　페미니즘의 전략은 철학, 정치학, 상식의 근본 개념에 내재한 모호성을 간파하고 활용하는 데 거의 섬뜩할 정도의 능력을 보인다. 물론 이 능력은 전혀 기괴한 것이 아니다. 모순 안에서, 그리고 모순으로써 담론화한 결과였다. 페미니스트들은 가장 불온한 방식으로 각 세대의 기본 상식들과 씨름했다. 도덕적이거나 과학적인 확실함을 구실로 삼는 식이 아니라, 인간 사회조직에 질서를 부여하려는 시도의 모호하고 도발적인 면모를 있는 그대로 드러내 보여 줬던 것이다. 페미니스트들은 일상 용법에서 정반대의 함의를 포착해 내고, 자신들의 대의를 지탱해 주는 의미화 작업에 논쟁적으로 뛰어들었다. 그들은 정치적 권리에 대한 탐색과 기존 개념 사이에 다리를 놓았다. 그리하여 '자연의 의미는 언제나 명료한가, 아니면 불완전한 인간의 해석에 따라 달라지는가?' '기껏해야 요령부득인 해석에 그치는 과학에서는 왜 젠더가 모든 육체적 차이를 설명하는 열쇠가 된다고 가정하는가?' 등의 질문이 암시하듯 과학자들 사이에서도 자연계를 어떻게 받아들여야 할지 의심이 일던 때에, 페미니스트들은 '자연'을 여성의 선거권 박탈의 근거로 받아들이기를 거부했다.

　18세기 후반 올랭프 드 구즈는 혁명정치의 구속에서 벗어나 사고하고, 자신에게도 (시민에게 요구되는) 자기 재현 능력이 있다고 주장했다. 사실 자기 재현 능력은 이성과 상상력의 관계를 정의하는 계몽주의의 논쟁점이었다. 자신의 주장을 증명하기 위해 드 구즈는 당시 상상력이라는 인간 기능을 설명하는 방식이 안고 있는 불확실성을 끌어들였다.〔이런 시도는 이후 계속 이어졌다.〕

1848년 잔 드로앵Jeanne Deroin은 양성구유androgyne(남성andro과 여성 gyn의 생물학적 조합(자웅동체)이 아닌, 사회관습적으로 정의되는 특징의 결합에 기초한 정체성. 양성구유론자는 남녀의 성gender이 정반대라는 견해에 동의하지 않는다. 페미니스트들에게 양성구유 개념은 '남성성'과 '여성성' 양자를 모두 포함하는 온전한 경험에 접근할 가능성을 제시했다.)라는 모호한 낭만주의적 관념을 가져다 성들sexes 간의 상보성과 성들의 절대적 자율성 논쟁을 이끌어 냈다. (여성참정권론자) 위베르틴 오클레르Hubertine Auclert는 제3공화국 정치가들이 정의한 '사회적인 것'의 중요성을 받아들여, 정책의 대상이 아니라 오히려 주체가 되는 '사회적인 것'의 권리를 제시함으로써 여성의 권리를 주장했다. (19세기에서 20세기로 넘어가는) 세기 전환기에는 (앞서 나온 정신과 의사이자 사회주의 활동가인) 마들렌 펠티에가 급진적인 개인주의를 포용하여, 사회적 재현의 균질화된 범주를 넘어서고자 했다. 펠티에는 개인의 유일무이함을 부정하는 범주들 중 하나가 젠더이며, 따라서 여성이 평등을 획득하기 위해서는 여성적 재현을 거부해야 한다고 촉구했다. 이 사례 중 어떤 것도 완전히 성공적인 전략은 아니었다. 투표권을 획득하지도 못했고, 그 자체의 내적 모순 없이는 존재할 수도 없었기 때문이다. 하지만 다양한 방식으로 나타난 각 사례는, '여성'임을 환기할 필요성이 '성차'를 만들어 냈고, 그래서 성차가 정치적 목적과 무관하다고 주장해 온 시도 자체를 훼손시켰다.

앞서의 예들이 보여 주는 것처럼(그리고 이후의 장들에서 상세히 설명하겠지만), 페미니스트들은 (기존 인식론과는) 매우 다른 인식론에 근거해 권리 주장을 공식화했다. 하지만 그들의 논쟁을 초월적이고 지속적인 여성 의식 혹은 여성 경험을 증거하는 식으로 읽어서는 안 된다. 비록 역설이 계속 되풀이된다는 관념은 시간을 초월하는 아우라를 수반하지만, 페미니스트들이 사용하는 개념은 당대에 뿌리박고 있어서 결국은 그 특수성 아래서만 이해될 수 있다. 역사는 페미니스트의 저술에서 발견되는 입장의 다양함뿐만 아니라 '여성'이라는 사회적이고 개인적인 정체성이 인식되는 여러 방식도 설명해 준다.

낭만주의와 공상적 사회주의에 이끌렸던 잔 드로앵은 자기 안에 존재하는 세계의 구원을 품은 어머니, 동정녀 마리아처럼 정신적으로 순결하고 자애로운 어머니를 열광적으로 찬양했다. 위베르틴 오클레르는 제3공화국의 규범을 받아들여서 고도의 과학적이고 세속적인 합리주의를 갈망했다. 마들렌 펠티에는 자연적인 성차라는 관념에 이의를 제기하기 위해 20세기 초의 새로운 정신분석학적 지식에 의존했다. 여성성을 "심리적인 성psychological sex"으로 정의하고, 이를 여성 종속의 원인으로 본 것이다. 펠티에가 보기에 해방된 여성들은 스스로 자신을 "사내로 만드는" 법을 아는 사람들이었다.

언급한 이 여성들 간의 차이는 각자가 강조한 바에 있지 않다. 훨씬 더 심오한 지점, 즉 이들이 페미니스트로서 갖는 정체성과 이들 페미니스트가 권리를 옹호한 여성들의 정체성, 바로 거기에 있다. 페미니즘의 주체subject는 고정 불변한 것이 아니다. 여성을 재-현re-presentation 하는 용어는 변화했고, 이런 변화 속에서 우리는 여성의 역사뿐만 아니라 철학 · 심리학 · 정치학의 역사들을 발견한다.

페미니즘 주체들의
변천사

페미니즘의 역사는, 일정하게 반복되는 배제의 유형과 주체들의 변화무쌍한 위치 사이의 상호작용으로 이해할 수 있다. 배제라는 용어는 정치적인 것과 가정家庭적인 것, 자기 재현적인 것과 재현된 것, 혹은 자율적인 것과 종속적인 것 사이의 고정적이고 자연적인 범주로서 '성차'를 계속 산출해 낸다. 그러나 배제라는 용어는 또한 여러 인식론에 기초하고 있으므로 가변적이고 모순적이다. 이 가변성과 모순은 권리를 요구할 자격을 지닌 '여성들'이라는 근본적으로 다른 개념으로 나타난다.

여성의 정치적 배제가 반복되자 페미니스트들 사이에는 이에 대한 공감대가 형성되었다. 마침 페미니스트들은 누구이며, 여성은 어떻게 달라져야 하는지에 관한 전망이 제시된 바로 그때였다. 사실 배제되었다는 공통의 경험은, 여성이라는 존재의 의미와 그 전망을 공유하는 것으로 종종 오해되었다. 결국 페미니즘의 역사는 그 전략과 전술 문제를 둘러싸고 날카롭게 대립하면서도, '여성women'과 '페미니스트feminist' 같은 용어들의 의미를 자명하고 불변하는 것으로 받아들이면서 이 개념들 사이의 차이를 간과해 왔다.

이런 맥락에서 나는 데니즈 라일리Denise Riley의 작업을 이어받아, 역사적으로 쓰여 온 것과는 다른 접근법으로 '여성'과 '페미니스트'라는 용어에 의문을 제기해 보고자 한다.[26] 이를 위해 혁명기나 공화정기 등 여러 환경에서 여성의 정치적 권리(특히 선거권)를 주장했던 네 명의 페미니스트들에 초점을 맞추었다.

혁명이나 개헌 시기에는 여성의 정치적 권리에 대한 문제 제기가 활발히 토론되었고, 공화정 시기에는 투표의 범위와 보편성이 표면화되었다. 프랑스대혁명기에 올랭프 드 구즈는 여성이 남성과 대등한 시민이 되어야 한다고 요구했다. 잔 드로앵은 제2공화국의 헌법을 거부하고 1849년 민주사회주의자들의 지지를 받아 입법관에 입후보했다. 위베르틴 오클레르는 여성참정권 보장 약속을 이행하라고 제3공화국에 요구한 최초의 인물이었다. 그리고 마들렌 펠티에는 투표권이 공화국의 여성해방을 계획하는 초석이 되게 했으며, 나아가 여성이 자신의 육체를 통제하는 '절대적인' 권리인 낙태까지 해방 계획에 포함시켰다.[27]

이들은 모두 숙련된 철학자가 아니었다. 교육 수준도 다양했다. 모두 대중적인 언어로 말하고, 권리 요구를 주창하기 위해 (때로는 혼자서, 때로는 다른 페미니스트들과 연계하여) 현장에서 전략을 마련하는 정치 행동가들이자 저술가들이었다. 흥미로운 것은 이 여성들이 어떻게 그리고 누구의 이름으로 그들의 주장을 공식화했는지, 페미니스트 주체들로서 어떻게 구성되었는지, 그들 사이의 차이점은 무엇인지이다. 또한 보편주의적인 담론, 특히 추상적 개인주의 담론과 사회적 의무와 권리 담론이 비록 여성들을 정치적 작인agency으로 보지는 않았어도, 여성들이 스스로 정치적 행위자agents로 인식하도록 이끌었다는 점이다. 그리고 무엇보다도 흥미로운 점은 형식적으로 '역설'과 유사한, 페미니즘 철학의 비교 불가능성incomparability, 즉 페미니스트 행위의 역사적 특수성이다.

다소 색다르겠지만, 이 주제를 다룰 때에는 각각의 여성들에 초점을 맞춰 충실하고도 세심하게 독해해야 한다. 네 여성들 중 일부는 페미니스트 정치의 스펙트럼에서 단연코 주변부에 위치했다는 점에서 전형적이지 않다. 그러나 때로는 그들의 시각이 그 시대 다른 페미니스트들의 시각과 겹치고 만나기도 했으므로 독특하다고만 하기도 어렵다. 그러므로 사상, 수사학과 독설, 아이러니, 기이한 행동 등에 이르기까지 그들을 깊이 있게 연구해야만 역사적으로 페미니스트들의 정치적 권리 주장과 연관됐던 여러 가지 정치적 · 철학적 쟁점들을 통찰할 수 있을 것이다.

이들의 사적인 경험과 개별 행동 사이의 표면적인 연관성이나 전기傳記적인 서사에 관심이 있다면, 이 책은 별로 유용하지 않을 것이다. 부모, 스승, 애인, 자녀들과의 관계 등 이 여성들의 사적인 삶의 경험은 페미니스트 정치학을 충분히 설명해 주지 못한다. 전기는 여성들의 사상이나 행동을 개인적인 삶의 이야기로 치부하고, (주체를 존재하게 하는 사회/문화적 수단인) 언어의 복잡한 결정력을 간과하면서, 개인의 환경에만 너무 초점을 두는 경향이 있다. 게다가 전기적인 접근은 행위를 역사적으로 규정된 주체 형성 과정의 결과로 보지 않고, 자율적인 개인 의지의 표현으로 치부한다. 행위를 개인 의지의 표현으로 보는 것은, 인간 본성(가끔 같은 것으로 제시되긴 하지만)을 살피는 것이 아니라, 행위를 여성의 개인성 · 자율성 · 정치적 권리를 부정하는 많은 동일한 관념들과 결합시켜서 보는 역사적으로 특수한 개념일 뿐이다. 나는 행위를 천부적인 인간 의지에서 비롯된 것으로 가정하지 않을 것이며, 대신에 정치적 주체들을 생산하고, 은폐되거나 부정되었을 때조차도 행위(이 경우에는 페미니스트들의 행위)가 가능하도록 한 담론적 과정 ― 인식론, 제도, 그리고 실천 ― 으로서 페미니즘을 이해하고자 한다.[28]

나는 이 여성들이 본받을 만한 영웅들이라고 생각하지 않는다. 그들은 정치적 · 문화적 경쟁들을 이끌어 내고 그것을 섬세하게 검토할 수 있게 하는 장소, 즉 역사적인 위치 혹은 지표다. 한 사람, 이 경우 한 여성을 장소나 위치로 형상화한다고 해서 그녀의 인간성을 부정하는 것은 아니다. 오히려 그녀의 행위를 구성하는 많은 요인들, 다시 말해 그녀를 역사적인 행동가로 구성하는 복합적이고 다양한 방식들을 인식할 수 있다.

이 책의 논점 하나는 페미니스트 행위agency는 그 표현에서 역설적이라는 것이다. 이는 '성차'로 여성의 배제를 자연화한 (권리 이론과 시민 이론을 수반한) 개인주의의 보편주의 담론들에 의해 구성되었다. 두 번째 논점은 페미니스트 행위에는 역사가 있다는 것이다. 페미니스트 행위는 일련의 고정된 행동도 아니고, 여성들의 본질적인 속성도 아니다. 오히려 특정한 인식론들 안에서 일어난 모호함, 불일치, 모순의 결과다. 이 논의를 위해, 나는 페미니스트 주체들이 구체화하고 실천하고 드러낸, 역사적으로 특수한 역설들을 읽어 내고 이로써 페미니즘의 역사를 다시 쓰고자 한다.

역설은
개인주의 내부에

역설을 읽는 것은 역사가들이 해 온 것과는 다른 방식의 독해를 요구한다. 우리는 대립적인 입장들의 충돌(예를 들면, 페미니스트와 자유주의 정치가들의 충돌)만을 읽어 왔을 뿐, (페미니즘 내부, 자유주의적인 개인주의 내부, 자유·개별 영역·개인과 같은 개념 내부에서 일어나는) 충돌이 증상이자 원인이 되는 내부적인 긴장이나 불일치는 독해하지 못했다. 기술상 해체적인 방식의 독해는, 직선적인 서사나 목적론과는 불편한 관계에 놓인다. 직선적 서사나 목적론은 내부적 충돌과 권력에 대한 설명을 생략함으로써 특정한 세계관의 진실성이나 불가피함을 설정하는 이야기들을 삭제하기 때문이다.

어쨌든 노력할 만한 값어치는 있다. 역설과 모순, 모호성이 함축하는 미해결성unsettledness을 놓치면, 페미니즘의 전복적인 잠재력과 페미니스트의 행위를 바라보는 시야를 잃기 때문이다. 페미니즘이 역설을 구현하기 때문에, 페미니스트들이 재현하는 모든 현재 상태의 토대를 보호하려는 사람들은 페미니즘을 사소하거나 주변적인 것으로 만들어 버린다.[29]

그러한 식의 방어는 모순을 비가시화하는 동시에, 모순을 지적하려는 사람들에게 모순의 원인을 돌림으로써 모순을 부정하게 만든다. 페미니즘의 역설은 보통 페미니즘 자체의 혼란에서 비롯된 것으로 해석되었고, 이러한 해석이 페미니스트들을 계속해서 배제하는 것을 합리화했다. 보편적인 평등 원칙을 일관되게 실행하라는 페미니스트들의 요구는, 매번 비이성적이고 위험스러울 정도로 일관성이 없는 것은 바로 페미니스트들 자신이라는 응답(일관되지 못하다는 뜻을 비정상으로 표현한 것이, 하나의 불가능한 조합으로써 "남성적인 여성들" 혹은 "여성적인 남성"이라는 비난이었다.)으로 되돌아왔을 뿐이다.

올랭프 드 구즈는 상상력이 지나치다는 이유로 자코뱅(프랑스혁명기 급진파)들에 의해 단두대에서 처형되었고, 잔 드로앵은 세계 전복을 꿈꾼다며 비웃음을 샀다. 메두사에 비유된 위베르틴 오클레르는 1880년도 경찰 보고서에 "미쳤거나 히스테리에 시달린다. 남성들과 자신을 동등한 사람으로 생각하는 병자"라고 기록되었다.[30] 1920년대 출산장려론자들이 도덕적 혼란의 근원이라고 여긴 마들렌 펠티에는 정신병원에 감금된 채 말년을 보냈다.

페미니스트들이 보여 준 역설들이 모두 그들이 만들어 낸 것은 아니었는데도, 우리는 페미니즘의 역사를 기술하며 이 사실을 무시하는 잘못을 범했다. 페미니즘의 역사를, 마치 그것이 평등이냐 차이냐 하는 올바른 전략을 선택하는 문제인 양 단순화하는 것은, 둘 중 어떤 하나가 사실은 쓸모가 있었고, 궁극적으로 (페미니즘 문제가) 종결이나 해결에 도달할 수 있(었)다고 넌지시 말하는 것이다. 그러나 페미니즘의 역사는 유용한 취사선택의 역사이거나, 자유롭게 성공 전략을 선택해 온 역사가 아니다. 오히려 직면한 딜레마들을 해결하기 위해 근본적인 문제점과 여러 차례 씨름해 온 여성들(그리고 몇몇 남성들)의 역사다(특정한 개혁을 성취하는 데 그들의 노력이 얼마나 성공적이었는가의 여부와는 별개로).

이런 문제들을 주제로 삼고 역설의 원인과 작동에 주목하는 페미니즘의 역사는, 그 역사적 의미를 확립하는 데 그치지 않고 민주주의의 역사에도 이의를 제기한다. 프랑스에서든 다른 곳에서든 민주주의의 역사는 초창기의 차별을, 점차 완전해지고 확장될 복수적 시스템에 〔불가피하게〕 나타나는 일시적인 흠집으로 돌렸다. 그리고 역사적 맥락과 필연적으로 관계될 수밖에 없는 투표권의 확대를 그 맥락과 상관없이 불평등이 사라진 사회를 예증하는 한결같은 척도로 간주해 왔다.

앞으로 다룰 장들에서 제시하는 페미니즘의 역사는, 역사에 대한 관습적인 접근과 그것이 옹호하는 이데올로기에 대한 비판을 담고 있다. 나는 페미니즘이, 적어도 여성의 권리를 요구했을 때만큼은 자유주의적 개인주의 담론으로 생산되었고, 살아남기 위해 자유주의에 의존해 왔다는 것을 부정하지 않는다. 거기에는 어떠한 대안도 없었(고 여전히 없)다. 나의 논점은, 변화하더라도 근본적으로 해결될 수 없는, 영원히 충돌하는 관계의 본질을 강조하는 데 있다. 페미니즘은 자유주의적 개인주의의 온건하고 진보적인 작용을 가리키는 어떤 기호가 아니라, 구조적인 모순의 한 징후다. 이 모순은 투표권과 같은 개혁을 통해 다른 장場으로 옮겨졌을지도 모르지만, 그럼에도 소멸되지 않았다. 따라서 페미니즘 역시 사라지지 않았다.

페미니즘은 역사적으로 복잡한 비평적 실천으로 존재해 왔다. 페미니즘의 역사도 그 못지않다. 사실, 페미니즘의 역사는 비평적 실천에 개입하여 페미니즘이 기술하고 있는 기획의 일부가 될 수 있다. 바로 이것이 페미니즘의 역사 그 자체이다.

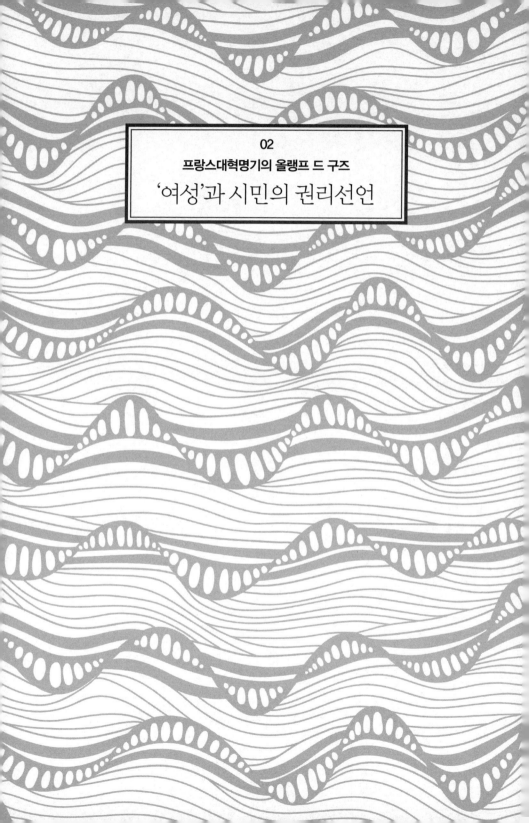

02
프랑스대혁명기의 올랭프 드 구즈
'여성'과 시민의 권리선언

1748~1793

드 구즈는 상상력을 행사하는 과정에서 상상력의 모호함에 의존했으며,
상상력이 지탱하거나 포함하는 모순들을 드러냈다.
이러한 창조적인 참여가 역설로 귀착되는 것은
페미니즘의 고유한 특징 중 하나 같다.
여성의 정치적인 권리를 획득하려는 투쟁의 과정에서
가능성의 한계를 시험하는 하나의 방식, 그것이 페미니즘이다.

LA COMMUNE DE PARIS

여성을 비껴 간
시민의 '권리'

1789년 가을 〈인간과 시민의 권리선언The Declaration of the Rights of Man and Citizen〉을 소리 높이 외치며 혁명의 원칙을 공표하는 순간, 프랑스혁명의 기획자들은 이 보편적인 선언이 갖는 위험성을 깨닫고 있었다. 이 선언은 애써 완성해 놓은 모든 헌법의 세부 사항들과 충돌할 것이 분명했기 때문이다. 귀족 출신이면서 제3계급의 대표자인 오노레 가브리엘 미라보Honoré Gabriel Mirabeau와 피에르 빅터 말루에Pierre Victor Malouet가 국민의회에서 발언한 내용을 보자.〔혁명 당시 프랑스의 계급 구조는 제1계급 성직자, 제2계급 귀족, 제3계급 부르주아 시민이었다.〕

그들은 권리가 정확하게 무엇이고, 어떻게 이행되며, 누구를 위한 것인지를 결정하기도 전에 자신들의 권리부터 말하는 사람들에게 경고를 하려고 했다.[1] 그러나 두 대표자의 관심은 다수파에게 묻히고 만다. 다수파는 이 원칙적인 선언으로 국민들이 권리로서 누리는 자유

를 사랑하게 되고, 또한 인민의 주권과 "자연의 질서"에 기초한 정부
가 구체제를 교체하는 데 긴급하게 요구되는 지지를 동원할 수 있으
리라고 기대했다. 과연 〈권리선언〉은 혁명을 위해 애국자들을 다시
결집시키는 데 성공했다. 그러나 미라보와 말루에가 예견했던 것처
럼, 권리선언은 2년 후 공포된 헌법이 규정한 '시민권citizenship'에서 배
제된 사람들(여성, 노예, 유색 자유민들)의 불만을 예비하고 있었다.

　원칙과 현실의 충돌, 이른바 각기 다른 사회적 상황에 처한 모든 개
인들에게 해당하는 권리와 필요에 따라 사회적 차이를 참작하는 정
책 사이에 내재된 충돌을 어떻게 바라볼 것인가? 이에 대한 혁명당원
들의 인식은, 프랑스 페미니즘 역사의 출발점으로 삼을 만하다. 그러
나 이 이야기에는 복잡한 문제가 덧붙여진다. 혁명은 재빠르게 여성
의 시민권을 특히 결혼의 테두리 내에서만 인정했다. 1791년에 결혼
은 시민 계약으로 정의되었고, 1792년에 이혼은 부부의 합법적인 권
리가 되었다. 남성 입법자들은 여성을 입법의 대상인 동시에 시민의
권리를 갖는 주체로 규정하면서, 여성에게는 모순적인 결과를 가져올
법안들을 통과시켰다. 시민의 권리를 행사하는 행위자임을 승인받는
동시에, 정책에서 배제되는 객체이자 주체인 여성의 모호한 위상, 바
로 여기서 페미니즘이 생겨났다.[2]

　1791년 헌법이 논의되고 있을 때, 올랭프 드 구즈(1748~1793)는
《여성과 시민의 권리선언Declaration of the Rights of Women and Citizen》을 출
간했다. 여성은 태어날 때부터 남성이 가진 모든 권리를 가지며(그녀
들 역시 개인이다.), 여성이 권리를 더 긴급하게 행사해야 할 특수한 상
황에 있다고 주장하는 성명서였다. 드 구즈의 선언은 혁명에서 최초

프랑스혁명기 〈여성과 시민의 권리선언〉을 발표한 올랭프 드 구즈.

혹은 유일한 페미니스트 성명서는 아니지만, 유사한 주장을 했던 페미니스트나 역사가들에게 전범이 될 만했다.[3] 이 시기 여성의 권리와 관련한 가장 종합적인 요구와 말 그대로 혁명의 보편주의를 담고 있기 때문이다. 나아가 이 선언은 여성이 갖는 차이에 주목하라고 요구함으로써 여성을 추상적인 개인으로 표상하려는, 그 자체로 역설적인 시도로 보편주의의 불완전성을 폭로하고 있기 때문이다.

남성임을 상상하는 여성

여성을 시민으로 재현하려는 드 구즈의 선언은, 재현의 정치적·철학적인 의미를 두고 혁명가들이 벌인 말 많고 오지랖 넓은 토론의 한가운데에 끼어들게 되었다. 선출된 인민의 대표자들은 국민을 구성하는가, 아니면 단지 국민의 불완전한 대리자로 임명되는 것인가? 보편적 의지와 이 보편적 의지를 표현한다고 가정된 사람들 사이의 관계는 무엇인가? 시민권이 추상적 개인을 상징하는 것이라면, 또한 시민권은 구체적인 존재로 인민을 재현할 수 있는가? 시민은 실제로 인간을 재현한 것인가, 아니면 시민권 부여가 정치적 개인으로서 인간의 존재 가능성을 만들어 내는 것인가?(만일 후자라면, 시민권은 여성을 재현하는 문제를 푸는 핵심 열쇠가 분명하다.)

이 모든 질문들은 통치 권한을 위임하는 실제적인 문제 및 그때 필요한 지혜뿐만 아니라, 기호와 지시 대상 사이에 맺어지는 관계의 본질까지도 포함하고 있었다. 그런데 '국민nation'이나 '인민people', 또는 '천부 인권을 가진 개인rights-bearing individual', '시민citizen', '보편 의지 general will' 같은 극히 추상적인 개념들이 궁극적으로 지칭했던 실체는 무엇이었을까?

혁명가들은 이러한 문제들을 끝도 없이 논쟁했다. 어떤 이들에게 의회는 곧 국민이었지만, 다른 이들에게 의회는 그저 국민을 대표하는 기관일 뿐이었다. 어떤 이에게는 선출된 대표들이 인민의 위임자에 불과했지만, 다른 이들에게 선출된 대표들은 최고 주권자였다. 어떤 이들에게 법률은 보편 의지였지만, 다른 이들에게 법률은 보편 의지의 표현이나 반영이었다. … 등등. 이러한 인식론적 문제들은 곧 정치적인 문제들이었다. 그러나 이 문제들을 해결하려는 노력은 결국 실패하고 말았다. 엄밀히 말해서 재현이 기존 현실을 반영하는지 아니면 그런 현실을 상상하는 바로 그 가능성을 창조하는지는 결국 알지 못한 채로, 앎knowing에 얽힌 이해관계는 복잡해져만 갔다.[4]

드 구즈의 전략 중 하나는, 서로를 통해 현실을 만들어 내는 기호와 지시 대상 간의 상호 관련성을 유희함으로써 재현의 모호성을 그 한계 지점까지 밀고 나가는 것이었다. 이는 페미니즘 특유의 전략이기도 하다. 드 구즈는 자신의 많은 저술들(드 구즈는 희곡과 많은 팸플릿·소책자를 집필했는데, 이는 권리선언의 풍부한 원천이 되었다.)에서 한 것처럼 본인을 구성하는 데에도 이 전략을 도입했다. 이런 드 구즈의 노력 때문에 관습적인 방식으로 그녀에 대한 전기를 쓰는 일이 어려웠던 것이 사실이다. 초기 전기 작가 중 한 사람이 허구에서 진리를 가려 내려고 힘겹게 노력해야 했던 이유도 여기에 있다.

레오폴드 라쿠르Léopold Lacour가 1900년에 쓴 드 구즈의 전기는, 그녀의 일생을 사실적으로 조명하는 데 많은 분량을 할애했다. 몽토방 마을에서 태어난 그녀의 정확한 출생 날짜(그녀는 나이를 먹어 가면서 자기 나이를 실제보다 더 어리게 바꾸었다고 하는데, 보통은 1749년에 태어났다고 전해진다.), 그녀가 사용한 이름의 출처들(출생 당시 이름은 마리 구즈Marie Gouzes였으나 1764년에 남편이 사망한 후 이름을 바꾸었다.), 남편인 루이 오브리Louis Aubry가 죽기 전에 그를 떠나 파리로 갔는지 아니면 죽고 난 후에 파리로 갔는지에 관한 것이라든지, 16세에 매우 조촐한 결혼식을 올린 이 남편의 정확한 직업(요리사? 연회 요리 담당자? 몽블랑 마을의 행정 관료들에게 음식을 공급하는 사람?), 아이들의 수(피에르 오브리Pierre Aubry라는 아들이 하나 있었다는 기록이 있지만, 라쿠르는 1793년 드 구즈가 구속됐을 당시 신원 확인서에 "임신 2개월"이라고 기록된 것으로 보아 다른 아이가 있었을 가능성을 제시하고 있다.), 연인들의 이름과 수(드 구즈는 혁명이 일어나기 전 파리에서 수년간 매춘부로 살았다.), 아버지의 신원(출생 신고서에는 아버지가 도살업자 구즈라고 기록되어 있다. 하지만 구즈의 부인에도 불구하고, 루이 15세의 사생아라는 소문이 떠돌았다. 그녀 입에서 처음 나온 얘기로 보이는 르 프랑크 드 퐁피냥 후작Marquis le Franc de Pompignan의 사생아라는 이야기들과 함께) 같은 것들.[5]

라쿠르는 이런 문제를 밝히는 데 수고를 아끼지 않았지만, 추론만 무성할 뿐 어떤 결정적인 증거도 내놓지 못했다. 그리고 그는 드 구즈가 자신을 재현하고자 노력했다는 역사적으로 중요한 사실을 간과했다. 그녀는 아버지(들)와 남편의 이름을 버림으로써 본인의 자율성,

즉 가부장적인 법률이 여성에게 부과하는 제2의 지위를 사실상 거부했다. 그녀에게 부여된 어떤 이름도 그녀의 존재를 나타낼 수 없었다. 그녀는 유일무이했고, 자기 자신에게서 발원했다. 앞서 존재하는 어떤 주체도 없었고, 각인될 만한 어떤 무정형의 질료도 없었다. 오히려 드 구즈는 재현으로 그녀 자신이 규정하기 이전에 존재하는 어떤 것과도 같지 않은 자신을 창조했다. 그러므로 그녀는 당시의 용어로 말하자면 능동적인 시민이자, 혁명의 '신인간new man'에 정확하게 들어맞는 사람이었다. 게다가 그 진실 여부와 상관없이 그녀 가족의 기원을 둘러싼 갖가지 추측들 덕분에, 그녀는 자신이 원하던 형상을 효과적으로 만들어 낼 수 있었다.

르 프랑크 드 퐁피냥 후작이 자신의 아버지임을 암시하면서, 드 구즈는 사회적 상승 욕구를 충족시키고 (후작은 저술가로서 명성을 얻었으므로) 극작가이자 1788년부터 시작된 정치 팸플릿 저자로서 활동하는 데 필요한 하나의 가계도를 구축한다(1793년 드 구즈의 재판과 사형 집행 내용을 담은 마지막 보고서는 그녀를 "학식 있는 여성"으로 기록했다. 이는 드 구즈가 자신을 규정했던 용어들 중 일부는 적어도 성공을 거두었음을 증명한다).[6] 올랭프 드 구즈를 실증하려고 애썼던 라쿠르의 고투는 이름과 사람 간의, 기호와 그 지시 대상 간의 관계가 투명하리라는 믿음을 무심코 드러내고 있다. 드 구즈는 동시대의 철학자들과 함께 이 믿음에 이의를 제기한 바 있다. 루소와 그의 영향을 받은 혁명가들은 이 문제를 곤혹스러워했지만, 드 구즈는 모든 기호들이 자의적이며, 어떤 면에서는 자신을 나타내는 기호가 될 수도 있다는 루소의 인식을 기꺼이 받아들이고 이를 이용하기까지 했다.[7]

드 구즈는 자신을 표현하는 능력을 상상력에서 찾았다. 자신을 '인간과 시민Man and Citizen'의 권리를 소유한 이로 그려내고, 여성의 정치적 권리가 논란이 되었을 때 자신의 정치적 개입을 정당화한 수단이 바로 상상력이었다.

드 구즈는 상상력에 직접 호소하기도 했다. 인간 사회의 기원은 수많은 지식인들이 이미 과감하게 의견을 밝혔던 주제인데, 그녀는 대담하게도 꿈으로써 이를 묘사하려고 했다. 꿈과 상상력은 드 구즈와 동시대인들에게는 종종 동의어였고, 동의어가 아니라 해도 밀접한 관련이 있었다. "나는, 아마도, 내 꿈에 푹 잠겨 있었다. …"[8] 여기에서 그녀는 자신이 루소나 (루소와 함께 활동한 18세기 프랑스 계몽사상가) 볼테르(필명 Voltaire)와 다름없다고 주장한다. 루소와 볼테르도 자신들의 이야기를 상상했다. 비록 그 재능이 비판과 오류에 빠지지 않도록 그들을 지켜 주지는 못했지만 말이다. "내가 학식은 부족할지 모르지만, 다른 사람들처럼 (상상에) 빠져들고 싶다."[9]

당시의 관점에서 보자면 그녀는 평소 상상력이 풍부하게 행동했을 뿐이다. 드 구즈는 그렇지 않았더라면 배제되었을지도 모르는 이야기 속에 자신을 끼워 넣고, 자신이 속한 세계의 구성 요소들을 있음직하게 연결시키며, 자신이 열망했던 역할을 수행했다. 그녀는 제2의 카산드라(트로이 마지막 왕의 딸로 '예언자')였고, 루소의 모방자이자 그보다 더 나은 영리한 사람이었고, 왕을 옹호한 법률가였다. 그녀는 자신을 호메로스와 잔다르크에 비유했다.[10]

로베스피에르Maximilien Robespierre의 죄를 비난하는 팸플릿에서는 자신을 "양서류"로 묘사하며 중의적인 철자 바꾸기로 자신을 나타냈다.

"나는 특별한 동물이다. 나는 남자man도 여자woman도 아니다. 나는 남성의 용기와 여성의 연약함을 지니고 있다."[11] 그녀는 여성도 남성도 아니었지만 동시에 여성이자 남성(인간)이었다. "나는 여성이고, 위대한 남성(인간)으로 국가에 봉사한다."[12] 드 구즈가 보기에 시민권 획득은 창조적인 상상력이 낳은 결과였다.

18세기 말에 여성이 창조적인 상상력의 힘을 주장하는 것은, 논쟁이 있는 사안에서 그럴 법하지만 동시에 상상하기 힘든 어떤 것을 기정사실화하는 것이었다. 상상력이란 것은 철학자들도 좀체 그 모호성을 해결하기 어려운, 갈수록 더욱 난처해지는 개념이기 때문이다.

18세기 초 사전들을 보면 상상력은 첫째, 이미지나 사고의 형태로 외부의 사물들을 있는 그대로 표현하는 정신적 재능을 가리킨다. 둘째 정의도 창조성(사물들을 창조하는 정신적 능력)을 포함하기는 하지만, 종종 상상력은 반성적인 상상력의 퇴화된 형태("상상병 환자malade imaginaire", "건강하더라도 자기가 아프다고 믿으면 정말 그런 것 같다고 여기는 상상력의 소유자")로 받아들여졌다.[13] 꿈이 상상력과 연관되는 것은 이런 의미에서였다. 디드로는 《백과전서》에서 "꿈의 모든 대상은 명백히 상상력의 장난"이라고 단언하였다.[14] 그러던 것이 18세기가 지나면서 환상과 창조의 문제가 우위를 점하게 되고, 아울러 어떤 사전이 "더욱 숭고하고 정확한" 정의라고 했던 시와 예술을 생산하는 능력, 즉 "모방을 통해 창조하는" 정신의 능력이 상상력의 주된 의미가 되었다.[15]

창의성과 독창성이 점차 강조되자, 이성과 현실 간의 관계도 논의되기 시작했다. 루소는 《에밀Émile》에서 "현실 세계는 그 한계를 가지고 있다."고 썼다. "상상의 세계에는 한계가 없다. 현실 세계를 확대할 수 없으므로, 상상의 세계를 제한하도록 해라. 왜냐하면 우리를 진실로 불행하게 만드는 모든 고통은 이 둘 사이의 차이에서 생겨났기 때문이다."[16] 그는 이 둘 사이의 차이가 각 용어들의 의미를 만들었다는 점을 덧붙였을지도 모른다. 실재의 경계선은, 허구와 같은 그 한계를 규정하는 무언가가 없다면 바로 드러나지 않기 때문이다. 상상력이 없다면 어떻게 이성의 작용을 구별해 낼 수 있겠는가? 이 성가신 질문에 대답하기는 어려웠지만 그래도 답을 찾기 위해 계몽주의 철학자들은 예리한 (하지만 필연적으로 모호한) 차이들을 만들어 냈다.

《백과전서》에서 볼테르는 수동적인 상상력과 능동적인 상상력 두 종류를 가정함으로써 상상력의 양 측면을 조화시키려고 했다. 수동적인 상상력은 모방적인 것, 즉 단순히 외부의 사물이 마음에 비치는 것을 가리킨다. 외부에서 주어진 대로, 이미지들은 개인을 점유하고 개인에 거주한다. 어떤 이가 잠자는 동안 꾸는 꿈처럼, 이 이미지들은 통제하기 힘들다. 수동적인 상상력은 열정이 흔히 그렇듯이, 꿈꾸는 사람을 지배해 버린다. 착각이 연상되고 복종으로 이어지는 것도 이 때문이다. 볼테르는 여기서 교육받지 못한 사람들의 사례를 제시한다. 그는 교육받지 못한 사람들의 수동적인 상상력이 다른 사람들에게 지배의 도구가 된다고 보았다.[17]

볼테르의 동료인 디드로는 모방이라는 말로 상상력을 설명하고, 수동적인 상상력을 여성에 비유했다. "여성을 떠올려 보라." 디드로는 《배우에 관한 역설Le paradox sur le comédien》에서 다음과 같이 썼다. "여성들은 감수성에서는 우리(남성)를 훨씬 넘어선다. 여성들의 열정과 우리의 열정은 비교도 되지 않는다. 그러나 행동에서는 우리가 여성들에 미치지 못해도, 모방에서는 우리가 여성들보다 낫다."이 구절에 대해 (프랑스 철학자. 1940년생) 필리프 라쿠 라바르트Philippe Lacoue-Labarthe는 "이 말은 여성들이 모방하지 않는다는 말이 아니다. 그러나 여성들이 모방을 한다 해도 … 그 모방은 열정과 수동성에서만, 즉 속박되거나 사로잡힌 상태에서만 일어난다. 결국 여성들은 그저 피사체subject에 지나지 않는다."고 썼다.[18]

상상력은 저항하지 못하는 여성들에게 각인될 뿐, 여성은 이를 구체화하는 데 어떤 역할도 하지 않는다. 오히려 여성은 (라쿠 라바르트의 글에서는) "흔적이 새겨지는 모체matrix이거나 무정형의 질료이다." 디드로는 《여성론Sur les femmes》에서 여성이 재능을 지닐 때, "그 흔적이 우리보다 여성들에게 더 원형에 가깝게 새겨진다고 생각한다."는 말을 덧붙인다.[19] 여기서 원형성이란 다른 사람들이 원형이라고 상상하는 것과 유사하다는 것을 의미한다. 즉, 원형을 찍어 내는 매개물이 아니라, 원형을 있는 그대로 보여 주는 흔적인 셈이다. 한 마디로, 여성들에게는 능동적 상상력의 소유자가 보여 주는 자기 창조의 자율성이 없다.[20]

이와 정반대로 능동적 상상력은 독립적인 주체를 가정한다. 볼테르는 시, 수학, 과학적 발명에서 나온 창조적 재능의 업적들은 능동적 상상력에서 비롯되었다고 보았다. 능동적 상상력은 기존의 이미지와 관념들을 재결합하는 신중한 사고를 포함한다. 볼테르가 지적했듯이 "왜냐하면 … 인간은 자기 스스로 관념을 창조하는 운명을 타고나지는 못했기 때문이다. 인간은 오로지 관념을 수정할 수 있을 뿐이다."[21] 그러나 수정하는 것 또한 진보, 즉 인간의 기술로 자연적으로 주어진 바(소여所與)를 뛰어넘는 것이다. 따라서 단순한 재생산이 아닌 이 같은 생산을 함으로써 인간은 자신의 생각을 명확히 표현하는 근원이 된다.[22]

볼테르에게 가장 큰 난제는 능동과 수동의 대조가 아니라 능동적 상상력 그 자체였다. 그가 보기에 능동적 상상력을 유익하고 계몽적인 목적에 최대한 활용하는 것이 급선무였다. 그러나 여기에는 언제나 과잉의 위험이 있다. 이성으로 쉽게 규제된다고 해도 상상력은 애초부터 이성적인 것이 아니기 때문이다. 사실 (어떤 종류이든) 상상력은 라쿠 라바르트가 "유사성의 논리"라고 부른 모방이나 재현을 포함하는 한, "외양과 실재, 현존과 부재, 같은 것과 다른 것, 말하자면 동일시와 차이의 구분을 중심으로 분절된다. 이 구분은 모방mimesis에 입각한 (그러면서도 지속적으로 동요하는) 구분이다. 어느 층위에서든 이 논리가 적용되면, 규칙은 언제나 동일하다. 즉, 유사하면 유사할수록 그만큼 더 달라진다는 것이다. 유사성이란 이미 다름을 전제하고 있어서, 유사하다는 것은 언제나 '그 자체'를 가리킬 수 없게 되고, 이는 무한히 반복된다."[23]

능동적 상상력은 소외라는 적극적인 형태로 능동적이 된다. 그 안에서 사람은 말 그대로 자기 자신을 창조해 낸다(여기에는 행동에 앞서는 어떤 주체도 존재하지 않는다). 동시에 여기에는 또 다른 종류의 소외 가능성이 내재되어 있다. 예술로는 성공적으로 발현된 것이 파괴적인 광기로 나타날 수도 있다. 이를테면 작가들은 자기들이 매우 능숙한 솜씨로 형상화한 인물들에 빠져들 수도 있는데, 볼테르는 이런 동일시가 "광기로 전락할 수 있음"을 경고한다.

이러한 종류의 상상은 말 그대로 자기 자신을 넘어서, 자기와 타자를 혼동하는 오인된 동일시misidentification를 구성하는 황홀하거나 고양된 상태로 이끈다.

이러한 혼동에는 두 가지 측면이 있다. 우선 모방자가 자기 고유의 감각을 잃고 자신을 다른 사람과 변별시켜 주던 특정 자질을 인식하지 못하게 된다. 또한 차이의 범주가 흐려짐으로써 모방자와 모방의 대상 모두 의문시된다. 따라서 루소는《신新 엘로이즈La Nouvelle Héloïse》서문에서 "우리가 아닌 것을 욕망해서 현재의 우리가 아닌 다른 존재를 우리 자신이라고 믿는 것, 이것이야말로 우리를 미치게 만든다."고 경고했다.[24]

볼테르는 능동적인 상상력이 너무 지나치게 될 위험을 품고 있다고 보았으므로, 이런 상황을 자아를 확인시켜 주는 증거인 이성의 통제력이 사라졌다는 말로 표현했다.[25] 픽션과 시는 창조적인 정신의 산물로 받아들일 수 있을 만하지만, 동화fairy tale의 "환상적인" 상상물은 너무 과한 것이다. "질서와 분별력을 늘 빼앗아 간다는 점에서, 이 상상물은 존중받기가 어렵다. 어떤 이들은 여기에서 나약함을 보고, 어떤 이들은 이성의 관점으로 비판한다."[26] 다른 관점에서 [18세기 프랑스 관념학파의 원조] 콩디야크Étienne Bonnot de Condillac 역시 능동적 상상력에 바탕한 이해가 가져올 위험에 비슷한 관심을 표명했다. 즉, 능동적 상상력은 "진실과 대립하는" 방식으로 감각적인 인상들을 재조합하는 힘을 갖고 있다는 것이다.[27]

능동적 상상력이 지닌 잠재적인 위험의 교정은, 언제나 방심하지 않는 이성의 통제력에 달려 있다. 자기를 통제하는 내부 메커니즘으로 허구와 실재, 오류와 진실, 광기와 온전함, 무질서와 질서 사이의 경계선을 지속적으로 관리할 필요가 있다. 사실 능동적 상상력은, 자기 통제가 가능하고 자주적인 개인들의 특징이다. 제 자신을 통제할 수 없는 사람들에게는 능동적 상상력이 곧잘 외부에서 이들을 조종하는 행위자agent가 된다. 《백과전서》에서는 '꿈dream'을 외부적이고 내부적인 규제라는 이중의 의미로 보았다. "깨어 있는 상상력은 질서가 잘 잡힌 공화국이다. 여기에서는 행정장관의 지시가 모든 것을 질서 정연한 상태로 되돌린다. 반면 꿈의 상상력은 무질서 상태의 공화국과 같다. 여기에서는 열정이 입법자의 권위에 반항한다. 그의 법률이 시행 중인데도."[28]

여기서 이성의 목소리는 (남성) 행정장관의 목소리이자, 깨어난 상상력에 금지령을 선포하는 법의 목소리다. 정치적이고 개인적인 측면 둘 다에서 이 은유가 제시하는 질서는 이 법률을 내면화함으로써 성립된다. 무질서한 꿈의 상태는 (확실히 남성의 형상인) "입법가의 권위"에 대한 열정과 욕망의 공격으로 형상화된다. 낮과 밤의 차이는 질서와 혼돈, 이성과 열정, 규율과 욕망, 능동과 수동의 차이다. 깨어 있을 때의 꿈은 "모든 것이, 질서 없이, 진실도 없이, 얽혀 있"는 잠잘 때의 꿈과는 달리 조리가 서 있다고 디드로는 말한다.[29]

전복적인 꿈은 잠에 갇혀 있는 한 잠재적으로만 파괴적이다. 그렇다 해도 그 존재 자체가 두통거리임은 틀림없다. 디드로에게 이 차이는 남성과 여성 간의 차이이기도 했다. 디드로는 《여성론》에서 "무서운 발작"에 영향 받기 쉬운 기관이며 "여성의 성 고유의 신체 기관"인 자궁 때문에 여성 안에서 만들어지는 망상들, 광란, "터무니없는 생각들"을 기술했다. 그는 계속해서 불치의 히스테리처럼 보이는 사례들을 소개하고, 의사나 행정가가 개입해서 치료하라고 당부한다. 왜냐하면 "이러한 불같은 상상력, 억누르기 힘든 것처럼 보이는 영혼은 말한 마디로 제압할 수 있기 때문이다."[30] 이 "말 한 마디"란 달아오른 상상력의 분출을 멈추게 하는 법률의 말이다.

그렇지만 볼테르는 딜레마에 처해 있었다. 이는 우리에게 상상력의 불안정한 논리를 고정시키려는 노력이 부질없음을 보여 주는 증거이다. 다시 말해, 창의성과 자율적 자아는 과잉과 소외로 빠져들기 십상이었다. 〔18세기 프랑스 사상가〕 아베 페로Abbé Féraud의 남성과 여성 간의 구별("고귀한 상상력은 남성을 영웅주의로 이끌고 여성은 끔찍한 무질서로 떨어뜨린다.")[31]은 디드로에게 충분한 자기 확신을 제공하지 못했다. 꿈과 깨어 있는 생각 사이의 경계선은 확정하기 어려운데, 이는 분명히 논리 정연한 생각들도 꿈에서 나타날 수 있기 때문이라고 디드로는 쓰고 있다. 그렇다면 논리 정연한 생각들은 과연 신뢰할 만한가? "만일 자고 있는 동안에도 논리 정연한 생각이 우리 안에 형성되는 것이 명백하다면, 이 생각들이 우리가 깨어 있는 동안에는 똑같은 방식으로 만들어지지 않는다고 확신할 수 있을까?"[32]

루소의 상상력 개념은 자기/타자, 남성/여성의 관계에 욕망의 문제를 명시적으로 제기하여 이들 논의에 또 다른 차원을 더했다. 루소에게 상상력은 위안을 주는 능력이자 사악한 능력이었다. 상상력은 남성a man이 자기 자신을 넘어설 때, 우회로나 장애물 없이도 기꺼이 환상을 포기하게 한다.[33] 이런 상태에서 그는 얼마간 자연에 가까워지고, 사고를 지배하는 억압적인 규율에서 자유롭게 되며, 이성으로는 잘 감지하지 못하는 감각에도 마음을 열어 놓는다. 그러나 이 낭만적인 개념은 위험을 감지하는 능력의 견제를 받는다. 상상력은 욕망의 투영이었고, 그런 만큼 문명의 단초이자 산물이었다.

루소는 《인간 불평등 기원론Discours sur l'origine de l'iṅgalité parmi les hommes》 제2부에서 인간이 자연 상태에서 육체적인 욕구를 만족시키기 위해 행동했을 뿐 어떤 항구적인 감정적 애착물들을 만들지 않았는데, 사회가 만들어지면서 인간의 기억, 상상력, 에고이즘과 이성의 재능이 발생했다고 썼다. "상상력은 우리들 속에 이와 같은 파괴를 초래했지만, 결코 야만의 뿌리를 건드리지는 않았다."

그러다가 인간이 아주 가까이에 모여 살기 시작하자, 상상력은 욕망을 표현하는 데에 그치지 않고 단일한 대상에 고착되었다. "〔인간 man은〕 눈에 띄지 않게 미와 가치에 대한 관념들을 얻었고, 이는 곧 편애를 낳았다." 여기에서 사랑의 열정("다정하고 즐거운 느낌")과 질투("격렬한 분노")라는 쌍생아가 연이어 발생한다. 상상력 없이는 어떠한 사랑도, 교역도, 창의성도 없을 뿐만 아니라, 경쟁도, 살인의 열정도, 전쟁도 없을 것이다. 상상력은 사회조직과 정치의 기초인 동시에 이런 사회조직과 정치를 파괴하는 씨앗이다.[34]

루소의 개념에서 상상력과 욕망은 하나다. 《에밀》에서 루소는 이렇게 경고한다. 인간의 상상력은 "벌거벗었다는 것과 옷을 걸쳐야 한다는 것을 동시에 인식하게 만든다는 점에서 눈을 모욕한다. 아무리 수수한 옷이라도 상상력으로 번뜩이는 눈길이 그 욕망을 꿰뚫어 보지 못하는 경우란 없다."[35]

여성들 역시 욕망으로 추동된다. 사실상 남성들의 욕망을 자극하는 것은 여성의 욕망이다. 루소는 남성과 여성 둘 다 과다한 성욕을 제거할 수 없다면, 결국 위험을 다스리는 방법은 여성 쪽에서 이 과다한 성욕을 억제하는 것이라고 했다. 따라서 〔《에밀》제5부에 나오는 에밀의 정혼녀〕 소피의 교육은 정숙하고 자기 생각이 없는 창조물을 만들어내는 데 맞추어졌다. 이 창조물의 목적은 오로지 남편에게 봉사하는 것이다. 즉, 소피가 해야 할 일은 에밀을 통해 자신의 자아를 발견하는 것이 아니라, 에밀의 관점으로 에밀을 확립하도록 하는 것이었다. 상상력의 억제까지는 아니라고 해도, 그녀를 교육시키는 핵심은 통제에 있었다.

아니면 이렇게 말하는 편이 나을 것이다. 소피의 훈육에서 주안점은, 에밀이 자신의 상상력을 투영할 수 있는 영사막으로 그녀를 활용할 수 있도록 하는 데 있었다. 이러한 점에서 그녀는 자신의 이미지를 생산하기보다 다른 이들이 제공한 것을 각인하기만 하는, 즉 18세기 용어로 수동적 상상력만을 발휘한다. 소피는 주체가 아니라 에밀의 상상력을 돕는 대상이다. 상상력은 그것이 욕망을 표현하는 한, 타자를 탐색함으로써 자기를 (정말로 창조하고) 확립한다. 반면 상상력이 타자의 욕망을 수동적으로 반영하는 것으로 제한되면, (여성의 경우) 자아의 독립성을 분명하게 표현할 가능성을 거부당하게 된다. 루소는 이 자체가 사회적으로 고안된 자연임을 인지하고 있었고, 그 때문에 그가 제시한 해결책은 비판과 교정의 가능성에 열려 있었다. 사람들은 욕망과 상상력 간의 관계를 남성들만의 독점적인 활동으로 만들지 않고도 추상적으로 이를 충분히 받아들일 수 있다. 루소뿐만 아니라 상상력을 쟁점화한 모든 시도들에서 나타나는 모호성을 이용하는 것,

이것이 바로 올랭프 드 구즈가 감행했던 일이다.

본래적인 수동성이란
무엇인가

이 모호함 때문에 상상력은 사람들의 행동을 정당화하는 방식으로 호소력을 발휘하기도 하지만, 그로 인한 위험성도 안고 있었다. 한편으로 올랭프 드 구즈는 상상력을 주창하여 자신을 위대한 창조적 인물들과 동일한 반열에 올려놓았지만, 그녀가 가장 강력하게 동일시한 대상은 그녀 스스로 "정신적 아버지"[36]라고 묘사했던 루소였다. 또한 그녀는 이런 과정을 거쳐 자신의 능력을 과시하고, 여성들의 다양한 재능을 점차 인정하지 않으려는 사회가 부과한 한계에 도전할 자격증을 (여성의 상상력은 수동적인 종류일 뿐이라는 디드로의 주장을 무시하고, 볼테르의 젠더화되지 않은 담론을 받아들였을 때) 얻어 냈다. 만약 능동적 상상력을 발휘함으로써 자율적으로 자기를 통제하는 것이 가능하다면, 드 구즈는 그런 방식으로 자신을 구성한 셈이다.

드 구즈는 상상력에 힘입어 자기-재현의 능력(그리고 정치적인 재현에 대한 자신의 권리)을 인식했다. 하지만 다른 한편, 상상력에 호소하는 것은 위반, 더 나쁘게 말해 미친 것으로 보일 수 있었다. 디드로는 결국 여성들이 능동적 상상력을 발휘할 수 있는 가능성을 아예 차단했다. 다시 말해, 현존하지 않는 것을 모방하는 과정에서 여성들의 노력은 결국 진짜가 아닌 것inautheniticity을 만들어 낸다는 것이다. 이런 모방은 잘못된 재현, 즉 지시 대상과 기호 간의 어긋남을 만들어 낸다. 드 구즈가 자신을 국가의 한 남성(이자 인간man)으로 구축하려는 입장을 분명히 표명했을 때처럼 말이다.[37]

이러한 종류의 잘못된 자기 동일시는 성차의 경계선, 즉 혁명가들이 사회조직 차원에서 점차 중요하게 여겼던 자연의 경계들을 흐린다는 데 그 위험성이 있다. 만일 창조적 상상력의 작용으로 여성이 남성의 특성과 사회적 역할, 혹은 그 둘 다 믿음직하게 해낼 수 있다면, 그때는 실재 혹은 자연과 이의 모방을 어떻게 구분할 것인가? 또 남성에게만 시민권을 제한하는 것을 어떻게 정당화할 것인가?

유일한 방법은, 흔히 성차 구성의 바탕으로 여겨지는 차이점을 인지하고 그것을 강화할 수 있게 하는 권위를 확립하는 것이었다. 그러나 자코뱅의 공포 시대와 드 구즈 처형이 보여 주듯, 이렇게 차이를 엄격하게 집행하는 것은 공적인 것과 사적인 것, 도덕과 불신, 남성과 여성 간 차이들이 갖는 투명함과는 맞지 않았다. 결국 드 구즈의 능동적 상상력을 금지하는 방법이 미치광이 무법자로 낙인찍고 죽음을 선고하는 것뿐이었다면, 여성의 수동성과 관련해서 본래적인 것이란 도대체 무엇이란 말인가? 페미니스트들은 그러한 역설을 폭로하며 살았고 또한 죽어 갔다.

혁명의 격동기가 오기 한참 전에, 올랭프 드 구즈는 파리의 문학 서클에서 희곡으로 이름을 알렸다. 그중 몇 작품은 〔'몰리에르의 집'이라고 불리는 프랑스 국립극장〕 코메디 프랑세즈에서 공연되었다. 그녀는 여성 극작가에 대한 연극인들의 편견과 현란하고 노골적인 비평을 쏟아 낸 연극계의 책동 탓에 자신이 더 크게 성공하지 못했다고 말하기도 했다. 드 구즈는 기교로써 여성의 행위를 연극적으로 재현하는 데 반대한 루소의 견해를 반박했다(그리고 또한 좋은 예로 삼았을 것이다). 그녀는 연극이란 도덕적 가르침과 미학적 쾌감이 결합된 장소라고 주장했다.[38] 이런 주장을 통해서 드 구즈는 《부인저널Le journal des dames》과 그 편집자들, 특히 (그녀의 희곡과 팸플릿을 출간하는 데 도움을 주었던) 루이 세바스티앙 메르시에Louis-Sébastien Mercier와 함께, 여성들이 극장 공연물을 비평하는 전통을 만들고 계속 이어 나갔다.[39]

드 구즈의 많은 희곡들은 당대의 정치적 주제를 취했다. 〈자모르와 미즈라, 혹은 흑인 노예Zamore et Mizrah, ou l'esclavage de nègres〉(흑인과 백인이 공유하는 휴머니티를 제시한 작품)는 1789년 파리에서 몇 차례 공연된 후 막을 내렸다. 식민지 반란을 부추길 것을 염려하는 노예 소유주 단체를 안심시키기 위해 당국에서 조치한 것이었다.[40] 국회에 제출한 초기 청원에서 드 구즈는 여성을 위한 제2의 국립극단 창설을 요구했다. 그녀는 성공 여부를 의심하는 사람들에게, 여성이 평균 관객을 확보할 만한 작품을 만들어 낼 재능이 있다고 장담하였다. "모든 여성을 대표해서 응대하는 것은 내 몫이 아니다. 그렇지만 내가 판단의 근거라고 치자. 나는 30편의 희곡을 제공할 수도 있다."[41]

드 구즈는 1788년 《민중의 편지, 애국심의 국고 프로젝트Lettre au Peuple ou projet d'une caisse patriotique》라는 팸플릿으로 정치에 입문했다. (소집된 적은 있지만 모인 적은 없는) 일반 계급the Estates General이 모든 시민들의 자발적인 기부로 애국 기금을 조성하면 왕정의 재정 위기를 해결할 수 있다는 제안서였다. 드 구즈는 "공중the Public의 구성원"[42]인 자신이 같은 공중에게 쓴 글이라고 이야기했다. 이때 공중公衆이란 왕의 절대적인 권위를 제도적으로 제어하기 위해 18세기에 등장한 교양인들의 여론 수렴체를 가리킨다.[43]

자기 자신을 공중의 구성원으로 생각하는 것은 그다지 특별한 일이 아니었다. 구체제 동안 절대주의에 대한 저항의 상당 부분을 여성들이 맡았고, 따라서 여성들의 활동은 공공연하게 정치적인 형태를 띠고 있었다. 엘리트 여성들이 운영하던 살롱들은 비판적이고 저항적인 "공중의 의견"을 형성하는 데에 기여한 토론들을 후원했다. 이렇게 공중은 여성을 포함했지만, 그 여성들이란 부유하고, 교육받고, 사회적으로 기품 있는 여성들이었다.[44]

그러나 드 구즈는 살롱 여주인이 아니었다. 여성을 위한 공공적 역할의 장場을 제공했던 점잖고 교양 있는 사교계의 중심부에 참여하지 않았다. 그보다는 훨씬 더 활동적이고 혁신적인 모임, 즉 폭넓고 훨씬 더 불만에 찬 구독자들에게 호소하는 신문기자들과 교제했다. [미국의 역사학자] 니나 젤바르Nina Gelbart는 《부인저널》이 20년(1759~1778)에 걸쳐 선도했던 대항적인 저널리즘이 여성의 정치 참여를 촉구한 드 구즈의 요구뿐만 아니라, 혁명기의 공화주의 페미니즘에도 많은 자양분을 제공했다고 본다.[45]

스스로 자신이 공중의 구성원이라고 주장했지만, 드 구즈는 정치 문제에 대한 여성들의 발언이 신뢰받지 못하고 있다는 것을 알았다. 구체제 이후와 혁명 초기에 여성들의 지위는 가장 큰 논란거리였다.[46] 드 구즈는 완전한 여성해방을 고집스럽게 주장하였고, 이를 거부하거나 논의를 지연시키려는 사람들에게 대항했다. "너무 약하고 너무 오랫동안 억압받아 온 여성은 부끄러운 노예의 멍에를 벗어 버릴 준비가 되었다." 그리고 "그 선두에 내가 서 있다."고 선언했다.[47]

드 구즈는 현명하고 훌륭한 정치적 사상의 원천이 될 만한 여성들도 진지하게 대접받고 있지 못하다고 독자들에게 환기시켰다. 그녀가 내놓은 현명한 제안들이 보여 주듯이 말이다. 그녀는 저술에서 여성이 정부의 심각한 사업을 수행하기에는 너무 막연하고 무책임하다는 생각을 직접적으로 반박하기도 했고, 반례를 들기도 했다. 드 구즈도 인정했다시피 일부 여성이 지나치게 "사치"스러운 것이 사실이지만, "아름다움은 이성과 조국애를 배제하지 않기 때문에"[48] 미인들도 애국 기금을 위해서 구입 품목을 줄일 것이다.

이 시기에 드 구즈는 공화주의자들인 지롱드당(급진파 자코뱅당에서 갈라져 나온 온건파), 특히 콩도르세와 매우 흡사한 생각을 피력하였다. "인간이 도덕적 관념을 획득할 수 있고, 이와 연관해서 추론할 수 있는 지각 있는 존재라는 사실에서 인간의 권리는 쉽게 확인된다. 동등한 자질을 지닌 여성들은 필연적으로 동등한 권리를 누려야만 한다."[49]고 콩도르세는 주장하였다. 그는 남녀 양성 사이의 기능적이고 생물학적인 차이는 별 의미가 없다고 했는데, 왜냐하면 이 차이들은 "권리 박탈의 근거를 정당화하는 남성과 여성 간의 자연적 차이"[50]가 아니기 때문이다. 콩도르세는 정치를 다양한 정체성을 지닌 사람들이 참여하는 활동이라고 보았다. 즉, 누구나 정치적 인간이 되었지만, 정치가 모든 사람(남성 혹은 여성)을 규정해 주지는 않았다. 정치적 인간은 이런 점에서 추상적인 개인이었다.

콩도르세의 논의는 (미국의 역사학자) 키스 베이커Keith Baker가 말한

"사회적인 것에 대한 합리주의자의 담론"에 해당한다. "사회적인 것에 대한 합리주의자의 담론"은 본래 중농주의자들이 제기한 것으로, "인간의 권리, 노동의 분배, 이성의 비정치적 규칙이라는 개념에 기반"[51]하고 있다. 그런데 여기에서 말하는 추상적 개인은 역설적이다. 완전히 자기 충족적인 개인마저도 다른 이의 눈에만 그렇게 보일 뿐이다. 혁명가들의 수사학은 이런 문제를, 노동의 성적 분업을 들어 여성을 공공 영역에서 배제하고 시민권 획득에 필요한 개인성을 부정함으로써 해결했다. 하지만 젠더는 당연히 추상적 개인이라는 추상성(과 자기 충족성)을 부인하는 것이 아니던가.

개인성에 입각해 여성의 정치 참여를 주장했던 드 구즈는 자아/타자 문제와 씨름했다. 그 시대의 정치적 담론에서 여성은 독립적인 개인과 정반대의 방식, 곧 의존적인 여성으로 구성되고 있었다. 콩도르세의 추상적 개인 관념은 드 구즈에게 충분한 답이 되지 못했다.[52] 그렇다면 드 구즈는 여성의 개인성을 확보하기 위해서 어떻게 했을까? 남성/여성이라는 대쌍은 자아/타자와 대칭될 수 있는 것인가? 다시 말해, 여성의 평등은 모든 사람을 똑같이 만듦으로써, 타자를 통해 획득되는 개인성을 남성에게서 조금이라도 빼앗아 낼 수 있을 것인가? 젠더가 아무런 차이도 만들지 않는다면, 타자는 자기 자신(남성male 혹은 여성female)이 될 수 있는 것일까? 바꿔 말해, 젠더의 부재가 자존적인 나르시시즘의 경계를 혼란스럽게 할 것인가? 공통된 인간 이성에 정초해 평등을 요구한 콩도르세는, 이런 성가신 문제들을 언급하지 않았다. 그러나 콩도르세의 저술은 드 구즈의 주장과 행동을 자극하기에 충분했다.

드 구즈는 (논란의 여지가 많았던) 여성, 이성, 여론에 관련된 여러 유용한 착상들을 발판 삼아 공중의 구성원으로서 지녀야 할 정체성을 정교하게 다듬어 갔다. 혁명의 열기가 뜨거워지자, 드 구즈는 적절한 행위를 규정한 많은 정의들을 재해석하며 자기를 가시적인 정치적 형상이라고 상상했으며, 실제로 그렇게 되었다. 정치에서 능동적인 남성의 역할을 재생산한 것이 아니라, 오히려 정치적 행동들을 여성에게 걸맞도록 전유함으로써 이를 해냈다.

자기를 "국가의 인간man"이라고 부르기 위해, 또 "축복받은 재능"을 환기시키려고 여성성을 언급했다.[53] "왕과 국가를 위해 강인함과 용감성을 몸소 보여 주는 자는 바로 여성이다."[54] "오 민중이여, 불행한 시민들이여, 정직하고 다정다감한 여성의 목소리를 들으시오."[55] 그중 《여성이 쓴 현자의 외침Le cri d'un sage : Par une femme》이라는 제목의 팸플릿도 있었다. (프랑스혁명으로 왕권이 정지되었다가 1793년 처형된) 루이 16세를 옹호하며, 성은 고려의 대상이 아니지만("나의 성을 제쳐 둬라"), 동시에 고려되어야 하는 것("영웅주의와 관용 역시 여성의 일부이다. 혁명은 여러 예를 보여 주지 않는가.")[56]이라고 주장했다. 여기서 초점은 시민권의 자격을 획득하기 위해 여성이 남성과 같다고 상정하는 것이 아니었다. 반대로 능동적 시민성을 남성성과 동일시하는 지배적인 경향을 반박하고, 정치에서 성차를 무의미하게 만들며, 동시에 여성임이 명백한 여성을 '능동적' 주체와 연관짓는 것이었다. 그러나 능동적 시민이 이미 남성적 개인으로 한정된 상황에서, 여성을 어떻게 설명할 수 있었을까?

성차의 부당성과 타당성 간의, 평등과 차이 간의 명백한 모순은 여성을 정치적 주체로 만드는 페미니즘 기획의 중심부에 있었다. 이 기획을 성취하려는 시도는 자기 창조의 행위를 포함했다. 여성은 대개 남성이 수행하는 공공적/정치적 역할을 연기enact하는 인간으로 자신을 규정했다. "여성은 자신을 국가의 인간으로 만들었다."[57] 그러나 이로 인해 드 구즈는 역설적인 "유사성의 논리"에 직면할 수밖에 없었다. 그 모방이 성공적이었기 때문에, 유사성의 논리는 그것이 극복하고자 했던 차이, 즉 그녀가 지속적으로 경이와 환희로 표현했던 (드 구즈가 선언한 것을 보라. 여성은 자신을 인간a Man으로 만들고 있다!) 차이를 강조하게 된다.

여성의 차이가 능동적/수동적인 차이를 일깨웠다는 점에서, 그녀가 성취한 유사성이 입증해 보인 것은 자율성이 아니라 오히려 자율성의 반명제였다. 드 구즈는 여성에게 유리하도록 제도적으로 남성에게 주어져 있던 역할을 가정했다. 이 연기enactment는 '인간/남성Man'과 능동적인 '시민'의 배타적인 결합이 필연적으로 갖게 되는 모순적 본질을 들춰내어 여성적 특질과 남성적 특질을 규정하는 고정관념에 도전했다. 하지만 또한 오인된 동일시라는 점에서 진정하지 않은 것으로 받아들여질 수 있었고, 오히려 배제의 근거를 마련해 줄 수 있었다〔드 구즈가 단두대에 선〕(1793년에도 마찬가지였다).

드 구즈는 능동적 상상력이 문자 그대로 능동적 시민권을 낳는다고 보았다. 사실상 하나를 얻기 위해서 다른 하나를 이용하면서 드 구즈는 그 둘 간의 연관성이 갖는 중대성을 폭로한다. 이 두 용어에서 '능동적'이란 독립성과 생산성, 즉 개인의 독창성을 발현시키는 이성의 작용을 의미한다. 볼테르는 능동적 상상력을 소유한 사람은 자기 통제적이라고 했다. 이 상상력의 소유자들은 관념, 이미지, 그리고 확대하면 사회를 조직하고 변화시킬 제도와 법률을 생산할 능력이 있다. 예술과 과학은 물론, 법과 정치 또한 그들의 몫이다. 그러므로 (초기 프랑스혁명을 이끈 지도자 혹은 이기적 성직자란 극단의 평가를 받는) 아베 드 시이에스Abbé de Sièyès는 1789년의 능동적 시민들을 국가의 창조적 작업에 참여하기에 충분한 교육과 이성을 갖춘 사람들로 묘사했다.[58] 오직 자율적이고 자기 창조적인 인간만이 투표 행위로 자신을 대표할 수 있다는 것이다(기호와 지시 대상이 일치하기 때문에 이 대표성은 명확했다). 드 구즈가 자신의 사상과 행동이 상상에 기반하고 있음을 주장한 것은 자기의 자율성, 즉 (다른 어떤 것의 사본이 아닌) 그녀가 그렇게 되어야 한다고 주장한 대로 되는 진정한 자기를 생산하는 능력을 확립하고, 그리하여 정치 참여의 자격도 확립했음을 의미한다.

능동적 시민이라는 자세를 취하여, 드 구즈는 혁명이 지속적으로 여성을 수동적 시민으로 정의한 데에 도전했다. 남성의 권리에 초점을 맞춰 온 논의에 여성의 권리를 포함시킨 것이다. 능동적 시민과 수동적 시민 간의 차이는 1789년 이전에 전개되었던, (다음에 설명되는) 자연권에 대한 상반된 해석에 기대어 있었다.

능동적인 권리를 향유하는 사람들은 개인적 행위자들로 간주되어 도덕적 선택을 할 수 있었고, 자유를 발휘할 수 있었으며, 자신의 이익을 주장할 수 있었다(문자 그대로, 그들 자신을 표현할 수 있었다). 자산 소유자들로서 바로 그들이 취하는 공동 이익은, 단일 국가가 의존하는 기초인 사회적 이익을 현실화할 수 있게 했다. 반면, 수동적 권리를 가진 사람들은 노동의 기능적 분배를 통해 능동적 권리를 갖는 사람들의 보호와 보살핌을 받았다. 그들은 "그들 아닌 다른 사람들이 주거나 허락한 권리"[59]를 가졌다(이러한 정의는 여성과 수동성을 동일시한 디드로의 논리를 되풀이한다. 수동적 권리를 지닌 사람들은 열정에 포획되고, 거기에 거주하며, 능동적 권리를 지닌 사람들의 시선으로 주조되었다).

자연권 이론을 연구하는 역사가들은 보통 능동적·수동적인 권리가 동시에 효력을 나타내기 어려운 상반된 내용의 법률 체계라고 설명한다. 이는 프랑스혁명에 참여한 사람들의 솜씨를 고려하지 않은 것이다. 혁명가들은 헌법을 제정하려는 1791년의 첫 번째 시도에서, 능동적 시민과 수동적 시민이라는 두 범주를 설정하여 민주주의에 대한 두려움, 자유를 위임하는 것에 대한 두려움과 화해했다. 반면 역사가들의 설명에서는 젠더가 정치 이론의 보편적인 언어 안에서 작동하는 방식이 고려되지 않았다.

1791년 국회 토론에서 [정치가] 카미유 데물랭Camille Desmoulins은 (드 구즈가 지지했던) 소수자의 지위를 명시했다. 그는 동료들에게 "능동적 시민"은 "바스티유를 접수한 이들"[60]이라고 말했다. 그러나 그 외의 대다수 사람들은 정치적 행동이 시민권을 확정한다는 관념을 거부했다. 대신 그들은 시민권의 두 범주를 확립했다. 능동적 시민은 독립적인(하인이어서는 안 되었다.), 그리고 상당한 부를 소유한(3일치 노동에 해당하는 직접세를 지불해야만 했다.) 25세 이상의 남성들이었다. 필요 조건은 토지, 돈, 그리고 자아the self의 형식으로 존재하는 자산이었다. 1792년 군주정이 몰락한 후에는 시민권에 대한 더 포괄적인 해석이 우세해져, 자기 부양 능력이 있는 21세 이상의 모든 남성은 투표할 수 있었다. 그러나 여성들은 명백히 거부되었다.

능동/수동의 구분은 더 이상 관공서 서류에서 언급되지 않았으나 완전히 사라지지는 않았다. 이 구분을 성립시켜 주었던 대표제 이론 — 이는 노동의 사회적 분업과 공통의 사회적 이익을 같은 것으로 보이게 했다. — 은 계속 유지되었다. (말 그대로 국가 안에서 국가로 대표되는) 선출된 대표의 자격을 가진 이들과 대표로서의 권리가 부정된 이들, 자기를 대표할 수 있는 이들과 오로지 대표될 수만 있는 이들, 자율성이 있는 이들과 자율성이 없는 이들은 차별되었다.[61] 여기에서 후자에 속하는 이들은, 언제나 그렇지는 않았지만, 대개 여성들이었다.

부의 차별과 달리, 젠더의 차별은 자연적인 것으로 간주되어서 법의 테두리 바깥에 있는 것으로 여겨졌다. 헌법과 법률은 대부분 (능동적) 정치 참여라는 규범에 입각해 만들어졌기 때문에, 수동적 권리는 언급하지 않았다. 그러나 눈에 보이지 않는다고 해서 존재하지 않는 것은 아니다. '남성 시민citoyen'과 '여성 시민citoyenne'이라는 용어에는 능동성/수동성의 대조가 그대로 유지되고 있었고, 가끔은 그 대조 자체가 표면화되기도 했다. 이를테면, 1793년 (프랑스 혁명가) 쇼메트Pierre Gaspard Chaumette는 일군의 여성들이 여성 정치 집단의 폐쇄를 격렬히 항의하자 잔뜩 화가 나서 올랭프 드 구즈를 맹비난했다. 그는 "남자가 되고 싶은 건방진 여자들, 얼마나 더 받아야 충분하겠소? 도대체 뭐가 필요하다는 거요?"[62]라고 소리쳤다(소리까지 질렀는지는 모르겠지만).

드 구즈는 능동적 시민권에 대한 데물랭의 정의를 화두로 삼아 논쟁 속으로 뛰어들었다. '여론'에 힘입어 출판하고, 거리로 나가고, 국회의 포럼에 들어갔으며, 회기 중에 참석하기 쉽도록 의사당 근처에

숙소를 구했다. 다양한 모임에서 연설했고, 적어도 한 번쯤은 의사당 연단으로 돌진했다. 노예제 철폐에서부터 왕의 거부권까지, 비합법적인 아동의 권리에서부터 모자병원에 이르기까지, 모든 방면에 대한 그녀의 주장이 파리 시 전역을 뒤덮었다. 드 구즈는 여성이 혁명을 지지하는 동시에, 혁명의 중요한 존재임을 보여 주기 위해서 1792년 국민적 영웅(1792년에 희생된 에탕페의 시장 자크 앙리 시모노Jacque Henri Simonneau)을 기리는 성대한 행렬을 기획했다. 그리고 실제로 이 일이 성사될 때까지 관공서들을 돌아다니며 독려했다. 1791년에는 자칭 입법자로 행동하며 〈여성과 시민의 권리선언〉을 썼고, 이 선언을 헌법에 추가하라고 촉구하였다. 이처럼 드 구즈는 자신의 기획안이 무시되었을 때에도 마치 자신이 프랑스의 미래를 짊어지고 있는 인물인 양 행동했다.

나는
창조적인 저술가이다

당대 사람들이 드 구즈의 웅변에 감탄했다고는 해도, 그녀에게 가장 중요한 정치적 행동은 저술이었다. 비서에게 구술한 이 글들은 그 과정이 매우 힘들었기 때문에 더욱 인상적이다. 그녀는 글쓰기에 비용과 노력을 들일 만한 가치가 있다고 느꼈다. 웅변과 달리 저술은 안정적인 소통이 가능하며, 청중들과의 일시적인 관계를 지속적인 관계로 만들 수 있었기 때문이다. 연설은 물리적인 청중을 요구하는 반면에 저술은 막연한 공중公衆에게, 즉 그녀의 상상 속에서만 존재하는 다양하고 많은 사람들에게 전해지는 것이었다.[63]

루소는 연설가가 그 자리에 없다는 점에서 저술이 연설보다 표현상 진정성이 부족하다며 불안해했다. 루소의 불안을 드 구즈는 몸소 보여 주었다. 드 구즈도 루소처럼 자신의 정체성을 확립하기 위해 글쓰기를 활용했다. 루소에게 글쓰기는 단지 연설의 부가물이었지만, 한편 자신의 생각을 표현하고, "J. J. Rousseau"라는 서명으로 자신의 의식 세계를 증명하고자 선택한 수단이기도 했다. 드 구즈는 철학자의 입장에서 이 역설을 이용하고자 했다. 서명은 실제 인간의 대리물이자 그의 존재를 입증하는 것이었다. 이는 분명히 드 구즈가 자신을 루소와 반복하여 비교하고, 작가로서 자신의 지위를 인정받고자 했음을 함축한다. 글쓰기와 서명, 이 두 측면에서 드 구즈가 루소에게 품은 경쟁심은 인간의 존재가 서명을 낳는 것이 아니라 서명의 결과로 인간이 존재한다는 사실을 보여 주기에 충분했다.[64]

드 구즈의 저술과 서명, 출판은 법이 지워 버린 것이 무엇인지를 자신에게 그리고 동시대인들과 후손들에게 보여 주었다. 그것은 여성이 저자가 될 수 있으며 이미 저자라는 사실이었다. 혁명기의 입법 과정에서 여성은 지적인 자산을 소유한 저자의 권리, 즉 개인의 권리가 없었다. 능동적 시민의 권리를 가지지 못했기 때문이다. 저자로서 인식된다는 것은 드 구즈에게는 개인으로, 시민으로 인식된다는 것을 의미했다. 젠더가 재능에 장애가 되지 않는다는 것을 증명했던 자신의 희곡들을 거론하면서, 드 구즈는 그 희곡들이 "자산", 즉 창조적인 생산 노동의 결과라고 말했다. "나의 재산asset이지 않은가? 나의 자산 property이지 않은가?" 그녀는 수사학적으로 물었다.[65]

1788년 〈민중에게 바치는 글Lettre au Peuple〉에서 자기 주장이 진실하다고 맹세하며 명시했던 것처럼, 드 구즈는 저술 가능성의 상실이 삶의 상실에 버금가는 것이라고 여겼다. "오, 숭고한 진실, 언제나 나를 이끌고 나의 생각을 지탱해 주는 당신이여, 만일 내가 나의 사상, 당신의 빛이 밝힌 나의 사상을 배반한다면 더 이상 글을 쓰지 못하게 하옵소서."[66] 드 구즈는 글쓰기에 어쩔 수 없이 끌려들어가는 것처럼, "쓰고자 하는 욕망"[67]을 강요받고 있는 것처럼, 자신을 묘사했다. "나는 쓰는 데 미쳤다. 나 자신을 출판하는 데 미쳤다."[68] 여기서 그녀 자신을 출판하게끔 하는 것("나를 출판하게 만드는 것de me faire imprimer")은, 그녀의 작업을 인쇄물로 보여 주는 것만을 의미하지 않았다. 문자 그대로 그녀 자신이 인쇄되도록 하는 것, 자신을 재현의 원천으로 삼는 것, 저자로서 자기를 설정하는 것, 그리하여 그 자신의 정체성을 확보하는 것을 모두 의미했다.

저술은 저자의 상상력을 요구하고, 저자의 상상력에 의존했다. 이런 식으로 드 구즈는 자신의 능력을 상상력 덕분으로 돌렸다. 그녀는 자신을 당대의 위대한 사상가들에 비유했다. 철학과 정치학 이론의 측면이 아니라 "꿈"을 꾸는 능력에서 그랬다. "내가 정치적이고 철학적인 담론으로 이 문제를 토론하리라고 기대하지 말라. 내가 이런 일들을 할 수 있다면 오로지 꿈에서일 뿐이다."[69]

상상력에 호소함으로써, 드 구즈는 굳이 교육이 필요 없는 직감과 사심 없음disinterestedness이라는 관념을 일깨웠다. 그녀는 사실상 교육이 오히려 명징한 통찰에 장애가 될 수도 있다고 주장했다. 루소를 전유하여, 인간의 사회적 기원에 관한 자신의 이야기가 루소의 이야기보다 훨씬 더 그럴듯하다면서 드 구즈는 루소를 반박했다. 드 구즈는, 철학자란 너무 훌륭하신 분이라 초기 인간의 진정한 모습을 상상할 수 없다고 했다("장 자크는 너무 계몽적이어서 그의 재능은 도를 넘어섰다…"). "이런 애초의 무시가 초래한 결과를 감지하고, 이 계몽의 세기에 위치해 있으면서 동시에 벗어나 있는" 그녀, 드 구즈는 "내 견해는 루소의 견해보다 더 옳다고 여겨질 것"[70]이라고 자신했다. 순진무구함은 드 구즈에게 초기 인간과 상상적으로 동일시하는 힘을 부여했거나, 적어도 그녀가 창안해 낸 이야기를 더 현실적으로 만들었다. 상상력은 학식이 요구되지 않는 사고 과정이기 때문에, 자연과 진실에 근접한 이미지들을 전달한다. "나는, 나의 글쓰기에서, 자연의 학생이다. 나는, 자연(그녀)처럼, 당연히 불규칙적이고, 기괴하며, 늘 진실되고 순진하기까지 하다."[71]

낭만적인 (루소적인) 상상력 개념은 위험스럽게도 이성의 훈육을 완전히 거부하는 쪽으로 기운다. 이 개념은 순수하게 반사적인, 말하자면 수동적인 상상력이 자연 그 자체를 재생산하는 것인 양 묘사된다. 드 구즈의 설명에 따르면, 자연은 인간이 만들어 낸 위계질서와 아무 관계가 없으며, 무질서가 아니라 조화로운 혼돈 상태이다. "할 수 있다면 자연의 움직임 속에서 성性들을 보고, 찾고, 분류하라. 어디에서나 성들이 섞여 있는 것을 보게 될 것이다. 성들은 어디에서나 이 불멸의 걸작 속에서 조화롭게 협력한다."[72]

마찬가지로 드 구즈는 피부색 문제와 관련해서도 자연은 인간이 만들어 낸 차별의 모형들을 제공하지 않았다고 주장했다. "식물과 광물 뿐만 아니라 자연이 만들어 낸 모든 동물처럼 인간의 피부색도 미묘한 차이가 있다. 왜 밤은 낮과, 태양은 달과, 별은 하늘과 경쟁하지 않는 것일까? 만물은 다양하다. 자연의 아름다움이 여기에 있다. 그런데 어째서 자연의 작품을 망치는가?"[73] 드 구즈는 자연이 자신의 주장을 뒷받침해 준다고 공언하는 한편, 자신의 견해가 그저 단상만은 아니라고 주장했다. 그녀의 기획은 자연에서 인도된 것이기는 하지만, 생산적인 배치를 통해 그녀가 지금까지 보아 왔던 인간 사회로 확장하는 것이었다. 이런 점에서 그녀의 상상력은 수동적이지 않고 능동적이었다. 아니, 투명한 진실에 가 닿으려는 깊은 사색이었다.

상상력의 측면에서, 드 구즈는 젠더의 한계를 인정하려 하지 않았다. 콩도르세와 마찬가지로 그녀는 이성과 상상력은 성의 경계를 알지 못한다고 주장했다. 자신이 과거에 범했던 판단 착오(왕이 국회에 선의를 지니고 있다고 본 것)는 상상력이 일시적으로 방향을 잃은 탓이었다면서, (그녀는 자신의 상상력이 "방황했다"고 설명했다.) 드 구즈는 자신의 자아 조절 능력을 입증하는 증거를 제시했다. 사실 이 오류에 대한 인식 자체가, 그녀의 자아 통제 역량을 보여 주는 사례였다.[74]

드 구즈에게 상상력은 젠더의 억압적인 경계선을 탈출하고, 젠더와 관련해 제기되는 새롭고 상반되는 범주들을 증명하는 좋은 방식을 제공했다. 드 구즈가 1789년 오를레앙 공[루이 16세의 사촌이자 정적인 '평등공'. 오를레앙 공 역시 단두대에서 처형되지만, 1830년 그 아들 루이 필리프가 왕위에 오른다.)에게 헌정한 '애국의 꿈Les Songes patriotiques'이라는 부제가 붙은 팸플릿《왕실회의Séance royale》를 보자. 여기서 드 구즈는 (의회가 폐지하고자 하는) 왕의 거부권 행사의 필요성을 공작이 먼저 말하고, 그 다음으로 왕이 말하는 왕실회의를 상상했다.

드 구즈는 자신의 논지를 입증하기 위해 여러 목소리를 빌렸다. 처음에는 자신의 목소리로 공작에게 팸플릿을 헌정하면서, 자기 아들의 임관을 보장하겠다는 공작의 약속뿐만 아니라 여성 저자들을 인정할 필요성을 공작에게 상기시켰다. 이렇게 그녀는 자신의 특정한 상황을 그녀가 위치해 있는 성의 요구들과 연결시켰다. "아이들이 출세하는 데 여성이 남성보다 불리하다는 사실은 두려운 일입니다." 그런 후 그녀는 공작에게 한 것처럼 왕에게 자신의 계획을 말했다. "저, 폐하, 무시되는 존재이자 몽상적인 혼을 지닌 … 여성에게는 프랑스를 구할 유일한 방도를 왕께 아뢸 용기가 있습니다." 이어서 그녀는 왕의 목소리를 취하여, 인민과 국가에 대한 아버지의 의무라는 이름으로 군주제적 권력을 주장했다. 그러자 오를레앙 공은 왕의 거부권과 함께, 사생아들이 사회에서 동등하게 대우받을 권리와 이혼을 헌법 조문으로 제안했다.[75] (드 구즈는 특히 정치적 의제에 페미니즘적 요구를 끼워 넣는 데 능란했다. 드 구즈는 〈여성과 시민의 권리선언〉을 〔루이 16세의 왕비인〕 마리 앙투아네트에게 바치면서, 왕비가 이를 지지한다면 신하들의 추종을 회복할 것이라고 장담했다.)

어떻게 읽으면,《애국의 꿈》은 세 개의 긴 독백으로 된 연극 같았다. 드 구즈가 정치적 이상을 펼치기 위해 자신에게 친숙한 형식들을 사용한 것은 이상한 일이 아니다. 그러나 다르게 읽으면, 팸플릿은 꿈의 작용이 갖는 정치적 가능성을 보여 준다. (상상하기와 동의어인) 꿈꾸기는 적어도 세 가지 정체성(이 중 둘은 남성)을 가장한 드 구즈나 그녀가 창안한 인물들에게 특별한 유동성을 허락했다. 오를레앙 공은 군주제적 권력을 옹호하는 한편으로, 페미니스트들의 주장도 열렬히 지지했다. 팸플릿에 등장한 꿈이 진짜 공작의 생각에도 영향을 끼쳤을 것이라고 말을 꺼낸 드 구즈는, 그래서 꿈은 "아마도, 곧 현실이 될 것"이라고 넌지시 말했다.[76]

꿈은 허구와 현실의 경계를 의문시했고, 그것과 재협상하기도 했다. 꿈은 기존 성차의 경계선들을 간섭했다. 오늘날 일부 독자들은 드 구즈가 자신을 '인간man'으로 반복 기술한 것을 위반적 섹슈얼리티의 한 예라고 받아들일지도 모른다.[77] 그러나 나는 그것이 드 구즈에게 그다지 중요한 문제는 아니었다고 생각한다. 설사 중요한 문제였다고 하더라도, 그녀는 사회적 관계 속에서 이성애적 매력의 중요성을 가정하는 한편, 정치적 토론에서는 성적 정체성의 문제를 제거하려고 애썼다. 그녀는 여성이 육체적으로나 정신적으로 남성이 되는 것을 옹호하지 않았고, 상대편 성性에 대한 욕망이 자아의 구성에 일정한 역할을 담당한다고 생각했다. 드 구즈는 개인성을 확증하는 데 필요한 (아마도 남성적인) 자질들을 전유하고, 정의 가능한 여성적 주체에 이 자질들을 통합하는 방식으로 여성의 정치적 정체성을 만들고자 했다. 바로 이 때문에 위기에 처한 것은 본뜸emulation, 곧 이데올로기화된 표상의 윤리적 미덕을 혼자 힘으로 획득하려는 충동이었다.[78]

본뜸이란 남성성의 고정된 특징들을 획득하는 것이 아니라, 오히려 남성들에게 예비된 자아 구성의 연속적인 과정을 구현하는 것이다. 그러나 자아의 확고부동함이 어디에서 유래하는지 묻는다면, 그것은 이성애적 호감의 경계라는 틀 안에서 여성의 다른 편, 즉 남성에게서

와야 했다.

드 구즈는 루소가 그의 정치적 전망에서 보여 주었듯이, 자기 삶에서 이성애를 당연한 것으로 알고 사회적 권력으로 받아들인 듯하다. 그러나 그녀의 상상들은 묘하게 뒤틀려 있었다. 드 구즈는 여성이 남성에게 욕망을 불러일으킬 수 있기 때문에 자신의 꿈도 실현할 수 있다고 곧잘 기술했다. 그러면서 또 한편으로는 자신의 욕망이 스스로의 행위를 초래했다고 설명했다. "내 조국의 안녕, 나의 왕을 향한 사랑과 존경, 이것들만이 내 열정을 자극한다." 그녀는 다른 이들에게도 비슷한 상상을 고취시키고자 했다. "내게 충만한 조국애로 그들을 불타오르게 하라."[79] 이 언명은 과장된 종소리처럼 들리지만, 여성적 행위agency를 취하였다.

드 구즈는 남성의 욕망을 불러일으키는 데 여성이 얼마간 책임이 있다는 루소의 개념을 받아들였다. 그러나 이는 이야기의 반쪽일 뿐이다. 사랑과 결혼은 한 쌍의 "상호 편애"에 기초하였다.《인간의 원시적 행복Le bonheur primitif de l'homme》에서, 드 구즈는 조화로운 대가족에서 더욱 복잡한 사회로 변화한 것은 간통 탓이라고 보았다. 최초의 아버지가 낳은 아들 중 하나가 자기 아내와의 단조로운 삶에 싫증이 났다. 그래서 이웃의 아내를 탐하고 그녀를 유혹한다. 드 구즈는 이 여인이 "허약하며 애인보다 더욱 죄가 크"다고 했다. 남성의 욕망을 조절하지 못했다는 것도 이유가 되겠지만, 그녀 또한 자신의 욕망을 억제하지 못했기 때문이다. "그 여인의 이성과 미덕은 똑같은 악덕, 똑같은 성향에 굴복했다."[80]

루소에게, 사랑의 부드러운 감정은 그 자체의 모순을 의미했다. 사랑하는 대상을 독점적으로 소유하고자 하는 남성의 욕망이 사회와 정치에 활력을 불어넣는 불화와 질투를 이끌어 낸다. 반대로 드 구즈는 사랑과 욕망이 파괴적일 수 있지만, 이 파괴가 필연적인 것은 아니라고 보았다. 사회제도들은 욕망을 선하게도 악하게도 만들었다. 그리고 이 사회 제도들은 변화 가능한, 인간의 구성물이었다. 변화를 끌어내려고 드 구즈는 사생아를 위한 캠페인을 벌이고, "어느 배에서 나온" 아이든 부모가 법적인 자녀로 인정하도록 하는 새로운 결혼 계약 표준을 요구하였다.[81] 드 구즈는 〈여성과 시민의 권리선언〉에서 자유롭게 발언할 권리는 ("진실을 숨기는 야만적인 편견에 휘둘리지 않고") 여성들이 사생아들의 아버지가 누구인지를 폭로할 권리를 수반한다고 주장하였다. 이 제안들은 남성 욕망과 여성 욕망이 둘 다 불가피하다고 인정하고, 그 사회적 · 개인적 결과가 악영향을 끼치지 않는다는 점을 강조하고자 했다.

사실상, 드 구즈는 남성의 소유가 되는 것이 사랑의 필수적인 부산물이라는 생각을 거부했으며, 대신 이 감정을 구성하는 상상적 투사 imaginative projection가 더 큰 유동성을 가져야 한다고 제안했다. 설사 드 구즈가 여성이 남성의 행동을 부추긴다는 말을 믿었다 할지라도(그녀는 "어떤 것도 우리의 유혹적인 기관器官에는 저항할 수 없지."라고 허풍을 떨었다.),[82] 여성은 어떤 남성이라도 완전히 사로잡는 힘을 보유하고 있다는 루소의 여성 혐오적 환상을 품고 있지는 않았다. 오히려 여성의 성욕이 이성애자 커플의 구성과 파트너 각자의 자아 구성에서 동등한 요소라고 보았다. 이는 남성이 여성을 대상화한 결과가 아니라, 여성 자신의 욕망의 결과, 즉 여성의 자발적인 자아 표현이었다.

드 구즈는 여성의 정치적 예속을 해결할 대안을 역동적으로 찾으려 했다. 그녀가 여성을 위한 인간의 권리를 요구했을 때, 그것은 성차 자체를 거부하기보다는 성차를 동등하게 취급하는 방식으로 여성의 개인성을 실현하려는 것이었다. 그녀는 남성과 여성의 상상적 동일화가 성적 정체성 자체의 재구성이 아니라, 그 사회적·정치적 가능성의 확장이라고 여겼다.

여성과 시민의 권리선언

어머니들, 딸들, 자매들, 그리고 프랑스 인민의 대표들을 국민의회로 구성하라고 요구한다. 여성의 권리에 대한 무지, 망각 또는 멸시가 공공의 불행과 정부 부패를 일으킨 유일한 원인이라고 간주하고, 여성들은 엄숙한 선언으로 자연적이고 양도할 수 없으며 신성한 여성의 권리를 제시하기로 결의하였다. 그리하여 이 선언이 사회의 모든 구성원에게 항시 제시되어 그들이 자신들의 권리와 의무들을 끊임없이 상기하도록 하고, 여성의 입법권과 행정권 행위 및 남성의 입법권과 행정권 행위가 매 순간 모든 정치제도의 목적과 비교되어 존중받도록 하고, 이제 단순 명백한 원리들에 입각한 시민의 요구들이 언제나 헌법, 유익한 도덕, 만인의 행복에 이바지할 수 있도록 하고자 한다.

따라서 출산할 때의 용기에서처럼 아름다움에서 드러나는 여성의 성적 우월성은, 지고한 존재의 현존과 보호 아래 다음과 같은 여성과 여성 시민의 권리들을 승인하고 선포한다.

제1항 여성은 자유롭게 그리고 남성과 평등한 권리를 갖고 태어나며 그렇게 존속한다. 사회적 차별은 오직 공동의 유용성에 입각할 때에만 가능하다.

제2항 모든 정치적 결사의 목적은 여성과 남성의 자연적이고 소멸할 수 없는 권리들을 보존하는 데에 있다. 이 권리들은 자유, 소유권, 안전, 특히 압제에 대한 저항이다.

제3항 모든 주권의 원리는 본질적으로 국민에게 있으며, 이 국민은 바로 여성과 남성의 결합이다. 어떠한 단체나 개인도 명백하게 국민에게서 나오지 않은 권위는 행사할 수 없다.

제4항 자유와 정의는 타인에게 속한 모든 것을 회복함으로써 실현된다. 따라서 여성의 자연권 행사를 막는 유일한 제한인 영구적인 남성의 폭정暴政은, 자연과 이성의 법률로 개혁되어야 한다.

제5항 자연과 이성의 법은 사회에 해로운 모든 행위를 금지한다. 이러한 현명하고 신성한 법률로 금지되지 않은 모든 것은 방해받을 수 없으며, 또 누구에게도 법이 명령하지 않은 것을 하도록 강요할 수 없다.

제6항 법은 일반 의지의 표현이어야 한다. 모든 여성과 남성 시민은 직접, 또는 그 대표를 통하여 법의 형성에 기여해야 한다. 법은 모든 사람에게 똑같아야 한다. 남성과 여성 시

민은 법 앞에 평등하므로 그들의 능력에 따라서, 또 그들의 덕성과 재능 이외에는 어떠한 차별도 없이 평등하게 모든 공적인 위계·지위·직무에 오를 수 있다.

제7항 어떤 여성도 법이 정한 경우가 아니면 고소, 체포, 구금될 수 없다. 여성은 남성과 마찬가지로 엄격한 법에 복종한다.

제8항 법은 엄격하고 명백하게 필요한 형벌만을 규정해야 하며, 범법 행위 이전에 제정·공포되고 또 합법적으로 여성에게 적용된 법에 의하지 아니하고는 누구도 처벌될 수 없다.

제9항 일단 어떤 여성이든 유죄로 선고되면, 완전하고 엄격한 법의 적용을 받는다.

제10항 누구도 자신의 기본적 의견을 침묵하라고 강요받아선 안 된다. 여성은 단두대에 오를 권리가 있다. 마찬가지로 여성은 법이 규정한 공공질서를 어지럽히지 않는 한, 연단에 오를 권리를 가져야 한다.

제11항 이 표현의 자유는 아버지들이 자기 자녀들을 인정하도록 만들기 때문에, 의견과 사상의 자유로운 교류는 여성의 가장 고귀한 권리들 중 하나이다. 따라서 진실을 숨기려는 야만적 편견에 휘둘리지 않으며, 모든 여성 시민은 자유롭게 말할 수 있다. 나는 당신 아이의 어머니라고. 다만 법이 정한 경우, 그 자유의 남용에 대해서는 책임을 져야 한다.

제12항 여성과 여성 시민의 권리 보장에는 주요한 이익이 포함된다. 이러한 보장은 그것을 위탁받은 자들의 특수한 유용성을 위해서가 아니라 만인의 이익을 위해서 설치된 것이

어야 한다.

제13항 공공 무력과 행정 비용에 대한 여성과 남성의 기여는 평등하다. 여성은 모든 의무와 모든 힘든 임무를 공유한다. 따라서 여성은 지위, 고용, 직무, 명예, 직업의 배분에서 똑같은 몫을 공유해야 한다.

제14항 여성과 남성 시민은 스스로 또는 그 대표를 통해 공공 기여의 필요성을 검증할 권리가 있다. 그러려면 여성이 재산뿐만 아니라 공공 행정에서 그 액수와 근거, 징수, 기간을 결정하는 데에 동등한 공유를 보장받아야 한다.

제15항 전 남성의 세금 납부에 여성이 관여하는 한, 여성 역시 모든 공직자에게 그 행정에 대한 책임을 물을 권리가 있다.

제16항 권리들의 보장이 확보되지 않고, 권력 분립이 정해지지 않은 사회는 모두 헌법이 없다. 국민을 구성하는 다수 개인들이 그 기초에 동참하지 않은 헌법은 무효이다.

제17항 재산은 함께 있거나 헤어졌거나 남성과 여성에게 모두 속한다. 남성과 여성 각각에게 재산은 불가침의 신성한 권리이므로, 누구도 합법적으로 확인된 공공의 필요성이 명백히 요구하는 경우가 아니고서는, 또 정당한 사전 보상의 조건이 이루어지지 않고서는 그것을 빼앗길 수 없다.

여성이여, 깨어나라. 이성의 종소리가 전 우주에서 들려오고 있다. 그대의 권리를 발견하라. 강력한 자연의 왕국은 더 이상 편견과 광신과 미신과 거짓말에 싸여 있지 않다. 진실의 불꽃

이 어리석음과 권리 침해의 모든 구름을 쫓아 버렸다. 노예화된 남성은 자신의 사슬을 끊으려 여성의 사슬을 수단으로 하는 힘과 필요를 늘려 왔다. 남성은 자유로워지자 그 동료에게 불공평했다. 오, 여성이여, 여성이여! 언제가 돼야 눈을 뜰 것인가? 혁명에서 여성은 무슨 이익을 얻었던가? 더욱 분명한 멸시와 더욱 두드러진 경멸이다. (1791)

여성도
Man이다

〈여성과 시민의 권리선언〉은 이 방향으로 한 걸음 더 나아간 것이었다. 이 선언에서 드 구즈는 여성에게 능동적인 시민권이 주어질 수 있는 기반을 마련하려고 했다. 이 선언의 17개 항은 〈인간과 시민의 권리선언〉의 항들과 정확하게 대응하였고, '인간Man'이라는 한 단어를 '여성과 남성'이라는 어구로 여러 차례 바꾸었다. 또한 여성들의 자유에 관건이 될 여성의 발언권에 대한 인식을 드러내는 아주 특징적인 사례를 제시했다. 이 문서는 추방되었던 자리에 여성을 집어넣는다는 면에서 보상적이면서, 동시에 '인간'이라는 용어의 보편성에 비판적인 변화를 불어넣었다. 지시 대상을 복수화하는 간단한 작업 하나로, 드 구즈는 '남성' 홀로 인간성을 대표할 수 없다고 지적했다. 만약 여성이 명확하게 드러나지 않는다면, 여성은 배제될 것이다. 여성이 포함되려면, 남성과 여성의 차이가 정치적 권리의 유무와는 아무런 연관 관계가 없다는 점을 꼭 인식시켜야 한다.[83] 이것이 〈여성과 시민의 권리선언〉의 서문을 결론짓는 근사한 주장의 요지다. "출산할 때의 용기에서 드러나듯, 아름다움에서도 여성은 우월하다. 이 성적 우월성은 지고한 존재의 현존과 보호 아래 여성과 시민의 권리를 인정하고 선언한다."

10항과 11항에서, 드 구즈는 혁명이 의견과 사상의 자유로운 표현을 보장했다고 재차 언급한다. 그녀는 여성들도 이 권리를 가져야 할 명백한 이유를 추가했다. "여성은 단두대에 오를 권리가 있다. 마찬가지로 여성은 연단에 오를 권리를 가져야 한다."[84] '연단에 오르는Monter à la tribune' 것은 공중에게 연설하는 것이며, 특히 국가의 소집된 대의원들에게 연설하는 것을 의미했다. 여성이 법적 강제력의 대상이 될수 있다면, 여성은 법의 주체이자 법률 제정의 능동적인 참여자도 되어야 한다.

11항은 표현의 자유를 여성의 가장 귀중한 권리라고 부르고 그 이유를 상술한다. "이 자유가 아버지들이 자기 자녀들을 인정하도록 만들기 때문에, 의견과 사상의 자유로운 교류는 여성의 가장 고귀한 권리들 중 하나이다. 따라서 진실을 숨기려는 야만적 편견에 휘둘리지 않으며, 모든 여성 시민은 자유롭게 말할 수 있다. 나는 당신 아이의 어머니라고." 드 구즈는 이 명확한 선언에서, 표현의 자유를 통해 부모 양쪽이 아이에 대한 책임을 나누도록 할 뿐만 아니라, 남성들을 성적인 존재로 환기시켜 순수하게 이성적인 존재라는 남성의 이미지를 밑둥에서부터 잘라내 버리고 있다. 사회적 단결과 개인적 자유의 기초가 되는 의무의 실행을 요구하는 것, 힘 있는 자들이 저지른 일탈을 폭로하는 것은 억압된 자들에게 목소리를 준다. 루소와 달리, 드 구즈의 11항은 보통 다른 누군가 대신 증명해 줄 수도 없고 오직 여성들 자신만이 증명할 수 있는 임신 같은 문제에서도 여성은 진실을 말할 것이라고 가정하고 있다. 이런 가정은 임신을 자연적인 문제라기보다는 인식론적인 것으로 만든다. 모성은 사회적인 것이지 자연적 기능이 아니라고 주장하는 것이다.

11항은 보편성과 특수성의 항목들 사이에서 유동한다. 여성은 발언할 권리의 실행에, 남성은 그 권리의 부정에 특수한 이해관계를 가진다. 보편성이 특정한 (남성의) 이해관계를 은폐한다는 것을 보여 줌으로써, 바로 그 보편성이라는 관념을 허물어 버리는 것이다. 11항의 특수성은 또한 실제적인 시민의 지위에서 여성을 배제한 암묵적인 근거가 여성의 재생산 역할임을 폭로하고, 여기에 이의를 제기한다. 드 구즈의 선언에서 여성과 남성은 둘 다 재생산의 행위자이며, 그 자체로 둘 다 공적 발언의 권리를 가진다. 수동적 시민의 위치에 여성을 자리매김하는 것을 정당화하려고 애쓴 당대 혁명가들이 의지한 대립쌍들 — 공적인 것과 사적인 것, 생산적인 것과 재생산적인 것, 이성적인 것과 성적인 것, 정치적인 것과 가정적인 것 — 을 드 구즈는 거부했다. 정치적으로 중요한 것은, 젠더가 차이가 아닐 가능성을 열어 놓는 것이다(그 가능성은 콩도르세와 지롱드의 몇몇 당원들의 제안 속에 살아 있었다). 드 구즈는 말하고 있다. "모든 주권의 원리는 국가[nation]에 있다. 이는 바로 남성과 여성의 연합[la réunion]이다."

그녀의 〈여성과 시민의 권리선언〉 발문은 '사회 계약'이라는 새로운 형식 안에서 남성과 여성의 결합을 제안하고 있다. 1791년의 헌법에는 결혼이란 사회계약이며, 특히 교회의 통제에서 분리되는 것이라는 혁명적인 조항이 첨부되었다. 이처럼 결혼을 세속화하려는 움직임은 1792년 9월에 발효된 이혼 법률(어느 한쪽이 불만족스럽거나 불행하다면 헤어질 수 있다.)과 드 구즈 식 제안의 근간이 되었다.[85]

〔사실상〕"사랑과 신뢰의 무덤"인 결혼을 바꾸려면, 드 구즈는 결혼 배우자가 완전히 평등한 결혼 계약을 해야 한다고 주장했다. 물론, 배우자 간의 차이는 존재했다. 그렇지 않다면 결합이라는 개념 자체가 불필요하기 때문이다. 그러나 이러한 차이점들은 위계적이지 않고 여성의 사회적 · 정치적인 배제를 의미하지도 않는다. 부부는 "결합하지만, (다만) 서로 평등한 힘과 미덕을 지닌다." 즉, 한쪽이 다른 한쪽에 종속되지 않으며, 여성의 존재와 기능이 지워져 버리지 않는 결합이다. 대신 부부는 자산의 이동과 관련해서 각자 결정권을 가진다. 아이들은 아버지의 성이나 어머니의 성을 가질 수 있고, 부부 사이에서 낳은 자식이든 다른 형태의 결합에 의한 자식이든 간에 상관없이 합법적인 자식으로 인정받는다. 가족은 일시적인 파트너들의 특정한 욕망을 초월하는 사랑과 애정의 결합체가 된다. 무엇보다 드 구즈의 '사회계약'은 자산과 자식에 대한 남성의 무제한적인 권위를 부정함으로써 여성의 종속적인 지위를 끝장냈고, 합법적인 가정을 표시했던 아버지의 성을 삭제함으로써 가부장적인 권위를 일소시켰다.[86]

드 구즈는 자신의 결혼제도 개혁안이 사회가 기초하고 있는 보편적인 법률의 테두리 안에 있다고 생각했다. 그녀가 보기에, 이 제안들은 혁명이 만들어 낸 다른 제도들에 상응하여 여성과 남성의 관계를 설정하는 새로운 제도를 마련하는 것이었다. 의회[프랑스혁명 당시의 국민의회)가 계급적 위계질서를 교체하고, 주권이 인민에게 주어진다면, 어째서 굴종적인 관계를 끝내고 결혼의 법적인 속박의 굴레를 없애는 제안들이 고려되지 않는단 말인가? 이 제안은 프랑스의 법들을 보편법의 원리에 따르게 할 뿐만 아니라, 윤리를 향상시키고 여성의 고결성을 드높인다고 드 구즈는 주창했다.[87]

드 구즈는 단도직입적으로 법에 호소했지만, 법에 대해서는 모순적인 생각을 하고 있었다. 그녀는 법이 사회의 일관성을 가늠하는 척도라는 전제를 받아들였는데, 보편법에 대한 이러한 관념은 드 구즈 본인이 낸 개혁 제안들을 스스로 파괴하는 상징적인(남성적인) 표상들을 통합시켰다. 드 구즈의 이러한 관념은 사회 기원을 설명하는 이야기에 잘 드러나 있다.

임종을 앞둔 아버지가 침대 곁에 모여든 가족들에게 자신이 세상을 떠난 뒤 지침이 될 만한 법을 말하는 장면으로 드 구즈의 이야기는 시작된다. 아버지는 자식들이 불복종과 반항의 성향이 있지만, 또한 자신의 법에 복종하고자 함을 알고 있다. 아버지는 야생의 상태(새의 둥지를 관찰한 경험으로 그는 자신과 가족을 안전하게 보호하는 방법을 터득했다.)에서 출발했던 경험을 상세하게 열거한 다음, 자신의 법을 제안한다. 협동, 자연을 돌보는 것, 평등, 특히 "형제, 이웃, 친구의 권리를 절대적으로 존중하라"는 황금률 같은 것 안에 행복의 열쇠가 있으며, 이를 위반하는 자는 사회의 모든 혜택에서 배제되며, 가족에게서 추방당해야 한다.[88]

이러한 아버지의 법률은 평등과 행복을 저해하는 충동들을 통제하는 데 주안점을 둔다. 아버지가 그의 가족과 사회를 창조하는 것은 이법을 통해서이다. 그는 더 이상 생물학적인 역할이 아니라 규범적인역할을 담당하게 된다. 더구나 드 구즈의 이야기에는 태초의 어머니에 관한 어떠한 설명도 없다. 아버지의 '동료'에 대한 언급은 있어도, 아이들을 낳은 어머니의 존재는 등장하지 않는다. 기원의 이야기에서어머니가 제외됨으로써 사회적 · 정치적인 측면에서 (아들이 계승하는) 아버지의 자리가 상징적으로 확립되는 것이다. 여성들은 남성들("형제, 이웃, 친구")이 개인적인 권리로 소유하고 있는 사물들 중 하나가 된다.

드 구즈는 결혼이 상호 간의 편애로 성립되는 결합이라고 말했음에도 불구하고, 이로써 여성은 법의 제정이나 사회의 창조와는 무관해졌다. 법의 창조자lawgiver는 남성인 것이다. "형제, 이웃, 친구"는 아버지와 자신들을 동일시하여 법에 제 자신을 종속시키며, 다음에는 주체, 즉 입법자lawmaker가 된다. "형제, 이웃, 친구"와 아버지를 동일시하는 것은 정치와 법의 영역에서 여성들을 완전히 배제하고 이루어진, 공유된 남성성에 바탕을 두고 있다. 남성 입법자라는 상징성은 이성애주의적인 일부일처제 관념과 남성에게만 한정된 시민권을 확립시키며, 여성이 남성의 개인성을 보장하는 불균등한 관계로서의 남녀차별을 법제화한다.[89] 여성은 '자연적인' 출산과 성sex을, 남성은 생식과 이성의 기능과 연관된 어떤 특정한 의미를 갖게 된다. 이는 정치적 삶에서 여성의 종속을 끝장내고자 했던 드 구즈의 목표와 역설적으로 맞물려 있다. 성차에 대한 당대 문화의 상징적 구성을 그녀가 수용했다는 점은, 결혼제도를 개혁하고자 했던 드 구즈의 실천적인 제안과 기묘한 어긋남을 드러낸다.

법과 남성성을 상징적으로 결합시키고 나자, 드 구즈는 군주제를 가장 응집성 있는 정부 형태로 여기게 되었다.(혁명 과정에서, 그녀는 루이 16세의 행동을 달리 생각하게 되었다. 1761년 6월에는 루이 16세의 도망과 반역을 비난했으나, 왕이 체포된 뒤에는 그를 지지했던 것이다. 그녀는 공포정치 아래에서 "나는 태어날 때부터 공화정 기질이었고, 죽을 때까지 그럴 것이다." 라고 말했지만, 실제로 정부에 관한 전반적인 의견을 참조해 보면, 그녀는 군주제를 선호한 것 같다.)[90] 드 구즈는 종종 왕을 "인민 his people의 아버지"라고 언급했으나, 보통의 아버지 이상으로 생각했다. 그녀에게 왕은 법의 현명한 창조자였으며, 법의 구현 그 자체였다. 《백과전서》의 '꿈' 항목의 도입부에서 환기된 행정장관the magistrate처럼, 왕은 질서와 이성적인 정부를 책임지는 외적 대상이었다. 왕의 존재는 신하들의 개인적 관계에 유연성을 보장해 주었다. 왜냐하면 왕의 존재가 신하들의 관계에 한계(윤곽)를 정해 주기 때문이다. 이러한 한계의 정도는 행정장관의 역량에 달려 있으며, 전문가들은 이성의 이름으로 이 경계를 유지하는 일을 담당하게 된다.

드 구즈에 따르면, 왕은 공평하고 자비로운 지도력을 최상의 수준에서 발전시켜 왔기 때문에, 행정장관의 역할에 가장 적합하다. 공화국의 문제점 중 하나는 논쟁을 관장할 명확한 입법자lawgiver의 존재가 없다는 것이다. 오직 불완전하고 신용할 수 없으며, 태초의 아버지 역할을 차지하려고 형제들과 다투는 입법자lawmaker만이 있을 뿐이다. 공화국의 또 다른 문제점은 누이들과 세력을 나누려고 하지 않는 아들들의 손 안에 공화국이 있다는 점이다. 그런데 왕은 아들들이 독점적인 권력을 확보하게 내버려 두지 않으리라는 것이 드 구즈의 생각이었다. 왜냐하면 드 구즈와 그녀의 동료들이 여성의 정치적 권력을 인정받고자 제출한 주장의 장점들을 왕이 자비롭게 받아들일 것이기 때문이다.[91] 드 구즈는 공화정의 배타적인 행위를 비판하고 수정하는 역할을 군주제가 담당할 수 있으리라 생각했다는 점에서, 군주제를 옹호했다.

드 구즈는 남성의 독재가 군주제에서 나온다고 생각하지 않았다. 이 때문에 그녀의 글들은 아버지의 법law of Father으로서의 법을 재생산하는 동시에 훼손시키는 모순적인 효과를 낳았다. 드 구즈는 결혼 개혁의 제안이 정치에서 여성의 배제에 도전하는 방식이라고 생각했지만, 이 제안들이 사회의 기본 질서를 전복한다고는 생각하지 않았다. 그러나 다른 사람들은 다르게 받아들였다. 남성의 권리를 여성들에게로 확장하자고 하는 그녀의 선언문과 마찬가지로, 초기의 군주제 지지가 공화국에 대한 불충을 증명하는 하나의 징후라고 여겼다. 드 구즈의 입장에서는 군주제 옹호가 (공화국의) 법을 지지하는 것이었지만, 다른 사람들은 결혼을 개혁하고 여성을 능동적인 시민으로 만들려는 그녀의 선언이 법의 권위를 확립해 왔던 성차의 경계를 없애는 위험한 발상이라고 받아들였다(결혼 개혁과 여성의 능동적 시민권이 동일한 법률 위반의 양상으로 간주되었다는 사실은, 드 구즈 자신이 이해했던 것보다 이 둘이 훨씬 더 크게 연관돼 있음을 시사해 준다). 드 구즈는 성차가 상호 간 경험하는 이성애적 매력에 기초해 성립한다고 이해하고 있었기 때문에, 성차의 관념 안에 있었다. 그러나 그녀를 법적인 테두리 안에 머물게 할 만큼 이러한 인식이 결정적이지는 못했다.

마음대로 꿈꾼 여인의
최후

혁명 초기에는 상상력에 제한이 없었다. 보통의 시민이라면 누구나 자신의 정치적인 기획과 프랑스의 새로운 미래를 자유롭게 꿈꿀 수 있었다. 그들이 꿈을 실현할 힘이 없는 한 말이다. 이러한 맥락에서 드 구즈의 활동은 용인되었다. 거칠고 실행 불가능한 것으로 취급되었을 수는 있지만 위협적인 것으로 여겨지지는 않았다. 그러나 1792년 후반부터 자코뱅의 지배가 점차 강화되면서 법과 질서, 남성적인 덕목, 성차 간에 연계성이 강화되었고, 경험이 아닌 상상력의 표현을 국가가 통제하려는 조짐이 나타났다. 자코뱅의 정치학은 물적 대상과 언어, 사고, 시각적 재현에 단일하고 투명한 의미를 부여하려는 인식론적 시각에 기초해 있었다.

이렇게 되자, 드 구즈의 도전은 불온해졌다. 상상력에 대한 호소는 현실을, 관념과 사물 간의 대응을 무시하는 것이었다. 그녀의 글과 활동은, 지시 대상이 모호한 기호를 사용해 분명한 문제들을 고의적으로 흐릿하게 만들고 있는 듯했다.

혁명 과정에서 여성의 권리와 관련하여 많은 문제들이 제기되었지만, 1793년에는 직접적이고 반복적으로 표명되었다. 이 해에 새로운 헌법 논의가 오가는 가운데(실제로는 전혀 실행되지 않았지만) 일 에 빌렌 지역의 대표(로 나중에 지롱드 파에 가담한) 장 드니 랑쥐네Jean Denis Lanjuinais는, 탄원이 있기는 하지만 의회는 여성의 투표권을 거부하는 입장을 고수할 것이라고 했다. 그는 이후 심지어 "여자가 정치적인 권리를 행사하겠다고 요청하는 것은 믿을 수 없는 일입니다. 그건 저로서는 이해하기 어렵습니다. 이건 남성과 여성에게 모두 도움이 되지 않습니다."라고 덧붙였다.[92]

〔1793년〕 10월 16일 〔국고를 낭비하고, 오스트리아와 공모하여 반혁명을 기도했다는 죄명으로〕 마리 앙투아네트의 사형 집행 이후, 여성의 정치적인 역할에 대한 공격은 날로 심해졌다. '여성혁명공화국협회'의 구성원들이 시장통 여성들과 거리에서 다투며 소동을 벌인 일을 구실 삼아, 의회는 모든 여성 클럽과 그 대중 활동을 불법으로 규정했다. 루소적인 테마는 의회의 결정을 정당화시켰다. 〔1793년 설치한 일반방위위원회의 일원인〕 앙드레 아마르André Amar는 "여성이 정치적인 권리를 행사하며 정부의 일에 간섭해야 하는가?"라고 의회 의원들에게 질문을 던졌다. "상식적으로, 우리는 아니라고 생각한다."

왜냐하면, 여성들은 자연이 부여한, 더 중요한 임무를 희생시켜야만 하기 때문이다. 자연이 운명지은[93] 사적 기능은 사회의 일반적인 질서와 연관된다. 이 사회질서는 남성과 여성 간의 차이에서 비롯된 결과다. 각 성性은 자신에게 걸맞는 역할을 하도록 정해져 있다. 이 역할은 깨어질 수 없는 테두리 안에서 규정된 것이다. 왜냐하면, 인간(남성)에게 한계를 부여하는 자연은 독점적으로 지배하고, 어떠한 법도 받아들이지 않기 때문이다.

심지어 피에르 쇼메트는 더욱 노골적으로 이른바 '자연적 사실'을 언급하였다. 여성 청원자들이 의회의 법령에 항의하며 탄원하자, 그는 파리의 의회를 대신하여 화를 버럭 내며 거절했다. "언제부터 한쪽의 성을 포기하는 것이 허락됐는가? 언제부터 공공의 장소로 나와 청중들 앞에서, 또는 의회에서 연설하기 위해 경건한 가사와 양육을 포기하는 여성이 올바르다고 여겨졌는가? 자연이 가사를 남성에게 맡겼는가? 그녀(자연)가 아이들에게 젖 먹일 가슴을 우리에게 주었단 말인가?"[94]

많은 동료 정치인들과 마찬가지로, 쇼메트는 사회의 조직에 관한 자신의 관점을 정당화하기 위해서 자연의 법칙에 호소했다. 그의 생각으로는, 자연은 자유와 성차의 근원이었다. 자연과 신체는 동의어였다. 신체 안에서 사람들은 사회와 정치적 질서가 기반하고 있는 진리를 식별할 수 있었다. 콩도르세는 (드 구즈처럼) 생물학적 정체성과 정치적 정체성 간의 분리를 주장했으나, 자코뱅 일파들은 통합적인 관점을 주장했다.

앙주(프랑스 남부 도시)의 일반계급(부르주아 시민)을 대표했던 콩스탕탱 볼네이Constantin Volney는 1793년 문답서에서 덕과 부도덕은 "항상 신체의 보존과 파괴와 관련되어 있다."고 역설했다. 볼네이가 보기에 건강을 의문시하는 것은 곧 국가를 의심하는 것이었다. "시민은 건강함을 추구할 책임이 있다."[95] 개인의 질병은 사회를 전락시키는 전조가 된다. 어머니가 유아에게 모유를 먹이지 않는 것은 자연의 물질적 구성 원리를 거부하는 것이며, 따라서 반사회적인 행동이다. 신체의 오용은 단지 개인적인 손해일 뿐만 아니라, 사회적인 파국을 초래하게 된다. 볼네이에게 신체정치학은 비유가 아니라 문자 그대로의 묘사였다.

　신체는 물론 단일한 대상으로 여겨지지 않았다. 즉, 성차는 자연적인 질서의 근본 원리며, 그렇기에 사회적 · 정치적인 질서의 근본 원리로 받아들여졌다. 여성과 남성 간의 사회적 · 정치적인 구분을 확립하기 위해서, 생식기의 차이가 모든 차이를 만들어 냈다. 즉, 남성성 혹은 여성성이 생물학적인 남성 혹은 여성의 전체적인 정체성을 형성했다. (의사이자 인류학자 겸 저널리스트였던) 피에르 루셀Pierre Roussel 박사 역시 자코뱅이 채택한 관점을 역설했다. "성sex의 본질은 단 하나의 기관에 한정되는 것이 아니라, 어느 정도 눈에 띄는 미묘한 차이들을 통해서 모든 부분에까지 확장된다."[96] 이 틀 속에서, 여성은 남성에 비해 훨씬 더 성에 제한을 받는다. 해부학자인 자크 루이 모로Jacques-Louis Moreau 박사는 생식기의 위치가, 즉 여성은 내부인 반면 남성은 외부에 있다는 점이 그 영향력의 정도를 결정한다고 보았다. "내적인 (기관의) 영향력이 여성들에게 지속적으로 자신의 성을 상기시켜 준다. … 남성은 오직 특정한 순간에 남성으로 존재하지만, 여성은 평생토록 여성으로 존재한다."[97]

　자코뱅에게, 여성의 전체적인 사회적 기능이란 여성 육체의 재생산 기관들에서 그대로 읽어 낼 수 있는 것이었다. 특히 여성의 유방(외부의 기관!)은 특별한 위치를 차지했다. 유방은 여성에 대한 (여성 전체, 여성의 모든 걸 나타내는) 제유提喻였다. 유방은 자코뱅의 연설과 도상(마들린 굿워스Madelyn Gutwirth가 충분히 증명했듯이)에 자주 등장한다.[98]

　프랑스어 단어 'sein'은 가슴 · 유방 · 자궁을 의미하므로 많은 연상을 불러일으키지만, 그중에서 특히 육체적인 유방 그 자체로 의미가 고착되었다. 이는 매우 의미심장하다. 프로이트적인 관점에서 유방으로의 고착은 가장 문제적인 것에서 외견상 좀 더 온건한 것으로 주의를 이동시키는 일종의 페티시fetish〔맹목적 숭배물. 성적 감정을 일으키는 대상〕로 기능한다. 물론 유방에 대한 광적인 집착은 여성의 신체 전체에 대한 관심을 불러일으켰지만, 여성 신체에서 더 문제가 되는 출산 기능에서 주의를 돌리는 데 일조했다. 무엇보다도 출산은 그저 자연적인 것(그러므로 사회보다 우선하는 것)에 그치는 것이 아니라, 사회를 창조하는 활동의 일환이며, 따라서 필수불가결하게 사회계약의 일부로 이해될 수 있다.

헌법을 출산하는 (두 다리에서 헌법이 탄생하는) 혁명가를 형상화한 왕당파의 캐리커처는, 여성의 사회적 역할을 혁명가들이 자의식적으로 전용한 것을 빈정대고 있다. 그러나 이러한 전용은 여성의 신체를 추방함으로써 이루어진 것이 아니라, 오히려 그 정반대였다. 여성의 사회적 신체에 대한 은폐는, 오히려 여성의 육체적인 신체 이미지들을 만연시킴으로써 성립했다. 여성은 마땅히 정치에서 배제되어야 했기 때문에 그 신체는 강박적일 정도로 자주, 양육을 담당하는 전형적인 어머니의 모습으로 등장했다.[99]

1793년 8월 공화국에 경의를 표하려 〔당시 유럽에서 가장 유명했던 화가〕 자크 루이 다비드Jacques-Louis David가 기획한 〈연합과 통합의 축제The fête of Unity and Indivisibility〉에서 이러한 도상은 두드러지게 나타난다. 여기서 대표자들은 어머니 형상을 한 거대한 동상의 유방에서 뿜어져 나오는 물을 마시며 나라에 충성을 맹세했다. 남성과 여성의 차이에 대한 강조는 서구와 동양 간의 차이를 강조한 것이기도 했다. 이

동상은 다산을 기원하는 이집트의 여신이었기 때문이다.[100]

창조자가 아닌 양육자의 유방으로서의 여성. 자연의 정복자인 시민으로서의 남성. 남성과 여성의 차이는 좁혀질 수 없으며, 근본적인 것으로 받아들여졌다. 이 차이는 자연에 내재해 있어서 법으로 수정할 수 없었다. 남성과 여성의 기능적인 상보성은 비대칭적으로 구성되었다. 여성성은 여성의 술책과 변덕스러운 속성으로 인해 사악하고 감정적이며 허영적인 것으로 규정되었고, 바로 그렇기 때문에 조신하고 가정적인 기능에나 딱 들어맞았다. 이런 여성성과 대조했을 때 남성성은 덕, 이성, 정치와 뗄 수 없는 관계가 되었다.

사실상 남성과 여성, 이성과 열정 간의 대립은, 루소가 남성의 상상력에서 근절할 수 없는 것으로 인식한 무질서한 성(性)의 충동들을 여성에게 전가하는 하나의 방식이었다. 그럼에도 루소를 추종하는 자코뱅은 이 아이러니나 모호성을 제대로 인식할 능력이 없었다. 모든 정치적인 반대를 공화국에 대한 반역이라고 보았듯, 그들은 '미덕'과 상반된다고 여긴 자질들을 여성에게 귀속시켰다. (혁명 후 자코뱅당의 지도자로 공포정치를 추진하여 독재체제를 완성한) 로베스피에르에 따르면, '미덕'은 민주적인 정부의 근본 원리이지만 혁명의 시기에는 공포에서 그 동력을 얻는다. "신속하고, 엄격하며, 확고부동한 정의는 미덕에서 나온 것이다."[101]

공포는 덕에 대립하는 모든 것을 억압한다. 오류에 대항하는 진리의 수단이 곧 공포였다. 공포정치는 진리와 오류, 자연과 잘못된 재현의 차이를 자신의 미덕으로 판단하는 사람들이 추동했다. 고결한 자들에게 진리란 투명하다. 그 의미는 문자 그대로이고 명료했다. 새로운 생각을 만들어 내고 허구와 현실을 융합하는 창조적 재결합을 해 낸 볼테르의 능동적 상상력의 자리는 더 이상 존재하지 않았다. 대신 사고는 자연의 직접적인 해석이어야 했고, 상상력은 진리를 잘못 재현하지 않도록 엄격히 통제되었다.

이런 상황에서 드 구즈는 자신의 생각이 능동적 상상력과 연관되어 있음을 부정하기 시작했다. 일찍이 1791년에, 그녀는 한때 군주제를 열광적으로 지지했던 오류를 상상력이 잠깐 방향을 상실한 탓이라고 둘러댄 일이 있다. 이 일화에서 알 수 있듯이, 그녀는 자신이 상상력의 선한 작용과 악한 작용을 분별할 수 있고, 상상력의 무질서한 경향에 제동을 걸 수 있음을 보여 주고 싶어했다. 그러나 1793년에 이르자 상상력의 영향력을 아주 낮게 보았다. 혁명의 음울한 미래를 예견하며, 드 구즈는 자신의 예견이 프랑스 지도자들의 "타락한 도덕적" 현실의 반영일 뿐이지 그녀 자신의 "고양된 상상력"의 산물은 아니라고 단언했다.[102]

드 구즈는 로베스피에르를 신랄하게 비꼬면서, 그의 도덕성 발언이 자신을 미혹에서 빠져나오게 했으며, 또한 "선동가들은 감정적인 흥분을 어떻게 이용해야 할지를 잘 알고 있다. 그래서 분별 있는 영혼은 본래 이런 감정적 소용돌이를 불신해야만 한다"는 사실을 그가 일깨워 주었다고 써 보냈다.[103] 로베스피에르의 도덕적 오점과 이기적 행동을 공격하고, "진리"의 이름 아래 "잘못 인도된 애국주의patriotisme égaré"의 과잉을 비난한 것이다. 동시에 드 구즈는 진리를 보고 말할 뿐이라고 주장할 때조차도, 자기의 능동적 상상력을 개인성에 대한 추구와 완전히 분리할 수 없었기 때문에 자신을 "여성이 아닌 남성plus

19세기 풍자화가 오노레 도미에가 그린 〈아이를 돌보는 어머니〉.

homme que femme"과 동일시했다.[104]

어떤 경우가 됐든, 로베스피에르를 향한 공격은 자신의 사적인 환상들을 공적인 삶에 억지로 끼워넣으려고 했던 여성 드 구즈의 운명을 확증해 줄 따름이었다. 드 구즈는 1793년 7월에 체포되었고, 연방제(지롱드 당원들, 그리고 그들의 대표제 이론과 결부되는 입장)를 옹호한 그녀의 소책자《세 개의 투표함, 혹은 조국의 안녕Les trois urnes, ou Le salut de la patrie》을 광고하는 포스터를 파리 시 성벽에 붙였다는 이유로 결국 사형을 언도받았다.[105]

드 구즈는 (자신의 철학적 주장들이 혁명을 준비하는 데 도움이 되었다면서) 자신의 애국심을 들먹이고, 몸이 아프고 임신 중이라며 선처를 호소했다. 검사 푸키에르 탱빌Fouquier-Tinville은 조사 결과 드 구즈는 임신할 기회가 없었으며, 그럴 수 있는 상태도 아니었음을 산파와 의사가 입증해 주었다고 혁명재판소에 보고했다. 이런 사실을 토대로, 그는 드 구즈가 처형을 연기하고 회피하기 위해서 "오직 상상으로만" 남자와 접촉했고 그래서 임신한 것처럼 믿고 있다고 말했다.[106] 이 당시 드 구즈의 상상을 언급한 검사의 보고에는 끔찍한 역설이 있다. 정신적 불안정이 너무 심각하다는 이유로, 그녀 본성의 가장 근본적인 측면, 말하자면 (재생산할 수 있는 능력으로 정의되었던) 그녀의 모성을 다시 불러오려는 시도조차 상상력이 꾸며 낸 이야기로 조소당해야 했던 것이다. 그들이 보기에 괴물 같은 올랭프 드 구즈 안에는 여성이라는 기호의 지시 대상이 있을 수 없었다.

자코뱅의 (공화국의 완전무결함을 보전하는 것과 등가화된) 중앙집권주의에 반역한 자라는 명목으로, 드 구즈는 그해 11월에 사형되었다.

7월, 그녀가 체포되었을 때에는 시민전쟁이나 갑작스런 침입만이 국가를 뒤흔드는 위협이었다. 성차의 파괴와 개인성의 해체 역시 이 위협에 속했다. 자코뱅은 통제의 고삐를 더욱 강하게 죄는 것으로 여기에 응답했다. 이들에게 정치적 통제와 개인의 통제는 동일한 것이었기에, 한쪽에 근거하여 나머지 다른 한쪽도 판단했던 것이다.[107]

《공공의 안녕에 관한 문서La feuille du salut public》에 실린 드 구즈의 죽음에 관한 보고는 이런 관점에서 접근할 수 있다. "드 구즈는 강력한 상상력을 가지고 태어나서, 망상을 자연의 영감으로 오판했다. 그녀는 국가의 인간이기를 원했다. 그녀는 프랑스를 분열시키려던 변절자들을 도왔다. 그녀의 성sex이 응당 가져야 할 미덕을 망각해 버린 공범자에 대해 법은 심판을 내린 것으로 보인다."[108]

이 구절은 자신을 "여성이라기보다는 남성"이자 "위대한 인간"이라면서 스스로 면죄부를 주고, 로베스피에르는 비천한 노예일 뿐이라고 비아냥거린 여성에게 꼭 들어맞는 묘비명이었다.[109] 아니라면, 드 구즈가 고의적으로 현실을 외면하고 여성의 삶이 처한 사회 및 정치 상황을 상상력으로 탈피하고자 했다는 해석도 가능하다. 그녀는 남성과 다투는 가운데, "여성의 미덕"을 잊었다. 글자 그대로 갈 길을 잃어버린 것이다. 망각이라는 개념은 루소가 열정적으로 개진하고, 드 구즈가 응답한 ("나도 다른 이들처럼 몰아지경에 빠지고 싶다.") 몽상가들의 몰아沒我loss를 상기시킨다.[110]

그러나 여기서 말하는 몰아는 긍정적인 의미의 초월이 아니라, 병리학적인 개념이다. 통일된 자아의 상실(그녀의 "고양된 상상력"은 이성의 내재된 규율을 압도했다. 즉, 망상을 현실과 혼동했다.)과 "분열된 프랑스"를 겨냥한 그녀의 전복 음모는 연관성이 있다. 자아의 천부적인 고결함은 국가의 천부적인 고결함을 보장할 것이다. 그런데 이 둘 모두 통제되지 않은 욕망과 상상력의 과잉으로 위기에 처했다. 방향을 잃은 상상력은 연방제에 대한 담론을 만들어 냈다. 이는 지리학적인 경계와 성적 경계를 모두 위반한 것으로 표상되었다. 분열되고 통일성을 잃은 자아의 산물인 "고양된 상상력"만이 연방제라는 분리의 개념을 도입할 수 있다. 연방제는 "하나이며 결코 분리될 수 없는, 공화국"으로 일관되게 명명되었던 것에 대한 도전이 틀림없었다.[111] 오로지 이런 상상력만이 정치적 · 사회적 · 물리적 해체의 위협, 즉 거세의 위협을 동시에 발생시켰던 것이다.

1793년, 드 구즈는 합리적인 사회질서와 남성성, 그리고 남성성이 기대고 있는 여성성의 의미에 맞서는, "고양된 상상력" 혹은 "몽상"의 무질서와 혼돈의 위험을 상징하는 구현체로 여겨졌다. 루소와 자코뱅의 루소 해석자들은 이런 위험과 여성을 동의어로 취급했다.〔로베스피에르를 비롯한 자코뱅 과격파들은 루소를 숭배했다.〕

'상상력'을 성문화하려는 18세기적인 시도에 발맞추어 드 구즈도 이를 활용하려고 했으나, (상상력을) 명확하게 구분 짓기란 불가능했다. 그 모호성은 1791년 헌법이 여성에게 아무런 권리를 부여하지 않았는데도 능동적인 시민으로서 드 구즈가 갖게 된 권력의 근원에 내재해 있었으며, 또한 반대파들이 그녀가 법적인 용어로 논증할 능력이 없다고 재단해 버린 낙인sign에도 존재했다. 상상력 그 자체의 개념이 그러했듯이, 그녀가 경계선을 넘었는지, 그리고 그게 언제였는지를 결정한 것은 이성의 이름 아래 작동한 법적인 권위였다.

(남성의)
자유 · 평등 · 형제애

드 구즈가 단두대로 보내지고 몇 달 후에, 그녀의 아들은 기록 정정을 요청했고 이것이 받아들여졌다. 그의 어머니의 이름은 짧은 혁명재판소 시절에, "오브리Aubry의 미망인, 마리 올랭프 드 구즈Marie-Olympe de Gouges"에서 "루이 이브 오브리Louis-Yves Aubry의 미망인, 마리 구즈Marie Gouze"[112]로 바뀌었다. 드 구즈의 아들 피에르 오브리는 어머니(또한 그 자신)의 계보를 수정함으로써, 자기 어머니의 정체성을 한 사람의 딸이자 아내로 되돌리고자 했다. 그러나 이런 시도가 사실상 변화시킨 것은 거의 없었다. 자손들은 그녀를 그녀 자신이 명명한 올랭프 드 구즈라는 이름으로 기억했다. 역사적으로 올랭프 드 구즈의 리얼리티는 그녀의 상상력의 산물들이라고 해야 옳다. 역사가들이 그녀 자신을 구성했던 이 상상력의 실제적인 영향력을 무시한다면 그것은 공정하지 못한 판단이다. 그녀를 경멸하든지 혹은 숭배하든지 간에, 그녀는 글과 행동으로 자신의 명성을 만들어 낸 독립적인 여성 문호였다.

그녀의 명성은 적어도 두 가지 면을 가지고 있다. 볼테르가 능동적 상상력이라고 말한 가능성들을 펼쳐 보였고, 상상력에 대한 창조적인 규정을 중시했던 19세기의 경향을 대변했다.[113] 〔역사학자〕 레튀에E. Lairtullier는 1840년 《1789년에서 1795년까지의 여성 명사들Les femmes célèbres de 1789 à 1795》에서 드 구즈를 격렬하고 열정적인 인물로 언급했다. 혁명기 여성의 유형 분류에서, 드 구즈는 가장 맹렬한 여성 대열에 이름을 올렸다. 레튀에는 그녀의 상상력이 지닌 "탁월함"을 두 가지 측면에서 강조했다. "그녀는 풍부한 상상력과 다양한 생각들로 동시대 대부분의 남성 웅변가들을 자주 놀라게 했다. 실제로 그녀가 유명 인사들과 기꺼이 맞섰다는 점이 그녀의 명성을 드높였다."[114]

레튀에가 설명한 상상력은 온건한 창조력을 함축하고 있지만, 폭발적인 본성, 감정적인 무절제, 조야함과 지적 교양을 판별하지 못하는 무능함, 선동적인 문체로 표현된 또 다른 측면을 담고 있었다. 그녀의 뛰어난 상상력은 비정상적이고 위험한 성격에서 발산될 수밖에 없었던 것처럼 보였다.

후대의 작가들은 레튀에보다 분명하게, 심리적인 이상 증상들을 진단했다. 드 구즈는 이성과 환상의 경계에 있었다. 남성의 역할을 자처하면서, 그녀는 인내심과 온건함을 잃어버렸다. 〔19세기 프랑스 역사가〕 미슐레 Jules Michelet는 정치에 여성이 관여하는 것은 어떠한 경우이든지 위험하다고 생각했다. "모든 것들이 여성으로 인해 파괴된다."[115] 그의 설명에 따르면, 드 구즈는 "순교자, 즉 불안정한 감정의 노리개"가 되고 만 "많은 생각들로 가득 찬 불행한 여성"이었다. 미슐레는 그녀의 진정한 여성적 본성이 드러난 때를 다음과 같이 쓰고 있다. "온화하며 눈물에 젖은 채, 죽음을 두려워하는 떨고 있는 연약한 그녀는 다시 여성이 되었다." 그러나 단두대에 오른 그녀는 용감했다(그는 그녀가 좀 더 남성적인 입장으로 되돌아갔음을 암시한다).[116] "조국의 아이들이여!" 그녀는 울부짖었다. "너희들이 나의 죽음을 복수해 주리라." 그러자 관객들은 (당연한 듯이) "공화국 만세!Vive la République!"[117]로 응답

1793년 11월, 단두대로 향하는 드 구즈.

했다.

미슐레가 시도한 약함과 강함, 여성과 남성 사이에서 흔들리는 드 구즈의 불안정한 성격 묘사는, 공쿠르 형제(19세기 프랑스 소설가 에드몽과 쥘)가 1864년 혁명의 역사를 기록하며, 그녀를 "영웅적인 광인"이라고 지칭한 것을 연상시킨다. 그들은 그녀의 병증을 지칭하기 위해 여성형인 folle(미친) 대신 남성형인 fou(미친)를 썼다.[118] 이러한 공쿠르 형제의 태도는 의료 전문가들이 정의한 정신병 관련 문제가 점차 세인의 주목을 끌어 가던 당시 사회 분위기와 일치한다. 19세기 말에 들어서 그 관심은 더욱 증폭되었으며, 개인적인 병리학뿐만 아니라 집단적인 병리학에도 관심이 집중되었다.

1904년 작성된 글에서, 기와Guillois 박사는 드 구즈의 수감 기록을 분석한 뒤 그녀의 병을 혁명 히스테리의 일종이라고 진단 내렸다. (지나친 월경 양으로 야기된) 비정상적인 성욕, (매일 목욕하는 것을 과도하게 좋아한 데서 분명히 알 수 있는) 나르시시즘, (재혼을 거듭 거부한 데서 입증되는) 전반적인 윤리의 결여는 그녀의 정신 병리를 분명하게 보여 주는 징후들로 해석되었다. 드 구즈는 여성이 남성을 모방하고자 할 때, 어떠한 일이 발생하는지를 보여 주는 하나의 실례였다. 비정상적인 욕망으로 추동된 이 여성들은 용감하지만 어떤 남성들보다 야만적이고 거칠다.[119] 기와와 그의 동시대인들은 길을 잃은 상상력을 결핍된 혹은 비정상적인 여성성의 징후로 여겼다. 문제는 상상하는 정신의 오용 여부가 아니라, 비정상적인 성욕과 근본적으로 비정상적인 성격에 있었다.

그러다 19세기와 20세기의 페미니스트들이 이렇게 누적된 병리학적인 진단에 대항하여 글을 쓰면서 드 구즈는 전혀 다른 인물이 되었고, 적극적인 상상력이 만들어 낼 수 있는 최상의 인물로 인식되었다.[120] 그녀는 19세기 프랑스 페미니스트 운동의 표어가 된 유명한 주장과 함께 가장 기억에 남는 인물이 되었다. "여성은 단두대에 오를 권리가 있다. 마찬가지로 여성은 연단에 오를 권리를 가져야 한다."

그 삶과 죽음이 하나의 선례가 되어 버린 여성인 드 구즈가 만들어 낸 이 대담한 주장은, 분명 타당한 것으로 공상적인 창작물이 아닌 하나의 정치적인 격언으로 받아들여지게 되었다. 게다가 드 구즈의 경험은 페미니즘의 되풀이되는 경험을 형상화한 듯 보였다. 페미니즘은 공화국에서 태어났지만, 바로 그 공화국에게 재차 사형을 선고받았다.

이러한 의미에서 (당시 망명한) 잔 드로앵Jeanne Deroin은 1848년 그녀의 활동으로 본인과 다른 페미니스트들이 치러야 했던 대가들을 상기시킨다. "올랭프 드 구즈 이래로 많은 이들이 정의와 진실에 헌신하며, 그들의 목숨을 바쳐야만 했다."[121] 드 구즈는 순교자였으며, 페미니스트들은 그녀의 죽음이 그녀 자신의 죄와 무질서 때문이 아니라, 공화국의 시민권이라는 정의에 내재되어 있는 모순과 보편적인 원리인 자유 · 평등 · 형제애를 잘못 적용한 데서 기인했다고 본다.

상상력 개념은 드 구즈라는 작인agency의 기본 요건이다. 상상력이 공인으로서, 정치인으로서 그녀가 발휘한 능력을 가능하게 했다. 후속 세대 페미니스트들의 행위는, 그들이 속한 시대의 담론적 형상들이 중심이 되는 다른 개념들로 형성되었다. 그러나 드 구즈는 페미니스트들의 상상 혹은 상상된 (그러나 진실 못지않은) 페미니스트들의 전통이라고 불린 것들 속에 통합되었다. 그녀는 자신의 특별한 문맥 속에서 읽혔고, 용기 있는 행동의 한 예로 기록되었다. 드 구즈의 발언들은 그녀와 매우 다른 견해와 신념을 갖고 있는 여성들을 자극하여 페미니스트의 대의명분을 선언하게 했다. 그녀는 여성의 능동적인 시민권을 확보하기 위해서 능동적인 (남성) 시민의 역할을 대부분 모방했고 이를 전유했다.

이성reason과의 관계에서 상상력의 선취가 드 구즈 시대의 특징이었다면, 상상력을 포함하는 창조적 재조합의 과정은 그 시대만의 특징이 아니었다. 드 구즈는 상상력을 행사하는 과정에서 상상력의 모호함에 의존했으며, 상상력이 지탱하거나 포함하는 모순들을 드러냈다. 이러한 창조적인 참여가 역설로 귀착되는 것은 페미니즘의 고유한 특징 중 하나 같다. 여성의 정치적인 권리를 획득하려는 투쟁의 과정에서 가능성의 한계를 시험하는 하나의 방식, 그것이 페미니즘이다.

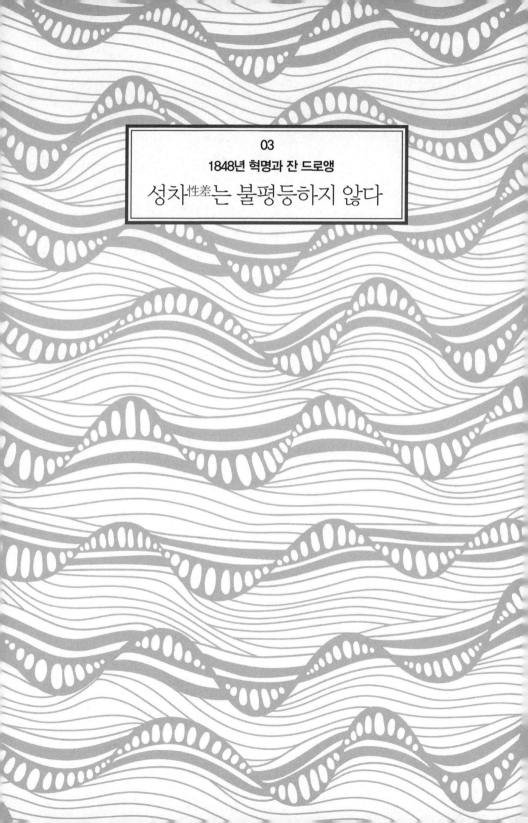

03

1848년 혁명과 잔 드로앵

성차^{性差}는 불평등하지 않다

1805~1894

그녀의 실천은 지금 정다운 어머니라는 절대적인 용어로 표현되는
'여성'이라는 말을, 변화를 일으키는 시간의 힘 앞에 노출시켰다.
1848년에 '여성'으로 이해된 인격의 권리를 주장하는 과정에서,
바로 그 '여성'이라는 범주가 재인식되었다.
역설적으로, 드로앵의 주장은 자신이 여성의 이름으로 옹호한
바로 그 여성을 잠식하였다.

LA COMMUNE DE PARIS

2월혁명과
투표권 운동

1848년 혁명 기간에, 잔 드로앵(1805~1894)은 자신이 올랭프 드 구즈가 이끈 여권운동의 후계자라고 생각했다. 그녀는 1830년대와 1840년대의 유토피아적 사회주의 운동 속에서 정치적으로 성장했기 때문에, 드 구즈와는 매우 다른 사회적·정치적 영향을 받았다. 1848년의 정치적 환경 역시 페미니즘 투쟁에 다른 맥락을 제공했다. 하지만 드로앵은 드 구즈의 실천이 보여 준 놀라운 대담성에 큰 자극을 받았다. 여성해방을 위해 목숨을 거는 것은 정치적 참여의 세부 사항들을 뛰어넘는 성취였다. [1789년 여러 봉건적 특권이 폐지되고, 1791년 헌법이 공표되고 왕권이 폐지되면서 프랑스에서 공화제가 시작되었다. 그러나 1794년 로베스피에르가 실각하고, 1799년 나폴레옹 보나파르트가 쿠데타를 일으켜 통령정부를 조직한 데 이어 1804년 황제로 즉위함으로써 제1제정이 시작되었다. 이후 나폴레옹은 영국·오스트리아 등과 대립하다 1814년 황제

자리에서 쫓겨나고, 부르봉 왕조가 부활하여 루이 18세와 샤를 10세가 차례로 왕위에 올랐다. 이 시기를 '왕정복고시대'라 부른다. 이때 유럽 제국은 빈 회의를 열어 보수주의를 확립하였다. 당시 프랑스에서는 입법왕정이 추진되는 가운데 반혁명입법이 성안되어 시민들의 불만이 고조됐다. 1830년 마침내 '7월혁명'이 일어나 샤를 10세는 도망하고, 오를레앙공 루이 필리프가 즉위했다. 이 혁명은 유럽 각국에 영향을 미쳤다. 이 7월왕정 시기에 부르주아 세력이 커지며 시민 계층의 불만도 높아져 1848년 마침내 '2월혁명'이 일어나 제2공화정이 성립하고 빈 체제가 붕괴되었다. 루이 나폴레옹 보나파르트가 농민의 지지로 대통령에 당선되었다.)

그러나 세부가 중요했다. 그리고 세부 사항들은 이 두 여성 간의 차이를 보여 준다. 드로앵은 마흔세 살에 새로운 혁명의 흐름 속에서 정치적 실천가로 등장했다. 그녀에게 드 구즈가 실천의 모델이었다면, 생시몽주의자(C.H.R. 생시몽의 인간해방 사상을 완성·실천한 사회개혁자들)들과 푸리에주의자(공동체적 협동사회를 꿈꾼 프랑수아 푸리에의 공상적 사회주의자들)들은 이론적 스승이었다. 드로앵의 전략은 숨가쁘게 펼쳐지는 2월혁명의 사건들에 초점을 맞추었다.

이 사건들은 그 내용과 철학적 전제의 측면에서 1792년과는 필연적으로 다를 수밖에 없었다. 1848년에는 노동권과 투표권 문제가 복잡하게 얽히고설켜 있었다. 그래서 드로앵은 여성 노동자들의 경제적 빈곤에 대처하면서 그들을 투표권 운동에 끌어들이려고 여성노동자조합을 조직했다. 혁명에 뒤이어 언론 자유가 폭발적으로 신장되자 사회적·경제적 개혁과 여성 권리 사이의 관계를 분석하는 팸플릿과 기사를 썼고, 새 공화국의 첫 번째 페미니즘 신문인 《여성의 목소리La voix des femmes》와 협력하다가 자신의 신문인 《여성 정치La politique des femmes》를 창간했다. 1848년 여름, 여성들의 정치 참여가 금지되자 드로앵은 신문의 제호를 '여성의 견해L'opinion des femmes'로 바꾸었으나 정치적 참여를 그만둘 생각은 아니었다. 여성의 목소리, 견해, 정치는 정부가 그것을 통제하든 아니든 부정할 수 없다고 생각했던 것이다. 1849년, 위헌 소지가 있었지만 드로앵은 의회 선거에 출마했다.[1]

평등한 정치 권리 획득을 위해 논쟁하려다 보니 여성이라는 위치를 드러내는 동시에 감추기 일쑤였고 그래서 곤경에 처했던 올랭프 드 구즈와 달리, 드로앵은 거칠 것이 없었다. 사회적·정신적 생활의 질서 안에 자리잡은 여성들의 특별한 영역이 뒷받침해 주었기 때문이다. 그녀는 여성다움에 낭만적 찬가를 바쳤고 페미니즘 논쟁에 여성성을 끌어들였으며, 경제개혁에 국한된 사회주의자 동료들의 한계에 도전하려고 여성의 평등에 대한 논의를 제기했다(이런 노력들이 그 동료들의 모순 때문이었다는 것이 뒤에서 다룰 주제 중 하나다).

보통 역사학자들은 그녀를 페미니즘의 '차이파'로 분류하지만, 사실 그녀는 훨씬 복잡한 인물이다. 드로앵이 여성의 차이를 고집한 것은, 유토피아적 사회주의의 개인주의 비판을 페미니즘적으로 조명한 것이라고 이해되어야 한다. 자본주의를 더 인간적이고 협력적인 사회로 대체하고자 한 유토피아적 사회주의자들은, 개인주의야말로 탐욕스럽고 파괴적인 자본주의의 이데올로기적 기초라고 여겼다. 드로앵의 페미니즘은 인간성의 기본 단위로 '성차'를 주장하여 개인주의의 대안을 제공했다.

드로앵은 〔형제애를 근간으로 한 기독교 사회주의의 토대를 마련한 18~

19세기 사회개혁가) 생시몽Saint-Simon의 주장에 공감하면서 한 쌍의 남녀는 "사회적 개인"이라고 썼다. 대부분이 성차를 평등에 위배되는 것으로 받아들일 때, 드로앵은 성차를 평등에 대한 논의로 바꾸어 놓았다. 여기에서 그녀는 [2월혁명으로 성립한] 제2공화국[1848~1852]이 정의내린 시민권의 모순을 드러내는 동시에, (위계적이라기보다는) 대칭적인 관계인 성들 간의 차이를 묘사하는 것이 얼마나 어려운지를 폭로한다.

'노동권' 이슈와
페미니즘

'노동권'은 1848년 [1830년 7월혁명으로 즉위한] 오를레앙공 루이 필리프의 합법적 지배를 끝장내려고 바리케이트를 쌓은 남성과 여성들이 내건 슬로건이었다. 노동권에 대한 요구는, 혁명의 경제적 영향을 폭로하는 것(그저 임금과 고용의 단기적·장기적 위기를 언급하는 수준) 이상으로 선거 개혁을 추진하려는 공화주의적 계획에 심각한 도전이었다.[2] [프랑스 2월혁명이 일어난 원인 중에는, 산업 부르주아지와 노동자계급이 요구한 불합리한 선거법 개정을 거부한 것도 포함된다.] 이 요구는 정치적 권리 논의에 '사회문제social question'를 등장시켰다. 민주 정부라면 당연히 박애적이거나 정략적인 기준에 의해서가 아니라, 자연적이고 양도할 수 없는 인권을 인정함으로써 가난과 경제적 불평등을 해결해

1849년 공화국의 헌법을 거부하고 의회 선거에 출마한
잔 드로앵.

야 한다는 주장이었다.

민주사회주의자(이번 혁명의 좌파)가 규정한 노동권은 그저 직업을 구할 권리를 보장하는 것이 아니라 생계를 유지할, 최저생활임금을 벌어들일 권리의 보장을 의미했다. 이런 입장은 시장이 그 자체의 법칙에 따라 움직이다는 특정한 정치적 태도에 기반한 경제적 시각을 거부했으며, 그 대신에 주권을 가지는 인민들의 개인적 권리라는 명목으로 정부의 통제를 제안했다. "노동권은 사회적 협정의 근본적이고 절대적인 조항에서, 그리고 노동할 자연적 필요에서 그 근원과 정당성을 확인할 수 있다." 법률가 루이 마리 드 코르므냉Louis Marie de Cormenin은 헌법에 대한 글에서 이렇게 썼다.[3]

정치인들이 들끓는 군중을 진정시키려고 애썼을 때인 혁명 초기에, 임시정부는 조심스럽게 노동권을 인정하였다. "노동권은 노동으로 살아가는 개별 사람들의 것이다. 사회는 당장이든 나중이든 생산적이고 일반적인 수단을 통해 스스로 일자리를 찾을 수 없는 신체 건강한 이에게 일을 마련해 주어야 한다."[4] 이 선언은 곧 제한되고 나중에는 철회되었으나, 노동권이 (모든 성인에게 차별 없이 (피)선거권을 주는) 보통선거권과 함께 혹은 일제히 주장되었다는 사실이 정치 권리 논쟁을 애매하게 만들었다. 그 애매모호함은 임시정부가 선거 계획을 내놓은 3월 16일의 포고에서 명백하게 드러난다.

우선 투표권은 "인간man의 최고 권리", 정치 영역에서 가장 강력한 평등의 힘으로 기술되었다. "다른 이에게 이렇게 말하는 시민은 없을 것이다. '당신은 나보다 더 우월한 존재요.'" 투표의 중요성은 대표성을 갖는 정부를 선택하는 것보다 더 폭넓은 범주로 확장되었다. 또 개인들뿐만 아니라 특정한 사회집단들의 이해관계에서도 이는 "사회적 권력의 행사"였다. "예외 없이 모든 이에게 해당되는 선거"라는 사실에서 주목할 만한 결론이 나왔다. "이 법이 공포되는 날, 프랑스에는 더 이상 프롤레타리아가 존재하지 않을 것이다."[5]

프롤레타리아가 사라진다는 것은 우선 단순히 특정 사회집단의 정치적 종속이나 차별이 없어진다는 의미일 수 있었다(이는 자유주의적 공화주의자들이 생각한 형식적 평등과 맞아떨어진다). 하지만 다른 식으로 보면, 사회집단 그 자체가 없어진다는 의미도 될 수 있었다. 사회집단이 사회 조화와 정의라는 거대한 평등화 프로젝트 속에서 용해되어 버리는 것이다. 노동권이 투표권과 결부되었을 때 생기는 모호성은, 이 두 견해 중 어떤 것을 목표로 하는지 결론 내릴 수 없었다는 데에서 비롯된다. 그리하여 권리를 둘러싼 모든 논의에서 사회적 구분(내지 차별)의 문제는 여전히 중심적인 것으로 남아 있었다. 형식적인 권리와 적극적 권리 사이의 경계선이 흐려지자, 추상적 개인은 사회적으로 차등화된 개인에게 밀려 설 자리를 잃게 되었다. 그리고 이 개인은 부득이하게 이 시기 "노동계급", "프롤레타리아", "가난한 자들"이라고 불린 이들의 집단적인 정체성 속에 위치하게 되었다. 그러나 이 목록에 무언가를 추가할 가능성은 열려 있었으며, 곧 페미니스트들은 여성의 이름으로 이 가능성을 낚아챘다.

노동권은 사회적 차별에 관심을 기울이게 했다. 불평등을 제거하는 데 가장 긴요한 문제는 이제 정치였다. 보편적인(남성적인) 선거권, 즉 보통선거권은 이런 관점에서 볼 때 적극적 권리의 제정과 시행을 위한 공약이었고, 추상적 개인의 권리라는 입장에서 구체화된 형식적인 정치적 평등 이론과 갈등을 겪게 된다. 이 이론에서 사회적 차이는 정치적 참여를 결정하는 것과 무관해 보였고, 행동이나 주의의 대상도 되지 않았다. 〔19세기 프랑스 정치학자·역사가〕 토크빌Tocqueville은 형식적 권리라는 개념에 기대어 "혁명은 정치적으로 계급 철폐를 요구한다."고 썼다.[6] 모든 인간men은 투표자이자 법의 주체로서 동등한 지위를 갖는다. 이는 민주정부가 보장할 수 있는 유일한 종류의 평등이다.[7]

그러나 만약 투표가 사회적 변화를 보장하는 도구라면 그리고 모든 개인들의 권리라면, 사회적 변화를 추구하는 모든 이들은 투표권을 가져야만 한다. 오직 여기에 기대서만 여성들은 문제를 제기할 수 있었다. 더구나 정부의 고용 담당 부서나 협동조합 생산자에 대한 정부 보조금을 통하여 노동권을 행사한 이들 속에 여성 노동자들도 포함되었으므로, 여성들 또한 시민으로 간주되리라 믿을 만한 근거가 충분해 보였다. 노동권이 투표권보다 선행하거나 투표권을 뒤따른다면, 그리고 여성의 노동권이 이미 정부의 구체적인 행위를 통해 인정받고 있다면, 어떻게 여성들의 투표권을 거부할 수 있단 말인가? 3월 5일과 8일의 포고는 범죄로 복역한 이들의 선거권만 분명하게 제한하였으니, 직접적으로 여성을 배제한 것은 아니었다(하인의 선거권 제한을 포함해 이전의 모든 배제는 폐지되었다). 배제는 간접적이었다. 선거권의 미덕을 찬양한 3월 16일의 포고에서("우리가 통과시킨 임시 선거법은 가장 광범위해서, 이 세상의 어느 누구라도 인간의 최고 권리, 고유한 주권을 행사할 수 있다."), 시민들은 "성년을 넘긴 모든 프랑스인tout français en âge viril"[8]으로 정의되었다.

"모든 프랑스인tout français"이라는 용어의 애매함(이 말은 남성형이기는 해도 흔히 젠더적인 함의 없이 쓰였으며, 모든 이의 노동권을 약속할 때에는 여성을 포함하기도 했다).을 명확하게 하기 위해, 새로 구성된 여성권리위원회의 대표단은 3월 22일 파리 시장이며 임시정부의 일원인 아르망 마라Armand Marrast를 만났다. 제한 없는 사회적 쇄신이라는 2월혁명의 꿈을 향해 열려 있으면서 동시에 여성을 모순적으로 대우하는 상황이 드러난 곳에서, 페미니즘은 여성의 권리를 주장하러 나아갔다.[9]

잔 드로앵이 이끈 대표단은 여성들의 관심사를 이렇게 적시했다. "우리는 노동자 관련법의 적용을 받는 것과 마찬가지 방식으로 여성들이 더 넓은 일반성 속에 포함되는지를 물으러 왔다. 당신이 선거권에서 제외되는 이들의 범주 안에 여성을 넣지 않았기 때문에 이런 질문은 당연하다."[10] 드로앵은 이 순간 그저 암시적인 것을 인정하도록 몰아가고 있었으나, 이는 표면에 드러나는 순간 모순을 노출할 것이었다. 선거권은 보편적인 것으로 공표되었고, 여성들은 특별히 제외되는 항목에 들어 있지 않았다. 그러나 이 사실이 여성이 포함된다는 것을 의미하지는 않았다.

아르망 마라는 역사를 운운했다. 그는 말하기를 임시정부는 (1793년의 공화주의적 헌법이 승인한) 잃어버린 권리만을 복구시킬 수 있다고 했다. 새로운 것을 만들 수가 없어서 이 문제의 해결은 곧 (모두 남자로) 새로 구성될 의회가 만들 헌법을 기다려야만 한다는 것이었다.[11] 사실 의원들이 가끔 선례에 묶이기는 하지만, 이 답변은 훌륭한 발뺌이었다. 시민에 여성이 포함되는지는 논의된 바가 없었던 것이다. 노동권에 대한 열망이 제기한, 형식적 권리와 적극적 권리 사이의 모순을 조정하려는 시도에서 여성의 배제는 결정적이었다.[12] 공유된 남성성은 추상적 개인인 시민의 보편적 지위를 확고하게 하는 열쇠였으며, 또한 노동권은 명백하게 남성의 권리인 재산과 가족에 대한 권리로 번역되었다.

임시정부에 중요했던 노동권이라는 이슈는 내란이 진압된 6월, 제2공화국의 헌법을 만들고 있던 의원들을 압박했다. 6월은 실직자들에게 직업을 제공하려고 마련되었던 국립작업장의 폐쇄에 항의하는 움직임으로 시작되었다. '노동권'의 이름 아래 시작된 항의는 사회적 봉기로 재빠르게 격화되었다.[13] 노동자들이 그들의 중요한 권리를 당연히 받아야 할 무엇이라고 여길 때 어떤 일이 벌어질 수 있는지를 이 반란은 잘 보여 주었다. 따라서 의원들의 분위기는 6월 이전보다 그 이후에 확실히 보수화되었다.

의원들은 '노동권'을 놓고 토론하면서, 정부가 시민들에게 본인과 가족을 부양할 직업과 충분한 급료를 마련해 줄 의무가 있는지를 논의하였다. 어떤 쪽은 그런 "공산주의"는 자유로운 사회와 어울리지 않으며, 또 실제적으로 노동 의욕을 꺾어 놓을 것이라고 주장했다. 또 다른 이들은 직업을 마련해 주는 것은 자선을 베푸는 것보다 낫다고 했다. 자선은 그 수혜자의 품위를 떨어뜨리지만, 일은 그들을 북돋워 주고 "고귀하게" 만든다는 것이었다.[14]

토론을 거듭하며 결국 그들이 합의한 부분은 노동권이 재산권과 긴밀히 연결되어 있다는 생각이었다. 노동권을 인정해야 한다고 주장하면서, (마티외 드 라 드롬Mathieu de la drôme으로 알려진) 공화주의자 앙트완 필리프 마티외Antoine Philippe Mathieu는 이렇게 말했다. "정의의 관점에서 볼 때, 노동권은 재산권과 맞물려 있습니다. 아무것도 가진 게 없

1848년 이른바 왕정복고시대를 뒤엎고 제2공화정을 성립시킨 '2월혁명'.

는 이는 소유자의 노예입니다. 노동권은 공산주의를 잠재울 유일한 해결책입니다. 노동으로써 인간men은 재산 소유자가 될 수 있습니다."[15]

보수적인 구스타브 드 보몽Gustave de Beaumont은 마티외의 이 말과 푸리에주의자 빅토르 콩시데랑Victor Considérant의 더 급진적인 제안을 반박했지만, 노동과 재산의 연결에는 이의를 제기하지 않았다. "헌법은 (노동으로) 재산을 모을 수단을 보증해야 합니다." 그러나 덧붙이길, 이 수단은 직업을 구하고 택할 구속 없는 자유, 즉 "직업의 자유"라고 했다(결국 이 표현이 1848년 11월 채택된 헌법에 분명하게 반영되었다).[16]

〔앞서 언급된 법률가〕 코르므냉은 일과 재산 사이의 등식을 이렇게 요약한다. "노동권은 노동자라는 인격체에게 재산권을 의미한다. 노동자는 우리가 한 것과 같은 방식으로 '성공하기'를 원한다. 우리 자신의 노동이나 우리 아버지의 노동 없이 어떻게 우리가 '성공'했겠는가?"[17] "노동자라는 인격체"에게 재산은 재산의 형식을 의미할 수도, 재산을 얻는 수단을 의미할 수도 있다. 이 같은 노동권과 재산권의 애매한 결합은, 사람들men 간의 정치적 평등을 인식할 수 있는 가능성을 열어 놓았다.

알렉상드르 르뤼 롤랭Alexandre Ledru-Rollin의 언급을 살펴보자. "한 인간이 그 자신을 위해 일하든 당신을 위해 일하든, 당신은 언제나 그를 당신과 같은 인간으로 여긴다. … 정치적으로, 당신은 그들을 인간으로, 당신과 동등한 시민으로 인식한다."[18]

"노동자라는 인격체"가 보여 준 재산으로서의 노동 개념은, 의원들에게 문제 해결의 실마리를 제공했다. 새로운 노동 개념이 당면한 사회문제를, 사회적 조건과 관계 없는 공통의 토대에 기반한 형식적인 정치적 재현으로 전환시키도록 해 준 것이다. 이 공통의 토대는 재산 소유가 상징하는 공유된 남성성이었다. 〔시인이자 정치가인〕 공화주의자 알퐁스 드 라마르틴Alphonse de Lamartine은 이렇게 주장하였다. "재산은, 법률이 아니라 본능이며, 본래 인간 그 자체가 물려받은 조건이다." 재산은 삶의 핵심이며 사회의 혈맥이고[19] 자아의 표현이며, 이런 의미에서 노동은 재산의 형식이었다. 사람들men이 공통으로 가지고 있는 것은 재산이자, 더 나아가 남편과 아버지의 이름을 계승하며 그의 재산을 전달해 주는 도구로 기능하는 가족, 아내, 아이로 구체화된 무엇 — 그가 누구인지를 보여 주는 실체적 표식 — 이기도 했다.

가족은 제2공화국 헌법에서 자유, 평등, 형제애의 기초인 노동·재산과 함께 서문의 제4장에 올라 있었다. "(공화국은) 자유, 평등, 형제애를 근본 원칙으로 한다. 이는 그 기초로서 가족, 노동, 재산, 공공질서를 갖는다."[20]

'부성'이라는 신성한 권리

1848년 7월 25일에 벌어진 공공질서에 관한 토의에서 가족은 재산과 함께 "신성한 권리"로 언급되었다. 이 토론에서 모성은 거론되지 않았다. 자연적 기능이자, 무언가 자동적이고, 결정적이며, 의무이고, 주어진 것이라고 추정되었기 때문이다. 반면 부성은 권리로서 논의되었다. 부성은 결혼이나 사회계약 같은 제도를 통해, 아이의 이름 짓기와 같은 상징적 실천을 통해 정치적 관계로 받아들여졌다. 부성은 자연에 대한 지배이자 (모성과 달리 부성은 감각이라는 직접적인 증거에 기대는 것이 아니었으므로) 더 추상적인 관념으로, 따라서 인간관계의 더 고상하고 중요한 형식으로 이해되었다. 부성은 (모성·섹슈얼리티와 동일하게 취급되는) 자연이 사회적 기관으로 변화한 방식이었다. 그 과정에서 어머니의 역할과 독립적 중요성이라는 관념은 자취를 감추었다.[21] 가족과 재산에 대한 권리는, 문자 그대로 남성의 여성에 대한 권리였다. 이 권리들은 각기 다른 재산 상태와 사회 계급의 남성들이 서로 동등하다고, 시민이라고 인식하는 것을 가능하게 했다.

　남성이 여성과 아이를 소유하는 것이라고 규정된 가족의 의미는, 그 "신성한 권리"의 보호가 모든 정치적 활동에서의 여성 배제와 결부되었을 때에 선명해졌다. 7월 의회에서 벌어진 논쟁에서 그 사례를 찾아보자. [내란이 진압되고 제2공화국의 헌법을 만들던] 6월의 나날들이 낳은 이 논쟁의 주제는, 토론과 동원의 중심지이자 그 태동에서부터 혁명을 좌경으로 몰고 간 정치 모임들이 적법한지에 관한 것이었다. 한 줌밖에 안 되는 사회주의자 의원들의 반대를 꺾고, 제헌의회는 여성들을 정치적 활동에서 격리해야 한다는 데에 동의했다. 의회에 제출된 보고서는 모든 회합이 개방되고 공개적이어야 하지만, "여성들과 미성년자들은 모임의 일원이 되거나 모임에 참석할 수 없다"고 했다. 사회주의자 의원인 페르디낭 플로콩Ferdinand Flocon이 여성은 누가 뭐래도 미성년자와 다르다며 '여성'을 이 제안에서 빼려고 하자, 한 의원이 비웃으며 대꾸했다. "여자들을 어른 취급하면 더 짜증난다니까."[22] 심지어 여성의 법적인 활동 장소는 "사생활"이라면서 자세한 설명 없이 악의적으로 역사를 들먹인 사람도 있었다. "정치적 조직에 몸담은 여성들에 대한 역사적 기억들은 그들을 배제할 충분한 이유가 된다."[23]

신체적 격리로 여성들을 통제할 필요가 있다는 생각은 '공공질서'를 보장하는 방법으로 제시되었다. 이 보고서의 발표자이자 개신교 목사인 아타나즈 코케렐Athanase Coquerel은 이렇게 말했다. "위원회의 견해로는, 가족과 재산에 대한 신성한 권리들은 '공공질서'라는 말 안에 들어 있다. 공공질서는 가족과 재산 없이는 이해될 수 없다."[24] 이에 대해 "여성들의 정치 모임 참석은 질서, 중용, 조화의 보증"이라고 발언한 플로콩은, 그런 이유 때문이라면 여성들은 가족 안에 있고, 이미 그 질서의 일부인데 왜 공공 영역에서 여성들을 쓸어내 버려야 하는가라고 의문을 제기했다.[25] 페미니스트들은 더욱 강력하게 문제를 제기했다. 가족 안에서 여성들의 이해관계는 이미 결정되어 있으므로 여성들은 이기적일 수가 없으니, 여성의 존재만이 의원들이 추구한 '공공질서'를 보증할 수 있다는 것이었다.[26]

그러나 대다수 의원들은 가족과 재산에 대한 "신성한 권리"를 남성들이 보호하는 것이 최선이라고 생각했다. 여성의 영역은 집이라는 신체적 장소와 개인들 간의 친밀한 관계라는 두 영역에 한정된다고 여겨졌다. 여성과 남성의 영역을 따로 분리한다는 방침은 자연적·생물학적 질서의 반영으로 받아들여졌고, 이는 궁극적으로 시민에서 여성을 배제하는 것을 정당화하는 데에 기대고 있었다. 또한 생물학에서 나온 주장들은 개개의 아버지가 갖는 가족과 재산에 대한 "신성한 권리", 아내와 자식에 대한 단순한 권리로 압축되는 권리들을 방어하는 데에도 분명 이용되었다.

가부장적 체제에서 아이와의 접촉은 신체적이고 가시적인 관계를 맺는 어머니를 통해 이루어졌다. 육체와 노동으로 아이를 길러 내는 이, 따라서 가족을 구성하고, 재산을 보호하며, 불멸성을 보증하는 세대적 연속성을 길러 내는 이는 바로 어머니였다. 의원들은 가족과 재산에 대한 '권리'가 아버지에게 속한다고 고집하면서, 어머니의 기여를 생물학적 의무나 사회적 강제로 추락시켰다. 여성은 남편과 사회를 위해 아이를 기를 '의무'와, 아이에게는 모성애라는 '의무'를 지고 있다는 것이었다. 이런 의무는 여성이 남편의 소유물이자 의존적인 존재로서 돌보아지고 보호받는 것과 교환되면서 부여되었다.

여성들도 노동자이며, 당대는 노동권 요구의 시대인데도 여성이 이렇게 인식된다는 것은 문제를 야기했다. 노동은 개인성을 낳으며, 여성 역시 일하고 있는데 어떻게 여성의 시민권이 거부될 수 있단 말인가? 의회는 형식적인 정치적 권리 이론들과 남성 시민권을 잘 버무려서 자신들이 노동권을 어떻게 이해했는지를 분명히 했지만, 페미니스트들은 여성의 권리와 그 이해관계를 고려하도록 요구하여 여성의 문제를 다시 사회문제로 끌어다 놓았다.

잔 드로앵이 생각하기에도 투표는 분명히 서로 다른 사회적 이해관계를 대표하는 방식이었다. "모두 남자로 구성된 의회는 남성과 여성으로 구성된 사회를 다스리는 법을 제정하는 데에 부적합하다. 이는 마치 노동자의 이익을 토론한다면서 특권층으로만 의회를 구성하거나, 국가의 명예를 드높이겠다며 자본가들로만 의회를 구성한 것과 마찬가지다."[27]

　권리는 이해관계를 대표하고 충족시켜 주는 수단이다. 드로앵은 연이어 주장했다. 권리는 실질적인 목적이지, 보통선거가 획득하는 텅 빈 형식성이 아니다. 배타적인 남성 선거권은 자유와 평등의 이름으로 특정한 이해관계를 허락한다. 다른 말로 하면, 형식적 평등은 사회적 불평등의 영속화를 꾀하려는 가면에 지나지 않는다. 선거권의 젠더화된 자연성은, 드로앵이 보기에 재산으로서의 노동이라는 방침으로 덮으려고 했던 모순(본질적 노동권과 형식적 투표권 사이의 모순)을 노출시켰다.[28]

　1848년 노동권이라는 문젯거리는 첫 번째 혁명(1789년 혁명) 기간에 상상된 대표(성)에 관한 공화주의 이론에 위기를 초래했다. 1848년에 이 문제는 정치적 추상으로서의 개인과 사회적으로 서로 다른 존재인 개인 사이의 관계를 묻고 있었다. 이 개인들 중 어느 쪽이 권리를 부여받았을까? 이 질문에 대한 답은 정부 정책을 이해할 중요한 함축을 담고 있었다. 사회적 차별에서 촉발된 불평등을 교정하기 위한 법은, 단순히 자신의 권리를 행사하려는 개인을 보호하기 위해 존재하는가? 아니면 모든 이에게 공통된 어떤 일련의 욕구들(예를 들면, 누군가의 노동으로 살아갈 권리)을 만족시키려고 존재하는가? 법이 재산권(단지 재산의 내용이나 외형만이 아닌)을 지켜줘야 한다는 생각은, 권리들을 갖고 있는 추상적 개인을 지탱시키기 위해 제공되었다.

의무의 덫에 걸린
개인의 권리

같은 시기, 6월 봉기 이후의 보수적 분위기에서 권리의 문제는 시민의 의무라는 문제에 우선순위를 내주었다. 1848년의 헌법은 인간과 시민의 권리에 대한 선언이 아니라, 공화국과 그 시민들이 갖는 상호 호혜적인 권리와 의무에 관한 선언을 서장으로 삼았다.[29] 권리는 서문에 열거되지 않고, 헌법 본문의 두 번째 장에 기술되었다. 서문의 대부분은 의무에 관한 것이었다.

> 시민들은 조국을 사랑해야 하며, 공화국에 봉사하고, 제 자신의 삶을 위해 공화국을 수호해야 하며, 자신들의 부유함에 걸맞게 국가재정에 공헌해야 한다. 시민들은 자신들의 노동으로 생존 수단을 확보해야 하며, 저축으로 미래에 필요한 재원을 마련해야 한다. 시민들은 공동선을 위해, 서로에 대한 형제애적 도움을 위해, 공공질서를 위해 단결해야 한다. 공공질서는 사회·가족·개인을 규제하는 도덕과 성문법을 지켜야 유지될 수 있다.[30]

시민들의 의무에 대한 보상으로, 공화국은 시민들의 인격·가족·종교·재산·노동에 대한 보호와 가난해진 실업자들을 위한 빈민 구제를 의무로 삼게 되었다.

의무와 권리는 병행하는 것이며 "실정법보다 우선하며 우월"하다고 언급되었으나, 이 둘은 상반된 개념이었다. 의무는 사회적으로 정의되었다. 의무는 개인적 권리에 한도를 두었으며, 개인의 이익을 집단의 이익에 종속시켰다. 또, 근본적인 도덕적 권고가 의무를 규정했다. 사회적 정의의 책임은, 정부의 행위가 아니라 개인들의 도덕적 행위에 있었다. 개인들은 권리를 소유하는 반면에, 의무는 특정한 이들과 관계된 특정한 문맥 속에서 수행되었다. 권리는 '개인(성)'의 속성으로서 추상적으로 인식된 반면에, 의무는 개인의 구체적인 실천이었다. 이런 개념화의 결과로, [20세기 이탈리아의 역사학자] 조반나 프로카치Giovanna Procacci가 지적했듯이 "개인(성)은 의무의 그물망을 통해 감시되며, 그로 인해 권리의 법적 주체로 나타나는 대신 일련의 경험 속에 파편화된 존재로 나타난다."[31]

프로카치는 [19세기 실증주의 철학자] 오귀스트 콩트Auguste Comte가 이 시기에 완전히 이론화한 '시민의 권리' 개념을 지적한다(이는 새 공화국 헌법에 정치적 원칙doctrine으로 다시 진술되었다). 이 개념은 권리들을 모아 놓은 것이라기보다는, 과학적 연구와 정부 규제의 대상으로 여겨진 '사회'를 분명히 하려는 시도의 일부였다.[32] 하지만 프로카치는 의무와 사회라는 개념이 둘 다 이 시기에 여성적 함축을 갖고 있었다는 사실을 언급하지 않았다.

개인과 시민의 지위에서 여성이 계속 배제된 까닭은 그 (상호)의존적 상태, 즉 아이·남편·사회에 대한 의무와 분명한 관계가 있었다. 게다가, 취조와 규제의 대상이 되는 사회(적인 것)에 대한 시각은, 의존적인 이들을 보호해야 한다는 식으로 형성되었다. 의존적이어서 불쌍한 이들은 여성·아이와 동일시되었다. 콩트가 의무를 포함하는 도덕적인 정부라는 관념을 제시하며 이것이 여성에게 특히 호소하는 바가 클 것이라고 생각한 것도 이 때문이다. 여성은 "세속적 권력의 압박에서" 보호받을 필요가 있고, 어쨌든 정치에 별 영향을 주고 있지 못하기 때문이다. "개인적으로든 집단적으로든 인간의 삶은 바로 이런 여성적 입장에서만 하나의 전체로 온전히 이해될 수 있다."[33]

추상적 개인은 자기가 소유한 재산을 통해 모든 사람들men과 평등한 이, 즉 한 명의 시민이 될 수 있었다. 의원들이 사회적 권리를 묻지 못하도록 사회적 의무라는 문제를 내놓고 의무를 시민권의 필수 사항으로 만들자, 이 추상적 개인의 형상이 갖는 단독성은 뿌리째 흔들렸다. 이로 인해 이 추상적 개인을 복수화하는, 심지어 여성화하는 길이 열렸다.

사회문제를 정치에서 제거하려는 다양한 시도들에는 긴장감이 흘렀다. 의원들은 한편으로 차이 없는 추상적 개인을 유지하려고 노동을 재산권으로 정의했다. 그러면서 다른 한편으로는 권리의 영역을 도덕화하여 그 안에서 사회문제를 완전히 내쫓고 싶어했다. 그러나 이는 오히려 개인의 의무가 강조되게 만들었고, 그래서 사회적 차별과 상호의존이라는 현실을 시민권 논의 속에 다시 끌어들였다. 결과적으로, 이 둘은 모두 페미니즘의 권리 청원에 길을 터 주었다. 여성들은 노동을 했고, 적어도 재산의 소유자로서 고려될 만한 자격을 얻었으며, 더욱이 도덕적 의무라는 관념까지 증거로 제시해 보였다. "국가의 도덕성은 오로지 여성들의 도덕성에 달려 있다. … 사적인 도덕성 없이는 공적 헌신이 없고, 가족에 대한 존중 없는 사적 도덕성은 없다. 가족은 어머니가 완전한 이타심으로 헌신하는 성소聖所다."[34]

권리와 의무에 관한 진술들에 의하면, 여성은 이론의 여지없이 시민이다. 때문에 잔 드로앵은 1849년 선거에 출마하기로 결정하면서 이렇게 결론내렸다. "의원직에 입후보하여 나는 내 의무를 다한다. 공공 윤리와 정의의 이름으로 나는 평등이라는 신념이 더 이상 거짓이 아니기를 요구한다."[35] 권리를 인정받고 보호받기 위해 의무를 져야 하는 사람이라는 시민의 정의를 문자 그대로 받아들여, 드로앵은 스스로 시민이라고 선언했고 자신의 권리를 행사하고자 했다. 이 노력이 법에 어긋난다고 결정되기 전부터, 그녀의 행동은 1848년 헌법의 모순적 전제를 폭로했다.

드로앵은 다른 남성들men처럼 그녀의 일반성을 확증해 주는 개인, 다시 말해 노동자/재산 소유자들 중 한 명으로서 출마했던 것일까? 그렇다면 어떤 논리에 기대어 여성이 개인으로서 재산을 소유한다고 주장할 수 있었을까? 여성이 성을 물려주는 남편을 소유한다는 뜻은 물론 아니었다. 그럼 아이는? 1834년 페미니스트이자 생시몽주의자인 에제리 카소봉Egérie Casaubon은 '여성은 가족이다'라는 소책자에서 정확히 다음과 같이 제시했다. "과일은 가지를 접목시켜 준 정원사의 이름이 아니라, 생명을 준 나무의 이름을 따라야만 한다."[36] 비슷하게 드로앵도 아이는 오직 그 어머니에게 속한다는 사실을 인정해야 한다고 주장했다. 이런 방식은 여성들의 개인적 정체성을 썩 잘 확립시켜 줄 것이었다. 그러나 개인으로서 남성의 지위는 어떻게 될 것인가? 가부장적 경제의 제로섬 게임식 계산 방식 안에서 여성 개인성의 성취는 남성 개인성과 타협할 수밖에 없었다.

드로앵은, 그 자체의 욕구와 이해를 가지는 사회적 집단인 여성의 대표성을 획득하고자 출마를 선언하며, 아주 어려운 방식으로 사회 문제를 제기했다. 보통선거권이 "프랑스에 더 이상 어떤 프롤레타리아도 없는" 새로운 사회적 질서를 만들어 내리라 상상할 수는 있었다. 그러나 여성도 같은 약속을 받아 낼 수 있을까? 여성이 대표될 수 있다는 것은 여성이 받는 억압뿐만 아니라 여성 특유의 정체성도 끝내는 게 아닐까? 여성이 공공의/정치적인 장소에서 자기 문제를 변론하는 것이 허락된다면, 그들은, 여전히, 여성일까? 많은 사람들이 아니라고 생각했으며, 사회주의자 〔급진적·무정부주의적 이론의 기초를 제공한 19세기 사회주의자·저널리스트〕 프루동Pierre Joseph Proudhon이 편집하는 신문인 《인민Le Peuple》에 실린 악의적 경고에 동조했다. "여성해방은 자웅동체만을 낳을 것이다."[37]

젠더 평등의 결과로 괴물을 소환해 놓는 이런 비방까지 들었지만, 여성의 실질적인 평등을 요구하는 일은 예외적인 행위가 아니었다. 이는 그저 적극적인 정치적 권리라는 개념의 가장 극단적인 사례였다. 여성의 평등 요구는 사회적 평등을 요구하는 다른 모든 경우처럼, 사회질서의 근간이 되고 따라서 보호("지켜 준다"와 "보지 못하게 막는다"의 이중 의미로)받아야 할 위계를 위협했다. 그런데 형식적인 정치적 권리는 여성에게까지 확장될 수 없었다. 왜냐하면 남성men들이 갖는 보편성은 여성에게 (재산과 가족의 표지 아래) 인간man의 권리를 부여함으로써 보호되었기 때문이다. 여성의 권리 주장은 실체와 형식 사이의 관계를 드러내는 한편, 그 둘 간의 어떤 구분도 거부하며 그 둘을 필연적으로 연관지었다.

드로앵은 의무의 수행에 기초해 권리를 주장하면서, 헌법의 논증이 가진 약점을 치밀하게 파고들었다. 만약 권리와 의무가 정말 실정법보다 앞선다면, 만약 그 둘이 서로 필수적이라면, 어떻게 (가족, 아이, 사회에 대한) 여성의 의무를 권리 행사에 대한 장벽으로 여길 수 있단 말인가? 의무에 대한 강조가, 투표권을 주는 대신에 인간men에게서 권리를 앗아 가는 책략이 아니라면 말이다. 드로앵은 출마를 통해 "우리는 권리에 대한 요구로 의무를 이행한다."[38]고 주장했다. 그러나 그녀의 행동이 불법이라고 판정났을 때, 권리와 의무는 법률 위에 있는 것이 아니라 그 생산물임이 드러났다. 수년 뒤 드로앵은 권력과 의무의 관계가 가지는 본성을 두고 이렇게 빈정거렸다. "의무와 권리는 상호의존적이다. 그러나 권리를 행사하고 의무를 수행하려면 권력을 가지는 것이 필수적이다."[39] 제2공화국 시기 페미니즘의 경험은 이 결론을 강력하게 입증해 준다.

어머니의 애정으로 달성되는 사회적 쇄신

1848년처럼 권리의 주체가 의무의 그물망 속으로 들어가 있었을 때, 페미니스트들은 시민의 정의에 맞는 여성을 쉽게 찾아냈다. 여성들은 의무와 헌신의 대표적인 형상이자 가톨릭 교리에서 숭배의 대상이며 낭만적 찬가로 신성시되는 존재를 시민권 주장의 근거로 내세웠다. 바로 어머니였다.

사회적으로 주어진 의무를 수행함으로써 획득한 호혜성과 책무라는 정체성에 가장 적합한 모델이 여기 있었다. 헌법의 논리에서 의무는 권리에 상응했다. 그러니 페미니스트들이 보기에, 권리는 의무를 수행하는 모든 이들에게 당연히 인정되어야 하는 것이었다. 실제 이들은 의무의 성공적인 성취를 근거로 권리 행사를 인정하도록 요구했다. "여성이 자식들의 미래를 염려하고 공공 생활에서 아이들의 모든 행위뿐 아니라 정치적 삶의 모든 행동에 개입할 권리를 갖는 것은, 시민의 권리 행사와 양립할 수 없다고들 하는 모성의 신성한 기능이다."[40]

드로앵이 말하는 이상적인 어머니는, 자기 자신을 완전히 소유한 개인, 노동으로 양육한 아이를 완전히 소유한 개인이었다. 이 이상적 형상은 보통 여성들의 경험을 페미니스트들의 조직적 전략에 맞게 변형시킨 것도, 이전에 존재한 생생한 현실을 반영한 상징적 표현의 예도 아니었다. 여성들은 좋은 어머니, 아니 어머니가 되라는 요구를 전혀 받지 않았다. 드로앵 본인도 1848년부터 1850년까지의 정치적 투쟁 열기 속에서 다른 이에게 세 자녀를 맡기지 않았던가. 여성 생산자 협동조합에서는 조합원들의 작업 시간과 근무 조건을 정할 때 육아 문제를 고려하기는 했으나, 이 형상은 여성의 정치적 활동을 가족과 아이들 문제에 한정짓지 않았다.[41] 오히려 드로앵은 당대에 상징적이고 특유한 의미로 여성다움의 특성을 구성하고, 이를 정치적 권리의 정당화에 활용하였다. 가장 지배적인 도덕적·정치적 규범에 따라, 아이를 가진 이는 권리를 가진 이라고 주장한 것이다.[42]

모성의 신성한 기능은 아이를 세상으로 데려오는 것이다. 그러니 이는 가치 있는 사회적 노동이다. "여성은 인간성의 어머니다." 드로앵은 이렇게 주장한다. "모든 노동 중 가장 중요한 것은 인간 존재의 생산이다."[43] 나아가 이 일은 완전히 여성의 성취다. 동정녀 마리아는 자율적인 여성 생산의 완벽한 재현이었다. 왜냐하면 어떤 인간 남성의 조력도 없이 예수를 임신했기 때문이다. 정신성과 육체성도 조화되었다. 성모의 육체적인 몸은 도덕적 · 정신적 재생의 수단이었고, 새로운 세계가 출현하는 용광로였다.[44] 게다가 모성에는 어떤 이기적 동기도 없다. 오히려 타인에 대한 "희생과 헌신의 임무"와 "의무"의 정수가 담겨 있다. "여성은 사랑하니까 행동한다. 인간성에 대한 사랑은 영원한 사랑이다."[45]

여성의 재생산 노동의 사회적 가치를 거부하는 것, 여성이 낳은 아이가 여성에게 속하지 않는다고 주장하는 것은 어느 모로 보나 자본주의나 노예제도와 다름없는 착취였다. 이 상징적 착취는 그것이 불쾌해 보이지 않도록 남편과 아버지의 성姓을 따르게 함으로써 이루어졌다. 드로앵은 이를 가리켜 "노예의 이마에 주인의 이름을 낙인찍는 것"이라고 했다.[46] 아버지의 성을 가족이 물려받는 관습은 무해한 실천도, 입증된 현실의 반영도 아니다. 오히려 아버지의 성으로 가족을 평균화하는 것은 권리 행사를 가장한 권력의 전유다.[47] 그리고 그것은 모성의 사회적 가치와 독립적인 행위자인 여성의 정체성을 아예 말소해 버리고, 여성에게서 개인성과 자녀들 — 그 노동의 열매이자 주권 상태의 증거인 —, 그리고 그녀 자신의 재산을 박탈하는 데에까지 영향이 미친다.

드로앵 같은 페미니스트들의 대안은 (드 구즈가 그랬던 것처럼) 아이들이 어머니 성을 따르게 하는 것이었다. 드로앵은 이성애적 관계에 기반한 일부일처제와 배우자에 대한 충실이라는 덕목은 믿었으나, 결혼으로 보호되고 아버지/남편의 성이 의미를 부여하는 사적 재산은 신뢰하지 않았다. 1830년대 초반, 그녀는 글을 기고할 때 성 대신에 X라고 쓰는 생시몽주의 여성 그룹의 일원이었다. 그리고 1832년 기술자 직업을 가진 동료 생시몽주의자(자료에는 그의 성이 데로슈Desroches라고만 나와 있다).와 시민 결혼식을 올렸다. 시민 결혼식은, 남편은 보호하겠으며 아내는 복종하겠다는 선서 없이 결혼 맹세만 주고받는 것이었다.

드로앵은 남편의 성을 따르지 않고 출생 시의 이름(아버지의 성)인 드로앵을 그대로 썼으나,[48] 자기 것이 아닌 이름을 쓰면서 독립적인 위상을 구축하기가 어려웠으므로 그저 '잔Jeanne'이라고 불리는 편을 좋아했다. "나는 아버지나 남편이 준, 한 여성을 부르는 모든 이름들 중에서 [진정] 내 것인 세례명만 좋아한다."[49] 1850년 반역 혐의로 수감되었을 때, (그녀의 역할은 자본주의에 대한 대안을 마련하려는 사회주의적 시도들을 조정하기 위하여 마련된 조합연합을 조직하는 것이었다). 법관들은 왜 남편의 성을 따르지 않았느냐고 물었다. 드로앵은 자신의 잘못을 남편이 책임지는 것을 원하지 않을뿐더러 "결혼에 항의"하기 위해서라고 답했다. 자주성에 대한 단언, 현 체제를 비판하고 바꾸려는 시도는, 법정에서 반역자 혐의의 증거로 추가되었다.[50]

모성을 생산적 노동이라고 묘사하는 것은, 그 사회적 측면뿐만 아니라 구성적 본질 자체를 강조한다. 아이를 낳는 것은 단순한 생물학적 반사작용도, 성적 만족을 위한 본능적 욕망의 부산물도 아니다. 모든 노동과 마찬가지로, 모성은 생존과 재생산이라는 종족적 필요에 이끌린다. 그러므로 자연적 노동이 아닌 사회적 노동이다. 그 때문에 드로앵의 관점으로 보면, 모성과 성적 욕망의 결합은 타락의 징표였다. 이브는 낙원에서 추방당하게 한 요부가 아니라 첫 번째 어머니였다. 이브에게 퍼부어진 악담들은 모성의 가치를 절하하려는 시도의 일부였으며, 여성의 노동이 가부장적 지배의 이해관계 속에서 성적으로 사회적으로 착취당한 긴 역사의 일부이기도 했다. 이런 조건에서는 "여성의 인간적 존엄이 침해되기 때문에, 여성이 기독교적 정서에서 피난처를 얻는 것은 놀랄 만한 일이 아니다. 남성men의 야만적 지배와 굴종에서 자유로워지기 위해 인간 본성을 벗어 던지고 천사의 옷을 입는 것이다."[51]

함축적으로, 여성이 남성과 동등하게 취급된다면 성관계는 받아들일 만한 것이 된다. 그러나 드로앵은 결혼에서 평등을 보장하는 가장 좋은 방법은 금욕이라고 보았다. 1830년대에 생시몽주의 지도자였던 프로스페르 앙팡탱Prosper Enfantin과 그의 추종자들이 그 결과에 책임지지 않고 난교를 맺은 것을 지켜보았던 드로앵은, 여성이 "자유연애"를 해서 독립을 얻을 수 있다는 생각을 거부했다(그 운동에 참여했던 많은 여성들 중 사생아를 낳아 기른 경우는 많지 않았다).[52]

금욕 생활과 자유로운 사랑, 이 둘을 대신할 대안은 성적 모성sexual maternity이었다. 드로앵이 선호하게 된 표상은 성모聖母였다. 이는 아이를 낳는 일에서 성관계와 남성의 역할에 대한 질문을 뒤로 미룰 수 있게 해 주었다. 대신에 그녀는 국가는 모든 어머니에게 재정적 지원 ("사회적 과부산a social dowry")을 해야만 한다고 주장했다.[과부산寡婦産은 죽은 남편의 유산 중에서 과부가 받는 몫을 가리킨다. 그 기원은 로마 시대로 거슬러 올라가며, 남편이 유언 없이 사망하였을 때 과부의 생계 유지를 위해 결혼 시에 혹은 남편의 사망 전에 부인에게 일정 재산을 배당하는 제도이다.) 그래야만 여성들이 남성과 어떤 관계를 맺었던지 간에 그에게 의존하지 않을 수 있기 때문이다.[53]

프롤레타리아가 노동의 소외를 극복할 때 해방될 수 있듯이, 모성이 응분의 사회적 인정과 보상을 받을 때 여성은 재생산 노동을 제대로 수행할 수 있다.[54] 숭고하고 헌신적인 어머니는 다른 이의 욕망의 도구나 다른 누군가의 재산이 아닌 노동하는 육체로서 힘을 얻으며, 노동의 생산물과 그 조건을 완전히 통제하게 된다. 이런 노동은 자기 결정이자 사회적 의무 수행이다. 그러므로 이는 (남성이 하는 것과 동등한 노동이므로) 여성에게 선거권을 가질 자격을 준다.

출산이 사회적으로 필요한 노동이라고 주장하며, 드로앵은 남성을 (미가공된 재료를 가치 있는 무엇으로 바꾸어 놓는) 생산 노동자로 보고 여성을 자연의 효력으로 보는 차별을 거부했다. 이러한 기능의 위계화에 대한 거부는, 그녀의 비판자들에게는 모든 젠더적 차이를 거부하는 것으로 받아들여졌다. 왜냐하면 드로앵의 논의가 노동의 본질이 여성과 남성의 차이를 구축하는 모든 젠더적 차이들(자연 그 자체가 아니라)과 결합되어 있음을 보여 주는 데까지 나아갔기 때문이다. 아이러니하게도 여성 특유의 노동이 시민 자격을 준다는 드로앵의 주장은 남성과 여성이 동일하다는 단언을 낳았다.

[19세기의 대표적 무정부주의자이자 사회주의자였던!) 프루동은 여기에 조소를 보냈다. "양성 간의 정치적 평등, 즉 남성의 공적 기능을 여성에게도 부여하는 것은 궤변이다. 논리적인 면에서뿐만 아니라, 인

간 과학과 그 본성에 비추어 볼 때에도 거부되어야 할 것이다. 남성 Man은, 그 이성이 발전시킨 기준에 따라 여성을 자신의 동반자로 볼 수는 있지만, 그러나 결코 똑같다고 여기지는 않을 것이다."[55] 논리에 대한 이 고집스런 비논리, 진지한 논의를 격렬한 거부로 대체하는 모습은 프루동에게 가장 중요한 것이 남성과 여성의 분리를 유지하는 것이었음을 잘 보여 준다. 또한 이를 유지하는 데 남성과 여성의 영역이 분리되어 있다는 생각이 결정적인 역할을 하고 있음을 알 수 있다.

드로앵의 대답은 프루동이 왜 그리 분리된 영역에 집착하는지, 왜 그의 조롱이 잘못되었는지를 드러냈다. "여성이 사회 개혁 작업에 참여해야 하는 이유는 여성이 남성과 평등하기 때문이지, 남성과 같아서가 아니다."[56] 프루동에게 '공적 기능'은 사실 젠더적 경계를 지키는 것이었다. 결국 남성과 여성의 차이를 입증할 다른 방법은 없었던 셈이다. 반면 드로앵에게는 바로 이 경계의 존재가 정의 가능한 다른 '이익'을 만들어 내고, 따라서 정치적 대표성을 향한 욕구를 창조하는 것이었다.

그렇다고 해도 이런 문제들에 대한 드로앵의 논리는 차이를 통해 여성의 평등을 내세우는 일이 어렵다는 것을 잘 보여 준다. 드로앵은 모성의 문제에서는 생산자인 여성의 자율적 개인성을 확립하고자 남성이 임신과 출산에서 파트너로서 담당하는 역할을 지웠다. 그러나 다른 부분에서는 환원할 수 없을 만큼 서로 다른 존재들의 사회적·정치적 평등성을 고려해 이성애 커플을 기준으로 제시하였다.

"남녀 한 쌍"은 사회적 개인이며, 그 결합 없이는 "아무것도 완벽하거나, 도덕적이거나, 지속할 수 있거나, 가능하지 않다."[57]라는 생시몽적 평등 규칙을 드로앵은 받아들였다. 이기적인 개인주의와 구별하기 위한 틀로 제시된 사회적 개인이라는 생각은 반대되는 것의 상보성, 서로 대조적인 것이라고 생각된 특질들의 필수적 상관성, 단일한 것으로 알려진 개념들의 복합성을 강조했다. 개인은 한 쌍이었고, 그래서 드로앵의 논의는 그 이원성을 역설한다. 〔이 논의에서〕 그녀는 단수형으로는 "한 남성과 한 여성un et une"이라고 표현하고, 복수형으로는 "모든 남성들과 모든 여성들tous et toutes"이라고 했다. 인간성은 남성 그리고 여성을 지칭했으므로 그녀의 표현에는 양성성androgyne이 담겨 있었다. 어떤 대목에는 아이를 만들려고 하나로 결합하는 성교 중인 한 쌍the copulating couple이 나오고, 신의 두 얼굴이 등장하기도 한다. 세계를 재건하는 이 결혼은 두 동등한 인간의 결혼이었으며, 이들은 "신이 맺어 주니 아무도 갈라 놓을 수 없다."[58](이 부분은 〔철학자이자 정치경제학자인〕 피에르 르루Pierre Leroux의 생각을 따른 것이었다. 그는 이렇게 쓴 적이 있다. "사실상 … 두 본질이 있으나, 그는 남성도 여성도 아니다. 그는 제3자에 의해 결합되는 둘이다. … 사랑, 이것이 그의 세 번째 얼굴이다.")[59]

가끔 그녀는 양성성 개념을 지지했는데, 1848년 〔분방한 생활과 연애 사건 등으로 유명한 여성 소설가〕 조르주 상드George Sand에게 의회에서 여성의 이익을 대변하라고 촉구할 때가 그런 경우였다. 드로앵은 상드가 나서야 헌법 제정이 완전히 남성의 손아귀에 떨어지지 않는다며, 상드의 이중적 자질은 남성 의원들에게 덜 위협적으로 다가갈 것이라고 했다(하지만 상드는 적어도 현 시기에는 여성이 정치에 참여할 수가 없다면서 그 제안을 거부했으며, 제안한 이들을 매섭게 조롱했다).[60] "상드는 남성이며 여성인un et une 타입이다. 활력 때문에 남성이며, 신성한 직관과 시심詩心 때문에 여성이다. 그 천재성이 스스로 남성이 되게 했으나, 그 모성적인 면, 무한한 부드러움 때문에 여성으로 남을 것이다."[61]

드로앵의 생각은 풍부한 낭만적 기질에서 유래했으며 양성성을 논한 유토피아적 사회주의자들의 글에서도 영향을 받았다. 그중 어떤 글은 여성성과의 결합으로 획득되는 남성적 총체에 대한 갈망으로 양성성을 표현하였다(이는 그저 종속이 아니라 여성의 배제를 뜻하는 것으로, 1832년 메닐몽탕 지역의 생시몽주의 공동체에서 예증되었다. 이 공동체는 남성의 영혼 속에 있는 여성적 차원을 수련하는 데에 전념하는, 전적으로 남성적인 모험을 했다).[62]

그런가 하면 양성성을, 남성과 여성의 협력이 낳은 남성성과 여성성의 상보성으로 표현하여 인류평등주의적인 시각을 제공하는 데에 도움을 주는 글도 있었다. 앙팡탱의 난잡한 "자유연애" 실천에 찬성하지 못하고 생시몽주의를 떠났던 르루가 생각하기에, 양성성은 본래의 인간 상태였다. 낙원 추방과 함께 "두 성이 분리"[63]되었으며, 이는 또한 자아와 비자아 간의 분리, 인간 특유의 자아 의식의 출발이었다. 르루는 타락 이전의 양성구유를 회복하는 식으로가 아니라, 남성과 여성, 남편과 아내의 정치적·사회적 평등으로 구원이 이루어질 것이라고 보았다. 이들의 관계는 완전히 호혜적이어야 하며, 그래서 각각의 자아는 상대에 대한 의존성을 이해하게 된다.

드로앵은 권리를 얘기하며 르루의 개념을 전제로 삼았다. 남성과 여성은 서로 상대를 완성시킨다. 다른 쪽 없이는 완성도 없다. "신은 그 형상을 따라 인간 존재를 창조하였다. 신은 인간을 남성과 여성으로 창조하였다. 신성한 숨결로 생명을 불어넣었고, 그가 만든 사회적 개인, 즉 서로에게 생명을 주고, 서로를 완전하게 하며, 같은 목표를 향해 걸어가는 남성과 여성이라는 동일한 존재의 두 부분에 생명을 불어넣었다. 신은 인간 사회를 창조하였다."[64]

양성 간의
필수적인 상보성

'완성'이라는 드로앵의 개념은 다른 편 없이는 존재할 수 없는 완전히 상호의존적인 것으로 양성을 이해하는 것이었다. 상보성은 그 구성 요소를 완성하거나 혹은 채우는 것, 결함이나 부족한 점의 보충을 의미했다. 그러나 드로앵의 시각에서 관계의 평등은, 동일하지 않은 짝들이 공유하는 영역이 완전하게 조화를 이뤄야 했다. "우리의 정치적 목표는 그들과 같다." 드로앵은《여성 정치》첫 호에서 이렇게 설명한다. "그러나 우리의 관점은 다르다. 우리는 사회주의의 드넓은 기치 아래 우리의 유일무이함을 부여받았다. 여성 정치는 남성의 정치와 나란히 행진할 것이다."[65]

동등 혹은 등가가 사실임을 보여 주기 위하여, 드로앵은 자율적 개인성과 각 파트너의 환원 불가능한 개인성을 강조했다(이 부분이 강조되지 않으면, 이들의 결합은 한쪽에 의한 다른 한쪽의 결합이 되거나, 한쪽이 다른 한쪽의 대표성을 부정하는 것으로 귀결될 수 있었다). 각각의 파트너가 그 혹은 그녀 자신에게 전부라면, 각자를 완성시키는 데 필수적인 차이는 사라질 것인가? 어떻게 상호의존성(혹은 각 파트너의 결합)은 독립성(혹은 자족성)을 전제할 수 있는가? 이 질문들에 답하는 일의 어려움은 드로앵이 평등을 논하려고 제시한 두 형상 사이의 충돌에서 잘 드러난다. 드로앵은 개인을 완전히 내적으로 얽혀 있는 이성애 커플로 형상화하는 한편, 여성의 개인성은 아이의 생산에서 유일한 행위자인 자율적 어머니로 형상화했다.

비개인적인 여성과 대조하여 남성의 개인성을 확증하려는(여성의 '타자성'은 남성 자아의 개인성을 확립했다). 정치적 담론에 발을 디디게 되자, 상보성으로 평등을 논하려고 한 드로앵의 시도는 역설을 낳았다. 여성의 개인성을 확립하려는 모든 시도는 남성의 개인성을 위협하지만, 그럼에도 남성의 개인성과의 관계에서 구축되어야만 했다. 이런 문맥에서, 상보성에 대한 드로앵의 호소는 유지될 수 없었다. 여성은 남성을 완전하게 만든다기보다는 남성의 대체물이 되었다. 남성과 함께 있으나 그의 자리를 대신해 그의 역할을 하는 것이다. 남성과 여성 사이를 구분 짓는 선들은 별 차이가 없는 것이 되었고, 그래서 효과적으로 지워졌다. 다른 말로 하자면, [하버드에서 영문학과 비교문학을 가르치는] 문예 비평가 바버라 존슨Barbara Johnson의 말대로 "조화가 있는 한, 차이가 아니라 동일한 것의 여러 판본만을 다루게 된다."[66]

상보성을 유지하는 일의 어려움은 드로앵이 기울인 노력에서 분명하게 나타난다. 그녀는 《여성의 견해L'opinion des femmes》 첫 호에서 남성과 여성의 동등함을 강력하게 제기했다. "노동하라, 미래의 인간들이여! 공화주의자, 사회주의자의 모든 분파에 속하는 사람들이여, 노동하라! 마침내 마음을 활짝 열고, 여성을 상기하라, 당신 영혼의, 마음의 반쪽을 당신의 지성은 너무나 오랫동안 인식하지 못했고 이를 내버려 두었다. 미래의 법률, 연대와 관용과 사랑의 법률, 새로운 시대의 개막을 알리러 함께 노동하라."[67] 이 합작 투자 안에서 여성은 어머니나 노동자로서 자기의 이해관계를 내세울 수 있었으며, 또한 사회적 이해관계와 일반적 건강, 번영, 그리고 프랑스의 도덕적 안녕을 대표하였다.

드로앵의 주장으로는, 여성은 "여성의 이름으로만이 아니라", "사회의 모든 이익을 위해"[68] 정치적 영역에서 행동해야만 한다. 여성적 전문성만이 "국가라고 불리는 이 거대하고, 엉망으로 운영되는 집안"에 질서를 부여할 수 있다. 그녀는 공공 영역을 여성이 주재하는 장소로 은유적으로 변형시키며 훈계했다.[69] 이렇게 여성의 영향력을 남성에 대한 교정책으로 내놓기는 했지만, 그녀의 단어 선택에서는 기존의 것(남성의 것)을 (여성의 것으로) 대체하려는 의도가 그리 어렵지 않게 엿보인다. 여성들은 평화, 사랑, 협력이라는 원칙을 의미했다(모두 혁명의 목표로 언급된 것이었다). 반면에 남성은 이기적이고, 잔인하고, 상호 파괴의 경향을 보였다(이는 모두 혁명이 비난하는 것이었다). "정치에서 여성의 견해는, 그들의 경향이 공화적이든 귀족적이든, 사랑과 평화라는 관념으로 요약될 수 있다. … 그들은 모두 평화와 노동의 정치가 이기적이고 잔인한 정치, 남성들이 서로를 파괴하도록 자극하는 정치를 대체하기를 원하고 있다. … 모든 사회 이론에서, 여성이 가장 잘 이해하는 것은 협력의 원칙이다."[70]

드로앵은 상보성을 주장하려고 단순한 동등성을 들먹이는 데에서 그치지 않았다. 그녀는 아무것도 결여하지 않고, (남성과 동등하기 위해) 그녀 자신으로서 충분한, 독립적인 여성의 가능성을 (지배적 관점에 대항하여) 개념화해야 했기 때문이다. 이 여성은 일반 이익·사회적 선과 일치하였고, 남성을 대체하였다. 남성이 이런 여성을 배제한다는 것은, 남성이 특수한 이익을 이기적으로 추구하고, 아무런 거리낌도 없이 정의 아닌 이미 낡은 "가장 강력한 법"에 기대어 법을 강요하고 있음을 증명하였다.[71] 사실상, 드로앵의 여성은 남성을 완전하게 한다기보다는 오히려 남성을 대신했다. 이 여성은 자신의 이익을 사회적 선과 일치시키고 자신의 독립성을 입증함으로써 그렇게 했다. 그래서 상보성이 근거하는 이성애 커플의 상호의존적 결합이라는 이상을 그 근저에서 훼손시켰다.

드로앵은 정치를 여성의 영역이라고 주장하고, 집안과 국가를 동일시하여 자신의 상보성 개념을 다른 대부분의 동시대인들의 논의와 구별하였다. 다른 이들은 '분리된 영역'에 있는 자신의 신체적 위치에 근거하여 양성 사이의 차이를 표현하였다. 1848년 7월 28일, 법률은 이런 차이를 정당화하기에 이르렀다. 이 법은 여성이 정치 회합에 참관인이나 회원으로도 참가하면 안 된다면서, 이렇게 무뚝뚝하게 덧붙였다. "여성에게는 오직 사생활만이 어울린다. 여성은 공공생활에는 맞지 않게 태어났다."[72] 후에 프루동은 《인민Le Peuple》에서 이 법에 공감을 표한다. "여성은 남성과 완전히 다른 본성을 지녔다. 남성이 도제·생산자·행정가라면, 여성은 학생·주부·어머니다. 그러니 여성은 완전히 다른 사회적 조건을 가진 것이 틀림없다."[73]

프루동이 말한 "사회적 조건"은 (남녀 간의) 분리된 영역을 의미했다. 1848년 11월, 그는 사회주의자 여성들이 개혁 요구와 정치 입후보를 위해 열었던 "우애의 향연"에 비난을 퍼부었다. 그런 일에 참가한 여자들도 그렇지만, 특히 그들을 선동한 여자들은 인간성의 구획 속에서 주어진 역할을 위반했다는 것이었다.

여성의 역할은 외부적 생활, 활동적이고 격동적인 삶이 아니라 내적인 생활, 감정적이고 가족적 단란함의 고요함이 중심인 생활에 있다. 사회주의는 노동만을 복권시키려고 도래한 것이 아니다. 집안, 가족이라는 성소聖所, 부부 결합의 상징을 다시 건강하게 만들려고 나타난 것이다. … 우리는 우리 자매들이 우리가 말하는 것을 생각해 보고 이 진실을 통찰하기를 권한다. 순결과 도덕은 소란스런 정견 발표장에서가 아니라 가족의 가부장적 의식 속에서 더 많이 나타난다는 것이 진실이다.[74]

프루동의 비난은, 여성의 의무를 상기시키고 그 의무가 정치적 권리와 아무 상관이 없다는 주장을 담고 있었다. 여성이 선거권을 요구하는 연회에 참석한 것이 도리에 어긋나는 정도라면, 여성의 출마는 해괴망측한 일일 수밖에 없었다. 1849년 4~5월의 선거에 출마하려는 잔 드로앵의 운동을 직접 겨냥하여, 프루동은 여성 국회의원은 남성 유모 비슷한 느낌을 준다며 조롱했다. 드로앵은 이에 대해 자연적 본질을 끌어오는 논법은 불합리하다고 반박했다(프루동은 이 반박을 자기 신문에 싣기를 거절하고는, 어디 다른 곳을 알아보라고 했다). 또한 국회의원의 기능을 수행하는 데 필수적인 신체 기관이 무엇인지를 분명히 밝히라고 요구하며, "자연nature이 그런 논리를 당신처럼 긍정적으로 받아들인다면, 나는 이 토론에서 졌다고 인정하겠다."고 못박았다.[75]

이 설전은 드로앵의 논리와 행동이 가져온 급진적 충격을 정확하게 드러낸다. 드로앵은 성차에 대한 일반적인 설명을 전복시켜서, 생물학적 영향은 사회조직보다 성차에 끼치는 영향이 적다고 했다. 드로앵은 남성과 여성에게 다른 특징과 의무가 주어졌다는 얘기를 논하지 않았다. 사실 그녀는 여성의 정치적 정체성을 강화하고 평등한 권리 획득을 위한 선례를 만들고자 그 차이를 강조하려고 했다. 여성은 그 본성에 의해 더욱 섬세하고, 약하며, 그들의 본성은 남성보다 더욱 자애롭고 동정적이라고 말이다. 그런데 이렇게 인정하기는 했으나, 이 차이는 권리를 행사할 여성들의 능력과는 아무 상관도 없었다.[76] 드로앵은 더 나아가, 역사적으로 여성의 실수는 차이를 거부하려고 노력해 온 것이라고 주장했다. 그녀는 "자기를 남자처럼 만드는 것"이 가하는 억압의 굴레를 벗어 버리려고 애썼다.[77] 이 굴레 안에서 여성은 그저 모조품이 되었고, 필연적으로 질이 떨어지는 판본이 되었다. 왜냐하면 적극적으로 자신을 표현하려고 하지 않았기 때문이다. 별개의 독립적 인식을 얻기 위한 드로앵의 대안은 차이를, 특히 모성의 특유한 책임을 강조하는 것이었다.

드로앵은 성차가 특성과 이익의 문제라면, 여러 가지 활동이 벌어지는 분리된 공간적 장소나 영역은 성차와 관련이 없다고 보았다. 한 가지 예로, 이 구분은 남성과 여성이 실제로 했거나 그렇게 하도록 요구받는 것과 상관이 없었다. 여성은 노동을 했고, 남성도 가사를 하고 있으며, (여성과 사적인 것을 오랫동안 관련지었던) 의무와 도덕은 이제 시민권을 위한 전제 조건이 되었다. 국가는 사회적인 것을 관리하며 질서를 유지하기 위해 이 의무와 도덕에 근거한다. "이 거대하고, 엉망으로 운영되는 집안"이라는, 국가에 대한 드로앵의 언급은 이러한 의미를 담고 있다.

이 말은 또 드로앵이 재규정한 결혼의 핵심이다. 결혼은 사적인 약속이 아니라, "세 가지 측면 : 노동을 통한 물질과 지성, 도덕"이 있는 사회적 제도다.[78] 삶 그 자체는 너무 복잡하고 여러 부분으로 이루어져 있어, 완전히 개인주의적인 권리 개념을 적용할 수 없다. 드로앵은 이렇게 썼다. "삶은 그 결합에서 세 부분으로 되어 있다. 개인적 생활과 가족적 생활, 사회적 생활이 완전한 삶을 구성한다."[79] 권리와 의무에 대한 헌법의 규정은 개인성과 사회성 사이의 경계만이 아니라 정치적인 것과 가족적인 것, 공공성과 사생활의 경계도 흐릿하게 만들었다. 계속된 여성 배제는 최근 획득된 질서 안에서 볼 때 말이 되지 않았다. 드로앵은 이를 지적하고 교정하는 것이 자신의 의무라고 느꼈다.

프루동만이 아니라 정치인들과 정치 풍자 만화가들도 드로앵의 주장에 과열된 반응을 보였다. 이들의 반응은 남성의 권리가 여성에게 비슷한 권리를 인정하지 않는 것에 얼마나 기대고 있는지, 드로앵의 동시대인들이 남성과 여성 육체의 신체적 경계를 확립하는 분리된 영역들에 얼마나 의존했는지를 잘 보여 준다. 이들은 가정과 공공장소의 문턱을 넘는 것은 여성을 양성구유로 이끌고, 남성과 여성을 구분 짓는 특징을 손상시킨다고 비난했다.[80]

양성성의 위험은 성적으로 분간하기 힘든, 그래서 괴이한 육체로 상징되었다. 남녀가 정치적 공간을 공유한다는 것은 정치적 권리를 공유함을 의미했고, 이러한 수평적 동일성의 창조는 자연적 추악함으로 묘사되고 그렇게 이해되었다. "여성은 국민으로 태어나지 않았다"

고 한 [극작가이자 에세이스트] 에르네스트 르구베Ernest Legouvé가 1848년 4월에 콜레주 드 프랑스에서 강의를 했는데, 그의 강의는 열광적인 페미니스트들의 마음을 사로잡았다. 르구베는 교육과 민법 개정을 통한 여성의 지위 향상을 지지했으나, 여성에게 투표권을 주는 것에는 반대하였다. 이는 성차를 만드는 공간적 경계를 벗어나는 일이라는 이유에서였다. 여성해방은 오직 가정 안에서만 이루어질 수 있었다. 정치적인 여성은 부조리였다.[81]

페미니즘 운동에 불만을 품은 이들과 만평가들은 르구베의 관점을 계속 그림으로 옮겼다. 역할 전도라는 주제를 가지고 조롱한 도미에Honore Daumier[풍자에 능했던 화가이자 판화가] 등은 정치적 여성을 못생기고, 우스꽝스럽고, 괴상하게 생긴, 남성성의 모방자로 묘사했다. 드로앵 부인의 충고에 따라 결혼의 권위를 저버린 우악스런 부인들, 엄마가 정치하는 동안 절망한 아버지의 품에 남겨진 아이들이 등장했다. 외알 안경을 쓰고, 시가를 물고, 턱수염을 기른 여성들이 묘사되었으며, 남성들은 스커트를 입고 있었다. 어떤 시리즈물은 여성에게 간청하는 한 남성을 등장시켰다. 그 남자는 자기 바지를 부인에게 전해주어야 한다며 여성 클럽의 문을 열어 달라고 부탁했다. 그래야 부인이 단추를 달아 줄 수 있기 때문이었다. 또 다른 만화에서는 한 남성이 여성 클럽의 문 앞에서 뒷걸음질치고 있다. 여성 안전요원이 큼직한 가위를 들고 그의 가랑이를 겨냥하면서 다가오고 있었던 것이다.

파리 경찰도 이 소동에 끼어들었다. 경찰이 '베수비안Vésuviennes'이라는 가짜 페미니스트 단체를 만들어 창녀들을 모집했던 것이다. 그들은 이 단체의 규약도 찍어 냈는데, 그 패러디가 너무나도 성공적이어서 이후 역사가들이 오랫동안 이를 진짜 페미니즘 문서로 취급했을 정도였다.[82] 이 책자에는 여성으로만 구성된 도시방위군 안에서 가사 분담 제안을 거절했다가 위협받는 한 남성의 이야기가 실려 있다. 또, 젠더의 경계를 가로지르는 것을 복장도착증으로 묘사했다. 여성에게 는 이렇게 권장했다. "남성, 여성의 복장 차이를 지우기 위해 조심스 럽게 작업하라. 적당하고 우스꽝스럽지 않아야 하며, 기품 있는 형식 과 훌륭한 취향에 근접해야 한다. 그렇게 하다 보면 남성들이 장의사 복장을 받고도 뭐라고 불평하기가 애매한 변화가 만들어질 것이다."[83] 잔 드로앵은 이 베수비안을 페미니스트들에 대한 공공연한 추행 사례 라고 보았다. 그들은 "우리의 모임과 행동을 비웃고 경멸하려고 우리 가 말하고 행했던 모든 것을 희화화한다."[84]

뿐만 아니라 페미니스트들의 집회에 폭력적인 공격이 가해졌지만 그냥 적당히 넘어갔다. 페미니스트 클럽의 모임은 1848년 4월 초에 몇 번이나 무산되었다. 이를 주도한 이들은 조소의 대상이 되고 거리 에서 추격을 당했으며, 어떤 이들은 붙잡혀 구타 위협을 받았다. 호전 적인 군중들이 위협적이고 난폭해졌기 때문에, 클럽의 모임 장소를 완전히 비워야 했던 때도 있었다.[85]

조롱, 적의, 폭력이 사회 공간과 젠더 경계의 위반을 막겠다는 명목 으로 동원되었다. 여러 다양한 방식으로, 이 위반은 거세로 묘사되었 다. (페미니스트들의 주장은) 현재 남성의 정치적 권리와 동일시되는 남 성의 힘의 상징, 남성의 차이에 대한 위협으로 인식되었던 것이다.[86] 영역의 혼합에 뒤이어 일어날 거세의 암시는, 분리된 영역이라는 담 론 속에서 성별화된 육체가 결국 정신성이나 생물학, 특수한 행동에

19세기 풍자화가 도미에가 그린 '남장 여자'.

의존하는 것이 아니라, 이 행동들이 행해지는 곳 내부의 분리된 장소들에 기대고 있었음을 시사한다. 성차를 만드는 것은 자연이 아니라, 사회적 구성이다. 바로 이것이, 분리된 영역이 인식되고 또 거부되었다는 말의 초점이다. 즉, 페미니스트들이 분리된 영역을 거부하자 폭로된 모순인 것이다.

평등원칙은
의무다

1848년의 혁명 기간에, 페미니스트들은 공공 영역으로 들어가 자신들이 공공 영역 속에 위치한다는 확신을 극적으로 표현하였다. 그들은 여성의 배제가 생물학이나 자연의 결과라는 변명에 직접 도전하였다. 시민으로서 여성의 역량에 자신감을 주는 실천을 통해, 여성의 투표권을 거부한 현 체제의 "거짓말"이 드러나기를 노리면서 항의한 것이다.[87]

이들의 주장에 따르면, 법은 더 중요한 어떤 현실을 반영하지 않는다. 오히려 현실, 이 경우 여성의 불평등이라는 현실을 구성한다. 여기에 페미니스트들의 역설이 있다. 법의 테두리 바깥에서 지배받아 왔기에, 그들의 의무를 그 의무가 근거하는 보편적인 원칙과 조화시키면서 수행하려는 시도, 즉 법의 테두리 안쪽으로 들어가려는 시도는 불법으로 간주되었다.

페미니스트들은 이 법을 깨는 일에 착수하려고 의무에 호소했다. 그 어떤 법보다도 우선하는 내적인 확신과 무엇이 도덕적으로 옳은지 깊이 자각한 것이 의무에 대한 그들의 인식을 낳았다. "어디에서나 여성은 자신들의 권리를 자각하고 있다." 드로앵이 외제니 니보예Eugénie Niboyet와 창간한 페미니즘 신문 《여성의 목소리》에 실린 한 기사의 내용이다.[88]

이 기사는 드로앵의 친구인 폴린느 롤랑Pauline Roland의 행동을 상세하게 다루고 있었다. 1848년 3월, 롤랑은 시장 선거에 출마한 민주사회주의자인 (철학자) 피에르 르루에게 한 표 던지려고 부삭 시청으로 나갔다. 공무원들이 투표를 못하도록 난폭하게 제지하자, 그녀는 자기를 정식으로 기소하라고 했다. 롤랑의 행동에는 아주 훌륭한 패러디적 요소가 있었다. 경찰이 도착해 체포할 때 그녀가 댄 이름은 "마리 앙투아네트 롤랑"이었다. 이전의 왕비가 갖고 있던 권력과 불명예스런 현재 상태(루이 16세의 왕비 마리 앙투아네트는 1793년 단두대에서 처형됐다.)를 떠올리게 하는 이름이었다. 롤랑이 굳이 부삭 지역을 고른 이유는 르루가 널리 알려진 여성 정치 권리 옹호자였기 때문이다. 르루에게 투표하는 것이 금지되면서 그녀가 전달하고자 했던 모순과 불공평에 대한 인식은 더 강화되었다. 롤랑은 자기가 요구한 대로 불법행위 혐의로 정식 기소되었다.

드로앵은 롤랑의 항의에서 한 발짝 더 나아가, 1849년 5월 의회 선거에 출마하였다. 1848년 채택된 헌법은 명시적으로 여성의 출마를 금지하지 않았으므로 드로앵은 혁명이 몸 바쳐 이루려고 했던, 아직 실현되지 못한 평등 원칙을 현실화하는 것이 자신의 '의무'라고 느꼈다. 드로앵은 '의무'를 끌어와서, 여성의 권리 획득이 (모성적·가족적인) 의무를 저버리게 할지도 모른다는 공포심을 달래려고 했다. 그리고 제2공화국 헌법 서문에 올라 있는 '권리와 의무 선언'에 호소하였음은 물론이다. "권리와 정의가 고취하고 이끄는 대로, 우리는 의회 업무에서 제 역할을 수행할 권리를 주장함으로써 의무를 수행한다."[89]

드로앵이 자신의 선거운동을 묘사한 것을 보면, 그녀가 자신의 권리를 주장함으로써 시민권을 확립하려 했음을 알 수 있다. 내적 확신에 가득차 있었기에, 그 자체만으로 시민권과 동의어인 자존감을 확립할 수 있었던 것이다.

드로앵의 선거 전략은 법적으로 여성에게 금지된 연단에 서는 것, 공공의 광장에 들어갈 자격을 얻는 것이었다. 파리에서 민주사회주의자들이 개최한 선거 집회에 참석한 드로앵은 자신의 목적을 설명하려 발언권을 요청했고, (입후보자로 인정받기 위해 직접 호소하는 것이 아니라) 대표자들에게 질문을 하는 조건으로 연단에 서게 되었다. 그녀가 연단에 오르자, "회의장 입구 쪽에서… 격렬한 소란이 터져 나와, 곧 집회 전체로 퍼져 나갔다." 주최자들은 그녀가 연단에서 내려와야 조용해질 것이라고 권했지만, 드로앵은 흔들리지 않았다. "우리의 사도使徒적 직분의 신성함과 우리 임무의 위대함을 주장하는 가장 깊은 곳에 있는 감정으로 강화된 우리는 너무나 탁월하게, 너무나 급진적으로 혁명적이고 사회적인 우리 노동의 시기적 적절성과 중대성을 완전히 확신하면서, 연단에서 내려오기를 거부하는 것으로 우리의 의무를 완수하였다."[90]

이 실천이 여성이 이미 권리를 가지고 있음을 법이 깨닫도록 하려는 것이었다면, 그 억누를 수 없는 동기는 내밀한 감정과 의식, 영감, 내면 인식과 같은 것들이었다. 주체성Subjective은 이미 분명히 정치적 권리를 가진 자아의 반영으로 이해되었다. 이 때문에 드로앵은 "원칙을 실천"하고, 정의를 위한 투쟁에서 "능동적 역할을 하"며, "인민 권리의 수호자, 인류애의 친구로서 목소리"를 높일 수 있었다.[91] 이는 실천이 결국 실패했을 때에도 위안을 주었다. "당신들은 내가 세계로 뻗은 길을 가지 못하도록 막았다. 나를 하위자나 소수자로 선언했다. 그러나 내 의식 속에는 성소聖所가 남아 있다. 당신네들의 무력과 머릿속의 전제정치는 이 성소에서 힘을 쓸 수 없다. 열등함의 증거도 내 존재를 말라 죽게 하지 못한다. 내 의지는 노예가 되지 않을 것이며, 내가 지혜를 향해 다가가는 것을 아무도 막지 못할 것이다."[92]

선거 집회에서 드로앵은 물러나지 않고 버텨서 자기의 확신을 보여주었다. 마침내 청중들이 조용해지자 드로앵은 입을 열었다. 자식의 부끄러운 짓 때문에 잔뜩 화가 난 어머니처럼, 그들의 어리석은 평계를 꾸짖었다. 사실 그녀는 이들 사회주의자의 행동에 "경악"했다. 여기에 모인 사람들은 "스스로 자신을 미래의 인간으로 부르는 이들"이다. 그런데도 모든 특권을 철폐하겠다면서 여성을 지배하는 남성의 특권만은 빼놓고, 남성과 여성 간의 불평등이 다른 모든 사회적 불평등을 촉진해 온 것을 깨닫지 못하고 있다. 이들은 자기 어머니, 누이, 아내를 위한 정의를 실행할 때 비로소 자신의 행복을 얻을 것이다. 요컨대, 그녀는 역사를 만들어 나가려고 하는 이들에게 필요한 올바른 답안을 제시하고, 그들이 설계한 미래의 청사진에 담긴 잘못된 인식을 교정해 주었다.

드로앵은 자신이 남성과 등등하게 대중 연설을 해낼 수 있으며, 여성도 자신의 이상을 명확하게 표현할 자격이 있음을 보여 주려고 했다. 그런데 그 와중에 드로앵은 연설이 힘을 잃을지도 모른다는 "강한 느낌"을 받았다. 그녀는 이 불안감이 이번 연설의 중요성과 (그녀는 선거 집회 자리에서 여성의 시민적 · 정치적 권리라는 중대한 문제를 제기한 최초의 인물이었다). "의회 식의 형식에 미숙"한 탓에 생겨났다고 보았다. 이 미숙함은 집회의 시작에서 그녀가 마주한 상황에서, 그러니까 강자의 옛 특권을 향유했던 이들이 약자의 목소리를 침묵시키려고 애쓰는 상황에서 비롯되었다. 이런 불평등이 끝장나면, 모든 개인이 공공 집회에서 쉽게 연설하게 될 것이다. 공공 의무와 정치적 권리의 실행에서 남성men에게 독점권은 없다.

공개 토론장에 참석하고 훌륭하게 처신하는 것이 여성에게 어울리지 않는다고 (그리고 금지되어 있다고) 말하는 사람이 있다는 사실이 드로앵의 실천에 정치적 힘을 더했다. 드로앵이 "타고난 소심함"을 극복할 수 있었던 것은, 대의명분을 위해 진력하고 자신의 의무 수행에 "헌신"했기 때문이다. "언젠가 외젠 펠탕M. Eugène Pelletan 씨는 내가 주목을 끌려고 거리에서 총을 쏘는 것처럼 행동한다고 이야기한 적이 있는데, 그가 한 말이 맞다. 다만, 나는 내가 아니라 내가 헌신하는 대의명분이 주목받게 하려는 것이다."[93]

드로앵이 자신이나 대의명분 그 어느 쪽을 위해 노력했든지 간에, 분명한 것은 그녀의 노력으로 공공의 공간에서 여성이 주목을 끌게 되었다는 사실이다. 단순하게 보자면, 민주사회주의자들의 선거 집회에서 발언권을 요구한 것은 "거리에서 총을 쏘는" 것처럼 그녀에게 이

목을 집중시켰다. 달리 말하면, 그녀는 남성처럼 행동하여(남근을 전유하여) 소동을 일으키고 법률을 위반하였다.

물론 이 소동은 드로앵 때문이 아니라, 드로앵에 반대하는 이들 때문에 일어났다. 그러나 그녀가 법의 모순을 폭로하고 궁극적으로는 법을 바꾸고자 법을 위반하려고 애쓴 것도 사실이다. 드로앵은 옳지 않은 법은 위반해도 된다고 생각했다. 하지만 아무리 그렇다고 해도 그녀의 출마에 동정적이었던 일부 민주사회주의자들조차 결국 그녀의 출마가 비합법적이라는 데에 동의하다니(15명의 대표만이 선거 명부에 그녀의 이름을 올리는 데에 찬성표를 던졌다). 이제 드로앵은, 그리고 더 일반적으로 말하면 페미니스트들은 임기응변의 한계에 부딪혔다. 평등과 양립할 수 없는 차이를 만드는 개념들(여성, 여성성, 개인성, 권리와 의무)을 다시 쓰는 능력이 한계에 도달한 것이다. 법적인 승인 없이 여성이 시민의 자격을 인정받고 개인의 지위를 획득할 길은 없었다. 헌법으로 성립된 정치적 맥락에서, 추상적 개인은 사실상 남성으로 구현되어 있었다. 그리고 그런 추상적 개인만이 투표하거나 인민의 대표자로 선출되어 공직에 나설 수가 있었다.

드로앵이 자신의 정치적 행동에 책임을 져야 할 때에도, 당대의 정치적 맥락과 맞물려 있던 법률은 그녀의 위치를 옹호해 주지 못했다. 그녀는 1849년 여름에 만들어진 '조합연합the Association of Associations'의 창립자 중 한 사람이었다. 이 단체는 다양한 사회주의적 노동자 운동을 생산자·소비자 자치에 통합시켰다. 조합연합의 계획안은 통화를 신용 체계로 대체할 것, 노동자가 생산수단을 소유할 것, 그리고 남성과 여성이 똑같이 "그들이 노동하여 생산한 생산물로 그들과 그 자녀들, 가족들이 살아갈 수단과 권리"⁹⁴를 가진다는 보증 등을 요구했다. 그런데 1850년 5월, 400여 개의 단체가 가입해 있던 조합연합의 지도 자들이 드로앵의 집에서 열린 회합 도중에 체포되었다(이때까지 정치 적 모임과, 어떤 이유에서든지 간에 모일 수 있는 사람의 수는 엄격하게 제한 되어 있었다. 이 회합도 그런 규정을 어긴 것으로 간주되었다). 지도자들이 체포되기 전까지 이 조합연합에서는 젠더 평등의 기준이 실천되고 있 었던 것 같다. 남성 여성 할 것 없이 임금노동이 모든 노동자의 조건이 라는 사실을 인식하고 있었음은 물론이다. 그러나 재판 준비 과정에 서 드로앵은 어떤 지도적 역할도 부인하라는 설득을 받았다.

> 나는 조합연합의 이름으로 다급한 간청을 받았다. 내가 그 계획을 작 성했다고 알리지 말아 달라는 것이었다. … 여성의 권리라는 대의명분 에 헌신해 온 한 여성이 지도적 역할을 맡았다는 사실이 조합들 안에 널 리 퍼져 있는 편견을 악화시켰다. 엄연히 존재하는 우리의 적들 앞에서, 사회주의자들 사이에 논쟁이 일어나기를 원하지는 않는다. … 나는 내 게 주어진 질문에 이렇게 답하는 것으로 스스로 만족하겠다. 네, 나는 조 합에 관해서 아무 할 말이 없습니다.⁹⁵

그러나 전략적으로 기꺼이 종속적 지위를 받아들였다고 해서, 불법 집회 참석 혐의로 6개월형을 선고받는 것까지 피하지는 못했다. 올랭 프 드 구즈와 마찬가지로, 드로앵은 자신에게 정치적 주체subject의 권 리를 부여할 수 없는 법률적 주체subject였던 것이다. 그러나 그녀는 이 의를 제기하며, 더 우월한 진실에 호소했다. "당신들은 법에 의거해 나에게 판결을 내리고자 하지만, 나는 그 법에 항의한다. 그것은 남성 men이 만든 법이다. 나는 인정하지 않겠다."[96] 남성이 만든 법률은 즉시 그녀의 항의와 그 한계를 입증하였다. 이렇게 보면, 이 판결(6개월형)은 드로앵의 페미니즘, 역사 속에서 그 장소가 갖는 바로 그 전복성을 구성했다.

혁명의 시간은 지나가고

감옥에서도 드로앵은 여성의 권리를 옹호하려고 노력했다. 마침 탄원권에 제한을 두는 방안이 논의되고 있었는데, 한 의원이 의회에서 여성의 탄원권을 모두 금지하자고 제안했다. 드로앵은 직접 의사 표명을 할 수 없는 이들이 기댈 수 있는 마지막 수단인 이 권리를 방어하고자 탄원했다(다행히 1791년의 헌법이 대표되지 않은 이들the unrepresented을 위한 탄원권을 인정한 선례가 있었다. 덕분에 여성의 탄원권은 지켜졌다).

그녀는 지방선거에서부터 점차 여성 투표권을 확대해 나가자는 르루의 헛수고를 지원하기도 했으며, 정치에 여성이 참여해야 할 필요성을 담은 글을 계속 썼다. 그러나 1851년 11월, 나폴레옹 3세의 쿠데타가 일어나자 여성은 이전에 참여했던 어떤 공공 영역에도 들어갈 수 없게 됐음이 명백해졌다. 자신의 신문이 폐간되고 많은 동지들이 망명하는 상황에 이르러, 드로앵은 영국으로 건너갔다. [제2공화국 대통령이 되었다가 제2제정 황제로 등극하는 나폴레옹 3세는, 나폴레옹 1세의 동생 루이 보나파르트의 아들이다. 나폴레옹 1세가 몰락한 뒤 외국을 떠돌다가 2월혁명 때 귀국하여, 1848년 대통령선거에서 당선되었다. 그러나 1851년 쿠데타를 일으켜 의회를 해산하고 공화파 세력을 꺾었다.)

1851년부터 1853년까지 드로앵은 영국에서 2개 국어로 씌어진 《여성 연감Almanach des femmes》을 편집하며 계속 여성해방에 매진했다. 그 밖에 망명자 자녀들을 위한 학교를 운영하고, 채식주의를 실천하였으며, 심령술에 빠져들었다. 사회주의자들과 계속 교류하였으나, 주로 활동한 쪽은 1894년 그녀의 장례식에서 조사를 낭독한 윌리엄 모리스William Morris의 노선이었다.[97] (시인이자 공예운동의 창시자인 모리스는, 영국 사회주의 운동의 선구자이기도 했다.)

죽을 때까지 굳건한 페미니스트였지만, 드로앵은 자신이 활약하던 그런 순간은 이제 지나가 버렸다고 믿게 되었다. 1849년, (의회 선거에 출마함으로써) 드로앵은 올랭프 드 구즈가 시작한 페미니즘 운동의 역사에 이름을 새겼다. 그녀는 "여성해방 강좌"의 독자들에게 이렇게 말한 적이 있다. 드 구즈는 "새로운 사상을 제시한 다른 선각자들과 마찬가지로… 목표를 성취하지는 못하였으나 길을 터놓았다." 드로앵은 이어 2월혁명은 존경하는 친구인 폴린느 롤랑 같은 이들의 활동, 인간의 반절을 배제하는 보통선거권의 거짓말을 폭로하는 활동을 가능하게 했다고 말했다. 그리고 "1849년에, 한 여성이 의회에 참여할 여성의 권리를 쟁취하려 다시 도시의 성문을 두들겼다. 그녀는 낡은 세계를 향해 발언하지 않았다. … 이제 막 형태를 갖추고 새로 태어나는 과업에서, 사회운동에서 여성이 제 역할을 수행할 순간이 왔던 것이다."[98]

그때 드로앵은 연단에 올랐고, 겨우 목숨을 부지해 빠져나왔다. 결국 그녀는 공공 광장에 여성이 출입할 권리를 얻어 내지는 못하였다. 그러나 드로앵은 역사를 만들었다. 그녀는 실로 자신의 몫은 여성이 공직에 진출하려고 처음으로 분투했다는 사실에 있다고 하였다. 드로앵은 여성의 기나긴 해방 투쟁을 연대기적으로 기록한 자신의 신문에 많은 칼럼을 쓰는 데에 열중하였다. 그녀는 이제 역사를 만드는 여성의 역량을 인식시키는 데에는 성공했다고 자평하였다. 당대의 많은 남성 역사가들이 여성의 역할은 무시간적이고 초월적이며, 오직 남성의 역할만이 변화의 생산물이라면서 부정한 그 역량 말이다.[99]

혁명의 시간은 그 목적을 달성하지 못하고 지나가 버렸으나, 이 사실이 드로앵의 민주주의에 대한 믿음, 페미니즘의 대의에 대한 헌신을 깎아내리지는 못했다. 당대 페미니즘의 역사적 전통을 기록하려고 한 여성참정권론자 위베르틴 오클레르는, 드로앵이 죽기 8년 전인 1886년 런던으로 편지를 썼다. 드로앵은 자신의 장수를 기원한 오클레르의 편지에 감사를 표했다. "나도 역시 그러길 바래요. 생전에 우리의 이상이 완전한 승리를 거두는 것을 보고 싶어서가 아닙니다. 나는 다음 생으로 떠나가기 전에 조금이라도 더 노력하고 싶은 겁니다."[100]

나지막한 어조로, 그녀는 자기 방식은 지금 시대에는 더 이상 어울리지 않을 것이라며 도와달라는 오클레르의 요청을 거절했다. 페미니즘과 마찬가지로, 공화국은 드로앵의 시대보다 더욱 제도화되었다. 드로앵이 다음과 같이 말한 어떤 다른 상황이 된 것이다. "이제 더 이상 충동적이고 무모한 개척자는 필요하지 않을 겁니다. 대신에 재능을 헌신과 결합시키고, 진실에 스타일의 미美를 더하는 것이 필요합니다. 이것이 나의 쓸모없는 도움을 당신에게 줄 수 없는 이유예요."[101]

이 겸손한 거절은, 프랑스 페미니즘 역사에서 개척자들이 마땅히 차지해야 할 비중을 언급한 주장이기도 하다. 단순히 프랑스 페미니즘 역사의 한 장을 마감하자는 뜻만이 아닌 것이다. 적대자들의 면전에서도 믿음을 지탱할 수 있게 해 준 내적 확신은 드로앵 세대에게 위안과 동기를 주었다. 그러나 이제는 그 이상의 무엇, 비교적 긴 시간의 헌신과 전념이 필요했다(드로앵이 말한 전념은 그 맥락상 오랜 기간의 헌신을 함축하며, 즉각적인 결과를 기대하는 충동적이고 위험한 행동과 대조되었다. 드로앵은 물론 그런 전념의 좋은 예였지만, 혁명의 들뜬 나날들 속에서 드로앵이 구사한 전략이 꼭 그렇지는 않았다). 단순하게 진실을 폭로하는 것은 이상을 추구하는 이들에게 더 이상 쓸모 있는 방법이 아니었다. 이제 진실은 더 호소력이 강하고 더욱 성공적인 스타일의 미로 장식되어야 했다. 드로앵이 보기에, 이런 '스타일의 미'는 강경하게 진실을 주장하는 대신에 미묘한 설득을 제시하는 것이었다. 그리고 이런 종류의 설득은 1848년에 적극적 행동을 앞세우며 터득한 자신의 재능과는 어울리지 않는다고 말하고 싶었는지도 모른다.

오클레르에게 보낸 편지에서, 드로앵은 자신과 동시대 여성들이 수행한 역사적 역할에 대한 확고한 입장만을 드러내 보이지 않았다. 과거 여성들의 실천과 연관을 지음으로써, 하나의 고취된 정치적 힘으로 페미니즘을 인식했던 것이다. 바로 이런 인식을 제시했다는 점에서 드로앵은 전복적 페미니즘 전통의 건설에 공헌했으며, 과거 · 현재 · 미래의 여성들에게 공통의 목적을 제공하였다. 여성들을 즉시 역사 속으로 편입시키려는 의식적인 노력은 페미니즘의 정체성을 구성하였으며, 운동에 목적의식을 불어넣었다. 동시에 드로앵은 이후 페미니즘을 계승할 세대의 생각과 행동이, 시간의 흐름과 그에 따라 변화하는 정치적 문맥에 영향을 받을 것이라는 사실을 잘 알고 있었다. 그녀가 어느 한 세대 페미니스트들의 목표와 전략이 이후 세대의 범례가 되어서는 안 된다고 한 이유가 여기에 있다.

그랬기에 만일 드로앵이 1933년에 나온 마들렌 펠티에의 자전적 소설에서 자신의 이름이 젊은 페미니즘 실천가의 가명nom de guerre으로 쓰인 것을 보았다 해도, 내가 처음에 그랬듯이, 아마 놀라지 않았을 것이다.[102] 펠티에는 드로앵처럼 (이 말이 20세기 들어 다른 의미를 띠기는 했지만) 사회주의자였으나, 그녀의 페미니즘은 드로앵이 밀고 나갔던 것들, 곧 여성의 환원할 수 없는 차이, 양성 간의 필수적인 상보성, 어머니의 애정으로 달성되는 사회적 쇄신이라는 종교적으로 고취된 비전 등을 대부분 거부했다. 대신에 펠티에는 완전히 세속적인 논증을 거쳐, 페미니즘이 평등을 쟁취하는 최고의 길이라고 믿었던 젠더적 차이의 모든 흔적을 없애 버리자고 제안했다.

드로앵이라면 이를 자신이 끼어들 수 없는 새로운 조건들에 대한 반응으로 이해했을 법하다. 그녀가 비춘 횃불 덕분에, 페미니즘은 역사적 순간에서 분리되지 않을 수 있었다. 물론 그녀는, 페미니즘이 여성은 남성을 보완해 주는 동시에 남성과 동등하다는 지속적 진실에 근거한, 그리고 정치적 권리를 행사할 여성의 역량 또는 의무에 토대를 둔 계속 변화하는 모험이라고 보았다.

역사가 페미니즘 전략에 끼친 충격에 대한 드로앵의 생각과, 시대를 초월하는 여성의 이상에 헌신한 것 사이에는 긴장이 있다. 이 긴장은, 당시 정치에서 여성을 배제하는 일을 정당화하거나 혹은 그에 항의하는 두 가지 의미로 모두 쓰인 '성차'의 본질화된 개념이 페미니스트들에게 (그리고 페미니즘 역사가에게) 부과한 딜레마를 잘 보여 준다. 남성men은 정치를 했고 역사를 만들었다. 그들은 역사적 과정에 따라 형성된 존재로 이해되었다. 이와 내조적으로 여성의 본질은 이미 주어져 있었고, 역사가 여성의 실천과 별 상관이 없다고 생각될 만큼 역사의 영향을 받지 않는다고 여겨졌다.

따라서 드로앵에게 정치로 진입하는 것은 역사로 들어가는 것과 같았다. 그녀가 꼭 그렇게 인식하지는 않았으나, 그녀의 실천은 지금 정다운 어머니라는 절대적인 용어로 표현되는 '여성'이라는 말을, 변화를 일으키는 시간의 힘 앞에 노출시켰다. 1848년에 '여성'으로 이해된 인격의 권리를 주장하는 과정에서, 바로 그 '여성'이라는 범주가 재인식되었다. 역설적으로, 그리고 피할 수 없게도, 드로앵의 주장은 자신이 여성의 이름으로 옹호한 바로 그 여성을 잠식하였다.

여성의 권리는 사회문제다

1848~1914

오클레르는 여성의 이해관계는 사실 전혀 특수하지 않다고 주장했다.
여성의 이해는 일반적으로 사회의 이해와 공명한다.
그러나 이 지점에서 오클레르는 여성의 이해와 일반적인 이해가
완벽하게 합치되는 것을 피하고자 했다.
여성 단독의 정치적 정체성에 대한 호소력을 잃지 않기 위해서였다.
여기에 '성차'의 역설이 나타난다. 보편적인 평등을 목표로 삼을 때,
여성의 이해라는 특수한 경우를 설정하는 것은 모순이었다.

LA COMMUNE DE PARIS

40년간 외친
여성참정권

1886년 위베르틴 오클레르(1848~1914)와 잔 드로앵 간의 서신 교환은 지리적인 거리만이 아니라 시간적인 간극까지도 이어 보려는 시도였다. 이 시도를 페미니즘 역사를 계승해 가는 구체적인 사례로 본다면, 그 서신들은 또한 오클레르의 여성참정권론 신문인《여성 시민La Citoyenne》의 독자들에게 영향을 미쳤다고 보아도 무방하다. 직접적이고 이성적인 오클레르 스타일에 익숙한 독자들에게는 드로앵의 낭만적이고 영적인 언어가 분명 기묘해 보였을 테지만, 여성들은 여성의 정치적 권리를 거부하는 공화국의 (드로앵의 말로는) "위선"을 까발려야 한다는 사명을 공유했으리라.

그러나 여성해방에 대한 공약을 깊이 공유했다고 하더라도, 두 여성 사이에는 중대한 차이가 있었다. 이는 드로앵이 매우 온건하게 지적했듯이, 역사와 관련된 차이들이다. 위베르틴 오클레르는 말 그대로 제3공화국과 함께 정치계에 등장했다. 25세가 되던 해인 1873년, 그녀는 이제 합법화되어 성장해 가는 여성운동에 참여하려고 〔프랑스 남중부의〕 알리에에서 파리로 이주했다. 〔1870년 나폴레옹 3세 정권의 붕괴로 시작되어, 1940년 나치 독일에 패배할 때까지 지속된〕 새로운 제3공화국의 정치는 1848년의 정치와는 근본적으로 달랐다. 그러므로 오클레르의 페미니즘은 그 전략뿐 아니라 내용에서도 드로앵과는 차이가 있었다.

위베르틴 오클레르의 활동은 1870년대부터 1914년 사망할 때까지 제3공화국 아래서 40년 넘게 지속되었다. 다른 페미니스트들이 좀 더 온건한 접근을 주장했을 때에도, 그녀는 연설·신문 논설·청원서·선거 캠페인 등을 통해 여성의 선거권을 줄기차게 주장했다. 오클레르의 주장은 정계의 정책과 이론이 변할 때마다 그와 동시에 그 문제를 언급하는 식이었다. 오클레르는 때로 연설 가운데 여러 모순적인 호소를 뒤섞어 가며 관중을 현혹시켰다. 서두를 어떻게 시작하든지 간에 여성의 선거권에 대한 요구를 끼워넣었던 것이다. 오클레르를 통해서 우리는 그 지속적인 모순과 이해관계뿐만 아니라, 제3공화국의 변화무쌍하고 모호한 정치적 흐름도 추적할 수 있을 것이다.

파리코뮌이 남긴
인민주권의 역설

명목상의 정치적 권리와 실제 사회적 권리가 충돌한 것이 제2공화국의 딜레마였다면, 제3공화국은 새로운 용어인 '사회문제'에 부닥쳤다. 빈곤과 경제적 불평등 문제를 해결하는 데 국가의 역할은 무엇인가? 그 역할은 어떻게 합법적으로 정당화되는가? 첫 질문에 대해서는 예상 외로 공화주의자와 사회주의자 간에 서로 일치되는 바가 있었다. 사회주의자들은 우리가 가질 만한 가치가 있는 유일한 공화국은 사회적·경제적 평등을 구현하고 시행할 "사회적 공화국"이라고 주장했다.

이들은 그 공화국을 종종 가족적인 단어로 묘사했다. 이 공화국에서는 아픈 사람들과 실업자들뿐만 아니라, 노동자의 아내와 아이들도 더 훌륭한 보살핌을 받게 된다는 것이다.[1]

여론조사, 노동조합, 파업 등에서 사회주의자들의 존재가 점차 두드러지자, 공화주의자들은 그에 대한 부분적인 대응으로 다음과 같은 생각에 다다랐다. 국가는 사고를 당했다든가 허약하다든가 하여 제 자신을 돌볼 수 없는 자본주의의 희생자들을 보살피는 식으로 '사회문제'를 다루어야 한다는 것이다. 사회주의자들의 평등주의 전망과는 거리가 멀었지만, 이 역시 가족적인 용어로 이해되었다. 두 입장 모두 의무와 애정을 가져야만 소유할 수 있는 가족을 돌보듯, 국가는 그 구성 인자를 보살필 의무가 있다고 가정했다.

이때 국가의 역할을 어떻게 합법적으로 정당화하는가 하는 두 번째

여성에게 참정권을 부여하겠다는 '약속'을 이행하라고
제3공화국에 요구한 위베르틴 오클레르.

질문에서는 사회주의와 공화주의의 견해가 분명한 불일치를 드러냈다. 사회주의자들은 정부의 모든 층위에서 노동계급의 이해를 대표하려는 주권의 수사학을 더 한층 이용했다. 대다수의 사람들은 사회주의 지도자 쥘 게드Jules Guesde의 총탄이 아닌 투표에 대한 요구를 여전히 혁명에 대한 요구로 받아들였다. 1890년대 사회주의자들이 시청과 의회 의석을 차지한 것은, 정부가 사회문제에 더욱 공명하고자 국가정책에서 '사회'가 직접 대표성을 갖도록 노력한 결과로 설명되었다.[2]

공화주의자들은 인민주권 문제에서는 주저했으며, 입장도 갈려 있었다. (상당수의 군주정 옹호자들과 보수주의자들 중) 새로운 공화국을 설계하는 데 참여한 많은 이들은 어떤 희생을 감수하더라도 인민 주권에 호소하는 일만큼은 피해야 한다고 생각했다. 파리코뮌(1870~1871년에 새로운 공화국의 보수적 지도부에 반발하여 일어난 혁명적 반란)의 경험이 그 위험성을 보여 주었기 때문이다.[3] 공화국을 인민의 대표자로 받아들인 뒤에라도, 인민들은 국가의 활동이 자신들을 대표하지 못했다고 느낀다면 자신들의 권리로 정부를 해산할 수 있었다. 사실상 공화국이 인민을 대표하는 데 실패했다는 것 자체가 논리적으로는 이미 해산된 것이나 다름없다. 〔파리코뮌Commune de Paris은 1871년 3월 28일부터 5월 28일 사이에 파리 시민과 노동자들의 봉기로 수립된 혁명적 자치정부를 말한다. 1870년 7월 나폴레옹 3세의 선전포고로 시작된 프로이센-프랑스 전쟁에서 프랑스군이 연전연패하자, 격분한 파리 시민은 제2제정의 종언과 나폴레옹 3세 폐위를 선언했다. 그 결과, 1940년 나치 독일의 파리점령 때까지 지속된 제3공화정이 수립됐다. 이후 파리가 고립되며 대중의 불만은 고조됐으며 노동자들은 과격해져 갔다. 결국 포위된 지 4개월 만인 1871년 1월 28일 프랑스 정부는 프러시아에 항복했다. 국민의회가 보르도에 소집돼, 루이 아돌프 티에르를 수반으로 한 임시정부가 구성되고 강화조약이 추진됐다. 우파와 지식계급을 중심으로 한 보수 세력은 강화를 주장했으나, 노동자와 국민방위군은 항복을 인정하지 않고 결사항전 태세를 유지했다. 포위 6개월이 지난 3월 18일, 티에르는 정부군에게 수만 명의 파리 시민들로 구성된 국민방위군의 대포를 거두어들이라고 명령했다. 그러나 사기가 떨어져 있던 정부군은 오히려 국민방위군과 손을 잡았고, 티에르는 베르사유로 도망갔다. 3월 26일 선거를 치러 28일 정식으로 파리코뮌이 선포됐다. 92명의 코뮌 멤버들은 숙련 노동자들과 일부 전문 직업인들(의사와 언론인 등), 개량주의적 공화파, 사회주의자, 자코뱅주의자에 이르는 다수의 정치 활동가들로 구성됐다. 이들은 여성참정권을 실현했고, 아동의 야간 노동을 금지시켰으며, 정교 분리, 징병제와 상비군제 폐지, 종교 재산의 국유화, 이자 폐기, 노동자 최저생활 보장, 관리 봉급 상한, 공장주가 버린 공장의 노동조합 관리 등 다수의 개혁 정책과 법령들을 공포했다. 그러나 5월 28일, 독일군(프로이센)과 손잡은 정부군에게 최종 진압됐다. 이때까지 '피의 일주일'(7일간의 시가전) 등을 거치며 3만여 명의 시민이 목숨을 잃었으며, 수많은 사람들이 처형 혹은 유형당했다.]

이러한 추론과 그 결과물인 무정부와 사회복지 문제를 피하기 위해, 정치가들은 제3공화국에 권능을 부여하는 입법 문제를 논할 수 있는 권리를 제한하고, 그 소유 재산이 국가의 미래와 실제로 연관되어 있는 이들로 투표권을 한정해야 한다고 느꼈다. 더 자유주의적이거나 급진적인 공화주의자들은 1848년의 선례가 제시한 보통(인간다움manhood)선거 없이 공화국을 수립하는 것은 불가능하다고 생각했

다. 〔1848년 프랑스에서 남성들만의 보통선거가 시행됐다.〕 결국 그들의 견해가 승리했다.[4]

하지만 보통선거라는 제도만으로 정부가 인민의 의지를 반영하거나 구체화한다고 말하기는 어렵다. 입법자들과 여론 주도층은 선거권을 제한하는 대신, 인민주권의 신념을 약화시키고자 했다. 이들에 따르면 국가는 인민을 대표하지 않으며, 따라서 인민 의지의 표현으로 국가를 정당화할 수 없다. 대신 국가는 제각각 충돌하는 이해들을 조정하고 균형을 맞추는 기능을 한다. 동시에 입법자들은 스스로 공화주의자의 대표를 자처하는 시민들을 만들어 내어 정치 안정에 필요한 동의를 확보하고자 했다. 이렇게 하면 그들은 자신들의 정체성을 확립해 준 정부의 형태를 파괴할 생각을 품을 수 없을 것이었다.

(1881년, 1882년, 1886년에 통과되어 교육부 장관 쥘 페리Jules Ferry의 이름이 붙은) 페리법이 시행될 때, 프랑스 교육은 무상 의무 보통교육이었다. 학교는 "아이의 마음과 정신에 깊은 감명을 남기고 싶어 하는 조국이라는 신앙, 열렬하면서도 분별력 있는 숭배와 사랑"[5]을 고취하려고 했다. 아이들은 애국자일 뿐 아니라, 분별력 있고, 과학적으로 생각하며, 논리적인 사상가들, 즉 공화국 이상에 걸맞는 모범적인 공화국 신민들[6]이 되어야 했다.

국가와 인민 간의 관계가 사고되면서, 사회문제는 정치적 권리에서 분리되었다. 1877년판 에밀 리트레Émile Littré〔프랑스 언어학자〕 사전에서 정의한 "사회적인 것the social"의 의미는, 이후 수십 년간 계속 논의될 이 단어의 의미를 고정시켜 버렸다. "사회적인 것 : 정치에 반대되는 항으로, 정부의 형태와 분리되어 대중의 지적이고, 도덕적이며, 물질적인 발전과 관련되어 사용된다. 곧 사회문제."[7] 이 공식화를 거쳐서, "정부의 형태"는 대중을 향상시키는 조건에서 배제되고, "정치"는 그러한 향상을 획득하기 위한 수단에서 삭제되었다. 선거는 사회 개혁 수단도 인민주권의 표현도 아니었다. 오히려 권리라는 민주적 관념을 형식적으로 표현하는 의견 조율의 과정이 되었다. 이러한 차원에서, '사회적인 것'은 국가가 주의를 기울일 대상이 되었다. 질서, 진보, 특정한 이해관계, 보편적인 복지라는 이름으로, 국가가 인민대중의 "지적이고, 도덕적이며, 물질적인 발전"을 다루는 것이 당연했기 때문이다.[8]

사회적인 것은 직접적인 정치 재현도 독립적인 행위도 갖지 못하게 되었다. 사회적인 것은 제3공화국 동안 점차 그렇게 되었듯, 국가가 규제할 수 있는 것이 되었다. 국가는 1874년 유아사망률을 낮추기 위해서 보육을 통제했고, 1889년에는 "도덕적으로 버려진" 아이들에게 감화(시설)를 제공했으며, 1892년에는 일하는 여성들을 보호하는 법령을 제정했다. 또한 전염병이 널리 퍼지는 것을 방지하려고 빈곤층의 위생 상태를 살폈다.[9] 1890대 말부터는 산업재해에 대한 고용주들의 보상 의무를 법률로 제정했다. 이는 복지국가의 첫 번째 척도였다.[10]

개인과 여성을 약화시킨
'사회적인 것'의 등장

사회적인 것이란 관념은 곧잘 '대중'과 제휴하긴 했지만, 더 일반적인 의미에서 개인의 존재를 다시 돌아보게 했다. 이제는 집단의 구성원들로 규정된 개인들의 상호의존적인 행동들을 조정하기 위해 국가가 개입하는 것이 그럴듯해진 것이다. 개인들의 사적 자유와 단독성은 훨씬 더 주요한 관심사가 된 반면에(이런 경향은 개인의 필적을 분석하는 새로운 필상학science of graphology의 매력과, 내밀한 개인 사생활에 대한 역설적이고 공적인 관심이라 할 초상 사진의 대중화에서 분명히 알 수 있다.),[11] 정치 담론에서 개인적인 것은 사회의 대립항이 아니라 더 우월한 사회적 존재라고 규정되었다.[12]

사회학자 에밀 뒤르켕은 (안티테제로 사회를 내세운 자율적이고 자발적인 행동가들과 함께) 루소적인 개인주의에 담긴 "도덕적 이기주의"를 거부하고, 그 자리에 정의상 사회적인 것이 되는 개인을 위치시켰다. 개인을 타인과 연관짓는 결속은 개인의 탄생 이전에 존재한 것으로, 결코 분리될 수 없었기 때문이다. 이에 따르면, (결속을) 깰 수 있는 개인들이 참여한 계약은 없다(있었던 적도 없다). 오히려 사회는 인간의 조건이었다. "개인의 자아(le moi)는 사실 하나의 우리(un nous)다. 이는 왜 사회적인 우리(le nous social)가 하나의 나(un moi)로 고려될 수 있는지 이해할 수 있게 해 준다."[13]

뒤르켕은 자아가 단독체가 아니라 지각되는 것, 즉 "다소 명확한"

전체성의 감각으로 통합된 본질적으로 다른 인상impression들의 "연합"
이라고 주장했다. 사회의 감각이든 자아의 감각이든 전체성의 감각은
(안정적인 것이 아니라) 획득된 것이고, 전혀 다른 부분들의 기능적 연
결을 바탕으로 한다(사회에서 '사회적 분업' — 사회주의자들의 계급투쟁
을 대체하기 위해 뒤르켕이 제시한 설명 — 은 서로 나른 부분들 간의 보완
적인 상호성으로 이루어졌다). 자아를 지키기 위해서는, 또 다른 것이 요
구되고 지속적으로 내면화되어야 한다. 이미지가 재현하는 대상이 눈
앞에 있는 경우를 제외하고는, "우리를 완성하는 단 하나의 이미지는
우리들의 이미지와 분리할 수 없다. … 우리 자신을 그 이미지에서 더
이상 분리할 수 없는 한, 이 이미지는 우리 의식의 내적이고 항구적
인 부분인 셈이다."[14] 여기서 요점은 우리가 자기를 구성하는 데 필수
적인 것으로서 다른 것과의 관계를 인지한다는 것이다. 전체(개인적인
것이든 사회적인 것이든)는 분화된 부분들로 구성되어 있다.

더 나아가 (19~20세기 초) 법률 이론가인 레옹 뒤귀Léon Duguit는 자
산이 개인의 권리로 간주될 수 없다고 보았다. 그는 개인의 정체성에
서 집단적인 면을 강조했다.

오래전부터 말해 온 대로, 인간은 사회적 동물이다. 개인이란 당연히
사회화된 인간, 즉 사회집단의 일부로서의 인간이다. 그가 초인超人인 것
은 오로지 그때뿐이라고, 나는 말하고 싶다. 니체가 썼던 대로 초인은 개
인적인 전능함을 부여할 수 있는 자가 절대로 아니다. 초인은 사회집단
에 강하게 묶여 있는 자, 사회적인 인간으로서의 삶이 더욱 강렬해진 자
이다.[15]

또 다른 법률학자 르네 웜즈René Worms도 "사회는 개인들로 직접 구성되는 것이 아니라, 개인이 하나의 구성원인 이른바 집단으로 구성된다."[16]고 썼다.

사회주의의 정적政敵을 자처한 사람들은 새로운 종류의 개인을 이런 식으로 이론화했지만, 집합적 정체성의 중요성과 그 정체성들 간의 상관성을 강조한다는 점에서 사회주의와 다르지 않았다. 1880년대와 1890년대에 점차 가시화되면서 조직화된 사회주의자들은 이 집합적인 정체성을 적대적인 계급으로 이해했다. 혹사당하는 제조 노동자들은 그들을 착취하는 "흡혈" 자본가들과 맞섰다.[17] 공화주의자들은 기능적인 사회분업론 대신에 뒤르켕이 "유기적 연대organic solidarity"라고 말했던, 보완적인 차이들의 위계를 제시했다. 경쟁은, 뒤르켕이 사회집단과 개인 사이에서 유추해 낸 상호인력mutual attraction으로 대체되었다. "둘 중 한 사람은 다른 한 사람이 가지고 있지는 않지만 욕망하는 것을 소유하고 있다는 것, 바로 거기에서 긍정적인 매력이 출발하여 나온다."[18] 마찬가지로, 직업의 차이가 사회적 교제의 근거를 제공한다.

사회주의자들은 갈등을 일으키는 계급 차별이 주권 인민의 승리로 끝나는 세계를 상상했던 반면에, 공화주의자들은 차이를 사회적 삶의 영속적인 면으로 보려고 했다. 그러나 그 가치가 무엇이든지 간에, 차이는 당시 정치적 담론에서 고려되고 있는 요소였다. 사회적 차이의 효과를 인지하자, 시민권을 확립할 새로운 기반이 만들어졌다. 자율적이고 독립적이며 권리를 갖고 있는 추상적 개인이 인간, 즉 시민을 유형화하는 데 더 이상 활용되지 않았다. 서로 간의 차이가 정치 참여에서 각자의 이해관계를 형성하는, 이른바 서로 의존적인 구성원들이 추상적 개인을 대신했다.

참여할 권리는 투표로 주어졌는데, 투표는 다른 이해관계들 사이에서의 형식적인 평등을 나타냈다. 그리하여 사회주의자들은 경제적 평등을 획득하기 위한 계급투쟁의 무기로서 투표를 활용하는 것이 노동자들의 이해관계에 부합한다고 보았다. 반면 공화주의자들은 사회적 분업에서 기능과 권력의 불균형보다 앞서는 인간 평등의 표식으로서 투표를 앞세웠다. 이러한 분위기에서 (프랑스 정치가로 1920년 노벨 평화상을 수상한) 레옹 부르주아Léon Bourgeois는 사회연대주의solidarism를 "모든 사람의 평등권을 동등하게 존중하는 것을 바탕으로 하는, 자유롭고 이성적인 상호의존" 체계로 설명했다. 그리고 (사회연대주의자) 샤를 브루노Charles Brunot는 개인들이 아니라 권리들이, 평등하고 상호교환 가능한 단위라고 주장했다.[19]

차이와 사회적 정체성이 개인의 특성을 규정하고, 투표가 사회적 차이들이 양산한 여러 이해관계들의 표현으로 여겨지는 한, 여성에게도 투표가 허락되어야 옳다. 위베르틴 오클레르는 앞뒤가 들어맞기도 하고 안 맞기도 하는 요령 있는 표현으로 1881년 다음과 같은 결론을 내렸다. "모든 사람이 똑같은 역할을 담당할 수는 없다. 오히려 사회의 조화로운 작용에는 다양성이 꼭 필요하다. … 모든 사람에게 부여된 의무는 사람마다 다르다. (그러나) 개인의 천부적 권리는 모든 사람에게 동일하다."[20] 하지만 여성참정권을 달라는 그녀의 청원은 조직적으로 거부되었다.

사회주의자나 공화주의자나 마찬가지였다. 이들은 모두 여성참정권 거부의 구실로 남성에게는 정치를, 여성에게는 가정생활을 할당하는 노동의 기능적 구분이라는 관념을 내세웠다. 비록 '여성 문제'가 사회주의자들 사이에서 많은 토론과 경쟁을 일으켰고, 노동자 운동 내의 몇몇 집단이 남녀 동일 임금과 선거권 청원을 지지했지만, 여성들의 문제를 과제로 삼는 것은 당시 대다수 남성들에게 몹시 못마땅한 일이었다(가끔은 공공연하게 적의를 드러내기도 했다). 그래서 사회주의 노동자들의 모임에서조차 여성참정권 지지를 묻는 투표를 한 다음 그 안건을 탈락시킬 정도였다. 정당성이 주어지더라도 그 정당성은 이론상으로만 존재했다. 말하자면, 여성해방은 혁명을 기다려야 한다는 식이었다. 가끔은 실제적인 이유를 들기도 했다. 여성들은 투표권이 없고, 사회주의자들은 정치권력을 획득해야 하는 상황에서, 여성의 이해를 대표하고자 고민하는 것은 시간 낭비에 불과할지도 모른다는 것이었다. 일부 사회주의자들은 여성이 있어야 할 유일한 장소는 가정이라고 주장했다. "난롯가의 여성la femme au foyer"은 노동계급 운동의 중요한 슬로건이었다.[21]

노동의 기능적 분업은 공화주의자들에게도 여성 투표권 거부의 정당성을 제공했다. 이는 노동의 사회적 분업이 정치 참여에 영향을 미치지 않는다는 약속에 위배(그리고, 오클레르가 지적한 모순)되는 것이었다. 남성들 간의 노동 분업과 달리, 남성과 아내 사이의 노동 분업은 공적인 것과 사적인 것, 지성적인 것과 감성적인 것, 정치적인 것과 사회적인 것 사이의 구분으로 여겨졌다. 그리고 더 나아가 이러한 차이들이 발전의 결과이자 그에 따른 문명화의 증거라고 말하는 경우가 많았다.

에밀 뒤르켕은 이와 관련하여 좋은 예를 제공했는데, 이 예는 당시 폭넓게 받아들여졌다. 그는 먼 과거에는 남성과 여성 간의 차이가 거의 분명하지 않았다고 말했다. 체격도 비슷했고, 생존 방식도 비슷했다. 여성은 지금 그들을 특징짓는 연약함과 우아함을 아직 얻지 못했다. 오히려 동물의 암컷들처럼 호전적인 공격성을 자랑했다. 성적 관계는 일시적("기계적")이었다. 부부 간의 정절 같은 것은 전혀 없었다. 그런데 노동 분업이 도래하며 이 모든 것이 달라졌다. 여성은 "전쟁과 공적 관심사들에서 뒤로 물러났고 삶 전체를 가족에게 바쳤다." 결과적으로 "정신적 삶의 두 위대한 기능들이 … 분리되었다." 여성은 "감성적인 기능들"로, 남성은 "지성적인 기능들"로 특화된 것이다.[22]

여기에 "형태학상의" 변화들도 뒤따랐다. 키와 몸무게뿐 아니라 특히 뇌의 크기에 변화가 온 것이다. 내과의사이자 사회학자인 구스타브 르 봉Gustave Le Bon의 연구를 인용해서, 뒤르켕은 이렇게 썼다.

문명의 진보와 함께 두 성의 뇌는 점차 달라지고 있다. 르 봉이 정리한 이 진보의 도표에 따르면, 남성 두개골의 약진과 여성 두개골의 정체 혹은 퇴행 상태 둘 다에서 기인한다. "그리하여", 그는 "파리 남성들의 평균 두개골은 가장 위대하다고 알려진 두개골 중에서도 우위를 차지하지만, 파리 여성들의 평균은 작은 것들 중에서도 작은 축에 속한다. 심지어 중국인들의 두개골보다 못하며 뉴칼레도니아 여성들의 두개골보다 조금 나은 정도이다.[23]

이 형태학상의 증거는 노동 분업 논의 전체에 강력한 영향을 미쳤다. 이 증거가 노동 분업의 사회적 과정을 설명하는 자연사와, 성차의 진화를 설명하는 사회사를 뒷받침하게 된 것이다. 이 두 가지 모두 문명화의 기호로 받아들여져, 당시 세계에서 문명화된 사회와 야만을 구별짓는 기준이 되었다. "여성이 정치적 삶에 참여하는 야만인들은 지금도 광범위하게 분포되어 있다."[24]

이처럼 진화론적인 언술은 노동의 사회적 분업과 여성의 정치적 배제를 양립시키려고 했다. 뿐만 아니라 공화국의 합법적 토대인 인민주권이 훼손됨에 따라서 남성적 시민권을 보호하고자 노력했다. 정치에서 여성이 퇴출되는 이야기는 인민주권에 대한 우화로 더 폭넓게 읽힐 수 있었다. 이러한 독해는, 국가적 관심 대상인 사회의 등장이, 공화국의 정통성이 비롯되는 근거인 개인이 차지하는 중요성을 약화시키는 결과를 낳았다. 선거는 국가의 가부장적 지배를 긍정하는 수단으로서 남성들(아버지와 남편)의 공적 권력을 뜻하게 되었고, 그러면서 유명무실해졌다. (역사적으로 여성들에게는 개인성의 허용을 딱 잘라 거절해 온) 이 기묘한 전도 속에서 공적 행위자로서 개인의 중요성의 약화는, 일신一身과 정서의 범주라는 사적 영역에 여성을 유폐하는 것으로 표현되었다. (여성이 가족 안에 자리잡은 것처럼) 사회와 더불어 축소된 개인은 이제 국가의 보살핌을 받게 되었다.

배제를 묵인하는 사회에선
모두 배제당하리

국가가 그 정통성을 설정하는 데에는 시민들의 선거만이 아니라, 가족의 아버지라는 비유를 동반하는 시나리오가 필요했다. 훌륭한 부르주아 가정의 아버지père de famille는 사랑하는 사람들의 정신적·육체적 안녕에 기여하는 자비를 베풀고자 언제나 그들 편에서 행동한다. 남성 시민과 국가를 동일시하게 되자, 국가가 시민들의 삶에 끼어드는 것은 별로 눈에 띄지도 않고 그다지 큰 간섭도 아닌 것처럼 여겨졌다. 아니면 적어도 가족의 신성함과 국가의 규율권력이 다르다는 점을 명확히 할 가능성이 사라져 버렸다. 국가와 아버지 사이의 유비類比, 그리고 시민권이 남성으로 제한된 것은, 남성성과 정치의 제휴를 새로운 방식으로 정립했다.

이론가들은 원초적 사회계약과 주권이라는 관념에서 벗어났다. 독립적이고 자기결정권이 있는 개인들이 이 관념을 뒷받침했으나, 이제 이론가들은 시민들이 모두 갖고 있는 남성성이 국가의 기초를 마련해 준다는 관념을 포기했다. 남성성은 1789년에는 국민을 대변하는 사람들의 솔선수범으로, 1848년에는 노동이라는 형식으로 재산권을 지키고자 했던 사람들의 협조로 유지되었다. 이와 비교해 1890년대에는 남성성이 다른 방식으로 찾아왔다. 국가가 시민에게 남성성을 부여한 것이다. 이러한 관념은 공화국에 대한 시민의 충성을 보장하는 한편, 일반적으로 통용되는 성차의 경계선이 분명하지도 그래서 견고

하지도 않음을 또한 시사하고 있었다. 성차에 대한 자연화된 설명인 진화는 남성성을 국가 행동에 우선하는 것이자, 국가 행동과 무관한 사실로 만들려는 시도였다.

그러나 진화 주장이 민주주의 이론에 기댄 반론을 완전히 없애 버릴 수는 없었다. 민주주의 이론은 더 이상 자기 정당화를 위해 인민주권에 의지하지 않는 공화국의 창조물이었다. 페미니즘이 모순을 드러내고 구체화하면서 분석에 들어간 것이 바로 이 지점이다. 위베르틴 오클레르는 적절한 사례를 제공한다.

오클레르는 진화를 여성의 정치적 배제에 대한 해명으로 받아들이지 않았다. 이는 사회적/기능적 차이를 전혀 개의치 않는 공화국의 평등 약속과 어긋나기 때문이다. 여성이 배제된다면, 정치적 불평등은 노동의 사회적 분업에서 기인할 것이고, 이는 여성의 권리만이 아니라 권리에 대한 모든 문제들을 진지하게 함축했다. "권리 행사보다 역할 문제를 들먹이는 관념은, 여성참정권 반대자들이 그 말을 꺼내기에 앞서, 인간men의 보통선거권에 이의를 제기할 때 (이미) 이용되었다."[25] 오클레르는 남성들이 여성의 배제를 묵인한다면, 그들의 권리도 상실될 위험에 처할 거라고, 1879년 마르세유의 국립 노동자 대의원회의에서 경고했다. "여성을 하위에 두는 공화국은 인간(남성)을 평등하게 할 수 없다."[26]

오클레르는 "사회적 공화국"만이 대표 정부의 진정한 형태라고 주장하여, 인민주권의 교의를 고수한 사회주의자들과 결탁하려고 했다. 그녀는 여성참정권 거부가 곧 사회문제의 탈정치화와 연결된다고 지적하고자 했다. 그리고 여성은 (상처 입기 쉽고, 의존적이며, 보호를 받아야 하는 것처럼) 사회적인 것과 상징적으로 동일시되기 때문에, 여성의 권리는 결국 사회적인 것이 자기 자신이 대표될 권리에 관한 인민주권의 문제라고 주장했다.

나는, 나도,
시민이다

여성들(그리고 여기에서 유래하는 사회적인 것)이 스스로를 대표하게 된다면, 여성들은 공화국이 표방하는 시민의 행동과 믿음에 대한 기준에 부합해야 한다. 이런 이유로, 오클레르의 페미니즘적 주체는 공화국의 신민, 즉 "충성스러우며 논리적인"[27] (잠재적) 시민이었다. 그러나 그러한 주체를 구성하면서 그녀 자신의 신용도 지키려니 여러 장벽에 부딪히게 되었다.

오클레르는 공화국의 부름에 응할 수 있는, 즉 정식 회원 자격의 조건을 받아들일 수 있는 자신의 능력(그리고 더 나아가 모든 여성의 능력)을 행동으로써 보여 주고자 했다. 그리하여 일찍이 1876년에 여성 참정권운동을 시작했다. 오클레르가 여성의 권리 투쟁에 참여하려고 (아버지에게서 약간의 재산을 상속받아) 파리에 온 지 3년이 된 해였다. (오클레르는 파리코뮌 지지자들이었던 루이즈 미셸Louise Michel과 앙드레 레오André Léo, 그리고 1870년에 만들어진 여성권리연합의 창립자들인 마리아 데렘Maria Desraimes과 레옹 리셰Léon Richer에게 고무되었다고 말했다.)[28]

그녀는 자신이 발행하는 《여성 시민》의 지면과, 직접 유포하고 의회에 보냈던 수백 장의 청원서들, 그리고 혼자 혹은 페미니즘 조직들의 후원을 받아 감행했던 몇몇 행동들을 통해서 싸워 나갔다.[29] 또한 납세자 반란과 인구조사 불참을 조직하려고도 했다. 1880년 봄, 오클레르는 파리에 있는 여러 구의 청사에 정기적으로 나타나 결혼하는 여성들에게 남편에게 "복종" 맹세를 하지 말라고 강권했다. "안 돼요, 부인!" 오클레르는 분명 깜짝 놀랐을 신부에게 소리쳤다. "남편에게 복종하고 순종할 의무 따위는 없어요. … 당신은 모든 면에서 그와 동등해요. … 남편의 그림자가 아니라 그의 옆에서 살아가세요. …고개를 들어요! … 남편의 노예나 하인이 아니라 그의 친구, 아내, 동료가 되세요."[30]

위클레르는 마치 부부관계를 파탄내서 종교의식을 따르지 않는 민사 혼인에 다시 종교를 주입하려는 사제처럼 이성을 잃은 자로 묘사되었다. 그 결과, 그녀가 자기 행동의 정당성을 호소하며 자기 행동을 지지해 주리라 믿고 거명했던 자유사상가들 모임과 다른 페미니스트들에게조차 외면당했다. 경찰의 체포 위협에도 시달려야 했다. 그런 와중에도 그녀는 남편의 이름을 따르지 말고, 결혼 계약 때 분리 재산 조항을 주장하라고 여성들을 설득하는 글을 썼다. "여성 자신의 이름, 그리고 수입과 임금을 갖는 것, 바로 그것이 결혼에서 자유의 토대가 된다."[31]

오클레르는 연인이었던 앙토냉 레브리에Antonin Levrier가 불치병에 걸렸을 때에만 결혼을 못마땅해하는 태도를 간신히 억눌렀다. 그녀는 1888년부터 1892년까지 앙토냉 레브리에가 지사로 있던 알제리에서 그의 아내로 살다가, 그가 세상을 뜬 후 파리와 페미니즘 운동으로 돌아왔다. 그녀는 1904년 민법 공포 100주년 기념일에 프랑스 여성을 "노예로 만든" 그 서류의 사본을 불태우려는 페미니스트 단체에 합류했다. 그리고 1908년에는 파리 제4구에서 투표함을 뒤엎어 버렸다. 법정에서 그녀는 자신의 행동은 공화국에 반발한 범죄가 아니라, 공화국의 자유 아래 정치를 연습한 것이라고 변호했다. 오클레르는 재판관들에게 "투표할 수 있도록 바리케이트를 세웠던" 지난 혁명의 역사적 선례에 깊이 감화되었다고 말했다.[32]

오클레르의 공적 행위들은 폭넓은 가능성들을 담고 있었다. 그중 많은 행위들이 공화국의 시민권 기준에 부합하도록, 그리하여 여성이 시민이 될 수 있음을 증명하게끔 맞추어져 있었다. 《여성 시민》의 초기 발행인란은 오클레르의 의도를 생생한 삽화로 보여 준다. 신문 이름 바로 아래 중앙에 거의 제호 크기만 한 활자로 오클레르의 이름이 조판되어 있었다. 그녀 자신이 모범적인 여성 시민임을 선포하려는 취지였다. 그러한 자기 재현은 목표를 실현하려면 법령이 필요하다는 그녀의 소신과 맞아떨어졌다. 그녀는 "마치 모든 일을 해낼 수 있는 것처럼 행동해야만 한다."[33]고 썼다.

오클레르는 젠더와 권리 행사는 전혀 무관하다는 주장의 경험적 증거로서 자신의 행동을 제시했다. "모든 종류의 과학적 연구가 행해졌지만", "누구도 일정한 수의 남자 아이들과 여자 아이들을 데려다가 똑같은 교육 방식과 똑같은 존재 조건을 따르도록 해 본 적이 없다."[34]고 지적했다. 모든 논리가 과학적 체계가 결여된 공허한 주장들일 뿐이라는 말이다. "오로지 경험을 통해서만 공적 생활에 입문할 수 있다는 이유로, 여성이 공적 생활에 대해 아는 바가 없다고 하여 반대하는 것은 부당하다."[35]

공화국을 위협하는
여성 표상

일반적인 정치 용어로 시민권을 규정하는 것은, 제3공화국의 여성들에게는 위험을 감수해야 하는 일이었다. 과거 여성들은 저널리스트와 웅변가, 청원자와 발기인, 전략가와 판단자로서의 능력을 보여 주고, 설득과 압박 그리고 논리적인 논쟁과 직접적 행동 사이에 적당한 균형을 찾아서, 자신들이 남성들과 비슷하다는 것을 증명하려 할 수도 있었다. 그러나 제3공화국의 여성들은, 공화국을 정치적으로 위태롭게 할 뿐이라고만 상징되어 온 다른 여성과의 차이도 입증해야만 했다. 남성들이 해야 합당하다고 여겨지는 행동들도 서슴지 않았던 여성 형상들이 공화국의 정치적 상상에 매우 깊이 뿌리박혀 있었으며, 이는 이른바 '여성'에게 부여된 의미와 완전히 부합했다.

공화국에 해로운 여성은 두 가지 비유로 묘사되었다. 첫째는 파리 코뮌을 재현하는 대중적인 도상학으로 종종 거론되는, 무분별한 폭력의 하수인으로 마구 흐트러지고 성적으로 방종한 여성이었다. 이 형상은 적어도 프랑스대혁명까지 거슬러 올라가야 할 만큼 그 역사가 길었다.

새로 세워진 〔보수〕정부에 반대하여 일어난 폭동에서 마지막 며칠 간 횃불을 휘두르며 파리를 파괴했던 광포한 사람들을 뜻하는 페트롤뢰주pétroleuses〔방화범〕의 이미지는 제3공화국 사람들로 하여금 혁명의 과잉과 여성의 과잉을 동일시하게 만들었다. 〔1871년 5월 '피의 일주일' 에 베르사이유 군대에 쫓기던 코뮌군은 이들을 저지하기 위해 시내의 주요 건물을 불태웠다. 가담자들은 퇴각하면서 손에 잡히는 대로 불태우고 내키는 대로 보복했는데, 이들 방화범(페트롤뢰주)들 중 여성들이 특히 과도하게 흥분해 소요의 한복판에 있었다는 허위적인 신화가 만들어진다. 사실 여부는 전혀 알 수 없는 채로.〕[36]

실제로 코뮌 기간에 여성들은 그들의 권리를 요구했으며, 정치적 동원에서도 제 역할을 다했다. 하지만 코뮌 이후 이 행동들은 운동 전체를 파괴한 것으로 기호화되었다. 실상 코뮌 그 자체가, 사회질서의 근간이 되는 재산권과 정부 체제를 불사르겠다고 위협하는 격노한 선동 여성으로 묘사되었다. 한 관찰자는 이렇게 썼다. "여자들은 암호랑이처럼 행동했다. 어디에나 석유를 뿌리고 다녔다. 분노에 휩싸인 그들은 더욱 눈에 띄었다. 오늘 오후 거의 4천 명에 가까운 호위대가 큰길을 지나갔다. 그러한 광경은 결코 본 적이 없으리라. 폭약에 그을렸고, 모두 누더기를 걸친 데다 매우 불결하고 더러웠다. 몇몇은 여자임을 보여 주려고 가슴을 드러내고 다녔다. 헝클어진 머리에 정말 볼썽사나운 꼴의 여자들이란…."[37]

상상된 이야기가 곧이곧대로 받아들여지자, 코뮌은 여성의 본성을 '사실'로 증명하는 전시장이 되어 버렸다. 페미니스트들마저도 이 담론에 가세했다. 〔오클레르가 감화받았다고 한〕 마리아 데렘조차 방화죄

1871년 3월 28일, 혁명적 자치정부 '파리코뮌'을 수립한 파리 시민들.

로 고소된 여성들에게 내려진 사형선고를 감형해 달라면서 "열정이 너무 지나쳤고 너무 미쳐 날뛴 나머지, 어린 시절부터의 타락과 심각할 정도의 무지가 결합하여"[38] 나왔다고 그들을 변호했다. (여성의 법적 지위 향상을 요구하는 데 반대하는 많은 사람들처럼) 데렘도, 페트롤뢰즈Pétroleuse(파리코뮌 때 '불을 지른 여자') 행동의 원인이 이 무지와 타락 때문만은 아니라고 보았다. 과도하게 흥분하고 격분하는 여성의 본성에서 사단이 났다고 본 것이다.

공화국을 위협하는 두 번째 여성 표상은 독실하며 미신을 잘 믿는 성직자의 하녀 모습이다. 매우 많은 사람들이 성직자의 지배적 영향 아래 있는 여성들의 투표가 성직권을 옹호하는 반공화주의 권력을 강화할 것이라고 확신하며 여성참정권을 반대했다. 1845년 미슐레가 처음으로 명시화한 이 관점은 엄청난 대중적 지지를 얻었고, 제3공화국 기간 동안에는 거의 공리와 다름없을 정도였다.[39] 열렬한 공화주의자들 역시 그들 중 상당수가 여성의 교육과 법적 개혁을 지지하고 있었음에도 불구하고 선거권에서만큼은 선을 그었다.

그중에는 여성권리연합의 지도자이자 《여성의 미래L'avenir des femmes》편집자 레옹 리셰도 있었다(마찬가지로 오클레르를 고무시킨 여성 중 한 명이다). 리셰는 여성들을 성직자의 "검은 위험"에서 떼어내어 폭넓게 교육시켜야 한다고 주장했다. "성년이 된 9백만 여성들 중에서 겨우 몇 천 명만이 자유롭게 투표할 수 있다. 그 나머지는 고해실이 내린 명령을 수행할 뿐이다."[40]

또 다른 공화주의자이자 (19~20세기 초) 사회연대주의 철학자 알프레드 푸이에Alfred fouillée는 세기 전환기에 이러한 두려움을 여러 차례 밝혔다. "이미 정치판에는 부적격자들이 너무나 많다. 정당 간의 난투에 몸을 던지는 격분한 여성들을 걱정하지 않고서는 도저히 앞을 내다볼 수 없을 정도다. 가톨릭 국가에서 대다수 여성의 투표권은 로마의 명령을 받드는 고해신부들의 것이나 다름없다. 내 생각으로는, 그들은 진보에 공헌하기는커녕 시대의 역행을 이끌 것이다. 기다려라. 내겐 그 문제(여성의 투표권)가 시기상조인 듯하다."[41]

1907년 급진당의 지도자 조르주 클레망소Georges Clemenceau(상원의원이자 총리)는 이러한 견해를 더욱 강력하게 피력했다. "성직자의 지배에서 벗어난 사람들의 수가 터무니없이 적다." 그는 경고했다. "만일 내일 여성들의 손에 투표권이 주어진다고 생각해 보자. 프랑스는 갑자기 시대를 거슬러 중세로 되돌아가 버릴 것이다."[42]

여성의 종교적 성향에 대한 믿음은 여성들의 미신과 비이성주의, 광신과 관련한 매우 낡은 관념들을 동원했다. 여성이 신앙심이 깊다는 확신은, 성직권을 주창하는 반공화주의와 여성 집단을 같은 위치에 놓으려는 시도였다. 이들의 존재가 정치적 공동체의 존속을 위협할 것이므로 이들을 배제시키는 것이 정당하다. 이러한 주장은 양날의 칼이었다. 한편으로는 이러한 여성의 사고방식은 수도원 바깥의 교육이 부족하기 때문이라면서, 비종교적인 교육을 여성에게도 확대하면 변화될 수 있다고 가정했다. 다른 한편으로는, 여성들이 교회에 끌리는 이유를 제도적인 이유뿐만 아니라 정신적인 원인까지 들먹이며 설명했다. 그 근거는 여성의 천성이 복종적이라는 것이었다.[43]

앞에 나온 푸이에의 반대는 이미 수십 년 동안 여성 교육이 실시되어 왔고 수많은 여성 교사들이 공화국의 비종교적 가치에 기초해 학동들을 성공적으로 교육시키고 있는 상황에서 나온 것이었다. 그럼에도 고해신부에게 얽매여 있는 독실한 여성 형상이 여성의 투표권 거부를 정당화하는 근거로 여전히 가장 폭넓게 이용되었던 것이다. 이는 남성성을 공화국 시민의 필수 조건들인 비종교주의, 과학적 이성 그리고 독립적 사고와 동일시하는 데 기여했다.

독실하고 순종적이며 광신적인 여성이라는 수사와 성적으로 광분한 혁명가 여성이라는 수사는 그 의미상의 분명한 차이에도 불구하고 동전의 양면이었다. 둘 다 여성을 지배하는 영향력은 이성의 통제 범위 바깥에 있었다. 여성은 그 힘에 감화되어 통제력을 발휘하지 못하는 이들로 묘사되었다. 두 가지 수사 모두 여성의 극기 부족과 감수성을 공화국의 위험 요소로 간주했다. 심지어 가정에서도 여성은 전복을 꾀하는 사제의 대리인일 수 있으니, 정치 영역에서 여성이 끼칠 수 있는 피해는 오죽하랴.

오클레르는 이러한 이미지들을 극복할 대안을 제시하고자 했다. 그래서 제3공화국의 이성주의, 실증주의, 세속주의, 과학에 대한 숭상을 인정하는 한편, 자신이 논리력으로 훈련된 탁월한 이성적 자아임을 과시했다. '논리'라는 말은 그녀의 저술에서 여러 차례 반복된다. 그녀는 다른 여성들에게 억압자들보다 "더 논리적"임을 보여 주라고 요구했으며, "정당하지도 논리적이지도 않은" 불공평한 대우를 여러 차례 비난했다.[44] 오클레르는 여성의 권리에 반대하는 주장을 논리적 시험에 들게 했다. "누가 제빵업자의 전문적 직분 때문에 그에게 투표권을 줄 수 없다고 합디까?" 그녀는 응수했다. "가사노동과 육아 때문에 여성을 정치적 권리에서 배제해야 한다고 하는 것만큼 논리적이겠군요."[45]

여성은 논리적인 존재이기 때문에 권리를 가질 자격이 충분하다고, 오클레르는 생각했다. 그녀가 보기에 여성은 공화주의가 만들어 낸 환상인 규율 없는 광신도도, 상상력으로 만들어진 올랭프 드 구즈의 개인도 아니었으며, 잔 드로앵이 사랑한 어머니도 아니었다. 참정권 운동, 그리고 구성되거나 "발명된" 전통과의 자기 동일시로 묶이는 이 세 명의 페미니스트들은 역사적 맥락의 차이로 구별된다. 이 차이란 그 배경이 되는 사건, 강조점 혹은 세목에서만이 아니라 '여성'이라는 말의 의미와 여성의 권리가 구성되는 담론 장에서 드러나는 차이다.

오클레르의 방식은, 그녀가 살았던 시대의 기준에 따라 과학적이었다. 그녀에게 진실이란 곧 사실fact의 문제였다. 그리고 사실이 곧 자기 증명이라고 생각했다. 허나 오클레르가 논리적인 논쟁에서 사실을 주장하면 모순을 몰아낼 수 있으리라 믿었더라도, 올랭프 드 구즈와 잔 드로앵의 주장처럼 그녀의 주장도 역설을 피하지는 못했다.

오클레르는 언제나 경험적 증거를 제시하며 여성의 선거권 거부라는 해악을 공공연히 격렬하게 비난하며 말을 맺었다. "우리는 사실로써 이러한 주장을 뒷받침할 수 있습니다."[46] 그녀는 수적인 우세가 훨씬 더 설득력이 있으리라고 생각했다. 그래서 기회가 될 때마다 자신의 주장을 뒷받침해 줄 숫자를 제시했다. 이를테면, 여성들이 낸 세금이 남성들이 낸 세금의 일부를 계상한 것이라고 의심하는 사람이 있다면, 국가예산안을 검토하여 여성과 남성의 세금 납부율을 비교하는 식이었다. "숫자는 뚜렷하게 제시한다. 숫자는 우리가 불신을 품는 몇 마디 말보다도 훨씬 잘 증명해 보여 준다."[47]

사회조사원들이 통계조사로 얻은 자료로 법규 제정에 필요한 사례를 만들 듯, 오클레르는 개혁을 주장하는 자신의 제안을 뒷받침하려 사실들을 들어 반박했다.[48] 여성들은 왜 가사노동의 임금을 받으면 안 되는가? 그녀는 물었다. 아내가 죽으면 남편은 아이들을 돌봐 줄 보모를 고용해야 하는데, 이는 여성의 가사노동이 갖고 있는 금전적 가치를 분명히 증명해 주지 않는가? 유급 노동이 여성의 육체적·도덕적 안녕에 해가 된다고 주장하는 사람들에게, 그녀는 여성 임금이 얼마나 낮은 수준인지를 고려하라고 촉구했다. "여성들을 죽이는 건 일이 아니라 가난이다."[49]

1883년 인쇄기술자연합의 회장 자크 알라리Jacques Alary는 인쇄업계에 여성을 받아들이는 것은 여성들뿐만 아니라 프랑스 문명까지도 파괴하는 일이라고 주장했다. 이에 대해 오클레르는 인쇄야말로 여성에게 적합한 일이라며 반박했다. 알라리는 어떤 선동적인 팸플릿에서, 인쇄소에서 일하기로 한 여성은 "인쇄소에서 관계하는 남성들의 외양, 목소리, 추잡한 버릇들을 감당하느라 망가지게 될 것이다. 결국 자연 상태로 떨어져서 그저 암컷에 지나지 않게 될 것"이라고 예언했다. "그저 암컷"이란 노예나 야만보다도 훨씬 더 심한 동물 상태로의 퇴행을 가리켰다. "스페인 농장이나 터키 식구들을 인쇄소 일자리와 바꾸자는 데 합의할 아바나 흑인 여성이나 터키 하렘 소녀가 어디에 있는가?" 여성의 상태는 문명 진보의 시금석이고, 가정에만 두는 게 여성을 "우아하고" "기품 있게" 지켜 주기 때문에, 프랑스 문명을 보증해 주는 것은 "난롯가의 여인"[50]이라는 주장이었다.

오클레르는 물러서지 않고 단호하게 여성 고용의 '사실들'을 지적했다. 식자공의 노동이 하루 종일 서 있는 판매업보다 더 지루하고,

끓는 물에 손을 담그고 지글거리는 무거운 다리미를 들어 올리는 다림질보다 더 위험하다고 할 수 있는가? 인쇄업자의 높은 임금이, 장화를 깁고 매춘으로 부족한 수입을 보충해야 하는 막일꾼의 터무니없이 낮은 임금보다 도덕적 타락의 유혹을 뿌리치기 어렵겠는가? 오클레르는 여성 노동자의 삶이 보여 주는 실상이 인쇄업자들의 주장과는 분명 다르다고 주장했다. 만약 이러한 사실에도 설득되지 않는다면, 그는 이기심이나 불성실로 똘똘 뭉친 사람이다.[51]

그런 설명들 가운데 하나는 종교적 적대자들에게서 공화국을 보호한다는 미명으로 여성의 정치적 배제를 정당화하는 사람들을 분명하게 설명해 준다. 오클레르는 그들의 주장에는 이중의 모순이 있다고 지적했다. 너무나 새빨간 거짓이 분명한지라 그 주장의 포용력은 위선에서 나왔을 뿐이리라. 사제들보다도, 그리고 사제들의 투표보다도 더 심할 정도로 성직자의 대의를 따르는 여성은 더 이상 없는 게 확실하다. 종교적 영향력에 대한 두려움이 문제라면, 왜 종교를 직업으로 갖는 이들은 투표하게 하는가? 이에 대한 답변은 모호할 뿐이었다. "물론, 신부님은 남성이다." 게다가 여성을 배제하는 공화국의 정당성은 결국 이브의 죄와 벌을 다룬 성서의 가르침에 기초해 있었다. "남성Man이 법률을 만들었고, 무신론과 자유 연구의 시대인 우리 시대에도 그 법률을 종교적으로 지켜 가고 있다."[52]

이 모순이 남성 권력을 영속시켜 왔기 때문에 지배적이 되었다고 가정한 다음, 오클레르는 과학적 방법으로 이 모순들을 논박하려고 했다. 그녀는 종교적인 믿음은 성적 정체성의 문제가 아니라 정치적 관계의 문제임을 보여 주려고, 비종교적인 관점을 실천에 옮기고 있는 여성들에게 연설을 부탁했다. 이 편견을 깨뜨리려면 여성들이 교회에 반대한다는 증거를 마련해야만 했다. "반동적인 여성들의 골치 아픈 영향력을 상쇄하고, 공화주의 여성들의 건전한 영향력을 만들어 내야 한다."[53]

오클레르는 서둘렀다. 1877년, 그녀는 예수회 추방에 대한 자신의 주장을 지지하라고 여성들을 열심히 설득했다. 계속 냉담하거나 침묵하는 여성들에게는, 여성들이 계몽 반대주의 작업을 벌여 성직자들과 공동 목적을 만들어 간다는 일반 여론을 정당화한다는 비난을 받게 될 것이라고 경고했다. "우리가 그들(성직자)과 함께하지 않는다는 것을 보여 줍시다. 들고 일어나서 불복하는 우리의 외침이 프랑스의 방방곡곡에 들리게 합시다. 우리는 계몽과 자유를 원한다는 것을 온 세계에 크게 외칩시다."[54]

여성이 빼앗긴 언어 혹은 정치

그러나 사실을 제공하고 의견을 표명하며 위선에 맞서 증거를 제시하려는 오클레르의 시도는 역설적이었다. 그 정의상 위선이란 진실이라고 알려진 것을 이해관계에 따라 부정하는 것이기 때문이다. 보기에 따라 이 전략은 그녀에게 어쨌든 이점으로 작용했다. 그녀의 견해가 사실 그대로이자 공평무사한 것인 양 주목하게 했기 때문이다. 그렇기는 하지만, 그와 동시에 오클레르는 논리적 추론을 이용해 정치 주체를 구성하기는 어렵다는 걸 깨달았다. 이해관계가 걸려 있을 때에는 어떠한 이유로도 설득할 수 없다. 결국 논리와 완력이 그 답이 되었다.

오클레르는 1883년 여성참정권 획득을 위한 국립협회 조직을 발표하면서, 완력이 아니라 "설득"에 기댈 것임을 공언했다. '설득'이란 논리적 논증 능력을 의미했다.[55] 그리고 같은 논설에서 여성들은 남성 권력에 맞서는 대항 세력을 창출해야 한다고 역설했다. "본래보다도 완벽한 인간 본성을 요구할 수는 없다. 그러므로 남성 홀로 법률을 만드는 한, 여성에게는 불리하고 남성만을 위하는 법률이 제정될 것이다."[56] 역사 기록은 남성들이 얼마나 열심히 자신들의 권력을 유지하는 데 힘쓰고 있는지를 보여 준다고, 그녀는 말했다. 과거 여성들은 남성들이 권력을 손에 넣으면 그것을 함께 나누겠다는 보증도 없이 혁명을 지지했다. 그러나 새로운 미래 사회에 이르러 여성의 손에 권력이 쥐어질 것이라는 몇몇 "사회주의자라는 이들"의 약속은 깨끗이 내던져졌다. 오클레르는 그것이 "신성한 약속"을 지키려는 의지라곤 전혀 없던 혁명당원들의 낡은 책략에 불과했다고 일갈했다.

대혁명기 올랭프 드 구즈의 경험을 기억해야만 한다. 당시 정치적 변화를 위해 그저 순진하게 일했던 여성들의 노력은, 그들이 승리를 도운 바로 그 남성들에게 조롱당하고 처벌되었다. 그 경험은 1848년에도 반복되었다. 모든 프랑스인들tous les français의 권리를 선언하며 "국민의 절반"에게는 그 권리를 제한함으로써, 남성들은 그들의 진짜 "이기심"을 드러냈다. 사태는 지금도 전혀 다르지 않다고, 오클레르는 단언했다. 여성의 납세로 운영되면서도 전부 남성으로 구성된 하원이 왜 여성의 유일한 판단자이자 주인인 자신들의 권리를 내놓겠는가? 이 상황을 바로잡을 해답은 그들에 대항해 여성을 동원하는 것이다. 논쟁만으로는 결코 우세를 점할 수 없다. 여성들은 여성해방을 이끌 대항 세력을 조직해야 한다.

그러나 오클레르가 페미니즘의 정치적 목적을 명시했다고 해도, 완력과 설득 사이의 선택은 결코 명쾌하지 않았다. 이 딜레마는 그녀만의 문제는 아니었다. 이는 어느 정도까지가 공화국의 생명을 위협하지 않는 정치적 갈등이라고 할 수 있는지를 두고 자유주의자와 보수주의자, 급진주의자, 사회주의자 사이에서 벌어진 팽팽한 긴장의 일부였다. 특정한 이해의 편에서 혹은 정부 정책에 반대를 표명할 목적으로, 동원이 설득과 완력의 구분선을 넘어서는 시점은 언제인가? 노동조합 문제는 하나의 사례를 제공한다. 1884년 노동조합 합법화는 결과적으로 경제적 압력이 고용주를 "설득하는" 데 무난한 방식임을 인지시켰다. 그러나 정부가 동맹파업(그 결과 1890~1900년대에 유혈 대립이 일어났다.)에 개입하게 되면서, 이는 합법적인 설득 수단과 용인할 수 없는 완력 사용 사이의 구분을 확정할 수 없음을 명백히 보여주는 사례가 되었다.[57]

오클레르가 창출하고 싶어 한 것이 여성적 정치 주체라는 사실은, 그녀에게 설득과 완력 간의 긴장을 더욱 팽팽히 드러나게 했다. '완력'을 시사하면, 코뮌의 탐욕스러운 자들이 눈앞에 그려졌다. 이런 이유로 오클레르는 보통 '설득'을 강조했고, 마음속에 '완력'이라는 말을 품었더라도 그 단어는 사용하지 않았다. 그러나 설득에도 한계가 있었다. 설득을 위해서 여성들은 정치적 토론에서 당파로 간주되어야 했고, 기존의 논쟁 용어로 자기 의사를 표현해야 했다.[58] 하지만 투표할 수가 없었으므로 토론에서 배제되었고, 따라서 설득을 사용할 자격이 없었다. 더 곤란한 것은, 여성은 다른 사람들의 토론 항목에 포함되지도 않았다는 점이다. 결과적으로, 그들은 이중으로 부재했다. 정치에 참여하여 자신들의 이해관계를 표명할 수도 없었으며, 그들의 이해관계는 논쟁에서 제시되지도 않았다.

그러므로 오클레르는 언어가 여성의 낮은 지위를 깊이 새기거나 여성을 보이지 않는 존재로 만든다고 말했다. 어떤 직업이나 직무에도 여성을 고려하는 말은 단 한 마디도 없었다. 그 단어부터가 남성에게만 존재하는 말인데, 페미니스트들이 어떻게 법정의 참조인으로서, 유권자로서, 법률가로서 여성의 권리를 요구할 수 있겠는가? 오클레르는 물었다. 그녀는 젠더가 중성적이라는 것, 다시 말해 여성은 남성적 기획 아래 포섭될 수 있다는 것을 말하려는 게 아니었다. 여성들의 현 상황대로라면, 그들을 재현할 방법이 없다는 말이다. 그들은 (객관적 진술을 보증해 주는 주요 수단인) 통계에도 포함되지 않았다. "몇몇 단어를 글자 그대로 받아들이면 그만이라는 말은 결국은 특정한 단어의 효력에 힘입은 것이 아니겠는가?"

오클레르는 이제까지 남성 명사로 한정되어 온 단어들에 상응하는 명확하게 여성적인 등가물들을 창안해 내야 한다며, "언어의 여성화"를 주장했다. "맨 처음으로 여성화가 이루어져야 할 분야는 바로 언어이다. 여성적인 것이 뚜렷하게 설정되지 않으면, 언제나 남성적인 것에 포섭되기 때문이다."[59] 오클레르는 노동의 성별 분업처럼 언어가 설명하는 대로만 되어 있다는 물리적 현실을 변화시킬 언어의 힘을 강조했다. 하지만 성차를 자연적 전제로 받아들이며 이야기해 온 사람들에게 오클레르의 제안은 전혀 설득력이 없었다.

그런데 여성들을 설득하는 데 들여야 할 그 수고스러움이라는 것도, 사실 여성들의 논리적 논증 능력을 설정하고 있었다. 오클레르가 말한 '설득'은 반대 안건을 체계적으로 제압하는 것을 뜻했다. 하지만 설득은, 진실이 잘못된 생각을 압도하는 절차라는 관념과 어긋나는 다른 의미를 함축하고 있었다. 그것은 웅변을 의미했다. 지성이 아니라 감정에 호소하는 것이었고, 행위의 '아름다움'으로 확신을 불어넣는 것이었다. 과학과 마찬가지로 종교도 설득력이 있었다. 여성의 눈물은 학자의 사상보다 더 쉽게 남성들을 행동으로 이끌었다. 설득은 진실만큼이나 오류에도 기댈 수 있었다. 어떤 이가 설득되어 받아들인 신념에 대해서는 자명하게 선한 것도 진실한 것도 있을 수 없었다.[60] 게다가 초기의 상상력이나 양성구유androgyny 관념과 마찬가지로 설득도 젠더화되었다. 설득을 위해서 아름다움과 웅변, 감정을 이용하는 것은 보통 여성의 책략이라고 설명되었다. 사실 수사학은 '남성적' 철학에 대한 '여성적' 대응물로 간주되었다. 설득력 있는 여성은 설득을 구체화하는 사람이라기보다는 논리적 추리를 위협하는 인물로 여겨지는 게 더 일반적이었다.

그러므로 어떤 여성이 오클레르가 그랬던 것처럼 설득을 위해 논리적 논증에 몰두해 보겠다고 한다면, 사람들은 복잡한 반응을 보일 것이다. 한편으로, 그녀는 여성들이 일반적으로 자신들과 무관한 목적을 위해서 또 그러한 수단을 사용해서 설득할 수 있다는 가능성을 제공하는 것이다. 이러한 식으로 그녀는 이성적으로 논쟁할 능력을 보여 주고, 널리 알려진 여성의 스테레오타입에 효과적으로 이의를 제기할 수 있다. 다른 한편으로, 논리적인 여성이란 말은 비논리적인 조합이기 때문에 그녀의 설득력은 다른 요소에서 비롯된 것이어야 한다. 이러한 맥락에서 논평자들은 오클레르의 양가적인 "웅변"과 청중들의 "감정을 자극하는" 능력을 특별히 언급했다.[61]

여성적 정치 주체에게, 설득이란 가장 모호한 것이었다. 그 여성의 논리적 논증 능력은 언제나 자신과 반대되는 이해관계에 있는 사람들보다 그녀와 이해관계를 공유하는 사람들에게 더 잘 전달된다. 정치적 장*과 정치적 언어, 그 둘에서 모두 배제되었기 때문에, 여성은 설득의 수단과 용어에 모두 접근할 수가 없었다. 그리하여 여성들은 완력에 대한 생각을 끌어안지 않을 도리가 없었다. 그러므로 오클레르는 여성들이 스스로 자신들의 이해관계를 알리고 재현하는 사회를 추론하면서, 전체 사회를 대변하여 발언할 힘을 갖고 여성들의 권리를 요구해야 한다고 여성들에게 호소했다.

모범적인 공화주의자로서 여성 정치 주체를 구성하려 한 오클레르의 시도는 공화주의적 주체를 확립하려는 바로 그 기획의 한계를 노출시켰다. 〔왜냐하면〕 완전한 합의와 균질성의 획득이란 곧 교육과정을 기꺼이 받아들이고, 근본적으로는 모든 이견을 위반이라고 판정하기 때문이다. 그런 방식으로 정치는 지배에 동의한 자들까지 포함해 힘 있는 자들의 지배를 합법화했다. 이 체계에서 여성들은 분절화할 수 있는 단위가 아니라 결코 환원할 수 없는 차이의 표시였다(노동자들 역시 받아들일 수 없는 의견 차이를 표명하고 구체화했다). 페미니스트의 포섭 요청은 이러한 차이가 용인될 수 있거나, ─ 혁명은 그 진지한 가능성으로서 기획되었다. ─ 여성은 근본적으로 다르다고 여겨지지 않거나 둘 중 하나를 선택해야 했다. 하지만 후자는 법, 다시 말해 남성성과 시민권 사이의 헌법적인 평등에 의문을 제기하는 것이었으므로 혁명과 다를 바 없었다. 어느 쪽이든, 정치의 상징 구조 속에서 여성 정치 주체는 곧 혁명적 주체였다. 그 여성의 행동이 얼마나 준법적이든, 그녀의 말이 얼마나 이성적이든지 간에 말이다.

'여성의 이해관계'라는 역설

오클레르의 논의에서 요지는 여성의 이해관계와 사회의 이해관계 사이의 연관성이다. 제3공화국의 기능주의 사고는 여성의 이해관계라는 관념을 더욱 강화했다. 점차 늘어난 참정권 협회 소속 여성들 사이에서만이 아니라, 기꺼이 여성에게 투표권을 부여하는 법안을 지지했던 입법자들 사이에서도 말이다(1906년부터 이 법을 지지하는 하원의 수가 더욱 늘어갔다. 1919년~1944년 사이 훨씬 더 보수적인 상원에서는 여느 때처럼 이 법안을 기각했지만 말이다).[62]

여성참정권 지지자들은 여성에게는 고려되어야만 할 '이해관계'가 있으며, 여성들이 국가 복지의 바른 운영에 요구되는 전문 지식을 가지고 있다고 주장했다. (복지와 여성은 종종 동일하게 여겨졌다). 여성의 이해관계는 여성의 투표로 표현되어야만 했다. 센 지역의 하원의원이자 의회의 보통선거위원회 수장이던 페르디낭 뷔송Ferdinand Buisson〔정치가이자 교육자로 1927년 노벨 평화상을 수상했다.〕은 1911년 투표를 통한 여성의 "사회 협력"을 주장했다. "관찰한 바에 따르면, 남을 돌보고 봉사하는 데에는 여성이 남성만큼, 혹은 남성보다 훨씬 더 뛰어나다는 점이 공적 생활에서도 관심을 끌고 있다."[63] 이 이해관계들은 "가족, 공적부조, 위생, 어린 소녀와 아이들의 보호", 간추리면 사회와 관련되어 있었다.[64]

여성의 정치적 정체성을 명시했던 오클레르는 이 '여성의 이해관계'에도 호소했다. 그러나 그녀는 곧 이 말이 지닌 모호함과 맞닥뜨렸다. 다른 이들에 대한 동정이라든가 관심과 호기심, 심지어 마음이 끌리는 것은 물론이고, 특혜가 내포된 이해관계, 이기적인 동기, 금전상의 이득도 이 이해관계에 포함되기 때문이다. 자신의 이해에 반하면 개인과 집단 간에 싸움이 생겨나지만, 공통 관심으로 정체성을 공유하면 사이좋게 지내게 된다. 불화하는 동시에 서로 얼싸안는 것이다.[65] 더 나아가, 이해관계라는 관념은 그 이해관계를 호소하는 선행 주체의 존재를 함축했고 '여성의 이해관계'는 변함없는 요구와 부동의 속성을 지닌 주체를 떠올리게 했다. 지금도 우리는 이를 여성의 본질적인 개념이라고 일컫는다. 여성의 이해관계는 여성을 특수화하는 위험을 무릅쓴 결과, 일반적인 신체 정치body politics에서 배제되는 것도 인정하게 만들었다.

오클레르는 '여성의 이해관계'에 호소할 때조차도 여성을 본질화하고 특수화하는 것은 피하려고 애썼다. 그래서 과거 (출생과 결혼에 따

라) 특정 여성들이 향유했던 정치적 권리를 모든 여성에게서 앗아간 (1791년 헌법으로 시작되는) 헌법의 역사적 결과물이야말로 여성의 특수성이라고 설명했다. 집단으로서 여성을 법에서 배제했기 때문에, 여성은 상실된 정의를 회복시키려는 그 옹호자로서 행동하게 되었다고 주장했다.

여성의 이해관계가 나오게 된 역사적 기원을 강조하며, 오클레르는 여성의 이해관계는 사실 전혀 특수하지 않다고 주장했다. 여성의 이해는 일반적으로 사회의 이해와 공명한다. 그러나 이 지점에서 오클레르는 여성의 이해와 일반적인 이해가 완벽하게 합치되는 것을 피하고자 했다. 여성 단독의 정치적 정체성에 대한 호소력을 잃지 않기 위해서였다. 여기에 '성차'의 역설이 나타난다. 보편적인 평등을 목표로 삼을 때, 여성의 이해라는 특수한 경우를 설정하는 것은 모순이었다.

1881년 오클레르는 여성의 이해관계에 집중할 신문과 단체의 필요성을 역설했다. "우리를 배제하고, 여성 문제를 별도의 문제로 만든 이들이여, 여성이 계속 격리되어 있는 한 우리는 여성 문제를 줄기차게 제기할 것이라고 답하겠다. 또 어떤 이해관계든 여성이 옹호할 힘을 갖게 될 때까지, 사회의 경제적·정치적인 조건에 일어나는 어떠한 변화도 여성의 상황을 좋아지게 하지는 않을 거라고 말하겠다."[66] 여성의 이해관계가 여성 차별의 결과라는 것인지, 차별 때문에 여성들이 기존에 존재하는 이해관계들을 지켜 낼 수 없다는 것인지 이 진술에서는 분명치 않다. 사실 이런 구분은 하기 어렵다. 여성의 집합적 정체성이 입각하고 있는 문제이기 때문이다. 이처럼 구분되지 않은 상황에서는 정체성은 합의된 동원의 원인이자 결과물이 된다.

'여성의 이해관계'란 무엇인가? 오클레르는 투표가 곧 이해관계이자 다른 이해관계를 지키는 수단이 된다고 보았지만, 정작 그 이해관계가 무엇인가는 좀처럼 상세히 설명하지 않았다. 보통은 남성의 "성에 대한 관심intérêt du sexe"과 다른 관심사들을 대조하는 식이었다. 사회적으로도 성적으로도 지배하려는 이기적인 욕망은 정치에서뿐만 아니라 업계에서도 남성 권력의 독점을 낳을 것이다. 즉, 공중의 이익과 충돌할 수밖에 없는 특정 투자를 조직적으로 방어하는 일이 일어날 것이다.

오클레르는 (특정의, 이기적이고, 성적이며, 남성적인) 어떤 종류의 관심을 (보편적/인간적, 사심 없고, 사랑을 베풀며, 여성적인) 다른 관심과 대비시켜서 배치했다. 그녀는 남성을 전쟁과 죽음, 여성을 평화와 생명의 보존과 동일시했고, 남성을 낭비와 불안정, 여성을 절약 및 사회적 조화와 동일시했다. 절약하고, 실행 예산을 세우고, 질서를 부과하고, "사회의 조화"를 실현할 줄 아는 사람은 여성이었다. 그리고 여성은 국가 그대로를 재현하리라 믿어도 될 것이다. "국가의 살림꾼housekeeper은 개인의 영광보다는 인간애로 관직을 수행할 것이다."[67] 이러한 관점에서, 여성은 곧 사회이며 사회의 대표자였다. 참정권 요구는 바로 공화국의 호의적인 가부장주의와 결별하는 일이었다.

여성과 사회의 동일시는 정의상으로는 특수하지 않았다. 사실 오클레르는 국가에 정의와 복지를 기대하는 다양한 집단의 성인들에게서는 어떤 차이도 발견하지 못했다. 여성들은 구조적으로나 사회적으로도 노동자들과 다름없었고, 노동자들은 여성들과 마찬가지였다. 결과적으로, 노동계급과 페미니즘 운동 사이에는 자연스러운 제휴가 이루어졌다. 두 집단 모두 같은 문제에 당면해 있었기 때문이다. 오클레르는 1879년 마르세유에서 열린 국가노동자대회 연설에서 이러한 생각을 처음으로 제안했다. 이 대회는 프랑스에서 사회주의 노동자들의 정당을 조직하려는 초기의 시도들 중 하나였다.[68]

오클레르는 두 조직, 즉 여성 노동자 조합인 '벨빌 여성 노동자들Les Travailleuses de Belleville'과 '여성의 권리Le Droit des Femmes'라고 불린 페미니스트 협회의 대표로서 대회에 참가했다. 만약 오클레르가 자유주의 이론가들의 제안처럼 노동의 성별 분업이 곧 노동의 사회적 분업의 패러다임이라고 말했다면, 노동자와 여성은 공통 목적을 만들어야만 했을 것이다. 그러나 그녀는 자유주의자들이 복합적인 사회적 차별의 결과를 잘못 생각했으며, 사회주의자들이 옳았다는 말로 계속 연설을 이어 갔다.

사회에서 점차 노동의 분업이 증대하자 압제자 대 피압박자, 착취자 대 피착취자 구도는 조화로운 우호 관계를 이끌어가기는커녕 상충하는 이해관계의 투쟁만 발생시켰다. 마찬가지로, 노동의 성별 분업이 늘어나면서 여성들은 프롤레타리화되었다. "나는 이 위대한 회합을 깊이 존중합니다. 이 회합은 수세기 동안 프랑스에서 처음으로 자유롭게 선출된 노동자 대표들의 모임입니다. 이 모임은, 노동자이기 때문이 아니라 여성, 말하자면 피착취자이기 때문에 9백만 노예의 대표가 된 한 여성이 인종人種 절반의 기득권 박탈에 항의하는 요구를 제출할 수 있게 해 주었습니다."[69]

"여성은, 말하자면 피착취자"라는 이 말은 노동자와 여성 사이의 구분을 허물었다. 초창기 노동운동의 언어에서, 노동자는 피착취자로 정의되었다. 오클레르는 노동자들이 공유한 이 말로 여성 삶의 어려움들을 환기시켰다. 두 집단 모두 그들 자신뿐 아니라 다른 이들을 부양하기 위해 노동, 생계, 임금을 필요로 했다. 또, 둘 다 그들의 이해관계를 향상시키고 지키려면 법률과 정치를 이용해야 했다.

오클레르는 여성의 상황을 좀 더 극단적인 노동자들의 이야기로 묘사했다. 투표할 권리가 없는 여성은 여전히 '노예'이기 때문이다. 이는 고용주들에게 억압당하고 학대받은 바로 그 노동자들이 깨달아야 하는 문제이기도 하다. 여성이 경제적·사회적·정치적 해방을 획득하기 전에는, 노동자의 진정한 자유나 형제애도 존재하지 않기 때문이다. 노동하는 남성이 부르주아 적들과 하나가 되어서 여성을 지배하는 압제자 역할을 맡는 것은 비논리적이고 부도덕한 일이다. 두 집단은 마침내 동등해졌다. 어쩌면 똑같을 정도였다. "불운한 우리의 동지, 당신들 프롤레타리아들에게 여성해방을 지지해 달라고 부탁드립니다. 당신들은 유권자이고, 다수의 힘을 가지고 있습니다. 당신들이 모두 마음속으로 여성이 되어 준다면, 당신들은 우리의 형제입니다. 우리가 해방되도록 도와주십시오."[70]

감정적으로 여성과 노동자 사이에는 아무런 차이가 없었다. '프롤레타리아'를 여성의 편으로 만들고자, 오클레르는 노동자의 가치관과 성향(행복, 개혁, 평화, 친밀함과 사랑에 대한 희구)을 여성의 가치관과 성향에 비유했다. 이는 공격적이며 경쟁적이고 호전적인, "우리의 공통된 압제자" 부르주아 남성들과 반대되는 것이었다. 오클레르는 노동자와 모든 여성 사이에 존재하는 성차의 경계선을 지우는 동시에, 부르주아 착취자들과 아직 해방되지 못한 이들을 구별짓는 경계를 다시 설정했다. 그녀는 노동자들이 노동계급의 구성원으로서 지닌 정체성을 명확히 하며, 보통 육체노동자 집단에게 연설하는 연사들이 쓰는 수사학과 몸짓을 연설에 차용했다. "격렬하게 논쟁하는가 하면 애원하듯 호소하기도 하고, 서정적으로 이야기하다가 통렬한 아이러니를 보여 주기도 하고, 공공연하게 비난하는가 하면 또 열변을 토하며 연설하는 등" 오클레르는 그 계급적 정체성을 분명하게 표현했다.[71] 하지만 그 연설 내용은 물론이고 그 연설을 여성이 하고 있다는 사실만으로도 오클레르의 연설은 다른 연설의 남성적인 주장들과 전혀 달랐다.

오클레르가 호소하고 규정했던 동지애는 차이가 아니라 유사성, 즉 힘없는 자들의 상호 인정을 전제로 했다. 노동자와 여성의 이해관계란 국가가 보장해야 하는 사회단체 구성원들인 피착취자의 이해관계였다. 피착취자들이 스스로 정부에 의견을 표명할 수 없다면, 국가는 그 책임을 다하는 데 실패할 것이다. 그러면 국가는 중립 기구가 아니라, 부르주아 가부장 가족과 같은 계급 지배와 젠더 지배의 형식일 것이기 때문이다.

국가와 사회 사이의 연관 관념을 포기하는 것은 대안이 될 수 없었다. 오클레르가 보기에, 대안은 이 연관 관념의 토대인 가족 모델을 다시 착상하는 것이었다. 국가와 가족의 비유는 여성의 독자적인 정체성이 자리할 곳을 지켜 주었다. 자신의 논리 안에서 여성의 이해관계가 (남성) 노동자들의 이해관계 안에 포섭되기를 바라지 않는 한, 오클레르는 여성의 독자적 정체성을 주장해야만 했다. 그녀는 아버지의 통제 대신 부모의 협력을 제시했다. 파트너 두 사람이 구성원들의 사회적 요구와 이해관계를 대표하며 조정하는 것이다. 1908년의 팸플릿에서 그녀는 "남자인 동시에 여자가 될 수는 없다"고 썼다. "남성이 가족 안에서 아버지와 어머니의 역할을 둘 다 한다면 이상해 보이겠지만, 입법부에서는 남성이 이 이중의 역할을 하는 것이 허용되고 있다."[72]

사실 여성의 재현이야말로 공화국이 흠 없는 '성인virility'임을 유일하게 보증하지 않는가. 여성의 가정적 경험이 지금 남성들이 매우 어설프게 관리하는 "거대한 식구", "행정의 주방"에 필요하다는 얘기만은 아니다. 문제는 사회적 노동의 단순한 구분보다 훨씬 더 심각하다.[73] 여성의 투표권을 거부한 공화국은 "불구"이기 때문이다. 즉, 팔이나 다리 절단 환자처럼 "힘을 쓸 수 없"다. 걸음은 절뚝거리고, 애꾸눈 얼굴은 찌푸려졌다. 정치 영역에서 남성과 여성이 하나가 될 때에만 나올 수 있는 생산력이 결여된 탓이다.[74]

여성 배제는 일반 복지에 해를 끼칠 뿐만 아니라, 남성의 건강, 남성성, 남성들의 생명 자체도 손상시킨다.[75] 오클레르는 사회체social body에서 여성이 배제된 것을, 성 제롬과 성 키프리안이 행했던 신체 훼손에 비유했다.(가톨릭 성직자였던 두 사람은 고행의 방법으로 자신의 몸을 채찍으로 때리거나 송곳으로 찔러 상처를 냈다. 가톨릭에서는 죄를 씻으려고 행하는 이런 고행을 '보속補贖'이라고 한다. 보속으로서의 신체 훼손은 16세기까지 이어졌다.) 이 성인들과 비슷한 비이성적인 이유 때문에, "자유사상을 지닌 입법자들이 불결한 여성과 접촉하지 않으려고 사회의 수족을 잘라내어 사회를 훼손시키고 있다."[76] 이런 행동은 비정상적일뿐더러 자멸적인 일이다. 여성과의 이성애적인 협력이 없다면, 분명 남성은 자신들의 이상理想에도, 사회의 이상에도 도달할 수가 없기 때문이다. 애초에 여성의 존재가 없다면 남성은 자신들의 남성성을 보증해 주는 남근을 갖지 못한다. 그러므로 여성은 곧 남근, 남성 힘의 원천이다.

그리하여 오클레르는 여성 투표권의 거부가 시민들의 남성성을 확실히 보장하는 국가의 능력에 이의를 제기하는 것이라고 주장했다. 남성만이 투표한다는 것은 실은 인민에게 권력을 나누어 준다는 주권의 환상을 만들어 내는 책략에 불과하다. 여성의 예속은 상징적으로도 실제로도 사회가 정치와 국가에 종속됨을 의미한다(그리고 노동자 남성들도 이 사회에 포함된다). 사회가 법률 제정의 대상으로 남아 있는 한, 그리고 그 자체의 편에서 말할 수 없는 한, 여성뿐만 아니라 남성(특히 노동자 남성)도 자기를 재현할 근본적인 권리를 거부당한다(비록 투표권을 가지고 있더라도 말이다). 사회적인 것과 정치적인 것, 어머니와 아버지, 어성과 남성의 분열은 결국 여성에 대한 시민권을 거부하기 때문에 일어나는 일이다. 사회가 그 자체를 위해 적극적인 역할을 담당하고 있음을 인정하지 않으면, 실질적인 권리와 사회정의는 정치보다는 행정적인 규제의 문제가 될 것이다. 이러한 일이 일어나면, 남성 시민은 자기 사회의 (그리고 경제적) 이해관계를 대표하는 자로서는 무능해질 것이다.

이런 논리로 사회의 이해관계는 여성의 이해관계가 되었다. 여성이 말 그대로 건강·복지·정의에 관심이 더 많기 때문이 아니라, 그 영역들이 여성들처럼 정치와 무관해지기 때문이다. "프랑스 여성은 공리적인 민주주의 감각을 가지고 있다. 그들이 유권자와 후보자가 되면, 행정부와 입법부가 인간의 요구를 이해하고 충족시키도록 압력을 행사할 것이다."[77] 오클레르에게 여성해방은 곧 사회를 해방시키는 것이자, 시민의 역량을 회복하는 일이었다. 여기서 시민의 역량이란 여성의 정치적 권리를 인지함으로써 여성에 대한 남성의 (성적, 사회적, 상징적) 욕구를 인정할 때에만 실현되는 잠재력을 말한다.

아버지의 국가가 아니라 '어버이의 국가'라는 관념은 또한 오클레르의 담론에 프랑스의 알제리 정책을 끌어들였다. 알제리는 그녀가 레브리에의 아내로 4년 동안 살았던 곳이다. 1888년부터 1892년까지 (그리고 1900년에 단행본으로 출간한) 파리의 신문에 투고한 기고문에서, 그녀는 "알제리의 아랍 여성들"이 처한 곤경과 자신의 참정권 운동을 연결지었다.

오클레르는 만일 프랑스 여성이 식민지 정책에 대해 무슨 말이라도 한다면, 그 알제리 자매들(더 명확한 비유는 아마도 딸들이었을 것이다)이 지금처럼 착취당하고 모욕당하는 일은 없을 것이라고 전적으로 확신했다. 그렇게 되면 프랑스 여성은 알제리 여성의 사회문제만이 아니라, 식민 통치의 전반적인 향상에도 관심을 갖게 된다. 오클레르는 프랑스가 공화국의 세속주의secularism〔문명 발전과 과학 기술의 진전에 따른 탈종교화〕와 근대과학으로 원시적인 원주민들을 계몽하고 "문명화"할 의무가 있다는 견해를 받아들였다. 그녀는 프랑스인들이 코란의 법률을 허용하는 것이 당황스러웠다. 코란은 종교적이고 전제專制적이기 때문이었다. 그리고 이 법률이 음탕한 풍습을 조장하는 듯 보이고, 특히 무슬림 여성들을 모욕하는 악습 같았기 때문이다.

알제리에 대한 책에서, 오클레르는 여성에 대한 편견을 인종적 편견과 관련시켰다. 둘 다 배제된 자들(여성, 원주민)의 타고난 능력을 과

소평가하여 "문명화"의 진전을 지연시킨다는 주장이었다. 프랑스 행정부의 회의에 백인 여성이 참석하지 않으니 당연히 이 "재능 있고 아름다운 인종"[78]은 사기를 드높일 수 없다. 아랍인들에 대한 프랑스 남성의 경멸은 무지와 미신을 몰아내기는커녕, 오히려 이를 지속시키는 결과를 낳는다. 이렇게 해서 프랑스의 사명은 그 목적을 훼손하고 말 것이다.

알제리에서 인종적 편견이 어떻게 모든 것을 지배하는지 주의 깊게 살펴보면, 성적 편견의 부조리도 이해할 수 있다. 매우 아름답고 재능 있는 아랍 인종이 유럽인들에게 완전히 멸시당하고 있다. 유럽인들은 아랍 인종만큼 멋지지도 않고 천부적인 재능도 거의 없는데 말이다. 여기에 모순이 있다. 프랑스의 정복자는 무슬림에게 말한다. "너희 인종을 경멸하지만, 너희의 법 앞에서 우리 법의 품위를 떨어뜨릴 수야 없지. 법전보다 코란에 우선권을 주겠어."[79]

우리가 지금은 고전적으로 '오리엔탈리즘적인' 접근라고 부르는 시각에서, 오클레르는 알제리와 그 여성들을 이국적이고, 매력적이며, 관능적이라고 보았다.[80] 그녀가 제시한 이미지는 육체적이고 에로틱하다. 그녀는 알제리를 얘기하며 거리에서 성교하는 남녀들, 섹스를 강요당하는 어린 소녀들, 너무 많이 임신하다가 죽어 가는 여성들, 젖을 먹이느라 볼품없이 망가져 버린 축 늘어진 유방의 어머니들 등 착취당하고 피폐해진 육체를 묘사했다(그러면서 프랑스 여성들에 대한 착취는 제도, 사회적 자원, 법적 코드, 정치권력의 측면에서 추상적으로 논의되었다).

오클레르가 목격한 바에 따르면, 상황의 위태로움은 꽤 심각했다. 알제리 여성의 처지는 '문명'의 진보를 훼손하는 정도가 아니라, 식민지 관료들과, 더 나아가 문명화된 프랑스의 높은 수준까지도 오염시킬 지경이었다. 프랑스 남성이 알제리 여성의 강등에 간접적으로라도 가세하고 있다면, 프랑스 남성이 프랑스 여성을 그런 방식으로 훈육하고 대우하고 있다는 사실을 "잊지" 못하게 하는 데에는 도대체 무엇이 필요한가? 교화된 프랑스 여성의 존재야말로 이런 상황을 바로잡을 수 있다. 만일 프랑스 여성이 프랑스 식민지 문제에 참여하고 투표한다면, 원주민 여성은 남성과 같은 교육을 받게 될 것이고, 알제리 사람들은 투표로써 비종교적인 공화주의의 덕목들을 펼쳐 나갈 수 있을 것이다. '문명화의 사명'은 적절한 과정으로 추진될 것이다.

몇 년이 지난 후, 오클레르는 "문명화된 백인 여성"이 "야만적인 흑인들"에게도 허용된 투표권을 거부당했다고 썼다. 비록 오클레르는 "원주민들"도 공화국에서 투표할 권리가 있다고 지지했지만, 그들이 백인 여성보다 우대되는 것은 "백인종에 대한 모욕"[81]이라고 여겼다. 사실 인종적 편견이야말로 이 주장의 핵심이다. 육체의 본능과 열정을 이미 억누른 "문명한" 프랑스 여성이야말로 프랑스 식민 정책의 가장 믿을 만한 대리인이었다. 한 가족의 어머니처럼, 프랑스는 다른 민족과 그 구성원들에게 규율과 품행을 가르쳤다. 어머니처럼, 그들이 부양하는 아이들이 공화국의 충성스런 시민이 되도록 기르려고 했다 (비록 어머니와 아버지의 역할은 동등한 쪽으로 가족의 비유가 재정의되지만, 아이와 "원주민들"에게는 위계와 종속의 함의가 그대로 이어지고 있다).

알제리 여성에 대한 토론에서 오클레르는 여성의 이해관계를 국가적 이해관계와 완전한 동의어로 만들지만, 그녀의 주장에는 나름의 목적이 있었다. 여성이 사회적인 것에 대한 지식을 쌓아 정책의 공식화를 압박하도록 만들려는 것이었다. 그녀는 여성을 국가관리의 온전한 파트너로 만들고, 남성과 여성의 차이를 완전히 사라지게 하지는 않으면서도 정치적인 것과 사회적인 것 사이의 분리를 끝장내고자 했다. 정치적 유권자로 정의할 수 있는 여성의 정체성은 현행 정책에 비판적인 반론을 제기해야만 획득되었고, 그 정책의 결과로 이해되었다. 동시에 '여성의 이해관계'를 사회의 이해관계, 더 나아가 공화국 자체의 목표와 같은 것으로 만드는 과정에서 여성 정체성의 특수성은 부정되었다. 여성이 "남성과 매일반으로 국가에 관심을 기울이고 남성처럼 자기 자신을 보호할 권리를 갖게 된다고 하자. 그러면 여성들은 정신력을 총집결시켜 자신을 보호하고, 그들의 운명인 프랑스가 세계 지도자로 우뚝 설 수 있도록 노력할 것이다."[82]

공화국과 '남성'의 제휴

오클레르는 사회주의자들의 지지를 원했듯, 인민주권 관념도 결코 포기하지 않았다. 그녀는 진정한 평등이 이룩된다면, 국가는 (국가가 얼마나 관대하고 얼마나 잘 보살펴 주든지 간에) 아버지로 해석될 수 없으며, 시민권도 남성의 것만으로 한정될 수 없다고 주장했다.

오클레르는 이기적인 것과 반사회적인 것을 동일시하듯 남성성과 정치를 같은 것으로 보는 견해를 오랫동안 비난했다. 그녀는 여성을 정치에서 몰아낸 진화론적인 이야기는 법률이 도운 부당한 배제를 은폐하는 우화라고 했다.[83] 또한 국가권력을 남성 권력을 보장하는 데 행사하는 것은, 공화국의 공식 목적에 반하는 계획적인 강탈이라고 보았다. 이런 관점에서 인쇄기술자연합의 회장인 자크 알라리의 터무니없는 주장은, 식자공으로 취업하려는 여성들의 "앞길에 넘기 어려운 장애물을 놓으라고" 정부의 법률 제정을 촉구하는 만행이었다.[84]

알라리는 여성이 인쇄업자가 되면 곧 남성처럼 될 테고, 그러면 부득이하게 남성은 여성처럼 될 것이라고 주장했다. "남성들이 숫벌들처럼 살면서 집에서 식구들을 돌보게 된다는 건 도저히 받아들일 수 없다."[85] 숫벌처럼 산다는 것은 여왕벌에게 필요한 정자의 원천으로서만, 즉 출산의 대행자로서만 존재 가치를 갖는다는 뜻이다. 또한 숫벌처럼 산다는 것은 인간 사회의 여성처럼 산다는 것, 즉 남성으로서 누렸던 지위를 강등당한다는 것이다. 알라리에 따르면, 공화국 정부는 절대 그러한 강등을 허용하지 않을 것이다. 법이야말로 그러한 강등을 막아주는 보증서이다. 오클레르는 권력을 이런 식으로 사용하는 것은 남성의 이기적인 이해관계에 국력을 남용하는 일이라고 규정했다.

오클레르는 공화국과 그 시민들의 남성성 사이의 제휴를 공공연히 비난했다. 하지만 이 제휴는 계속 존속했다. 1908년 오클레르의 항거에 대한 반동은 또 다른 증거였다. 선거 당일, 오클레르는 페미니스트인 카롤린 카우프만Caroline Kauffmann, 마들렌 펠티에와 함께 제4구 투표장에 들어섰다. 그리고 "단성單性의 선거"는 "허위"라고 비난하며, 투표함을 뒤엎어 버렸다. 선거 관리들 중 한 사람은 나중에 이 정황을 증언하면서, 그 장면을 목격했을 때 마치 메두사를 응시한 것처럼 소름이 돋아 그 자리에 얼어 버렸다고 말했다.[86] 프로이트 이후로는 거세를 생각하지 않고서는 이 일을 설명하기 어렵다. 특정한 문화론을 가진 독자로서 프로이트를 받아들인다면, 프로이트의 분석을 통해 선거 관리의 과장된 (그리고 비이성적인) 반응처럼 보이는 부분을 규명해 볼 수 있을 것이다. 프로이트는 아테나의 방패에 박힌 기괴한 상징인 목 잘린 메두사의 머리가 거세를 의미한다고 보았다.[87]

목을 자른다는 것은 곧 거세이다. 그 때문에 메두사가 불러일으키는 공포는 무엇인가를 보았을 때 생기는 거세 공포이다. 수많은 분석 사례들에서 이러한 공포는 친숙해졌다. 그때까지 거세 공포를 믿으려 하지 않았던 소년이 여성의 성기를 보고는 공포를 갖게 된다. 소년은 털로 뒤덮인 성인 여성의 성기, 근본적으로는 어머니의 성기를 본 것이다.[88]

이를 확대해 보면, 소름 돋는 머리가 달린 방패를 들고 다니는 아테나는 "가까이 다가갈 수 없는 존재이자, 어머니의 무서운 성기를 노출하고 있기 때문에 모든 성적 욕망을 억압하는 여성"이 된다. 아테나는 "거세된 자이기 때문에 위협적이고 혐오스러운 존재로서의 여성을 대표"[89]한다. 한편 거세 공포를 인지하였다면, 그 공포를 느낀 이가 소년이라는 것도 분명하다. 이는 프로이트가 성차를 이해하는 근거가 된다. 프로이트는 다음과 같이 썼다.

메두사의 머리를 본 사람은 공포에 질린 나머지 돌로 변한다. 여기서도 거세 콤플렉스와 기원, 정동情動과 같은 변환이 다시 한 번 일어나고 있음을 주목하자! 돌처럼 딱딱해진다는 것은 발기를 나타낸다. 따라서 맨 처음의 상황에서는, 이를 본 사람은 위안을 얻었다. 그는 아직 페니스를 가지고 있고, 딱딱해지는 것으로 그 사실을 확인할 수 있었다.[90]

이때 메두사는 이중의 효과를 나타낸다. 남성의 성적 권력에 위협이 되는 동시에 성적 권력을 확증해 주는 것이다. 이미지는 발생할 수 있는 공포를 구체화함으로써 현재 상태를 보존하려는 욕망을 더욱 강화시킨다.[91]

선거 관리의 서술에서, 투표가 격렬한 방해에 부딪힌 장면(오클레르는 땅에 쏟아 낸 투표 용지들을 짓밟았다)은 거세 위협으로 경험되었다. 성들 간의 경계 중 한 성만을 합법화하는 것에 의문을 제기함으로써, 오클레르는 성차 그 자체에 문제를 제기하는 것으로 여겨졌다. 동시에 그녀의 행동이 비합법적(그녀는 경찰에 체포됐고 벌금형에 처해졌다)이었다는 사실에서 그녀의 문제 제기는 위반으로 판정됐고, 따라서 투표(그 관리에게는 남근과 마찬가지로 중요한)는 남성에게만 해당된다는 관리의 말을 재확인시켰다.

한 성난 저널리스트가 "위베르틴 부인은 우리에게 남성이기를 포기하라고 요구하는 것인가? 솔직하게 말해 보라고 하자."[92]라면서, 오클레르의 여성참정권 요구를 거부하라고 한 것은, 바로 남근과 투표 간의 제휴를 보여 주었다.

오클레르는 노동의 사회적 분업이라는 미명 하에 이처럼 남성성과 투표가 결합되는 것에 저항했다. 그녀는 모든 사회적 구분이 젠더의 경계를 따르지는 않는다고 지적했다. "남성이 되거나 여성이 되는 것은 키가 큰지 작은지, 갈색머리인지 금발머리인지, 뚱뚱한지 날씬한지처럼 사회적 기능을 구분하는 데 별로 중요하지 않다."[93] 사회적/정치적 장에서 성적 구분은 자의적으로 부여되었고, 여기에는 특정 직종과 정치권력, '성의 이해관계'에서 남성의 독점을 보호하려는 의도가 있었다고 그녀는 덧붙였다. 또한 여성이 법률에 접근할 수 있었다면 자신들의 이해관계 그 이상을 대표했을 것이라고 주장했다. 즉, 여성은 '사회의 이해관계'를 재현할 것이라는 말이다. 사실 여성이 투표를 할 수 있어야만 사회는 정치가들과 사회학자들이 지적했던 중요성을 획득하게 될 것이다. "시민이 되면 프랑스 여성은 임무를 더욱 잘 수행할 것이다. 교육자로서의 역할이 전 인류로 확장되고, 모성적인 배려가 온 나라를 끌어안을 것이기 때문이다."[94]

오클레르의 전망은 그녀의 담론이 기대고 있던 이론가들과 정치가들의 전망보다도 훨씬 더 민주적이었다. 그녀가 세운 공화정에서 (사회적인 것을 의미하는) 여성은 수동적으로 원조를 받는 이가 아니라 능동적인 행위자였고, 여성의 행위는 투표로써 상징화됐다. 비록 각 성이 근본적으로 다른 본성을 가졌다고 할지라도(오클레르는 "남성의 거친 본성… 여성의 온화한 성격"을 말했다), 여성만이 임신할 수 있다고 하더라도, 남성과 여성이 국가에 기여하는 그 사회적 가치는 동등하며, 또한 그렇게 인지되어야만 한다.[95]

군인이 민족의 생명을 수호한다면, 여성은 민족을 재생산한다. 사실 순수하게 들인 시간만 고려해도 몇 주간의 훈련 대 아홉 달간의 잉

태를 비교해 보면 "남성이 어머니가 되는 것은 여성이 군인이 되는 것보다 훨씬 더 어려울 것이다."[96] 오클레르는 남성의 강제 징병과 여성의 인도적 차원의 복무가 있었던 1885년 공직에 입후보한 여성 후보자들이 내놓은 제안들을 지지했다. "남성에게는 영토의 방어가 여성에게는 아동·노약자·병자들을 돌보는 일이 맡겨졌다."[97] 직무는 각자 다르지만 둘 다 똑같이 매우 중요한 역할이라는 점이 남녀의 정치적 평등을 보증해 주었던 것이다.

오로지 정치적 평등만이 공화국이 굳게 맹세한 정의를 실현할 수 있으리라. 그러한 때 유권자로서 그리고 피선된 대표자로서 여성의 정치 참여는 "미노타우로스의 국가"를 "모성의 국가"로 바꿀 것이라고, 1885년에 쓴 글에서 오클레르는 주장했다.[98] 이 은유에서 돈과 피를 바치라고 요구하는 반인반수의 육식 괴물은 이제 강하거나 약하거나, 부유하거나 가난하거나, 젊거나 늙거나, 아프거나 건강하거나 할 것 없이 모든 사람의 복지를 걱정하는 완전한 인간의 형상으로 바뀌었다. 국가를 인간화하는 것은 여성화하는 것이었다. 다시 말해, 아버지의 자리를 어머니로 바꾸는 것이다. 오클레르의 비유적 표현에서, 억압된 것들은 귀환했다. 국가적 관심(사회적인 것)의 대상이 국가 자체를 돌보는 주체가 되었다. 가부장적인 공화국이 억누르려고 했던 바로 그 인민주권의 형태를 재건하면서 말이다.

오클레르는 궁극적으로 자신의 참정권 운동을 사회의 대중 동원으로 규정했다. 비록 페미니즘의 전술로 설득을 권고했지만, 오클레르는 이성적인 논쟁만으로는 남성의 "성의 이해관계"를 격파할 수 없다고 결론지었다.[99] 여성의 편에서 공적 압력을 행사할 대항 세력이 진정으로 필요했다. "남성이 강하다면 그들이 단결, 또 단결하기 때문이다. 남성들이 하듯이 해 보자."[100]

"남성들처럼 하자Faisons comme les hommes"는 말은 정치적 행동의 촉구였다. 1880년대 이후로 전국의 하원과 지방의회에서 점차 의석 수를 늘려 가고 있던 사회주의자들은 노동자계급의 이해관계를 재현하라고 요구했다. 오클레르의 슬로건은 바로 그 사회주의자들을 모방해서 여성들을 긴급하게 호출하려는 것이었다. "남성들처럼 하자"는 (개인의 의지가 아니라) 집단의 이해관계가 정치적 참여의 동력이 된다는 생각을 나타낸다. 하지만 이 말은 또한 줄곧 존속해 온 국가와 노동의 사회적/성적 분업의 일반적인 언어들을 거부하는 것이기도 했다. 여기서 법은 자연현상을 조절하는 수단이 아니라 (남성) 권력의 기구로 다루어졌다. 오클레르의 외침은 배타적인 권력을 공유하고, 또한 그 권력을 손에 쥐겠다는 의도의 선언이었다. 어떤 경우든 결과는 같았다. 남성성을 부여하거나 확정하는 능력을 시민권에서 벗겨 내는 것, 그리하여 대표하는 아버지로서의 역할을 국가에게 허용하지 않는 것이다.

사실 남성이 정치에서 했던 일을 여성이 할 수 있었다면, 성들 간의 차이는 어떻게 구분되었을까? 국가의 역할을 어떻게 용인했을까? 동시대인들에게 이러한 질문을 던짐으로써, 오클레르는 성차와 정치 간의 관련성이 희박하다는 점을 드러냈다. 그녀에 대한 적의는 여기서 비롯되었다. 하지만 오클레르의 페미니즘이 갖는 비평적 강도 또한 여기에서 나왔다.

페미니즘의
무능 혹은 진화

프랑스 페미니즘의 연대기에서, 위베르틴 오클레르는 선구자라기보다는 거리낌 없이 말하고 때로는 사고뭉치였던 투쟁가로 기억되어 왔다. 직접 행동하라고 주장했던 탓에 오클레르는 '프랑스의 여성참정권운동론자'라는 별명은 얻었어도 많은 동조자들을 자극하지 못했고, 올랭프 드 구즈나 영국의 에멀라인 팽크허스트Emmeline Pankhursts, 미국의 수잔 앤서니Susan B. Anthony 같은 행동가들에게 따라다니는 회고적인 명성을 얻지도 못했다.

여성참정권 운동은 수많은 지지 세력을 얻게 되자 오클레르의 노력을 칭송하기는커녕 오히려 그 명성을 실추시켰다. 초기 그녀의 투표권 요구를, 세기 전환기에 페미니즘의 대의를 다잡은 여성들의 선견지명이 아니라 조급성에서 비롯된 일이라고 평가하는 경우가 더 많았다. 그들은 책임감을 가졌어야 했다.

더 정확히는 (그리고 아이러니하게도, 스스로 여성의 특수성을 언급하지 않도록 해서) 오클레르의 "자기중심주의"를 거부했어야 했다. 그 여성들은 마치 "자신들이 운동을 발명한 것처럼 행동했"다. 오클레르는 이런 비판을 쏟아 놓는 신참자들을 "오랫동안 풍향계를 지켜본 후에"야 투표를 추천한 기회주의자들이라고 통렬하게 꼬집었다.[101] 오클레르는 그들의 비겁함을 비웃었고, 자신이 차지해야 할 역사적 위상을 그들이 앗아 갔다며 괘씸히 여겼다.

어떤 면에서 그녀는 옳았다. 1914년 4월, 오클레르의 장례식에는 수많은 페미니스트들이 참석했다. 그들은 열두 명이 넘는 연설자들의 말을 감사하는 마음으로 경청했다. 당시 신문의 1면에는 (그녀의 각별한 "열정과 불굴의 노력"을 상찬한) 장례식 기사가 실렸다.[102] 《내일의 여성La femme de demain》 부고 기사는 "우리나라에서 여성참정권이 실현되는 날, 여성참정권의 어머니"[103]라는 명칭은 오클레르에게 돌아가야 한다고 했다. 하지만 정작 투표권이 허용되었을 때, 그 계승자들이 오클레르의 공로를 인정한 적은 거의 없었다.

1970년대에 페미니스트들이 여성운동의 역사를 끌어 모으면서 오클레르도 관심을 회복하게 되지만, 1987년에 이르러서야 미국의 역사가가 쓴 첫 번째 전기가 출판되었다. 전기의 저자는, 프랑스 참정권 운동의 온건하고 법리적인 흐름을 되돌려 생각한 순교자로서, 자신의 독특한 위치가 기억되기를 원했던 오클레르의 욕망에 존경을 표했다. "여성참정권 사회에서, 우리는 식물을 억지로 꽃피우게 하려는 정원사처럼 페미니즘 관념을 펼쳐 나가려고 했다." "하지만 … 우격다짐이 새로운 신념을 낳는 것은 아니었다. 아아, 꽃을 피우게 하는 데에는 시간이 걸린다. 망탈리테mentalités를 바꾸는 데에도 시간이 걸린다. 하지만 시간은 오래 걸리고, 인생은 짧다!"[104]

오클레르는 그렇게 얻으려고 했던 역사적 인지도를 살아생전에도 그리고 그 후에도 얻지 못했다. 이는 놀라운 일이 아니다. 그 이유로 우선, 1870~1914년의 시기에 여성참정권 운동의 규모와 전략적 위치가 다양해지며, 초기보다 더 활동적이고 명확한 페미니즘의 사례들이 많이 제공되었다. 또 운동의 다양성과 투표권을 내어준 분파들의 무능함이 목적론적 역사 기술의 대의와 어긋나게 된 것도 또 다른 이유였다. 이 모든 점들은 이제 공공 토론회에서 발언하지 못하게 되었다고 생각하며 죽은 올랭프 드 구즈가 페미니즘의 얄궂은 운명을 구현했던 것과 겹쳐질 수 있다. 하지만 그렇지 않은 면이 훨씬 더 많다. 잔 드로앵의 비합법적인 출마가 제3공화국에서 여성운동이 취해야 할 선례로서 적당했는지의 문제를 포함해서 말이다.

오클레르는 저널리스트인 잔 미즘Jane Misme(《라 프랑세즈La Francaise》의 편집자이자, 1909년에 프랑스의 여성참정권연합을 창설해서 뒤늦게 참정권 운동에 동참한 인물)이 자신의 역할(그리고 다른 이들의 역할)을 역사적으로 서술한 내용을 몇 번이나 수정했다. 하지만 새로운 생각은 서서히 싹트는 법이라는 오클레르 자신의 언급에도 불구하고, 오클레르는 정치적 권리를 지켜 나가려는 여성들의 선형적이고 진화론적인 이야기를 만들어 내지 못했다. 오히려 잔 드 나바르Jeanne de Navarre(13~14세기 나바르의 여왕)와 잔 다르크Jeanne d'Arc(15세기 프랑스 애국 소녀)까지 거슬러 올라가 과거 이 여성들의 행동이 여성이 정치와 결탁해 온 지속적인 능력의 증거라고 주장하고, 시민권과 남성성을 동일하게 여긴 첫 번째 혁명의회가 이전의 동등했던 사회 배치를 뒤틀어 놓았다는 점을 증명했다.

오클레르는 현재의 상황을 기술하여 전투적인 자신의 행동을 방어했다. 그 행동들은 필연적이고 축적된 역사적 전개의 산물이 아니라, 사고의 논리적이고 도덕적인 목적에서 나온 결과물로 설명되었다. 이러한 측면에서 페미니즘은, 여성의 부당한 (그리고 정당화할 수 없는) 정치적 예속을 이끈 이론과 실제에 감춰져 있는 모순을 간파하고 제거해 나가야 했다. 페미니즘의 역사는 지속적인 모순을 해결하려는 반복된 노력에 대한 것이었지, 축적된 지혜와 훨씬 더 효과적인 전략에 기반한 진보를 담은 역사가 아니었다.

오클레르는 프랑스 페미니즘의 진화론적 이야기 속에서 새 장을 연 인물로 인식되기를 갈망했다. 하지만 이 갈망은 그런 유의 이야기를 쓸 수 없었던 자신의 무능과 충돌했다. 그녀는 보편적으로 적용되기만 한다면 투표는 사회 진보의 도구라고 주장했다. "참정권은 진보를 가져오는 기계다. … 특정하게 배열될 때에만 유용해지는, 여러 다른 근대의 발명품들처럼 참정권이 사회질서를 변형시키는 발전적인 도구가 되려면 국가는 여성적·남성적 에너지가 모두 있어야 한다."[105] 하지만 그녀는 페미니즘 그 자체를 진화론의 용어로 이해하지 않았다. 오히려 페미니즘은 도덕적 목적으로 추동된 전략적 개입이었다. 그리고 페미니즘 지지자들은 특정 시기 어떤 형태로든 그 모순을 찾아내는 데 어느 정도는 능숙했다.

페미니즘의 역사에서 새 장을 연 인물로 기억되고 싶어 한 오클레르의 소망은 당대 역사의 전망과 깊은 관계가 있다. 그녀는 여러 다른 정치적 전망에 입각해 기념비적인 역사가 씌어졌으나, 이러한 역사들 중 여성을 긍정적인 동력으로 인정한 역사는 거의 없던 시대에 살았다. 당시 역사 서술의 많은 부분은 여성을 영원하고 자연적이며 초월적인 영역에 귀속시키면서, 완전히 역사의 외부에 위치시켰다. 오클레르 역시 해당 정치 분야의 한 사례였지만, 그녀는 역사적 행위자로서 여성의 역할이라는 사례도 만들어 내고 있었다. 그리하여 비록 성공하지는 못했어도 그녀의 영향은 역사상 특유한, 심지어 독특하기까지 한 위치에 올라섰다고 할 수 있다.

그러나 그 위치는 행위agency가 역사와 관계 없이 개인의 의지에서만 비롯되었다고 인식할 때에만 도달할 수 있는 그런 위치였다. 말하자면 행위가 담론적 귀착의 효과, 즉 ("여성", "어머니", "페미니스트", "아버지", "노동자", "시민"과 같은) 특별한 사회적 기능이나 역할들과 관련된 특성이라고 지정된 효과가 되어서는 안 되었다. 그런데 오클레르는 페미니즘의 기원을 이러한 담론적 귀착(비록 다른 용어를 쓰기는 했지만)으로만 기술했다. 그녀는 [프랑스대혁명 후 프랑스 최초의 헌법이 제정된] 1791년 이전에는 여성이 사회 구성원으로서 남성과 다르게 구분되지 않았다고 주장했다. 여성의 집단적인 정치적 정체성에 새로운 시대를 열어 준 것은 역설적이게도 정치에서 여성의 배제, 법적인 학대였다. 그리하여 페미니스트들은 배제된 정치적 주체들로서 역사에 들어섰던 것이다.[106] 그들의 행위는 인간man의 보편적 권리라는 담론 안에서 하나의 모순으로서 생산된 것이었다.

오클레르는 목적론적으로 페미니즘을 인식하며, 자신이 지닌 모순과 어려움에 자의식적인 관심을 기울였다. 이 관심은 담론의 지형을 바꾸면서 페미니즘의 역사를 탐구하는 이상적인 장소로 오클레르를 위치시켰다. 그리고 그녀는 결국 그러한 장소로서 역사적인 가시성을 획득했다. 그녀는 특정한 페미니즘의 성공 혹은 실패의 사례가 아니라, 페미니즘이 처한 지속적인 딜레마의 사례이자 제3공화국 시기에 구체화한 특정 모순의 사례가 되었다. 이런 식으로 오클레르를 읽는다고 해서 오클레르의 진지함이나 중요성이 탈각되지는 않는다. 또한 그녀가 추구했던 독특한 개인적 지위를 그녀에게 부여하게 되는 것

도 아니다. 이런 방식의 독해는 오히려 (그리고 아마도 훨씬 더 중요하게
도), 으레 그녀를 배제해 왔던 정치라는 거대한 역사에 더욱 일반적으
로, 훨씬 명확하게, 그리고 더 중심적으로 그녀를 위치시킬 수 있다.

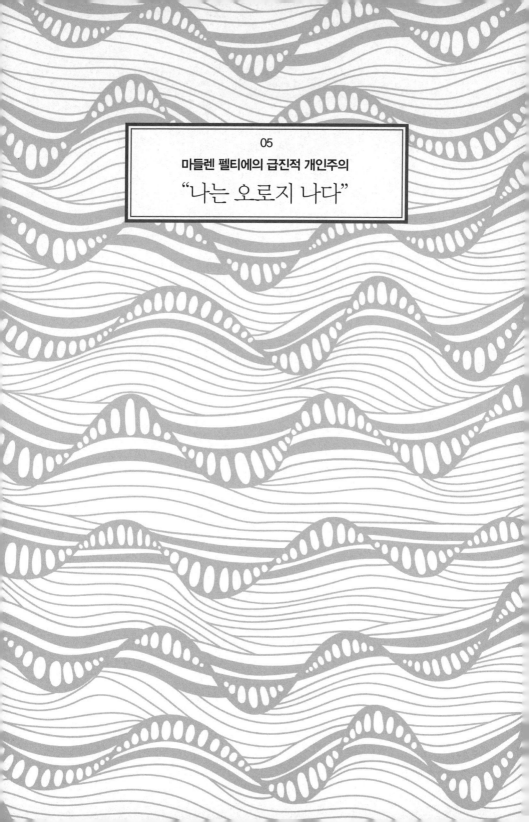

05
마들렌 펠티에의 급진적 개인주의
"나는 오로지 나다"

1874~1939

"모든 개인은 동등하며 성은 존재하지 않는다."
이 말은 성차나 성교가 없다는 의미가 아니라,
개인들만이 존재한다는 뜻이다. 즉, 성이 있는 곳에 개인은 없다.
개인성을 향한 마들렌 펠티에의 좌절된 시도는 성차의 억압을
하나의 전략으로 구축하게 한다. 이를 통해 개인을 초월적 인간으로
재현하는 데에 지금까지 은폐해 온 (성) 역할을 가시화하여 드러낸다.
남성성을 보편적 주체로 받아들이는 한편, 성을 초월한 자리에
개인성을 위치짓는 이러한 해결되지 않는 역설이야말로
그녀가 당면한 현실이었던 것이다.

LA COMMUNE DE PARIS

급진적 개인주의
페미니즘의 태동

20세기 초반의 여러 페미니스트들 중에서, 마들렌 펠티에Madeleine Pelletier(1874~1939)는 자신을 개인주의자로 표현한 페미니스트였다. 위베르틴 오클레르보다 후속 세대에 속하는 그녀는 전투적인 참정권론자로서 오클레르와 조우하게 된다. 1908년 투표장에* 쳐들어갔고, 1907년에서 1914년까지 부정기적으로 발행되다가 1919년에 잠시 복간된 신문《참정권론자La Suffragiste》를 편집했으며, 페미니스트와 관련된 기사와 소책자, 그리고 죽기 얼마 전에는 희곡과 소설을 썼다. 1910년에는 사회주의자 자격으로 공직까지 출마했다.

프리메이슨(18세기 초 영국에서 시작된 세계시민주의적 · 인도주의적 우애를 목적으로 하는 조직), 사회주의자, 무정부주의자, (1920~1925년) 공산주의자 단체들은 여성을 평등하게 정치에 참여시켜야 한다고 촉구했다. 그러나 펠티에는 주변 동료들과 달리, 집단 해방이나 공적 영역에서 여성의 이해관계를 대변하려고 혹은 남성과 다른 여성의 차이를 존중받기 위해 정치적 권리를 추구하지 않았다. 펠티에는 여성의 정체성과 관련한 어떠한 목적도 철저하게 거부했다. "사회가 원하는 방식 그대로의 여성이 되어서는 안 된다."[1]

펠티에는 공적인 권리야말로 자유와 권력을 둘 다 찾는 통로라고 보았다. 공적인 권리는 모든 개인을 해방시키는 데 필요한 심리적 선결조건이다. "열등한 존재일지라도 여성에게 투표권을 달라. 그러면 여성은 자신을 오로지 여성으로만 생각하지 않고 한 개인으로 느낄 것이다."[2] 펠티에는 (정치) 권리를 이미 존재하는 주체성의 재인식이 아닌 그야말로 자율적 주체의 탄생으로 여겼던 것이다.

펠티에는 평등이라는 단어를 환기하긴 했지만, 이 단어가 함축하는 동질성은 비판했다. 사회주의가 일체성이 아닌 공평함이라고 믿었던 그녀는, 지식인이 유순한 대중을 지도하는, 말하자면 지식에 따른 실력사회를 꿈꾸었다. 그녀는 지식이 계층 혹은 젠더의 경계와는 아무런 상관이 없다고 생각했기 때문에, 지식인이 사회적 영향력과 지도력을 동시에 겸비할 수 있다고 믿었다. 이러한 접근은 정치 권리의 온전한 보편성을 전제로 한다. 보편적인 정치 권리를 주장한다고 해서, 그것이 곧 시민의 동질성을 뜻하지는 않는다. 오히려 보편적인 정치 권리는 자기충족적이고, 다른 어떤 것과도 타협하지 않는 독립적이며, 자아를 실현하는 개인을 사유할 가능성을 제공했다.

오클레르가 분명히 그랬던 것과 달리, 펠티에의 페미니즘은 여성을 행위자이자 동시에 개혁의 대상으로 만든 당대의 "사회" 담론 안에서 파악되기 어렵다.[3] 오히려 합리주의, 대중민주주의, 의회 개혁에 대한

페미니스트 중에서도 사회주의 '개인주의자'라는
지점에서 다른 길을 걸은 마들렌 펠티에. 그녀는
여성의 남성복 착용이 여성의 자율성을 입증해
줄 것이라고 믿었다.

(좌·우파를 겨냥한) 비판에서 그 실마리를 찾아야 한다. 펠티에의 페미니즘은 급진적인 개인주의 페미니즘이다. 펠티에는 권리 주체를 탈성화unsex하고, 개인의 창조성을 제약하는 사회 정체성의 범주들과 결별하여 각 개인이 자신의 운명을 자유롭게 개척해 나가길 원했다. "사회에 주어진 단 하나의 의무는 모든 사람의 창조성을 방해하지 않는 것이다. 어떤 어려움과 위험이 따르더라도 자신의 인생을 자신이 원하는 대로 가꾸어 나갈 수 있도록."[4]

펠티에의 페미니즘은, 정치 권리를 주장하는 여성의 배후에 기존 집단의 이해관계가 깔려 있다거나, 여성의 정치학은 여성 자신의 집단적인 경험을 반영한다고 생각하는 이들의 주장과 혼동된다. 그러나 펠티에의 주장은 엄밀히 말해 그 정반대였다. 그녀의 페미니즘은 여성의 사회적 지위를 강화하는 수단이 아니라, 범주 자체를 무효로 만드는 방안이었다. 그녀의 사례는 역사적으로 "여성이 없는" 페미니즘이 존재했다는 논제를 뒷받침한다.[5] 펠티에는 페미니즘이 대다수 여성들에게 의미 없는 수동적 삶에서 벗어나는 탈출구뿐만 아니라, '여성'의 정체성을 재확인하지 않아도 되는 대안 페미니즘을 제공했다고 믿었다. 정치 권리의 소유가 여성 정체성을 변화시킬 것이다. "여성(그녀)은 하나의 성sex 이전에 개인이다."[6]

개인주의의
진화

마들렌 펠티에는 초반에(그리고 성인기의 대부분) 사회주의와 손잡았다. 펠티에는 1905년 새롭게 결성된 국제노동자연맹 프랑스 지부 Section française de l'internationale ouvrière(SFIO)에 참여했고, 사회당이 분열되는 1920년에는 공산주의자로 활약했다. 1925년 프랑스 공산당을 탈당하고, 프롤레타리아 통일사회당에 가입했다. 그러나 그녀가 마르크스의 정치경제학을 열광적으로 지지한 것은 아니다(지도 교수인 인류학자 샤를 르투르노Charles Letourneau에게《자본론Capital》을 배우긴 했지만 말이다).

경제우선정책과 교육 · 육아를 책임지는 국가 이론에 공감하긴 했지만, 펠티에는 개인을 사회체제에 종속시키는 어떤 것도 불신했다. 그러면서 로베스피에르의 원칙이 사회정의에 대한 자신의 관심사를 가장 잘 대변해 준다고 여겼다. 펠티에는 "세습의 억제, 모든 부문에서의 자유, 아이 · 노인 · 병자를 위한 폭넓은 지원, 계급 차별이 존재하지 않고 돈을 숭배하지 않으며, 오직 지식과 노동이 성공의 방편이 되는" 사회를 희망했다.[7]

철학적으로 본다면, 그녀는 분명 자유주의자이다. 그녀는 존 스튜어트 밀John Stuart Mill(19세기 영국 경제학자 겸 철학자로 1869년 부인과 함께 쓴《여성의 종속The Subjection of Women》은 페미니즘 역사상 획기적인 저작으로 손꼽힌다. 밀은 이 책에서 여성이 남성과 동등한 시민권과 경제적 기회를 가져야 한다고 주장했다.)에 탐닉했고, [19~20세기 프랑스 철학자] 앙리 베르그송Henry Bergson의 견해에 동조했다. 정치적으로 그녀는 무정부주의에 이끌렸지만, 국가의 파괴에는 찬성하지 않았다. 펠티에가 무정부주의자 모임(이 모임의 남성적인 공격성이 펠티에를 몰아내긴 했지만)에 참여했던 이유는 그들이 개인주의를 지지했기 때문이다. 말하자면 펠티에의 페미니즘은 개인주의의 담론 안에서 구체화됐다. 계몽의 시대를 기점으로 중요한 국면마다 변화를 겪은 개인주의 담론 안에서 펠티에의 페미니즘은 더 명료해졌다.[8]

20세기 초의 개인주의는 18세기 후반의 개인주의가 표명했던 민주주의적 공약만큼 선명하지 않았다. 정쟁 과정에서 규정되기 마련인 적敵은, 18세기 '개인'에게는 봉건제에서 안정된 사회적 정체성들과 법적 특혜였다. 19세기 후반이 되자, 개인은 대중민주주의의 평등성이 낳은 군중과 대립했다. 그렇지만 19세기는 18세기와 20세기 개인 관념의 연장선상에 있었다. 이 두 경우 모두 설령 법의 보호를 받는다고 해도 개인의 자유는 법 바깥에 존재한다는 점에서 국가를 개인의 최대 적으로 삼았고, 또한 개인은 남성으로 형상화되었기 때문이다.[9]

20세기 초의 개인은 우월한 지적 능력 때문에 평범한 군중과 구분되었다. 개인은 순응하지 않고 창조적인 정신으로 자신의 육체와 행동을 통제할 줄 아는 존재였다. 정신과 육체의 구분이 이성과 무의식으로 곧바로 등치되지는 않았다. 이 시기 개인주의가 정신분석학자들의 무의식 '발견'과 분명 관련이 있기는 하지만, 개인주의는 이성적 주체에 대한 단순한 옹호가 아니었다. 일부 개인주의 이론가는 무의식을 "활력"으로 찬미하기도 했지만, 1886년 불랑제Georges Ernest

Boulanger 사건(신보나파르트주의를 내걸고 공화정을 위기로 몰아넣은 제3 공화국의 육군 장관)과 드레퓌스Alfred Dreyfus 사건(유대인 장교가 첩자 활동을 했다는 군대의 고발로 시작된 이 사건은 사회주의자·노동조합주의자 ·유대인·카요caillaux(사회 개혁을 재정적으로 지원하기 위해 수입세를 제안했던 급진파) 등 급진파들을 공격하는 우파 내셔널리즘에 힘을 실어 주었다.)이 여론의 도마 위에 오르고 우파 내셔널리즘이 점차 영향력을 넓혀 가기 시작하자, 무의식의 병리학적인 영향력을 비판하고 그 정치적 파장을 두려워하는 이론가들이 등장했다.[10]

20세기 초 개인주의 주창자들은 정치 노선을 초월했다. 여기에는 혁명적 생디칼리스트(19세기 말~20세기 초 의회주의를 부정하고, 노동조합을 혁명의 주체로 하여 동맹파업 등의 직접 행동으로 자본주의 타도와 혁명 달성을 주장한 이들)의 사례에서 저 유명한 군중심리학을 이끌어 낸 귀스타브 르 봉 같은 보수주의자, 앙리 베르그송 같은 명목상의 공화주의자들에 이르기까지 다방면의 인물들이 포함되었다. 베르그송과 르 봉은 개인주의 담론을 복잡하고 모순되게 만드는 데 일조한 것 같다. 이들의 구상은 각자 다양했지만, 모두 부르주아 정치제도와 문화 양식이 주조하는 사회의 억압적인 동질성에서 벗어나 다른 대안을 모색하려 했다. 이들은 노동의 상호의존성을 주장하는 사회연대주의에 반대하고, 대신 이성에 의한 자기훈육과 선험적으로 존재하는 순수 자아에 기초한 개인의 절대적 자율성을 역설했다.

개인주의 이론가들이 언어의 역할을 중시할 수밖에 없었던 이유가 바로 여기에 있다. 자아 바깥에서 자아에 의미를 강요하는 그 어떤 것도 이들은 반대했기 때문이다. 한 예로, 베르그송은 상징이 삶의 현실을 전부 담아낼 수는 없다고 보았다. 나아가 그는 개인을 집단으로 환원하는 범주들을 쓰는 것에도 우려를 표했다. 급진 생디칼리스트와 르봉을 비롯한 보수주의자들에게 '시민'은 이러한 범주 자체였다. 시민은 열정에 사로잡힌 대중민주주의의 기계장치로 언제든 교환 가능한 부속품이었다. 그리고 그 반명제가 본래적인 정신 그리고/혹은 영혼을 나타내는 개인이었다. 하지만 이러한 표현이 담고 있는 것은 무엇인가? 개인의 언어가 곧 그 존재의 해방이라는 뜻인가? 이성이 이러한 표현을 완전히 통제한다는 것인가? 내적 차원이 아닌 사회적인 차원에서 언어를 필연적으로 공유해야 한다는 사실은 무엇을 뜻하는가?

무의식, 군중, 언어 …
여성적

무의식의 문제는 단순한 대응도 복잡하게 만들었다. 세기의 전환점에서 이 문제는 정신분석 전문가뿐만 아니라 일반 대중에게도 시급한 과제로 떠올랐다.[11] 18세기에 상상력이 그러했듯, 무의식은 이성을 무의식의 반명제로 규정할 뿐만 아니라, 이성의 작동을 방해함으로써 이성을 위협하는 힘이기도 했다. 무의식은 언어 안에서 혹은 언어로 드러나기 때문에, 개인의 순수하고 이성적인 표현의 가능성을 저해했다. 정신분석학자와 철학자들은 무의식이 종잡을 수 없는 현상이라는 점에 대해서는 의견을 같이했지만, 어떤 대가를 치르더라도 제어해야 하는 파괴적인 힘 혹은 개인의 자유를 가져오는 긍정적인 힘으로 무의식을 제각기 다르게 평가했다.

르 봉은 무의식을 위험하다고 여겼다. 그는 "가시적인 사회현상은 예측할 수 없는 무의식이 작동한 결과이며, 따라서 무의식은 우리의 분석 범주를 넘어선다. … 우리 행위에서 무의식이 작용하는 범위는 상당히 넓으며, 그만큼 이성이 작용하는 범위는 좁다. 무의식은 여전히 미지의 힘으로 남아 있다."고 경고했다.[12] 그는 무의식의 파괴적인 힘을 "허약한 자나 시체를 좀먹는 세균"에 비유했다.[13]

반면 벨기에 출신의 철학자(이자 베르그송의 제자)인 조르주 드웰쇼베르Georges Dwelshauvers는 종잡을 수 없는 무의식에 심각한 우려를 표하면서도 이를 낙관했다. "어떠한 특정 조건에서 의식적으로 행동했던 일이 실은 우리가 흔히 알고 있는 의식이 아닐 수도 있다."[14]

베르그송은 무의식이 마음의 작용을 표현할 가능성에 매우 기꺼워했다. 그는 "우리의 관심을 유도하는 확대경(현미경에 비유되는)으로 이 단어의 의미를 크게 확대해서, 어느 누구도 완전히 파악하지 못한 이것을 찬찬히 그리고 깊이 파고든다면, 의식 상태에서도 출몰하는 것"이 무의식이라고 정의내렸다.[15] 무의식이 인식 이전의 한 지점 혹은 인식이 실패한 어떤 장소로 의미화된 것은 이 이론가들의 노력에 힘입은 바 크다. 즉, 무의식은 분석과 명명이 쉽지 않은 비가시성의 장소로 규정되었다.

르 봉에게 무의식은 군중이 개인을 압도하는 지점이기도 했다. "이때 배운 자와 못 배운 자는 구분되지 않고 하나의 군중을 형성한다."[16] 군중은 "충동의 노예가 된다." 군중 속에서 개인은 "단어의 실제 의미와는 상관없는" 이미지에 휩쓸린다. 보통 이 실제 의미라는 것도 공허하고 불안정하며 유동적이기 일쑤이다. 따라서 이 의미들이 가져오는 결과도 환각과 대세가 주종을 이룬다. "군중은 매우 다양한 무의식적인 열망과 이의 실현을 바라는 욕망을 함께 지니고 있다."[17]

역사가들은 군중을 히스테리적이며, 충동적이고, 경솔하며, 분위기에 휩쓸리는 존재로 묘사한 르 봉에 비판적이었지만, 르 봉의 이러한 묘사가 언어에 대한 그의 선입견과 연관되어 있음을 인식하지는 못했다.[18] 르 봉의 선입견에는 의미화의 문제가 깊숙이 자리잡고 있었다. 그는 언어를 "군중의 무의식적 본성이 드러난" 것이며, 따라서 언어의 진정한 혹은 안정된 의미를 되찾는 일은 불가능하다고 보았다.[19]

르 봉은 군중과 분리되어 이들의 힘에 좌우되지 않는 자가 개인이며, 이 개인은 말과 사물의 차이를 깨닫고 그 의미를 자신의 목적에 전용할 줄 아는 자라고 주장했다. "지배자는 무엇보다 말을 능숙하게 사용할 줄 안다." "정치가의 가장 중요한 기능 중 하나는 … 대중에게 영합하는, 적어도 상투적인 표현에 싫증난 군중에게 실재와는 관계없는 말들로 이들을 휘어잡는 것이다." 르 봉은 집정정부 시대(나폴레옹 1세가 제1공화국의 최고 통치자로 있던 1799~1804년) 프랑스 제국은 겉만 달리한 채 과거 체제로 복귀했다고 지적한다. "물론 사물 자체는 바뀌지 않고" 외양만 달리하면서 말이다.[20] 말과 언어 외부에 위치하는 말의 감정적 힘에 저항하는 지적 능력의 유무가 개인과 군중을 구분한다. "고독한 개인은 반성할 줄 아는 반면 군중은 이런 능력이 없다."[21]

지적 능력은 개인과 군중뿐만 아니라 남성과 여성을 구분하는 척도이다. "반성과 불안이 없기 때문에 군중은 단순하면서도 감정적이다.

극단을 오간다는 점에서 군중은 여성과 다르지 않다."[22] 문자 그대로, 본래적 젠더naturalized gender를 언급하며, 르 봉은 군중에 대한 자신의 생각을 분명하게 드러냈다. 여기서 르 봉은 자신의 주장에 내재된 모순은 은근슬쩍 넘어간다.

그런데 만약 언어가 (자연적 혹은 인종적인) 무의식을 발화하는 것이라면, 개인이 이 언어의 바깥에서 어떻게 반성하고 저항하며 자신만의 언어를 구사할 수 있단 말인가? 르 봉은 (자신의 것은 아니지만, 당대 담론에서 꽤나 효과적이었던 언어와 무의식을 활용하여) 언어에 차등을 두고, 표상과 현실을 대립시키는 방식으로 자신의 주장을 개진했다. 대중을 현혹하는 나폴레옹이나 불랑제 장군의 사탕발림과는 달리, '남성적' '여성적' '남자' '여자'라는 말은 기질적이고 육체적인 사실을 그대로 옮겨놓은 말이다. (자연적인 만큼 전前 언어적인) 르 봉의 '군중심리학'은 젠더로 정당화된다. "군중은 여성적 속성 때문에 어디에서도 쉽게 눈에 띄는데, 라틴 군중들은 이들 중에서도 가장 여성적이다." 르 봉이 이 말을 직접 내뱉지는 않았지만, 군중과 다르게 분별력을 갖춘 지식인이었던 그가 과학적 사실에 입각해 구체화한 진술이다.[23]

르 봉의 글에서, '여성'은 군중의 환유이다. 군중은 비이성적이며 감정에 쉽게 휩쓸린다(히스테리적인 성향과 현혹되기 쉬운 여성의 성질은 이미 입증되었다). 따라서 군중은 배심원이 되기에 부적합하다는 르 봉의 확신은, 대중 투표가 무의미하다는 결론으로 이어져 군중의 선거권 박탈을 정당화했다. 르 봉은 보통선거권이 시민권을 현재의 군중과 동일시하는 결과를 낳았다고 보았다. 말하자면 "열등한 인자들"이 수적인 힘을 믿고 "인종의 무의식적 욕구"를 표면화한 것이다.[24] 실제적인 이유로 르 봉은 투표 폐지와 제한을 부르짖지는 않았다. 어차피 선거 과정과 정치는 속성상 집단적일 수밖에 없기 때문이다. 어쨌든 그는 보통선거권의 '교의'가 너무 강력해서 그 위상이 단번에 무너질 수 있다고 여겼다. 그는 시민성 자체를 믿지 않았던 셈이다.

사실, "선거권자 군중"은 여성과 같았다. 이들은 개성도 독립심도 없으며, 합목적적인 감각을 체현하지도 못한다. 따라서 민주주의 대의정치제라는 것은 또 다른 오인의 산물에 불과하다. 시민권이 함유해야 할 개개인의 능력을 침해하는 것이 바로 민주주의 대의정치제이기 때문이다. 온순하고, 동질적이며, 여성적인 대중 속에서, 인간(남성)은 이성의 힘을 상실하고 노예로 전락하고 만다. 이러한 자아 상실은 곧 남성성의 상실이다.

르 봉이 젠더의 글자 그대로의 의미에 기대어 자신의 주장을 과학으로 정립한 이 시기에, 과학은 언어 바깥에 존재하는 '현실(실재)'을 가리켰다. 르 봉이 사용한 젠더의 비유적 용법은 그(성) 전제와 어긋나는 것이었다. 군중은 여성적이고, 무의식과 언어 역시 마찬가지다. 남성성은 개인이자 이성적인 '현실(실재)'이다. 뛰어난 지식인은 자신의 개성을 유지하고 자아를 유지하기 위해 언어로 구성되기보다 언어를 구성한다. 지식인은 여성에 비유된 말의 오용에 맞서 승리를 거둔 자이다. 이 모든 논리는 하나의 비유일 뿐 실재에 근거하지 않았기 때문에, 여성은 남성의 위치에 설 수 있고 당연히 개인이 될 수도 있다.

앙리 베르그송은 이와 다른 관점에 서 있었지만, 르 봉과 동일한 담론 장場 안에 있었다. 베르그송은 당대 가장 유명한 철학자였다. 1903～1907년 콜레주 드 프랑스에서 한 강의는 "학생, 성직자, 지식인, 사교계 여성" 등 많은 청중들을 매료시켰다.[25] 그가 쓴 책 역시 널리 읽혔고, 그는 국제적인 명성을 얻었다. 르 봉과 마찬가지로, 베르그송은 개인주의의 주창자였다. 다만 그와 다른 점이 있다면, 무의식적인 직관을 개인주의의 핵심으로 여겼다는 점이다.

무의식적 직관과 같은 정서 작용은 그것에 이름을 부여하는 순간, 그 고유성을 상실하고 만다. 왜냐하면 말은 영혼의 순수성을 (일반화함으로써) 그릇되게 표상하기 때문이다. 르 봉과 마찬가지로, 베르그송은 상징적 범주의 오인 효과를 강조했다. 의미화에 대한 비판적 접근은 르 봉과 동일하다고 할 수 있다. 그러나 베르그송은 언어를 이성의 산물, 인지 분석의 도구로 여겼다는 점에서 르 봉과 다르다. 시시각각 분출되고 달라지는 감정의 소용돌이를 고정된 범주로 한정하여 모든 개인의 고유한 감성, 곧 현실을 사라지게 하는 것이 합리주의자의 명명하기다.

르 봉에게 반성성reflexivity은 개인을 형성하는 동력인 반면, 베르그송에게는 실제 사물을 평균적 인식으로 대체하는 파괴력(집단적인 힘)일 뿐이다. 감정은 쉼 없이 움직이고, 전前의식이자 전前 언어적인 상태에서 능동적인 힘으로 화하며(이것은 음악에 비유할 수 있을 텐데, 음악은 언어 없이 내면의 심오한 감정을 끌어올려 표현한다), 진정으로 자유로운 개인은 이렇듯 지속적으로 생성하는 과정에 있다. 이러한 자유를 제한하고 자아의 완전한 성취를 가로막는 것이 기성의 사고와 "몸에 밴 습관"(사회는 질서라는 명목으로 이를 자동화한다), 그리고 반성reflexion이다.[26]

범주와 습관은 언어로 전달되고, 이 집단성이 개인을 억압한다. 그러나 창조적 충동은 억압될 뿐, 인간의 본질은 "삶의 약동élan vital"으로 집약된다. 이 때문에 언어와 단순한 생계를 뛰어넘을 때, 개인은 고유한 자신으로 자리매김한다. 상징이나 범주가 모든 개인의 언제나 변화하는 현실을 충분히 포착하기 힘들다는 점은 여기서 재확인된다. "인과성과 자유, 개성의 문제에 내포된 모순은 이 때문인 고로, 상징적 표상을 본래적 자아, 고유한 자아로 대체하면 이 문제는 저절로 해결될 것이다."[27]

논리적으로 젠더는 이러한 상징적 표상, 즉 개인이 "본래적 자아"를 지각하지 못하게 하는 "획득된 규범"에 속한다. 그러나 베르그송은 젠더 문제로까지 논의를 확장하지는 않았다. 대표적인 합리주의자〔20세기 전반 사상가이자 작가인〕쥘리앵 방다Julian Benda와〔1940년까지 영향력을 행사한 반공화정 우익단체〕'악시옹 프랑세즈Action française'의 핵심 인물인〔열렬한 왕정주의와 국가주의를 주장한 시인이자 사상가〕샤를 모라스Charles Maurras가 베르그송의 철학을 "여성적" 문체와 내용이라고 악의적으로 매도했을 때, 여기에 대응한 베르그송의 태도가 이를 분명하게 보여 준다. 베르그송은 자신에게 쏟아진 비난을 방어하며, 성들 간의 범주적 구분을 암암리에 시사했다. 이런 범주화는 그의 철학에 내재되어 있는 것이었다. 그는 "감성에 대한 강조가 주종을 이루는 정신분석학"은 "여성적인" 것으로 배척되어 방기되는데, 이러한 방기는 오해에서 비롯된다고 말했다.[28]

베르그송은 역동적이고 창조적인 감정에 주목했다. 이것은 여성이 경험하는 외적인 느낌feeling과는 다르다. 감정은 "지성의 요소와 결합하여 생생한, 아니 더 정확하게 말하면 활력을 불어넣는다." "두 성의 비교 연구에 착수하느니" 베르그송은 이전의 주제를 다양하게 변주한다. 그는 (일반의 상식과 정반대로) 남자와 여자가 모두 이성적이라고 판단한다. 오히려 여자는 "감정emotion이 덜 발달되었다." 남성의 심오한 감수성과 여성의 "변덕"이 서로 대비된다.[29] 여기서 감성sentiment은 개인의 고유한 형식으로 (남성의) 창조력이 되는 반면, 이성은 보통 인간이라면 누구나 지니고 있긴 한데 이 이성은 자아의 완전한 표현(과 감각)을 가로막는다.

이러한 베르그송의 철학에서, 성차는 의미화 이전의 타고난 차이다. 이것은 르 봉과 하등 다르지 않다. 뿐만 아니라 베르그송의 철학은 개인을 집단의 한 구성원으로 축소하는 이전의 범주들 중 일부로 기능한다. 집단적인 재현에 저항하거나 초월하는 내면에서 개인성의 지표들을 추출하는 베르그송 철학의 핵심 요지 때문이다. 남성과 여성의 육체적 차이로 남성과 여성을 정의하는 베르그송 철학은 당대의 표상을 고스란히 반복하고 있다.

개인을 무의식과 상반되게 구성한 르 봉이나 개인을 무의식의 실현으로 보는 베르그송 모두, 집단적이며 관습적인 표상 형식들을 거부한다. 개인은 뛰어난 지성이나 감성으로, 집단 호명으로 창출되는 강압적인 대중성과 거리를 둔 채 자신을 보호할 줄 알아야 한다. 베르그송은 "개인의 사고는 언어로 전부 발화되지 않는다."고 썼다.[30] 그 의미를 상대화하여 표상 형식들을 뒤흔들어야 한다("말이란 … 시대와 사람에 따라 무한하게 변화하는 유동적이고 가변적인 것"이라는 르 봉의 언급처럼).[31] 한편 젠더라는 자연화된 범주가 일련의 대립쌍을 구축하는 가운데 개인이 만들어진다. 이 때문에 언어적 표상에서 젠더 자체의 위상은 결코 흔들리지 않는다.

상상된 규범,
심리적 성[性]

적어도 남성, 남성성, 개인성을 동일시하는 사람들에게 젠더가 문제로 떠오를 리 없다. 개인성의 배타적인 구축이 모순적이라고 느낀 사람들은 언어에 대한 개인주의자의 날 선 비판을 자신들의 주장에 활용했다. 개인주의 철학에 부합하는 20세기 초의 개인주의 격언을 만들어 내려고 한 페미니스트 마들렌 펠티에가 그 전형적인 예이다. 펠티에는 성차를 "심리적 성"으로 규정했다. 즉, 생리학과는 무관한 상상된, 사회적으로 훈육된 일련의 후천적인 규범이다.[32] 펠티에는 성을 성별화된 육체와 동일시하는 사회 통념은, 개인성을 집단 정체성의 초월로 바라보는 현재의 관념과 어긋난다고 주장했다.

펠티에는 (기존의) 여성적 정체성을 거부하고 여성도 개인이 될 것을 촉구했다. 개인의 관점에서 성별화된 육체의 비물질성을 주장했지만, 의미화 작용을 완전히 벗어날 수 없다는 사실도 펠티에는 깨닫고 있었다. 성차와 관련해 중립적인 언어는 결코 존재하지 않기 때문이다. 그래서 펠티에는 자기 스스로 (기존의) 여성성과 결별하려고 남성성을 옹호한다. 이런 점에서 그녀는 자연화된 '성차'의 담론 안에 여전히 머물러 있었다. 급진적 개인주의를 옹호한 펠티에는 성차로 지탱되는 개인 관념의 모순이 (해소되지 않고) 단지 억압되었음을 온몸으로 예증한다. 페미니즘에 개인주의를 전유하고자 했던 그녀의 노력은 개인주의의 억압적 면모를 드러내는 동시에, 그녀가 발 딛고 선 바로 그 개인주의 철학의 비판자로 기능했던 것이다.[33]

마들렌 펠티에는 정신과 의사 수업을 받았다. 그녀가 1902년과 1903년 사이에 정신병원에서 자신도 정신과 수련의 시험을 치르도록 인정해 달라는 운동을 벌인 일은 유명하다(그때까지의 법률에는 이 자리의 후보자가 여성에게 불가능한, "시민적이고 정치적인 권리를 누릴" 것이라고 언급되어 있었다). 그 결과, 그녀는 이전에는 여성에게 허락되지 않았던 전문의의 길로 들어섰다. 그와 동시에 자아에 대한 관념을 포함한 여러 관념의 일시적이고 가변적인 속성을 규명하는 연구에 착수했다.[34] 펠티에는 대부분의 여성들이 당연하게 받아들였던 여성 정체성을 물리적 현상이 아닌 심리 현상으로 다루었다. 여성 정체성이란 여성이 종속된 데 따른 효과이자 원인, 곧 내면화된 억압의 형식이라는 것이다. "나는 지금의 여자들이 싫다."[35]는 니체의 말을 인용해 펠티에는 "나를 분노케 하는 것은 노예 심리"라고 꼬집었다. 그녀는 여성 차별의 기호에서 벗어나 여성을 재-현re-presentation하는 심리학을 창안하려 했다. 이 목표는 개인성을 최대한 실현하는 것이었다. 그러나 개인성이 남성성으로 표상되고, 남성성이 누구나 획득할 수 있는 보편주의와 등치되자, 여성적 차이에 대한 거부는 남성성에 대한 옹호로 직결되고 말았다. 펠티에가 남성성과 여성성을 남녀의 생물학적 육체와 분리했던 이유가 여기에 있다. 양성은 모두 남성성을 최대한 확장해야 한다. 펠티에는 페미니스트들에게 "남성이 될" 것과 그

딸들을 "소년"으로 키우라고 요구한다. "사회적으로 남성이 되어야 한다."[36] 물론 여성이 "사회적으로 남성"이 된다고 해서 차이로 유발된 모든 문제가 해결되지 않을 것임은 두말할 나위가 없다.

학생 시절, 펠티에는 젊은 의학도로서 여성을 재규정하는 데 전력했다. 그녀는 자연인류학자인 샤를 르투르노와 레옹스 마누브리에Léonce Manouvrier의 지도 아래, 성이나 인종으로 뇌 크기를 변별하고 이 차이에 따라 성과 인종의 지능을 세분하는 연구 방식에 오류가 있음을 발견했다. 1900년에 출판된 일본 남녀의 골격 연구에서, 그녀는 골격의 부피, 특히 대퇴골과 뇌 크기를 상호 비교하는 실험을 했다. 그 결과, 여성의 골격에서 뇌 용량이 키와 신장에 비해 상대적으로 크다는 점이 드러났다. 그런데 펠티에는 이 실험 결과를 가지고서 여성의 지능이 더 뛰어나다고 결론짓지 않았다. 오히려 "남녀의 골격 분포와 신비로운 인체 법칙은 알려지지 않은 만큼 낯설다."며 가볍게 지나쳤다.

펠티에는 성이 아닌 체격의 차이에 주목했다. "만약 여자의 두개골이 대퇴골보다 무겁다면, 이는 여성이기 때문이 아니라, 여자의 근육 조직과 뼈가 남자보다 덜 발달되어 가볍기 때문일 것이다."[37] 그녀는 골격의 차이가 남녀 혹은 인종 간의 차이보다 훨씬 중요하다는 생각을 견지했다.[38] 요컨대 그녀는 뇌 크기가 지능을 좌우한다는 통념에 반대했다. 기질, 에너지, 지각 속도를 포함한 의식적이고 무의식적인 감각 — "이러한 정신 작용은 아직 제대로 밝혀진 바 없다." — 을 모두 뇌 크기로 환원할 수 있단 말인가?[39]

다른 과학자들이 두개골 측정법을 포기한 뒤에도 오랫동안 이 핵심 쟁점은 펠티에의 작업 전반을 가로지른다. 성과 인종에 대한 인류학적인 분류는 성격이나 행위를 외형적인 육체적 차이로 돌려 버리는 오류를 범한다. 그녀는 생물학적 성으로 여성을 낙인찍는 모든 사회 정책에 반대했다. 교육과 취업에서 여성을 차별하고, 병역에서 여성을 배제하며, 피임과 낙태를 제한하는 모든 사회정책을 비판했다. 그러나 법이 권력의 특권화된 장소라는 점에서, 정치적인 권리 박탈이 가장 먼저 논의되어야 한다고 생각했다. 여성은 이제까지 개인으로 인정받지 못하고, 다만 집단적 정체성 안에 뭉뚱그려졌다. 따라서 투표권은 여성 혹은 여성적 차이female/feminine difference를 구조적으로 뒷받침하는 요소 중의 하나를 제거함으로써, 여성을 "남성화"하는 효과를 거둘 수 있다고 펠티에는 생각했다.

(특히 제1차 세계대전 전) 참정권이 페미니스트들의 전략에서 중요한 위치를 차지했고 그녀 역시 구조적 변화가 선행되어야 한다고 주장하긴 했지만, 그렇다고 펠티에가 심리학의 중요성을 간과했던 것은 아니다.[40] "성차의 뿌리 깊은 연원은 무엇보다 사회적 산물이다."[41] 펠티에는 여성 행동과 주체성에서 여성적 차이를 제거하여 그 간극을 없애고자 했다. 여성성은 사회적으로 구성된다. 여성이 사회의 규범을 흡수하여 이 여성적 차이를 반복하여 연출함으로써 이에 기여해 왔기 때문에, 페미니스트의 임무는 이른바 여성적 행동이라고 불리는 것을 가급적 금지하는 데 있다. "유아의 행동 양식을 관찰한 보고서에 따르면, 유아기 때 아이들은 성에 상관없이 모두 동일한 심리를 보인다. 심리적 성, 그리고 여성의 심리적 성을 열등하게 만드는 원천은 다름 아닌 어머니다."[42] 긴 치마, 꽃과 새로 장식된 모자를 걸치고, 조신한 걸음걸이와 교태 섞인 온화함으로 말과 감정을 극도로 자제하며, 여

자가 해서는 안 되는 밤 외출을 삼가고 카페에 출입하기보다 갈증을 참을 줄 아는 이런 사소한 듯 보이는 행위들이 "심리적인 성차를 만드는 규범들이다."[43]

적어도 펠티에가 보기에, 페미니스트의 중요한 임무는 이러한 행위들을 분석하여 다른 대안을 모색하는 것이다. 정신분석학자와 똑같이, 페미니스트는 무의식적인 행위(너무 익숙해져서 의식적으로 성찰하지 못하는 행위)에 감춰진 동인動因을 밝히고, 이를 통해 몸에 밴 여성성에서 벗어나 여성의 새로운 주체성을 창출해야 한다. 펠티에의 합리주의적 면모를 분명하게 엿볼 수 있는 대목이다. 모든 운동과 마찬가지로, 지식인(지식인은 타고난 사회적 정체성의 범주를 벗어던질 수 있어야 한다)은 대중을 지도할 수 있어야 한다(오랫동안 개별 엘리트들이 사회 발전을 이끌어 왔던 것처럼).[44]

새로운 심리학, 딸들을 위한 페미니스트

페미니스트 어머니들이 딸들에게 다른 심리학을 가르칠 수 있도록, 펠티에는 1914년에 《딸들을 위한 페미니스트 교육L'éducation féministe des filles》이라는 입문서를 썼다. 새로운 심리학은 딸들에게 남성과 공유할 수 있는 이름(Paul/e 혹은 André/e, René/e처럼)을 지어 줄 때, 지나친 애정과 보살핌을 쏟지 않을 때, 고통을 의연하게 이겨 나갈 수 있도록 가르칠 때 완성된다. 나아가 펠티에는 설혹 여자를 무시하는 경향이 있더라도 여선생님보다는 남선생님에게 배우는 것이 여자아이들에게 더 낫다고 강조한다. 여자아이들도 권총 사용법을 포함하여 엄격한 신체 훈련을 받을 필요가 있다. 총은 자신을 방어하며, 자신감과 용기를 심어 준다. 여자아이(혹은 여성)의 손에 들려진 총은 그녀의 힘을 가시적으로 보여 주는 증거, 즉 남성과 동등함을 보여 주는 남근의 표지가 된다. "총기 사용의 위험성과는 별개로, 총은 심리적 역량을 배가한다. 더 큰 자신감을 갖게 되는 것이다."[45]

확고한 내면과 강인한 육체는 펠티에의 프로그램 중 일부에 불과했다. 여성의 재현 또한 더 근본적으로는 노예 상태를 자유민의 상태로 바꾸려는 실질적인 목표에 이바지한다. 펠티에는 1800년에 제정된 여성의 남성복 착용을 금지한 법의 시행을 막으려고, 1896년 초에 청원서를 제출한 여성해방연맹과 개인주의 페미니스트의 논의를 더욱 확장시켰다.[46] 이들 여성해방연맹과 개인주의 페미니스트들은 여성이 운동경기에 참가해 더 건강한 생활을 영위할 수 있도록 여성의 바지 착용을 강력하게 요청했다. 바지는 자유로운 활동을 보장해 줄 뿐만 아니라 심리적 효과까지 있다. 여성의 남성복 착용은 여성이 남성 욕망의 일차 대상이 아니라 자율적 존재임을 분명하게 보여 줄 것이기 때문이다.

펠티에는 (여성) 정치 해방에 대한 폭넓은 지지를 이끌어 내겠다며 "여성으로 남고자" 했던 페미니스트들을 비웃었다. 이들의 여성적 전략 자체를 불신했다. 남성에게 잘 보이려고 짧은 치마를 멋지게 차려입은 이들의 모습은 그녀를 격분시켰다. 참정권 확대를 위한 거리 행진에서, 잘 꾸민 마차를 타고 예쁜 옷을 입은 여성들이 군중에게 꽃을 던지면 어떻겠느냐는 제안에 그녀는 격분했다. 그녀는 의회 시위를 준비하던 페미니스트들이 잘생긴 젊은 대표자의 눈길을 사로잡기 위해 (아니면 적어도 동정을 얻으려고) 모자에 수를 놓는 모습을 조롱조로 묘사했다. "만약 모든 페미니스트가 이러하다면, 남성 특권의 유지를 바라는 사람들은 긴 잠에 빠져도 아무런 타격을 입지 않을 것이다."[47]

그녀는 동료에게 강간당한 우체국 여직원의 낙태 부탁을 일언지하에 거절했다. 두 사람은 함께 시위에 참여하던 중이었다. 펠티에는 그 여직원이 페미니즘을 공공연히 말하고 다니는 데 반감을 가졌다. 그 여직원은 머리에 파마를 하고, 깃털 달린 모자를 쓰고, 립스틱을 바르며, "여자는 여자로 남아야지" "남자가 되려고" 해서는 안 된다는 말을 해댔다. 펠티에는 말했다. "나는 자업자득이라고 생각한다. 기껏 절반뿐이겠지만, 모든 페미니스트들이 똑같이 당해도 싸!"[48]

여성성의 재연 자체에 대한 펠티에의 뿌리 깊은 불신은 세계적으로 유명한 사회주의 페미니스트들이 참여한 국제회의장의 모습을 우스꽝스럽게 묘사한 다음 예문에서 더욱 두드러진다.

보통 사회주의자 여성들은 성적으로 자유분방하게 보이지 않으려고 매우 조심한다. [폴란드 태생의 독일 혁명가] 로자 룩셈부르크Rosa Luxembourg는 긴 드레스를 입고 긴 머리에 베일과 꽃이 달린 모자를 쓴다. 요즘 모자들은 큰 핀으로 고정하는데, [독일의 여성해방 운동가] 클라라 체트킨Clara Zetkin이 연단에서 연설할 때 그녀의 큰 동작은 모자를 오른쪽에서 왼쪽으로 돌려 놓아 우스꽝스러움을 자아낸다. 칼 마르크스의 딸

라우라 라파르그Laura Lafargue는 이 회의의 부회장이다. 그녀는 두꺼운 베일로 얼굴을 가리고 등장하는데, 멀리서 보면 옷 뭉치로 보인다.[49]

여성성의 스펙터클화, 복장도착

펠티에는 베일, 드레스, 모자, 꽃 등이 여성성을 스펙터클화한다고 믿었다. 여성 종속의 원천인 무가치한 차이의 표지들이었다. 여성은 이것들에 둘러싸여 자신의 독자적인 시각을 차단당한다. 베일은 짧은 드레스만큼이나 무가치하다(여성스러운 옷을 걸칠 때마다 여성 육체는 이미 대상화되기 때문이다). 펠티에는 데콜타주décolletage(목선을 어깨 밑까지 드러낸 여성복)에 분노하는 이유를 친구인 [페미니스트 저널리스트] 아리아 리Arria Ly에게 이렇게 털어놓았다. "나는 도저히 이해가 안 간다. 왜 여자들이 자신의 가슴을 전시하는 비참한 노예 상태를 전혀 깨닫지 못하는지. 나는 자신 있게 어떤 종류의 바지를 택해 입는 남성처럼 나도 그렇게 나 자신을 자신 있게 드러낼 것이다."[50]

이런 비교는 의복과 성차 간의 핵심적인 관계를 예증해 준다. 여성은 자신의 육체 전부를 전시하고, 성적 효용을 증명하는 관능적인 (따라서 멋진) 베일로 얼굴을 가린다. 이러한 옷차림은 여성을 남성 성욕의 대상으로 만들 뿐이다. 권력의 부재를 만천하에 드러내며 말이다. 사회주의자 여성들의 옷차림은 공적인 발화와 이 발화가 겨냥하고 있는 발언 내용의 강도를 현저히 떨어뜨린다. 이와 대조적으로 남성의 권력은 그들 육체의 한 부분을 보호하는 바지에서 나온다. 남성의 옷차림이 이들을 욕망하는 주체로 만든다. 이러한 설명으로 남성성과 남근적 권력 간의 마술적인 동일시가 이루어진다. 자크 라캉Jacques Lacan은 "남근"이 "베일에 가려서만 기능한다"[51]고 지적한다.

남성 우위는 해부학적인 페니스가 상징적 남근이 되는 판타지에 기초하며, 그 결과 남성은 강력하고 자율적인 개인으로 정초된다는 것이 라캉의 설명이다. 그의 설명에 따르자면, 사실 남성은 법(거세 위협을 통해 복종을 강요하는 아버지의 법)에 자신을 맡겨 버림으로써 자율성을 포기하게 된다. 남성은 아버지의 법을 받아들이고, 이 권능과 자신을 상상적으로 동일시하는 과정을 겪으며 모두 형제애로 맺어진다. 남성 정체성은 남성들의 시민권(정치체에서는 구성원의 자격 여부가 남근의 소유를 보증한다)처럼 긍정적으로 나타나기도 하고, 타자로 규정된 여성을 배제하는 부정적인 형태로 발현되기도 한다. 왜냐하면 음경의 결여가 곧 남근의 결여로 잘못 인식되기 때문이다. 그러나 남성 정체성은 불안정하다. 남성이 남근의 부재를 은폐하는 동시에 남근(음경이 보증할 수 없는 상징적 능력)을 가지고 있다는 환상을 계속 유지시켜야 하기 때문이다. 라캉에 따르면 "드러남appearing"은 "남근을 보호하기 위해 '소유having'를 대체하고, 다른 한편으로 남근의 부재를 은폐한다."[52]

'드러남'과 '소유'에 관한 이러한 다중성 안에서, 펠티에는 남성 권력의 원천뿐만 아니라 여성이 이를 주장할 기회를 포착하려 했다. 여성이 남성 복장을 할 때 이 주장은 상징성을 획득한다. 여성 육체에 '남성en homme'을 다시 입히는 것은 여성의 자율성과 개인성을 보여 줄 것이다(이것은 중립적이지도 무성적이지도 않다). 이 과정은 가능한 한 빨리 이루어져야 한다. 여자아이가 짧은 머리와 남자 아동복을 입도록 페미니스트 어머니들은 주의를 기울여야 한다. 페미니스트는 복장에서 여성성의 기표를 포기해야 한다. 그래서 펠티에는 제1차 세계대전 이후 "모던한" 여성들 사이에서 유행했던 짧은 머리와 빳빳한 칼라, 타이, 슈트 코트를 훨씬 이전부터 실천했다.[53](20세기 초 파리에서는 여전히 여성의 바지 착용이 법으로 금지됐지만, 펠티에는 자주 바지를 입었다).

펠티에는 복장도착을 규범의 위반으로 인식했지만, 그것은 비난하는 군중의 면전에서 자신의 개성을 확립하는 하나의 방식이었다. "부자연스러운 칼라와 짧은 머리를 한 사람은 자유와 권력을 모두 획득한다. 자, 봐라! 나 또한 짧은 머리와 부자연스러운 칼라를 걸치고 바보와 멍청이들 앞에 서 있지 않은가! 거리에서 훌리건과 앞치마를 두른 여성 노예가 아무리 공격해도 나는 용감하게 맞서리라."[54] 복장도착은 펠티에의 페미니스트 정치학을 구성하는 핵심 요소였다. "마치 수녀가 자기 복장으로 그리스도를 드러내듯이, 혁명가가 붉은 장미를 꽂는 것처럼, 나는 나의 이상을 구현하고 싶다. 나는 자유의 외적 의장儀裝을 걸치고, 자유를 욕망하고 있음을 공표하고자 한다."[55] 1919년 펠티에는 이렇게 썼다. "내 복장은 남성에게, 내가 당신과 동등한 동료임을 말해 준다."[56]

남자로 성공적으로 변모했을 때, 펠티에는 기뻐했다. 몇 가지 사례가 말해 주듯이, 그녀의 외모가 그녀를 위기로 몰아넣기도 했지만 말이다. 국제노동자연맹 프랑스 지부의 집행위원회(1909년에서 1911년까지 그녀는 이 위원회의 유일한 여성 위원이었다) 회합에 남성 복장으로 참석했을 때, 펠티에는 오랜 꿈을 실현했다. 그러나 그녀는 정치 스파이로 취급됐고, 가까스로 이 위기를 넘겼다(이런 어려움을 피하기보다, 오히려 상말을 거침없이 퍼붓고 그녀를 공격하는 사람들과 주먹을 주고받는 등 펠티에는 남자들처럼 공격적으로 반응했다).[57] 1914년 낭시의 적십자사에서 근무하는 동안에는 적의 대변자처럼 취급됐다. "남성적인 외양 때문에 나는 고함을 질러 대는 2천 명의 군중들에게 둘러싸였다. 중년 여성들은 내 상의를 잡아끌며 나를 거칠게 밀어붙였다. 나는 한 사무원의 자동차에 올라타 가까스로 위기를 모면했다."[58] 그녀는 이때의 경험으로 좀 더 신중해졌다. 1921년 그녀는 여권 없이 소비에트 연방을 여행하던 차에 몰래 유럽을 횡단하려고 했다. 그래서 자신이 혐오하는 가발을 쓰고, 스타킹을 신고, 치마를 입은 채 "다른 여성과 똑같이 한 명의 여성으로" 위장해 이동하였다.[59] 이것은 그녀가 평소에 보이던 공격적인 태도까지 적당히 무마해 주었다(그녀는 이런 여성적 재현물들이 불편했다. 그녀 스스로 느끼는 정체성과 이 여성적 재현물이 상충했기 때문에 더욱 그랬는지도 모른다).

이 '여행'(주디스 버틀러가 '통과'라고 했던)의 경험은 펠티에가 처한 상황의 불변하는 특징을 잘 말해 준다. '남성' 복장을 했건 혹은 '여성' 복장을 했건 간에 펠티에는 관습을 조롱하고, 사회적으로 규정된 정체성과 그녀가 욕망하는 정체성 간의 불일치를 봉합했다.[60] 그러나 여행이 완전히 성공적인 모험이었다고는 말할 수 없다. 다만, "내가 보여 주고 싶은 개성을 연출하는" 과정에서 "이를 약간이라도 실현하게 된다."[61]고 펠티에는 지적한다. "약간"이라는 단어는 이 기획의 양가성을 적시해 준다. 이러한 양가성은 펠티에에게 욕망과 쾌락의 원천이었다. 남자 복장을 하고 밤에 유곽을 어슬렁거리며, 펠티에는 매춘부가 자신을 남자로 오해하면 매우 즐거워했다. 펠티에는 "매춘부들이 나를 '오빠big boy(mon gros)'〔말하자면 '대물' 정도〕로 부른다."며 친구 아리아 리에게 자랑했다. "그들이 나를 보고 날씬하다고 하는 것이 더 좋지만, 이것도 보이는 그대로의 내 모습이다."[62]

펠티에의 퍼포먼스는 성차로서의 남성적 정체성이라는 관념을 재생산했다(그녀가 어떠한 "리비도적" 투사도 분명하게 거절했을 때조차도). 한 여성의 이러한 욕망은 소유한 것처럼 여겨지는 남근을 진짜로 소유했다는 확신을 준다. 따라서 그녀 자신을 '남성'으로 재-현하는 행위는 역설적으로 그녀가 없애고자 했던 젠더 차이에 정초한다. 그녀의 모방은 남자가 되고자 하는 갈망의 한 표현이었다("아, 나는 왜 남자로 태어나지 못했단 말인가? 내가 여자로 태어난 일은 내 인생에서 가장 불행한 사건"이라고 펠티에는 리에게 토로했다).[63] 하지만 동시에 남근적 외양이 얼마나 취약한지를 폭로하는 계기로 작용하기도 했다. 펠티에역시 이러한 모순을 감지하고 있었다. 남성 복장은 남성과 현저하게 차이 나는 여성 육체를 가렸다. "나는 작고 뚱뚱하다. 나는 내 목소리가 싫기 때문에 아무도 나를 발견하지 못하게 재빨리 거리를 지나쳐 간다."[64] "남자 복장을 한 여자"의 형상은 남근의 결여를 드러내는 동시에 은폐하면서, 본질적으로 베일에 싸인 남근의 양가성을 수행함으로써 생물학적 신체와 상징적 권력(즉, 음경과 남근) 간의 연관성에 저항한다.[65]

신체와 욕망에 대한
재량권

펠티에는 생물학적 신체가 사회·정치와 아무런 연관성이 없음을 남성 복장으로 명시하려 했지만, 그녀의 성적 취향에 대한 논란은 피해 갈 수 없었다.[66] 펠티에는 남자 복장을 한 자신의 초상화를 아리아 리에게 보내고, 자신이 사랑에 빠진 것은 아니라고 농담했다. "레스보스 섬[기원전 600년 무렵 여성 시인 사포가 살았던 섬. 이 섬에 많은 여성 동성애자들이 살았다고 하여 여성 동성애 '레즈비언'의 어원이 되었다]으로의 항해가 키테라 섬[사랑의 여신 아프로디테를 섬기는 성전이 있다는 전설의 섬]으로의 항해보다 나를 더 유혹하지는 않는다."[67] 경찰 보고서는 펠티에를 동성애자로 지목했지만, 그녀는 20세기 초 파리에 "레스보스의 이름을 따서" 만들어진 (레즈비언) 클럽에 자주 출입하지 않았다.[68]

오히려 펠티에는 자신이 독신자라고 주장했다. 그러면서 독신이 반드시 순결을 의미하지는 않는다고 주장했지만, 자신이 어떤지는 분명하게 밝혔다. "나는 내 성기 감각을 훈련받을 생각이 없다." 1908년 그녀는 리에게 이렇게 썼다. "내 선택은 여성의 불평등한 상황이 초래한 결과"[69]라는 것이다. 25년 후 성적 표현을 할 수 있는 여성의 권리가 꽤 신장되었음에도 불구하고, 펠티에는 훨씬 더 과격해졌다. "나는 여성이 자신의 신체에서 자유로워져야 한다고 믿지만, 이러한 자궁 성교는 나를 더욱 혐오스럽게 한다."[70] 만약 펠티에가 "레즈비언은 여자가 아니"라는 [2003년 사망한 프랑스 작가이자 페미니즘 이론가] 모니크

위티그Monique Wittig의 충격적인 발언을 들었다면, 레즈비언의 정체성 논쟁에서 다른 입장을 취했을 것이다.[71]

20세기 초 파리에서 레즈비언이라고 선언하는 것은, 펠티에가 보기에 아무리 동성애자라고 해도 (나탈리 바니Natalie Barney[20세기 초 파리에서 유명 살롱들을 운영한 미국 출신 동성애자]와 콜레트Colltte[19~20세기 프랑스 소설가] 같은 상류계층의 취향으로서) 자신의 여성성을 강화하거나, (래드클리프 홀Radclyffe Hall[영국 레즈비언 작가]과 로메인 브룩스 Romaine Brooks[20세기 초·중엽 상징주의 학파에 속하는 양성애자 화가로 나탈리 바니의 애인], 마르키스 드 벨뵈프Marquise de Belbeuf[19세기 프랑스 정치가 샤를 뒤크 모르니의 딸로, 남성 복장을 하고 다녔으며 '콜레트'와의 연애 사건으로 유명]의 태도에서 드러나듯) 자신의 성욕을 강조하는 것에 지나지 않았다.[72] 이러한 선택을 어떻게 받아들이든지 간에, 펠티에의 관점에서 여성성은 여성을 성적 욕망의 열등한 대상으로 만드는 데 기여할 뿐이라는 점에는 의심의 여지가 없었다.

덧붙여, 펠티에는 동성애를 비정상성(그럼에도 관대함을 베풀어야 하는)으로 여기는 일반적인 견해에 동조한 것처럼 보인다. 동성애는 공평한 사회를 만들면 자연스럽게 치료될 것이라고 펠티에는 생각했다. 1932년 펠티에가 쓴 유토피아 소설《새로운 인생Une vie nouvelle》에서 레즈비언은 적당한 남성 배우자를 찾지 못한 독신 여성이거나, 불륜을 저지른 남편에게 멸시받고 그 위안을 여성과의 교제에서 찾는 기혼 여성으로 묘사된다. 여성이 "성 해방", 즉 남성과 동등한 지위를 얻게 되면, 여성 동성애sapphism는 점차 사라질 것이다.[73] 주체성에서뿐만 아니라 복장과 태도에서 남성과 여성 간의 유사한 정체성은 이성애와 동성애 간의 구별을 없애는 데 일조할 것이다. 개인을 "사회의 기초 단위"[74]인 가족으로 대체하고, 개인을 "심리적 성"과 거의 구분하지 않으며, 남자를 생산과 연결시키고 여자를 재생산과 결부짓는 한, 어차피 모든 성적 관계는 결국 동성애적 관계가 아닐까?

여기서 펠티에는 욕망의 복합적인 관념을 염두에 두고 있었던 듯하다. 타고난 차이가 존재하긴 하지만 성차의 엄격한 범주가 허용하는 것보다 더 유연한 차이를 의식하고 있었다는 뜻이다. 그렇기 때문에 더욱 사회의 모든 성차를 없애기 위해 사회적·정치적 평등을 달성하고자 노력했고, 그녀가 호소해 온 개인의 관점에서 이성애와 불평등 간의 상호 연관성을 폭로했다.

그러나 그녀는 유토피아적인 미래로서 동성애를 차용하거나 이를 계획하지는 않았다. 《새로운 인생》에서 동성애가 "시민권을 획득하게" 되는 때를 상상하긴 했지만 말이다. 미래의 지도자들은 동성애를 "정상적"이지 않은 것으로 낙인찍기보다 "동성애의 미성숙함과 변덕스러움이 자기통제와, 금지와 허용의 판단을 흐리게"[75] 할 뿐이라고 인식했다. 이러한 포용력에도 불구하고, 펠티에는 동성애를 주변적인 문제로 인식하고 있었다. 실제로 중요한 문제는 이성애적 관계가 개혁될 수 있는지의 여부였다.

원칙적으로 펠티에는 그럴 수 있다고 생각했다. 여성은 결국 성적인 존재이다. 그러나 펠티에의 생각이 동료들에게는 꽤 충격적이었던 모양이다. "여성은 욕망한다. 성적 충동이 또한 그녀를 깨운다."[76] 1931년 그녀는 성이 "매우 강력하다는 것, 프로이트는 기존에 우리가 알고 있었던 것보다 훨씬 더 성이 강력하다는 사실을 알려 준다."고 썼다.[77] 성적 존재로서, 여성은 "사랑할 권리"가 있다. 이러한 권리의 실천이 폄하될 필요는 없다. "해방된 여성은 그녀가 욕망하는 성적 발현을 군이 위축시키지 않는다. … 성행위는 일방적인 증여가 아니다. 그것은 다른 두 성의 일시적인 만남이다. 이 목적은 당연히 쾌락이다."[78] 결혼하지 않았을 뿐만 아니라 그녀를 제약하는 가족도 없고, 온전히 자기충족적인 경제활동을 영위하는 여성은 남성과 똑같이 쾌락을 즐길 자격이 있다. "만약 가족이 더 이상 존재하지 않는다면, 프로이트가 묘사한 가족 간의 증오는 종식될지도 모른다."[79]

펠티에는 성별화된 여성 육체의 문제를 약화시키고자 했지만, 그럼에도 이 문제에 지속적으로 부딪힐 수밖에 없었다. 만약 개인성이 달성된다면, 만약 개인성이 완전한 자율성을 의미한다면, 자아와 육체의 현상학적인 표현 사이의 상관성을 그냥 지나치기는 힘들다. 성행위에서 여성의 독자성("성행위는 일방적인 증여가 아니다.")과 이 모든 연관성을 보증하는 것은 다름 아닌 자기 육체에 대한 재량권이다.

여성 육체에 대한 절대적 권리는 여성의 개인성을 육체적으로 외화한 것이라고 할 수 있다. 말하자면 자아를 상실하지 않는 이상, 육체에 대한 어떠한 타협도 있을 수 없다. "개인주의는 각 개인이 온전히 자신에게 귀속되고, 다른 사람에게 자신을 양도하지 않는다고 가르친다."[80] 따라서 펠티에는 재생산이 여성 육체의 한 기능임이 틀림없지만, 그것만이 절대적인 것은 아니라고 말한다. 그녀는 모성을 찬양함으로써 여성의 지위를 고양하려는 페미니스트의 오류를 공박했다. 결국 이러한 페미니스트의 전략은 여성의 열등성을 강화시켰을 뿐이다. 왜냐하면 모든 가치를 육체의 통일성과 자율성을 훼손하는 생리학적 기능에 따라 평가했기 때문이다. "출산이 여성의 사회적 의미를 결코 보장해 주지 않는다. 미래 사회는 모성의 신전을 세울지도 모르지만, 이럴 경우 여성은 그 안에 꼼짝없이 갇혀 벗어나지 못할 것이다."[81]

만약 (종을 재생산할 필요와 때로 성적 쾌락의 의도치 않은 결과로) 여성이 임신하게 된다면, 모성은 하나의 선택일 뿐 의무는 아니다. 국가는 어떤 간섭도 해서는 안 되며, 여성의 선택권을 가로막아서도 안 된다. 이러한 이유로 펠티에는 폴 로뱅Paul Robin[19세기 프랑스 무정부주의자]과 넬리 루셀Nelly Roussel[19~20세기 프랑스 무정부주의자이자 페미니스트]이 제창한 신맬서스주의 단체neo-Malthusian[빈곤과 악덕의 원인을 과잉인구에서 찾은 18~19세기 영국 경제학자 맬서스의 인구론에 근거하여 산아 제한과 수태 조절을 주장]의 일원으로 적극 활동했으며, 임신 3개월이 지나지 않으면 자유롭게 낙태할 수 있는 법령을 제정하고자 노력했다.

인구와 관련한 국가의 이해관계도 자기 육체에 대한 여성의 자율적 통제권을 침해할 수 없다. "무엇보다 개인은 신성하다. … 그가 자식을 낳든 그렇지 않든 간에 개인은 자신이 원하는 대로 살 권리가 있다. 국가적 이해관계로 개인의 자유를 침해한다면, 사람들은 이익보다는 손해를 기꺼이 감수하려고 할 것이다."[82] 펠티에가 보기에 태아의 권리를 존중해야 한다는 의견은 비합리적이다. "일단 태어난 아이는 개인이지만, 자궁 내 태아는 개인이 아니다. 어머니 신체의 일부분이기 때문이다."[83] 어머니의 신체 중 일부로서 태아는 자율적인 실존을 갖고 있지 않다. "임신한 여성은 두 사람이 아니라 한 사람이며, 따라서 머리와 손톱을 자르고 날씬한 혹은 뚱뚱한 몸을 가질 권리가 있다. 신체에 대한 우리의 권리는 절대적인 것이다."[84] 만약 신체에 대한 절대적인 권리가 여성의 개인성을 보증한다면, 추상적인 개인의 (남성적) 지위에 여성이 궁극적으로 도달하기란 불가능하다. 왜냐하면 현재 당면한 육체는 모두 여성적 차이 안에서 받아들여지고 보호되기 때문이다.

개인은 동등하며
성은 존재하지 않는다

이러한 모순을 피하려고 펠티에는 성을 완전하게 극복할 방도를 찾는다. 비록 성적 욕망을 관대하게 수용하고, 쾌락이 동등한 제휴의 유일한 원동력이 되는 때를 상상하긴 했지만, 그녀는 인류가 동물적 습속을 넘어서서 진보하는 날을 상상했다. 성 기능은 "영양분이나 (몸의) 순환처럼 육체적 기능이며", 인간의 가치라는 측면에서 보자면 똑같다. 즉, 필수적이지만 가장 고차원적인 질서는 아니라는 말이다. "성욕은 천부적 기능이지만 고귀하지는 않다."[85]

그녀는 성적 충동이 인간의 행위를 결정한다는 프로이트의 견해가 과장되었다고 생각했다(다른 프랑스 심리학자들처럼 유아 성욕에 관한 프로이트의 이론을 강도 높게 비판했다). 인간의 지력이 중요하면 할수록, 잘 발달되고 원활하게 움직이는 지력은 행복의 참된 원천이다. "동물적 쾌락은 쉽게 소멸되지만 … 정신적 삶은 무한히 변주한다."[86] 그녀는 "성적 가족"을 "지적 가족"으로 대체해야 한다고 주장하며, 다음과 같은 충격적인 발언을 여성들에게 던진다. "어미 새가 새끼를 품듯이 자식을 품는 여성스런 존재가 아닌, 자신의 행복을 독립적으로 설계하고 사유하는 존재가 되어야 한다."[87] 여기서 동물과 인간, 성과 지성, 육체에 봉사하는 존재인 어머니와 자신의 운명을 개척하는 정신적 존재인 전문가가 분절되고 있다.

육체의 이러한 물질성 때문에 펠티에는 성을 완전히 제거하고자 했다. 그녀는 지식을 그 대안으로 내세운다. 딸의 선택을 전적으로 존중해 주는 페미니스트 어머니를 재천명했던 이유 역시 이와 무관하지 않다. "금욕의 위험성을 경고한 의사들은 모두 남자였다. 여성의 성적 충동은 이들의 주장과 달리 본래적이지 않다." 금욕적 삶의 유일한 단점은 고독이다. 하지만 고독은 다른 이들과 함께 생활하는 젊은 여성에게 별 문제가 되지 않는다.[88]

펠티에의 자전적 소설인 《독신 여성La femme vierge》에서 여주인공은 애정의 덫을 거부하고 진정으로 독립적인 생활을 향유한다. 소설책을 보다가 성적 감정을 유발하는 내용이 나오면, 곧바로 책을 덮는다. 때로 그녀는 "야한 꿈을 꾸지만",[89] 건강이 악화되는 일은 없다.

그녀에게 성욕이 없지는 않다. 그녀 또한 욕망이 있다. 그러나 그녀는 자유롭기 위해 이를 억누른다. 그녀는 이것을 후회하지 않는다. … 마리는 사랑 대신 정신적 삶을 선택한다. 하지만 이런 일을 할 수 있는 사람은 그리 많지 않다. 장차 여성은 사랑을 포기하지 않고도 자유로운 삶을 누릴 때가 올 것이다. 배경을 추구하지 않고 … 여성의 의지로 자신의 성

생활을 향유하며, 이 때문에 비참해지지 않는 그런 날이.[90]

마리의 뛰어난 지성은 아무런 후회도 동반하지 않으며 성적 충동을 승화할 수 있게 한다. ("하지만 이런 일을 할 수 있는 사람은 그리 많지 않다."에서 알 수 있듯이) 다른 사람보다 탁월한 그녀의 지성은 순전히 금욕 덕분이다. "장차" 상황이 달라질지도 모른다. 그러나 그 미래는 무한히 연기되는 것처럼 보인다. 새로운 세계를 향한 비상은 개인성의 재천명, 즉 육체에 대한 정신의 승리, 욕망에 대한 이성의 승리, 여성성에 대한 남성성의 승리를 통해서 가능하다. 이러한 선택은 뛰어난 지성을 가진 여성들만이 취할 수 있고, 그들의 이러한 선택은 변화를 향한 느리지만 거스를 수 없는 흐름이다.

1932년 쓴 유토피아 소설 《새로운 인생》에서, 펠티에는 지금까지 살펴본 쟁점들에 관한 최종 결론을 제시한다. 주인공 샤를 라티에르는 많은 여성들에게 둘러싸인 지적인 남성으로 소설 서두에 등장한다. 그는 과학 연구를 위해 성욕을 포기함으로써 자신의 업적을 쌓는다. 그는 인간 조직의 재생법, 즉 죽음을 물리치고 미래에 재생산의 필요성을 감소시키는 방안을 연구 중이다. 인구 감소의 보편적인 추세와 맞물려 과학의 발전은 미래에 개인성을 점차 증진시키리라 예측하게 한다. "인구 감소"는 "죄악이기는커녕 존재의 보편적 발전에 따른 필연적인 선善으로, 종에 대한 개인의 승리를 증명한다."[91] 이 위대한 승리는 지구상에 사는 사람들 앞에 놓인 더 나은 미래를 일별케 하는 달에서 발견한 정착지로 예시된다. "모든 개인은 동등하며 성은 존재하지 않는다. 재생산은 따뜻한 온도를 유지하는 특별한 시설에서,

개인들이 제공한 생식세포들을 통해 이루어진다."[92]

"모든 개인은 동등하며 성은 존재하지 않는다." 이 말은 성차나 성교가 없다는 의미가 아니라, 개인들만이 존재한다는 뜻이다. 즉, 성이 있는 곳에 개인은 없다. 개인은 성이 없는 곳에서만 개인으로 존립할 수 있다. 성차의 본래적 이원성과 개인성의 필연적 단독성 사이의 모순은 지상이 아닌 달에서 해소된다. 개인성을 향한 마들렌 펠티에의 좌절된 시도는 성차의 억압을 하나의 전략으로 구축하게 한다. 이를 통해 개인을 초월적 인간으로 재현하는 데에 지금까지 은폐해 온 (성) 역할을 가시화하여 드러낸다. 남성성을 보편적 주체로 받아들이는 한편, 성을 초월한 자리에 개인성을 위치짓는 이러한 해결되지 않는 역설이야말로 그녀가 당면한 현실이었던 것이다.

엘리트주의
페미니스트

펠티에가 평등한 개인을 말했을 때, 여기에는 성차별이 없어야 했다. 그러나 그녀는 자연적인 위계질서마저 폐기 처분하지는 않았다. 성화 性化된 육체가 아닌 정신이 사람들을 계층화한다. 이성의 통제력으로 이해하는 지성에 따라 개인과 군중이 분리된다. 지성은 누구나 갖고 있는 보편적 속성이 아니라 몇 사람만이 소유하는 것이다. 그러나 펠티에가 진정으로 의도했던 것은 성에 기초한 범주화를 벗어날 계기였다. 비록 지성이 인간 본래의 자질이라고 해도, 정신은 육체의 한계를 넘어서기 때문이다. "타고난 지적 불평등"[93]은 교육으로 일부 극복할 수 있기에, 사회적 차별에 대한 합의를 도출할 수 있다. 부, 출생, 젠더와는 달리 "이성에 따른 귀족사회"는 자연스럽고, 불가피하며, 또한 유익하다.

뛰어난 지성은 개인성의 지표이다. 관습적인 행동과 태도에 굴복하지 않고, 사회의 "상상적 유대"를 초월하며, 자아라는 유일무이한 실재를 보증하는 창조적 역량이 곧 개인성인 것이다. "나는 오로지 나이다." 펠티에는 데카르트를 의도적으로 전유하여 "나 자신을 성찰하기 이전에는 온갖 종류의 친분이 나를 남성과 사물(타자)에 밀착시킨다고 믿었다. 반성을 거쳐 나는 이런 온갖 종류의 친분이 한갓 환상에 불과하며, 오직 나만이 유일한 실재라는 사실을 깨달았다."[94]고 썼다.

"나는 오로지 나이며, 모든 것은 내 바깥에 있다."[95] 자아는 타자의 통제나 영향력을 초월하는 사적 자산이지만, 이러한 지각은 타자의 존재를 필요로 한다. 펠티에는 개인성이 군중 · 친교 · 사회적 신체 · 국가 등 집단적 대립물의 현존에 좌우되며, 자아와 사회 간의 관계가 위계화된 담론장 안에 있었다. 개인은 군중과 맞설 뿐만 아니라 공화주의의 지배적 인식, 즉 다수결의 원리와 다수의 이름으로 가하는 여러 규제에 저항한다. 이러한 법제화는 개인성과 대립하는 것이다. "개인주의는 보통 사람들이 이해하는 민주주의와 상충된다."[96]

펠티에는 1919년에 개인주의 이론을 정립했다. 무익하고 무가치한 전쟁에 대중을 동원하는 국가의 힘을 통렬하게 깨달았을 때이다. "의무, 헌신, 희생, 나는 너를 모른다. 너는 언어이고, 나는 이것이 나를 우둔하게 만들 뿐이라는 사실을 안다."[97] 그러나 그녀의 개인주의 담론은 애국심에 대한 공격 이상의 어떤 것을 함축하고 있었다. 1919년에 펠티에의 책에서 서술된 엘리트주의는 그녀의 한결같은 주장이었다. 1906년에는 페미니즘을 소수 엘리트의 업적으로 묘사했고, 1912년에는 사회적 진보를 "위인의 승리"로 논평했으며, 1914년에는 "개별 엘리트"가 사회를 변화시킨다는 요지의 발언을 했다. 노동계급 남성의 야만성과 여성의 종속성, "뛰어난 지식인"에 대한 대중의 질투 · 공포 · 증오의 변함없는 모습에 좌절했고, (1922년의 소비에트 연방 여행담에서는) 대중은 "소수의 지식인과 용감무쌍한 사람들이 인도하는 대로 따라가는 것이 가장 바람직하다."[98]고 개진했다.

《새로운 인생》에서 펠티에는 그녀가 상상하는 혁명의 초창기 모습을 남성 성욕의 무제한적인 방출에 비유했다. 자비로운 지도자가 법을 부여하기 전까지, 특히 여성에게는 아무런 피난처도 마련되지 않는다. "밤이면 술에 만취한 일군의 남성들이 자신들의 성기를 노출하며 거리를 활보하고 외설적인 농담을 지껄여 댄다."[99] 남성 성기의 노출은 권력의 소유가 아니라 사회적 · 정치적으로 남근의 부재, 이른바 남근의 결여를 드러낸다. 여성은 남성 복장을 하고, 여성적 자질 혹은 여성적 자질로 여겨지는 것을 없앰으로써 자신을 방어한다. 이러한 방식으로 여성은 강간범의 노리개로 전락할 위기에서 벗어난다고 펠티에는 덧붙였다.

새로운 제도가 출현하고, 여성도 남성과 마찬가지로 아버지가 법을 공표함으로써 출현한 남근과 자신을 동일시하게 된다. 그러나 지도자가 권력을 획득하고 사회를 재구축하자, "좁은 의미에서의 정치"는 사라지고 만다(곧이어 성이 그 고유한 영역으로 회귀한다. 육체의 다른 본질적 기능과 마찬가지로, 사적인 측면에서 동물적 습속이야말로 (인간이) 안주하기 딱 좋다).[100] 사람들은 삶에 안주하며 소수 권력자의 지배에 복종한다. 그들은 아버지의 법을 모방할 욕구조차 없다. "대중은 공적인 일에 아무런 관심도 나타내지 않는다."[101] 엘리트만이 투표권을 행사하고 이들의 지성이 이들의 권력을 합법화한다. 남근은 두 성을 모두 통틀어 지금 소수만이 소유하고 있다. 따라서 활력은 고도의 정신적 자질로 의미화된다.

대중민주주의가 작동하는 방식을 개관하며, 펠티에는 그럼에도 여성의 시민권을 옹호한다. 그녀는 여성의 지위가 갖는 한계를 충분히 자각하고 있었다. 개인성을 "유일한 현실"로 만들려면, 여성은 여성으로서 자신을 정치적으로 자각해야 한다. 역사적으로 시민권은 천부적 개인의 권리를 인식하는 데서 출발한다. 펠티에는 이러한 인과성을 역전시켜 시민권이 권리와 개인을 창출하는 과정을 보여 준다. 그녀가 여성참정권을 제창한 이유는 대의제의 불가피한 결정력(사물은 의미화의 기제인 언어를 통해 비로소 존재하게 되고, 여성은 법에 호명될 때 비로소 시민으로 태어난다)뿐만 아니라, 그 가변성과 취약성을 간파했기 때문이다.

그러나 단지 이 때문만은 아니다. 초창기, 시민권은 개인성의 분명한 지표였다. 20세기 초에 이르러서야 이러한 일치성 여부가 쟁점으로 떠올랐다. 현재 많은 사람들은 시민권을 다수의 대중이나 군중의 일부인 개인이 소유한 권리로 축소시켜 이해한다. 시민권이 개인성의 공언이 아니라 개인성의 상실로 의미화되고 있는 것이다. 펠티에는 종속된 개인을 해방시키려는 목적을 분명하게 드러낸다. 그녀는 "어쩌면 이 목표는 한갓 환상일지도 모르지만, 정치적 참정권은 여성이 여성 자신을 해방시키기 위해 반드시 거쳐야 할 통과의례"[102]라고 무정부주의자 친구에게 설명했다.

이 문제는 실제적이면서 동시에 상징적인 의미를 띠고 있다. 한 집단으로서의 여성은 이들 중 일부가 더 높은 지위에 오르려면 남성과 아무런 차이가 없는 합법적인 [선거권을 행사하는] 군중에 일단 속해야 하기 때문이다. 초월은 초월을 바랄 만한 대의제의 조건을 갖춘 사람들에게만 가능하다. 펠티에가 진보의 관점에서 참정권을 여성이 거쳐야 할 "통과의례"로 규정했던 이유가 여기에 있다. 이처럼 두 가지 다른 뜻을 동시에 함축하는 "개인"을 구현하려고 했기 때문에 그녀의 위치는 늘 불안정했다. 18세기 보편적 시민으로서의 개인과 20세기의 독자적 지식인이 남성성과 동일시되는 현실에서 이러한 긴장은 때로 완화되기도, 때로 강화되기도 했다.

펠티에의 자아 표현이 과도하다 싶을 정도로 남성적이었던 것도 아마 이러한 긴장에서 비롯되었을 것이다. 왜냐하면 그녀는 시민권과, (여성, 페미니스트, 사회주의자, 노동자, 당원을 막론하고) 모든 군중을 능가하는 그녀의 뛰어난 지성 이 두 가지를 모두 설파했기 때문이다. 이것은 역설적이면서 배가된 남성적 시도 그 자체였다! 그녀의 외양과 행위는 그녀가 참여한 모든 조직에서 단연 돋보였다. 무정부주의자와 사회주의자들은 그녀에게 정체성의 존재론적 토대인 육체로 복귀하라고 촉구하며, 머리를 기르고 드레스를 입으라고 설득했다.

펠티에의 사회주의자 스승 중 한 사람인 구스타브 에르베Gustave

Hervé는 〔19세기 프랑스 무정부주의자이자 파리코뮌의 투사인〕 루이즈 미셸Louise Michel을 하나의 모델로 제시했다. 미셸은 여성성을 포기하지 않고서도 당에서 지도력을 "발휘했다.""왜 펠티에는 그렇게 못하는 거지?"라며 그는 투덜거렸다.[103] 펠티에는 이러한 비난을 놓고 서로 간에 오간 대화 기록을 남겼지만, 그녀는 자신이 창조한 독자적 감정을 즐겼다. 그녀는 동료 페미니스트처럼 여자다운 여자나 동료 사회주의자들처럼 완전히 남자도 아닌, 제3의 변형을 추구했다. 여러 활동가들 중에서 그녀는 특별했다. 이러한 독특함에 대한 감각이 또한 남과 다른 그녀만의 우월성을 만들었다. 개인성을 확립하려는 그녀의 이러한 반복적인 시도는 정치 활동 내내 지속된다.

펠티에는 제1차 세계대전이 발발하기 전 몇 년 동안 가장 활발하게 움직였다. 1904년에는 프리메이슨의 남녀 연합체인 '순종obedience'에 가입했다(프리메이슨의 정규 회합은 여성을 배제해 왔다). 공화주의자·사회주의자 간의 의견 교환과 여성의 프리메이슨 집회 참여를 위해 그녀는 동료 지식인들과 활발하게 교류했다. 열정적으로 활동하던 시기에 펠티에는 낙태와 참정권에 대한 여성의 권리를 포함하여 여러 문제들에 관해 강연하고 글을 썼다. 또한 루이즈 미셸을 자신의 지부로 끌어들이는 데 성공하여 관심과 칭찬을 한 몸에 받았다. 펠티에의 공식적인 목표는 18세기적 관점에서 여성이 시민권을 완전히 획득하는 것이었다. 동시에 의례와 위계의 측면에서 프리메이슨의 고상한 분위기가 존속되기를 원했다.

1904년 펠티에는 한 연설에서 "우리의 시민권이 … 제한된 엘리트의 확보라는 사실을 숨길 필요가 없다."고 주장했다. 대중은 변화하는 사회에서 메이슨(비밀공제조합원. 조합원 간의 부조와 우애를 목적으로 삼은 비밀결사단체로 1717년에 창설)으로 표현되는 "심오한" 사고를 할 줄 모른다. 따라서 대중을 운동에 끌어들이기는 거의 불가능하다. "메이슨에 대한 내 생각은 정책에 자신들의 요구를 관철시킬 만큼 강력한 힘을 지닌 계몽된 독재자의 모습이며, 모든 지식인이 이 대열에 참여하게 되면 여타의 독재자들이 지닌 단점은 사라질 것이다."[104] 펠티에는 지성을 품위뿐만 아니라 정의와 자비로움의 버팀목으로 여겼다.

펠티에의 지성과 엄청난 에너지는 프리메이슨 안에서 추종자와 적을 동시에 만들었다. 적대자 중 다수는 모든 남성 회합에 여성을 참여시키자는 그녀의 주장에 반감을 나타냈다(이들 중 일부는 권총을 들고 그녀를 위협하기까지 했다). 결국 그녀는 열정을 회수하고 지부를 폐쇄했다. 그녀는 일생 동안 프리메이슨으로 남아 있었지만, 1906년 무렵 자신의 에너지와 관심을 사회주의자와 페미니스트 단체로 돌리게 된다.

페미니즘은
여성 정체성의 표현이 아니다

1906년 펠티에는 소규모 페미니스트 단체인 '여성 연대La Solidarité des femmes'의 회장직을 (당대 프랑스의 여성참정권론자인) 카롤린 카우프만에게서 넘겨받기로 했다. 같은 해, 그녀는 새로 결성된 사회주의 단체인 국제노동자연맹 프랑스 지부에도 참여했다. 프리메이슨 때처럼 이러한 단체에서도 여성 권리를 위한 그녀의 보편주의적 주장과 엘리트주의는 마찰을 빚었다. 일부 역사가들은 펠티에의 인생에서 이 시기를 페미니즘과 사회주의의 "불행한 결합"을 보여 주는 전형적인 사례로 든다. 하지만 이 지적은 옳지 않다. 이 시기에 그녀의 정치 행보를 어렵게 한 것은 (여성, 시민, 노동자를 위한) 정치적 해방 투쟁과 개인성의 추구, 보편주의와 엘리트주의 간의 긴장 때문이었다. 대중 정치의 시대에 개인주의적 페미니스트 주체는 어떻게 구성되는가? 사회주의와 페미니즘을 모두 옹호한 펠티에는 각 주장에 일정한 거리를 둔 채 이를 맹목적으로 추종하지 않았다.

펠티에는 페미니스트 사이에서 여성성에 반대했고, 사회주의자들 사이에서는 사회주의의 여성 배제에 격렬하게 저항했다. 페미니즘의 기치 아래 전진하는 것은 "비합리적인 생각"이지만, 정당에 참여한 여성들을 위해 페미니스트 단체를 만드는 것은 중요했다. 펠티에는 1908년 소책자《여성 권리를 위한 여성 투쟁La femme en lutte pour ses droits》에서 여성은 이러한 단체를 통해서 "자신을 인식할 수 있다"고 썼다.

여성이 자신의 능력을 입증하고, 페미니스트들의 영향력을 확보하려면 정당에 참여해야만 한다(그러나 페미니스트의 목적에만 충실해서는 안 된다. 왜냐하면 정당의 요구도 고려하지 않을 수 없기 때문이다. 오히려 여성은 "훌륭한 투사"로 행동하는 것이 바람직하다. 여성 관련 문제가 제출되면, 그때 여성들은 당연히 목소리를 높여야 한다). 페미니스트 모임은 가장 중요한 능력, 즉 여성에게 발언하는 법을 가르쳐 준다. "정치 모임에서는 말하지 않을 수가 없기 때문이다."[105] 그러나 반드시 필요하긴 해도 이러한 식의 존재 방식[정당 내 페미니스트 모임]은 일시적일 뿐이다. "페미니스트 모임에 대해서 과도한 환상을 갖지 말라. 만약 당이 당신에게 (높은 당직을) 제의한다면, 그것은 그 일에 대한 당 차원의 관심에서 한 제안이다. 성적인 감정과 무관하게, 여성은 남성에게 우호적이지만, 보통 남성은 여성에게 무관심과 적의만을 가질 뿐이다."[106] 펠티에는 여성들에게 "정당에 자신의 전부를 주어서는 안 된다. 왜냐하면 열정은 우리 자신의 것이기 때문이다. 우리 자신의 해방을 위해 활동할 우리 페미니스트 단체에 이러한 열정을 쏟아야 한다."고 충고한다.

펠티에는 페미니스트 단체가 여성들의 유일한 진짜 '집home'이라는 점을 영어를 활용해 이야기한다.[107] 프랑스어 '인간-남자homme'를 언어 유희하면서, 펠티에는 페미니스트 단체가 여성에게 '집-인간homme'을 제공해 준다는 점을 환기시킨다. 즉, 가치절하된 여성적 특질이나 남성 욕망에 따라 자신의 존재를 끼워 맞추어야 할 필요성에서 해방된, 남성men 혹은 인간human 그 자체로 말이다. 펠티에는 페미니스트 단체가, 공유된 여성 정체성의 강화가 아닌 정치 행위에 참여한 모든 여성이 성의 잣대로 재단되는 현실적 압력을 완화하는 데 기여했으면 하고 바랐다.

'여성 연대' 단체에서, 펠티에는 페미니즘을 여성 정체성의 표현으로 바라보는 사람들을 공박했다. 국제노동자연맹 프랑스 지부에서 그녀는 자기 자신을 (남성적 표현 형식을 차용해) "훌륭한 전사"로 규정했다. 이러한 능력에 힘입어 펠티에는 1900년에서 1911년까지 구스타브 에르베가 이끈 좌파 혁신당의 대표자로 집행위원회에 선출됐다(여성이 선출된 경우는 처음이었다). 그러나 그녀 자신이 규정한 "훌륭한 전사"는 그녀의 성과 페미니즘을 다른 정당의 지도자들과 분리시키기에 충분했다.[108]

1906년 리모주 지역에서 열린 당 회의에서 그녀는 투표권을 주장하고, 쥘 게드(사회주의자), 장 조레스Jean Jaurès(프랑스 사회주의 지도자) 등과 제휴해 여성참정권 확대를 요구하는 당 결의안을 관철시켰다. 집행위원으로서 펠티에는 페미니스트에 대한 지지는 애써 피했지만, 에르베가 운영한 신문《사회전쟁La guerre sociale》에 페미니스트적 대의를 위해 여성의 군대 복무를 찬성하는 기사를 썼다. 여기에 대해 에르베는 격분했다(에르베는 다음과 같은 진술의 부자연스러움을 그녀에게 일깨우며 반박했다. "만약 여성이 군대에 들어간다면, 남성들은 스프를 만들고 아이들을 키워야만 할 것이다").[109]

사회주의자들의 행동주의가 그녀에게 여성운동의 한계를 뛰어넘으라고 요구했다면, 페미니즘은 사회주의자들 사이에서 또 하나의 차이를 만들어 냈다. 1910년 사회주의자 자격으로 의회에 진출했을 때, 펠티에는 이러한 그녀만의 독특한 개성을 강조했다. 가정에서 일하는 일군의 하인들이 그녀의 연설을 들으러 모이자, 그녀는 "독립적인 여성을 위한 제언 … 그리고 나는 나 자신을 이런 독립적인 여성의 한 본보기로 제시한다."[110]고 그들에게 말했다. 1922년에 그녀는 공산당 내 여성노동자농민협의회와 결별을 선언하며, (페미니스트로서) 자신은 남성과 똑같은 조건을 갖춘 지식인이라고 주장했다.[111]

1920년 분당 이전까지 펠티에는 국제노동자연맹 프랑스 지부에 몸담았으며, 또한 신맬서스주의자로 활약했다. 1911년에 그녀는 〈여성의 성 해방L'émancipation sexuelle des femmes〉을 썼고, 1935년에《합리주의자의 성La rationalisation sexuelle》에 이 논문을 재수록했다. 그리고 공식 회의, 특히 1930년 '포부르' 클럽[19세기 파리에 설립된 광범위한 연설·토론 그룹] 회의에서 출산 통제의 장점을 거론하며 이 문제를 정식으로 제기했다. 실제로 그녀는 일종의 의료 행위로 낙태를 시술한 것 같다.[112]

피임과 낙태를 통한 인구 조절에 찬성한 펠티에는 각 개인들의 사회적·경제적인 책임을 중요하게 다루었다. 자본주의의 구조에 대해 대다수 사회주의자가 취했던 태도와는 확연히 다른 것이었다.[113] (펠티에는 신멜서스주의를 옹호한 에르베의 예외주의 덕택에 에르베의 사회당과 손잡았다) 여기에는 문자 그대로 육체에 대한 자기통제와, (이를 위한 전제 조건으로) 개개인의 자유로운 자산 획득의 차원에서 18세기와 20세기 개인주의 관념을 충족시키려는 의도가 깔려 있었다. 또한 개인의 존재 방식과 늘 대립하기만 하는 군중·대중·사회 관습에서 벗어나 국가와 법률을 재구축하려는 차원에서, 그녀는 개인주의에 초점을 맞추었다.

자아와 자율성은 '외부'에서 온다

그리고 성화되지nonsexed 않는 정체성을 탐색하고자 했던 모든 개별 여성들과의 (힘겨운) 교류는 펠티에로 하여금 여성 육체에 관심을 갖도록 했다. 그런데 그녀가 여성 육체에 실질적인 관심을 쏟는 정치학에 관여하게 되면서 역설이 발생한다. 육체가 아니라 개인성의 핵심 요소인 정신을 강조하고, 성차를 획득된 심리적 규범으로 간주하며, 더 고차원적인 정신 활동을 가로막는 "저열한 자궁"의 임무를 배격하는 여성이 그들의 육체와 관련해서 여성의 자율성을 이론화하고 이를 창출하는 운동에 뛰어들었던 것이다.

낙태의 권리를 옹호한 펠티에의 현실 참여는, 그녀가 일관되게 주장했던 정신과 육체의 대립쌍이 실은 상호의존적이라는 점을 드러냈다. 자율적인 자아(이에 대한 그녀의 사유마저도)는 우연히 얻어지지 않는다. 자율적인 자아는 물질적 전일체이자 통합된 신체이기 때문이다.[114] 성차는 이러한 신체와 밀접하게 연관되어 있다. 낙태가 여성이 처한 모성성의 한계를 뛰어넘게 해 줄지라도, 그 효력이 거부된 육체는 여전히 주목을 끈다.

'낙태 금지법'은 1810년까지 프랑스 형법전서에 실려 있었다. 형법전서 제317조는 낙태를 시도하거나 실행하는 여성을 처벌했다. 제1차 세계대전의 참화가 어느 정도 회복기에 접어든 1920년 7월, 출산장려운동에 편승해 의회 의원들은 여기에 대한 처벌을 강화하고 피임 정보를 실은 출판물들을 금지시켰다. 펠티에는 이 새 법안을 전후해 반대 입장을 표명했다. 펠티에는 낙태 금지를 여성의 개인성에 대한 도전, 곧 시민권에 대한 도전으로 판단했다. 이러한 법제화로 국가는 여성을 자궁으로 환원하고, 신체의 통합성을 해친다. 국가의 이익을 위해 여성의 재생산 기능을 전유하는 것은, 남성이 자신의 성적 욕구를 만족시키려고 여성의 육체를 "도구화"하고 (가족과 재산권으로)

가부장적 권력을 유지하는 것과 다를 바 없다.[115] 국가는 양도할 수 없는 권리인 개인의 신체와 자아를 여성에게서 불법적으로 탈취함으로써 국민의 자유를 보호할 책무를 위반했다.

펠티에는 이 법을 개정하려고 여성의 참정권을 주장하는 한편 낙태 금지법의 위법성 여부를 문제 삼았다. 1920년 이후의 발언과 글은 이러한 도전을 담고 있다. 그녀의 소책자 중 하나인《사랑과 모성 L'amour et la maternité》은 '팸플릿 선전 단체'에서 1923년에 간행되었다. 그러나 펠티에는 또한 무정부주의자의 행동 방식에 상당 부분 기대고 있었다. 전문 의료 기술을 갖춘 의사 신분으로 (1906년 이후로 우체국 내 의사 신분으로 이웃들에게 소규모 진료를 했다.) 그녀는 낙태를 비밀리에 시술했다(본인은 이 사실을 결코 인정하지 않았지만).[116] 펠티에는 이러한 활동을 하면서 스스로 헌신적이 되어 갔다. 자신을 돌볼 만한 능력이 없는 사람들(자신의 육체조차 통제할 수 없는 사람들)에게 자신의 과학 지식(교육과 전문성)을 충분히 활용했던 것이다. "법과 도덕은 일반인과 일상의 삶을 위해 존재하는 것일 뿐"이라고 펠티에는 1920년 자신의 희곡《영혼의 도시, 혹은 과학적 범죄In Anima vili, ou un Crime scientifique》에서 과학자로 등장해 이야기하고 있다. "우리는 비범한 인물이다. … 우리 자신이 어디에 있는지를 알려 줄 가장 높은 곳으로 나를 데려다 줘."[117]

여성 육체를 억압적인 법에서 해방시키는 과정에서, 펠티에는 법을 초월했다. 이러한 초월은 결국 그녀 자신의 개인성을 실현하는 것이었다. 그러나 역설적이게도 그녀가 추구한 개인성은 철저하게 남성적인 개인이었다. 의사-과학자-지식인은 재생산을 담당하는 여성 육체를 대상화하고 국가의 불법적인 권위를 외부화하여, 그 육체와 위계적인 대립선을 구축함으로써 제 위치를 자리매김한다. 그런데 육체적 통합성을 회복하여 자아 상실의 위험을 막고자 했던 펠티에는 법보다 자기 자신을 앞세운다. 이러한 행위는 몇 가지 함의를 내포하고 있다. 그녀는 시민이든 아니든 국가권력의 바깥에 존재하는 개인의 절대적 자유를 중시했다. 그러면서 개인을 창조하기도 하고 부정하기도 하는 법의 강제력을 인식했다.

펠티에의 죽음은 법의 강제력뿐만 아니라, 개인이 자신의 자아 표현을 통제한다는 생각의 한계를 가슴 아프게 보여 준다. 출산 장려자들은 펠티에의 말과 행동 때문에 그녀를 무서운 적으로 여겼다. 그녀는 프랑스 문명의 미래에 암운을 드리우는 페미니스트의 한 사례로 반복해서 호출되었다. 1933년 펠티에는 낙태 시술 죄목으로 감시와 조사를 받았다. 1935년 포부르 클럽은 자극적인 포르노물들을 고소하기로 결의했는데, 이때 펠티에는 이 클럽에서 자신의 책《합리주의자의 성》과 관련된 여러 의제들을 피력했다. 가령 "결혼 첫날밤은 합법적 강간인가?"와 "인구 감소와 문명"[118] 등이 그것이다.

1939년 펠티에는 낙태 시술 죄목으로 체포되었고, 유죄판결을 받았다(1939년의 파업 당시 그녀는 신체 일부가 마비되어 움직이지 못했다). 판사는 그녀의 건강 상태를 고려해 감옥이 아닌 병원행을 선고했다. 정신적으로 아무런 문제가 없었음에도, 펠티에는 인생의 마지막 몇 개월을 정신병원에서 보냈다. 1939년 12월, 펠티에는 생을 마감했다.

역사가들은 여성 최초의 정신과 수련의였던 펠티에가 정신병원에서 임종을 맞았다는 사실의 아이러니를 지적한다. 이러한 끔찍한 모순은 법적인 인식과 개인적 인식 간의 격차에서 비롯되었다. 그녀의 항의는 그녀의 법적 지위에 아무런 효력을 미치지 못했다. "너는 제정신인 사람이 정신병원에 갇혔을 때 그곳이 얼마나 끔찍한지 상상조차 못할 것이다." 친구 헬레네 브리온Hélène Brion에게 보낸 편지에서 그녀는 자신의 심경을 이렇게 밝혔다. "내 가슴은 여전히 뜨겁다. 이것이 내가 고통스러운 이유이다."[119]

다른 편지에서, 펠티에는 여성을 군대에 입대시키기로 한 스위스의 정책을 보도한 뉴스 기사를 전해 들었다고 언급한다. 이는 이미 몇 년 전에 펠티에가 제출했던 안건으로, 그녀는 그때 자신의 글을 읽은 구스타프 에르베와 다른 사람들이 이를 비웃었던 일을 브리온에게 환기시킨다. "지식인의 시각과 다른 관점을 지닌 프랑스 여성이 어떻게 취급되는지를 단적으로 보여 주는 사건이다. (아리아 리는) 자살했고 나는 정신병원에 있다."[120] 개인의 존재를 인정하는 동시에 거부하는 타자의 권력(법과 법 집행자로 예증되는)은 너무나 강력했다. 개인의 지력이 아무리 뛰어나더라도 자아 창조의 기획은 타자의 규제 없이는 이루어질 수 없다.

1939년에 펠티에는 1908년 그토록 자부심을 갖고 임했던 법정에 피고인으로 섰다. 그때는 투표장에 돌을 던진 죄목이었다. 이 재판에는 여러 페미니스트가 참석했고, 이들은 모두 이 사건을 하나의 승리로 받아들였다. "모든 단체가 다 모였다. 심지어 오클레르와 오도Mme. Oddo(온건파 페미니스트 지도자)도 참석했다. 페미니즘이 정의의 법정에 모습을 드러낸 최초의 순간이다. 이들이 나에게 용기를 불어넣어 주었다."[121] 축제일이었다. 왜냐하면 페미니즘이 법 앞에 페미니즘의 날을 선포했기 때문이다. 펠티에에게 내려진 벌금 16프랑은 처벌 못지않게 법적인 승리이자 페미니스트 주체의 도래를 예고했다.

고유한 자아, (그것의 외적 구현인) 완전한 육체는 '외부' 권력에 의해 최종 확립된다. 참정권이 여성의 개인성을 실현하는 핵심 요소가 되는 이유가 여기에 있다. 펠티에는 평생 동안 군중·대중민주주의·제한된 범주화의 산물인 사회적 정체성을 혐오했지만, 그럼에도 그녀는 참정권으로 상징되는 시민권을 역설했다. 페미니스트에게 이는 가장 중요한 목표였다.[122] 펠티에는 여성의 개인성을 추구했고, 이 과정에서 그녀가 지지한 이론에 은폐된 모순점을 드러냈다. 자아의 절대적 자율성이란 언어 바깥에 오롯이 존재하는 것이 아니다. 마찬가지로 재현되지 않는다면 개인성도 없다. 법에 의한, 법 앞의 재현은 개인의 반辰명제이자 개인 실존의 원천 그 자체였다.

저항하는 여성의
상상적 계보

여성의 재현과 관련한 펠티에의 관심은 다양했다. 페미니스트에게 모범이 되는 역사적 인물의 소환부터 현재적 투쟁의 의미를 조명하는 페미니즘 역사 쓰기에 이르기까지 다방면에 걸쳐 있었다.

펠티에의 허구적 자서전 《독신 여성》에서, 여주인공(마리)은 1906년에 페미니스트 단체인 '여성연대'의 좌장이 되는 것을 두고 망설인다. 그녀는 이 단체의 간사인 카롤린 카우프만에게 자신의 고민을 털어놓는다. 만약 이러한 공적인 업무를 맡게 된다면 교사직에서 해고될지도 모른다는 두려움이었다. 카우프만은 마리에게 가명을 사용하라고 권했고, 마리는 1848년 혁명 기간에 활약한 저명한 페미니스트를 기리는 마음에서 '잔 드로앵'이 되었다(펠티에는 이 순간을 일종의 세례식으로 표현한다). "당신이 이러한 위대한 선구자patronne의 자격을 갖추었음을 보여 줘라."[123] 카우프만은 젊은 여주인공을 설득한다. 카우프만은 후원자, 보호자, 모델을 동시에 뜻하는 다성적인 단어patronne를 사용해 마리를 격려했다.

펠티에의 세례식 언급은 페미니스트 선배에게 성인聖人의 이름을 부여하고, 이 선배를 신성의 반열에 올려놓는다. 자신을 역사적 전통 안에 자리매김하려는 펠티에의 의도가 행동주의자 여주인공을 만들어 냈다. 어떤 측면에서, 20세기 초 페미니스트들에게 잔 드로앵은 완벽을 상징했다. 잔 드로앵은 현재도 해결되지 않은 전쟁에 뛰어들었다. 참정권, 사회주의, 성적 자율성, 공직에 입후보할 여성의 권리를 드로앵은 주장했다. 그러나 드로앵 사상의 요체가 펠티에의 사상을 더 한층 심화시켰다고 말하기는 어렵다. 드로앵은 여성의 절대적 차이를 인정하고, 모성의 상징적 중요성을 강조했으며, 여성성을 남성성과 동등한 지위로 끌어올리고자 노력했다. 이것은 펠티에가 페미니스트 전통에 자신을 일치시키려고 드로앵의 특정 이념을 지지했던 것이 아님을 말해 준다. 오히려 펠티에는 허구화된 자아에 영감을 주는 페미니스트의 한 전범으로 드로앵을 호출했다.

펠티에에게 '페미니스트'란 어떤 의미를 담고 있는가? 그녀는 자신을 다음과 같이 규정함으로써 여기에 명쾌하게 답한다. "내가 예전부터 이해한 바로는 적어도 나는 언제나 페미니스트였다."[124] 그녀의 〈회고록Mémoire〉에서 출발해 보자. 회상 과정에서, 그녀는 "현재 여성"을 경멸한다. 페미니스트 단체들의 제한된 활동 범위는 지루하며, 페미니스트들의 무비판적인 여성성 포용과 미래에 대한 비관론은 분노할 만하다. 그러나 그녀는 자신의 정체성을 부정하지 않는다. "나는 현재 페미니스트이다. 페미니스트로서 나는 내 일생을 끝마칠 것이다."[125] 페미니즘은 여성의 권리만을 옹호하지 않는다. 무엇보다 저항하는 자로서, 기존의 규범들을 뛰어넘는다. 페미니즘은 법적인 인정을 얻으려고 질서를 파괴한다.

여성의 권리라는 대의명분으로 법에 도전했던 드로앵은 진실로 훌륭한 선배이다. 그녀는 장래 불멸의 영웅으로 추앙될 것이다. 그녀의 행동(나아가 그녀의 사상)은 상상력과 혼동될 만큼 익숙하지 않은 것이었다. 헌법으로 금지되어 있음에도 불구하고 그녀가 공직에 출마했다는 점은 널리 알려져 있다. 이 과정에서 그녀는 공화국의 위선을 폭로했고, 여성을 시민으로서 재현했다. 드로앵의 이름을 딴 젊은 마리는 자신을 페미니스트로 재현했을 뿐만 아니라, 여성 정치가로 페미니즘의 대의에 복무하게 된다.

투표권은 이러한 재현의 출발점이다. 즉, 투표권은 현재 정의하기 어려운 고유한 개인성과 과거와의 연속성을 제시해 주었다. 펠티에는 여성연대 단체에서 행한 첫 연설에서 투표권을 중요한 전환점으로 위치 지었다. 그녀는 "어머니와 주부의 사회적 가치, 여성적 미덕, 그리고 남성의 악덕"[126]에 대한 이 단체의 애매한 태도를 공격했다. 그리고 다른 장소에서 "우리는 평등, 그 전부인 투표할 권리를 원한다."[127]
라며 공통의 목표를 개진했다. 청중의 뜨거운 반응은 그녀에게 이 작
업의 험란한 여정을 미처 예상치 못하게 했다. "젊은 (여자) 변호사는
'우리가 승리할 수 있게 해 주세요!'라고 외쳤다. 내 가슴은 뛰었다. 잠
시 동안, 승리가 눈앞에 다가온 듯이 보였다! 그러나 그 승리는 그렇
게 빨리 쟁취되지 않았다."[128]

펠티에는 자신의 언어가 충분하지 않으며, 여성의 발언이 개인성을
담보하지 못한다는 점을 곧 깨달았다. 재현의 언어를 누가 통제하느
냐의 문제는, 여성이 언어를 전유한다고 해서 해결될 문제가 아니었
던 것이다. 다시 말해 '발화 주체'가 된다는 것은 발화된 말 이상의 어
떤 것을 요구했다. 여성들의 모임에서조차 여성들은 여성성의 실천과
법적 권리 박탈이 서로 긴밀하게 연관되어 있음을 알아차리지 못했
다. 마리는 펠티에의 실망을 구현한 인물이었다. 여성연대 단체와 처
음 만난 이후, 펠티에는 마리의 감정에 기대어 다음과 같이 서술한다.
"머릿속이 복잡해진 노^老투사가 보기에 지금 회장은 친절하긴 하지
만, 투철한 페미니스트 같지는 않았다. 그래서 그녀는 더 강력한 페미
니즘을 원했다!"[129] (펠티에처럼) 마리에게는 여성을 재현하는 것만큼
이나 페미니즘을 재현하는 것이 중요했다. 사회가 기대하는 여성상에
저항하는 강한 페미니스트 주체를 구성하기 위해서였다.

이러한 주제의식 때문에 역사 인물은 완전한 초상을 제공했다. 펠
티에는 현재 우리가 역할 모델로 알고 있는 사례의 중요성을 부각시
키는 데 상당한 노력을 기울였다. 그녀는 어머니가 딸에게 시대를 앞
서간 용감한 남녀를 그린 문학(존 스튜어트 밀, 잔 다르크, 수학자 소피 제

르맹(18~19세기 프랑스의 탁월한 수학자 겸 물리학자))을 많이 들려줘야 한다고 했다. 잔 드로엥은 그 표본이 되는 인물이다.[130] 하지만 마리가 잔 드로엥의 이름을 갖는 것은 마리에게 단순히 용기를 북돋우는 차원이 아니었다. 그 이름은 페미니스트 옹호자에게 역사적 합법성을 마련해 주고, 자신의 이미지로 드로엥(참정권의 창시자로)을 반성적으로 재형상화하는 것이었다.

허구 인물 마리는 다른 페미니스트들에 대한 펠티에의 실망과 그녀만의 독특한 감각("모두 파리Paris는 찾을 수 있겠지만, 다른 마리Marie를 찾지는 못한다.")[131]을 표현했다. 뿐만 아니라 마리는 페미니즘의 의미를 개관하고 싶은 펠티에의 욕망을 대리하는 인물이다. 마리가 박사 학위 논문으로 페미니즘 역사를 계획하는 장면은 이를 잘 보여 준다(마리는 학사 학위가 없기 때문에, 파리고등연구원École Pratique des Hautes Études에 입학했다. "여기에서는 졸업장이 필요없다").[132] 펠티에는 대학의 이수 과정을 축약해서 보여 줄 뿐, 마리가 왜 역사를 쓰고자 했는지는 설명하지 않는다. 그러나 마리의 박사 학위(정치 부문)가 펠티에의 의사 경력(과학 부문)과 상통한다는 점은 짐작하기 어렵지 않다. 페미니즘 운동의 실천가이자 학자로서 그녀의 지위를 확립한다는 점에서 그러하다(진실로 그녀의 학력은 행동주의의 일부분을 이룬다). 그녀는 페미니즘 운동의 계보를 잇고 미래 세대에게 영감을 줄 뿐만 아니라, 그녀 자신의 관점으로 역사를 다시 쓴다. 펠티에에게 과학이 미래 사회의 진입로였던 것처럼, 역사는 마리에게 현재와 미래의 페미니즘을 재구성하는 통로이다.

펠티에의 소설에서 마리는 독일의 사회주의 정객으로 빛나는 업적을 성취한다. 소설에서 여성은 참정권을 행사하며 여성의 삶을 증진시킨다. 마리는 베를린에서 반란군과 정부군 간의 교전을 지켜보다가 붙잡혀 결국 죽음을 맞이한다. 펠티에는 인생의 전성기를 구가하던 마리를 죽게 하는 소설적 전략을 채택했다. 독일까지 마리와 동반했던 그녀의 비서이자 오랜 친구이며 사회주의 투사였던 샤를 살라디에는 파리로 돌아가 이전의 교우 관계에서 위안을 찾는다. 카롤린 카우프만은 강령술사로서 마리가 보내는 메시지를 전달한다. 죽은 마리의 목소리를 듣자, 공포에 질린 살라디에는 도망친다. 이 장면은 펠티에가 묘사했던 것처럼 희극적이다. 그러나 카우프만이 죽은 여주인공의 메시지를 (잘못) 전달하는 이 장면은 소설에서 핵심적인 기능을 담당하는 것처럼 보인다. "이 목소리는 마리다. 나는 죽지 않았다. 누구도 죽지 않는다. 나는 새로운 세계의 도래를 지켜본다. 투쟁하라, 투쟁하라, 무덤 위에 광명이 비치게 하라. 새로운 세계로 전진하라."[133]

현재와 현재의 목적을 위해 발화된 역사의 목소리는 미래를 지시한다. 펠티에는 페미니즘의 역사를 이렇게 이해했다. 발화된 여성에서 페미니스트 주체로 변하는 과정에서 형성되는 자산인 저항하는 여성의 상상적 계보. 페미니즘의 역사를 이 이상의 어떤 것으로 바라보는 것은 페미니즘의 활력과 페미니즘의 장기 목표를 부정하는 것과 다름없다고 펠티에는 생각했을지도 모른다.

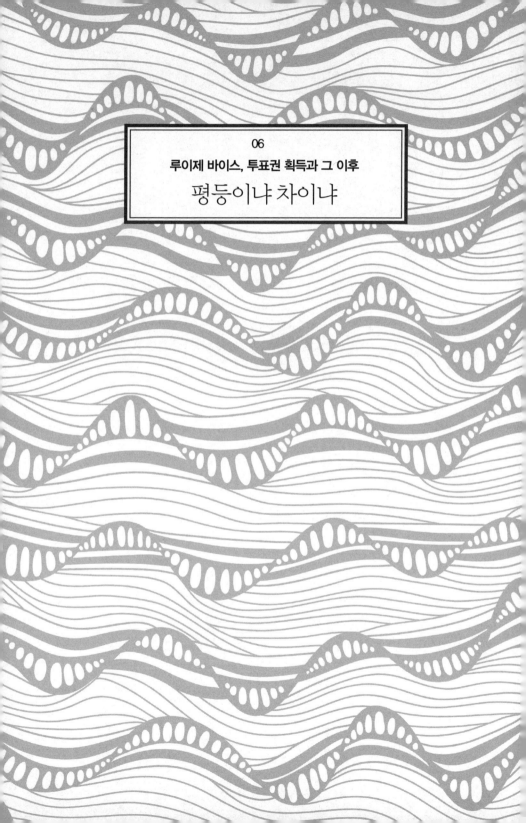

06
루이제 바이스, 투표권 획득과 그 이후
평등이냐 차이냐

1893~1983

바이스는 이 전환을, 페미니즘의 이름으로 착수한 행동으로,
또 개인적으로 결심한 전략의 일환으로 이해했다.
그러나 바이스에 대한 다른 해석은 이 책의 효과적인 요약이자
결론이 될 것이다. 여성의 정치 배제와 성차의 억압이
페미니즘을 정치적 쟁점으로 구성했다는 설명이 그것이다.
페미니즘은 그리하여 페미니스트 행위자를 구성하며,
이 행위자는 공화주의 정치 담론의 "이데올로기 장치를 궁지에 몰아넣고"
그 한계를 폭로하며 원활한 작동을 망쳐 놓았다.

LA COMMUNE DE PARIS

1944년, 1세기 만에 관철된
도덕적 필연

1944년 4월 21일, 프랑스 여성들은 투표권을 얻었다. 알제리에서 샤를 드골 장군이 이끌던 국민해방위원회는 곧 들어설 공화국 정부가 근거할 기본적인 사항들을 담은 포고령의 일부로 여성의 참정권을 간단하게 공표하였다.〔군인이었던 드골은 제2차 세계대전 때 프랑스가 독일에 항복하자 런던으로 망명하여 대독항전을 주장했다. 1943년 알제리에서 결성된 '국민해방위원회' 위원장에 취임했고, 1944년 파리에 귀환하여 임시 정부 수반이 되었다.〕 자료에 따르면, 이 선언은 열광적인 환영도 격렬한 반대도 불러일으키지 않았다.[1] 적어도 1919년부터 선거권 법안을 막아 왔던 상원의원들의 목소리는 비시 정부〔1940년 독일과 정전협정을 맺은 뒤 오베르뉴 비시에 수립된 친독일 정부. 페탱이 주석에 취임하고 제3공화정 헌법을 폐지한 후 신헌법을 발표했다.〕 이후 프랑스에서 조용해졌다.[2] 그래서 여성의 선거권은 1946년 채택된 제4공화국 헌법에 형식적으로 포함되었다.

헌법 서문은 1789년의 프랑스 '인권선언'을 재확인하며 올랭프 드 구즈가 기뻐했을 만한 문구도 삽입하였다. "법은 여성이 모든 영역에서 남성과 동등한 권리를 지님을 보증한다." 주권에 대한 헌법 조항은 그 세부 사항을 상세히 설명하고 있다. 제4조는 "양성의 모든 프랑스 시민과 국민은 … 법이 정한 조건에 따라 투표할 수 있다."[3] 드골은 회고록에 이렇게 적었다. "이 엄청난 개혁은 … 지난 50년간 계속된 논쟁을 종식시켰다."[4]

전쟁 발발 이전, 1930년대에 마지막 여성 투표권 운동을 이끌었던 페미니스트 루이제 바이스Louise Weiss(1893~1983)는 드골처럼 이 사건을 중요하게 보았다. "여성이 남성과 동등한 시민적 지위를 갖는 세계적 흐름은 의심할 여지없이 20세기 전반기의 가장 중요한 집단적 현상이다. 우리는 아직 그 결과를 모두 알지는 못하지만, 그 흐름의 일부에 들어갔다는 것은 기쁜 일이다."[5] (루이제 바이스는 저널리스트이자 작가 겸 평화운동가·페미니스트로서, 유럽공동체의 선구자이며, 20세기의 여러 사건들에 두루 관여한 인물이다. 1917년 러시아혁명 후 소련을 방문한 최초의 언론인들 중 한 명이기도 하다. 1920~30년대에 《새로운 유럽》지를 주도하며 제1차 세계대전의 참상을 겪은 유럽에 평화를 정착시킬 방법을 모색했다. 유럽 국가들이 결속하여 전쟁을 방지하자는 것이 바이스의 주된 논지였다. 이때 그녀의 활동이 이후 유럽공동체의 탄생에 큰 영향을 끼쳤다고 평가받는다. 또한 바이스는 1930년대 프랑스 여성 투표권 운동의 중심인물로서, '신여성' 등의 단체를 조직하여 데모와 투표 방해 활동에 앞장섰다. 일반적으로 바이스의 여권운동 참여를 유럽평화운동과 관련지어 생각한다. 여

성에게 투표권이 주어지면 평화주의자들이 득세할 것이라는 생각이 당시에
는 일반적이었기 때문이다. 86세 되던 해인 1979년 유럽의회의 첫 의장이
되었고, 1983년 5월 90세로 사망했다.〕

정치적 혼돈 속에서 공화주의 질서를 유지하려고 애쓰던 1848년
의 〔2월혁명의 결과 성립한 제2공화정〕 임시정부는, 인민주권의 대표자
로 정부의 위상을 정당화하려고 보통선거권을 인정하였다. 프랑스 정
치사가인 데이비드 톰슨David Thomson은 당시 여론이 갖는 특징을 이
렇게 잡아 냈다. "빈약하고 허구적인 법적 연속성을 확립하려고 애쓴
것은 오히려 인민주권의 국민적 '일반의지'를 나타낸 일반선거가 빠
른 시일 내에 실시되어야 한다는 자코뱅당의 이론에 길을 터 주었다.
혁명 전통은 새로이 태어났다. 제4공화국은 제3공화국의 연속이라는
형식 대신에, 보편적 자유선거로 실천되는 국민적 의지의 중대하고
창조적인 행위에서 출현해야만 했다."[6] 1848년과 달리 1946년의 보
통선거권은 여성의 시민권을 포함하고 있었다.

당시 여성의 시민권 획득은 새 정부에서 공산주의자들이 승리할 것
을 두려워한 드골과 그 일파의 계산된 행동의 결과였다고 설명되어
왔다. 여성을 남성보다 더 보수적이라고 여기고, 레지스탕스 기간에
좌익이 획득한 영향력을 여성들이 반감시켜 주리라 기대했다는 것이
다.[7] 그러나 그런 면이 있다손 치더라도, 이런 주장은 여성이 참정권
을 획득한 이유의 일부만을 설명해 준다.

더 중요한 것은, 1944년에 이르러 민주주의의 정의가 (여성에게 투
표권을 주는 형식으로) 성적 민주주의를 포함하는 데에까지 확장되었
다는 사실이다. 드골의 새 정부를 비시 정부나 제3공화국과 구분되

1935년 5월, 바스티유에서 여권 시위를 주도하고 있는 루이제 바이스. 바이스는
드골의 여성참정권 인정이 페미니스트들의 투쟁보다는 "국제적 우연" 덕분임을 알
았으나, 또한 페미니스트들의 투쟁 없이는 일궈 낼 수 없는 성과였다고 평했다.

게 해 준 요소는 참정권을 가진 여성이었다. 드골을 포함한 많은 이들이 〔비시 정부의〕 페텡Henri Pétain의 손에 정부를 넘겨 준 제3공화국의 취약함을 목도하였다. 여성 시민권은 시대에 뒤쳐진 공화국의 종말과 더욱 근대적인 공화국의 도래를 알리는 신호 중 하나였다(사실 두 공화국은 본질적으로 별로 다를 게 없었으므로, 여성참정권이 눈에 띄는 차이를 만들어 주었다). 비시 정부가 프랑스 민주주의의 신용도를 추락시킨 상황에서, 여성참정권은 이미 오래전에 여성의 정치적 권리를 인정했던 대부분의 서구 민주주의 국가들과 보조를 맞추는 것이기도 했다.〔캐나다는 1918년, 미국은 1920년, 영국은 1928년에 여성참정권을 인정했다.〕 "가족, 여성, 아동"의 더 나은 상태를 보장하는 입법 조치를 준비하기 위해 1942년 런던에서 자유 프랑스군이 조직한 여성위원회를 술회하며, 그 후원자 중 한 사람은 국제적 맥락의 중요성을 강조했다. "프랑스가 국제적인 수준에서 존경을 받는 적절한 지위를 결국에는 회복하기 위해서, 이 위원회는 비슷한 외국의 혹은 국제적 조직들과의 연계를 유지하였다."[8] 1944년의 여성 투표권은 프랑스가 다른 서구 민주주의 국가들과 동등한 위치에 서도록 해 준 것이다.

더구나 참정권을 가진 여성은 실질적으로나 상징적으로나 국가적인 정치 문제들을 해결하는 하나의 방법이기도 했다. 실질적으로, 여성 투표권은 그동안 공화국을 골치 아프게 했던 갈등 가운데 하나를 없애는 방편으로 허용되었다. 제1차 세계대전 이후 몇 년 동안 프랑스 하원은 정기적으로 참정권 법안을 상원에 상정했고, 상원은 그때마다 부결시켰다. 여성에게 투표권을 줌으로써, 임시정부는 효과적인 방식으로 국가적 단결을 주장하면서 두 헌법기관〔상원과 하원〕 사이의 갈등 중 하나를 종식시켰다.

한편 상징적으로, 여성 투표권은 모든 차이의 해소를 의미했다. 여성을 시민으로 받아들이는 것, 정치적 통일체 속에 포함시키는 것은 국가적 화해의 몸짓이었다. 이는 여성과 남성 간의 분열뿐만 아니라, 급진파·사회주의자·공산주의자·가톨릭교도 사이의 분열, 레지스탕스 전사들 사이의 분열, 자유프랑스운동 조직들에 몸담았던 이들 사이의 분열, 심지어 식민지인들과 그 지배자들 사이의 분열까지를 겨냥하였다. 모든 인민은 동등하다고 선언되었고, 그 동등성은 국가에 소속되어 있다는 사실에 근거하였다.

특히 새 공화국이 출범한다는 선언이 1945년의 국민투표로 실현되기 전이던 임시정부 기간에는, 모든 주민들이 그 단일한 목소리와 의지를 표현하는 정부와 더불어 통합된 하나의 국가에 속해야만 했다. 처음에는 런던에서, 다음에는 알제리에서 들려온 드골의 목소리는 계속 이 대목에서 어조를 높였다. "프랑스인은 오직 하나의 국가만을 가집니다. 프랑스는 나누어질 수 없는 하나이며 하나일 것입니다."[9] 1848년에는 계급적 차이가 정치적 권리의 행사와 관계없음을 선언하여 통합을 이루었다면("프랑스에 더 이상 프롤레타리아는 없다"는 주장을 낳은 이 통합은 남성의 보통선거권으로 해결되었다), 1944년에는 단일한 시민 속에 성별을 흡수한 것이 국가적인 정치적 통합이라는 수사학적 작업의 일부를 수행하였다.[10]

줄 것이라고는
역설밖에 없는 여성들

정부 지도자들이 국가적 이해관계라는 잣대로 여성참정권을 바라본 이런 상황을 되짚으며, 루이제 바이스는 특유의 거들먹거리는 어투로 페미니스트 행위자agency에 관한 질문을 던졌다.[11] "내가 이끌었던 거센 투쟁 없이, 프랑스 여성들이 이 순간 정치적 권리를 얻었겠는가?" 그녀의 대답은 순순한 긍정이었다. "그렇다. … 국제적인 우연에 감사한다."[12] 여러 이유 중에서도, 바이스는 이런 관찰을 내놓았다. 모든 민주국가들이 오래전에 여성 시민권을 인정한 이 세계 속에서 프랑스는 여성에게 투표권을 주지 않고는 더 이상 민주주의라고 주장할 수 없게 되었다는 것이다. 그러나 그녀는 페미니스트들의 투쟁도 강조하였다. 드골의 행동은 자비로운 (아니면 이기적인) 왕자님의 선물이 아니라, 어떤 "열망"에 대한 반응이라는 것이다.

영국과 미군의 노르망디 상륙작전이 이에 비유되었다. 레지스탕스 전사들의 참여가 없었다 해도 프랑스는 해방되었을 것이지만, 그랬다면 이 사건은 외부에서 주어진 전략적 승리에 그쳤을 것이다. 마키단 maquis[제2차 세계대전 중의 프랑스 항독 게릴라]의 참여 덕분에 상륙작전은 (이 생각이 분명하게 표현되지는 않았으나) 바이스가 생각한 역사가 이루어져야 하는 방식, 압제받은 자의 도덕적 필연에 대한 믿음, 민주 정치 과정에 대한 개념 등을 예증하는 꽤 좋은 사례가 되었다.[13] 바이스에 따르면, 만일 페미니스트들의 투쟁이 없었다면 여성들은 그저 자기 권리의 소극적 수혜자가 됐을 것이다. 반면에 이런 투쟁으로 말미암아 여성들은 자신들의 권리를 적극적으로 쟁취했다고 간주될 수 있었다.[14]

바이스는 자신의 역할을, 더 넓게 보아 페미니스트 행위자의 문제를 마들렌 펠티에가 말했던 개인주의 담론 안에서 이해했다. 정치적으로 펠티에는 사회주의자였고 바이스는 급진파로 다른 길을 걸었지만, 둘 다 "소수 정예의 개인들"이 변화를 가져올 수 있다고 믿었다. 바이스는 자신의 행동을 이런 각도에서 설명하였다.[15] 그녀의 회고록 제목인 '여성을 위한 투쟁Combats pour les femmes'(혹은 '여성을 대신한 투쟁')은 어떤 우월감을 엿보게 한다. 투표권 운동을 결정하자, 이전의 많은 동료들이 "갑자기 얼이 빠졌다"고 그녀가 언급했을 때처럼 말이다.

"내가 영향력 있는 신문인《새로운 유럽Europe nouvelle》을 떠나, 모든 권리를 빼앗기고 어떤 중요성도 없는 불행한 여성들을 위해 헌신한 것은 그들에게 괴상하고 어리석은 짓으로 보였을 것이다."[16]

바이스는 이 전환을, 페미니즘의 이름으로 착수한 행동으로, 또 개인적으로 결심한 전략의 일환으로 이해했다. 이는 무엇보다도 자신의 뜻에 따라 움직인 과정이었다. 그러나 바이스에 대한 다른 해석은 이 책의 효과적인 요약이자 결론이 될 것이다. 여성의 정치 배제와 성차의 억압이 페미니즘을 정치적 쟁점으로 구성했다는 설명이 그것이다. 페미니즘은 그리하여 페미니스트 행위자를 구성하며, 이 행위자는 공화주의 정치 담론의 "이데올로기 장치를 궁지에 몰아넣고" 그 한계를 폭로하며 원활한 작동을 망쳐 놓았다.[17]

바이스는 1934년 이전까지는 페미니즘 단체에서 활발하게 활동하지 않았다. 그 대신에 평화운동을 벌였고, 《새로운 유럽》지를 편집했다. 제1차 세계대전 이후 이 신문은 국제적 외교를 벌여 전투 대신에 중재로 문제를 해결하자고 주장하고 있었다. 그녀는 자신이 페미니즘으로 방향을 바꾼 것이 정치적 전략이라고 했다. 만약 정치인들이 여성 투표권을 옹호해 주었더라면, 남성들은 여성이 평화를 애호한다는 그들의 믿음에 따라 전쟁을 피하려고 했을지도 모른다(바이스 자신은 여성과 평화를 동일시하는 본질주의적 시각을 받아들이지 않았다. 하지만 "평화를 위한 나의 선지자적 직분"에 도움이 될 이런 "가설"은 마다하지 않고 즐겼다).[18]

바이스는 여성이라는 위치를 의식적으로 그리고 전복적으로 활용했다. 그 때문에 이전에는 일체감을 느끼지 않았던 집단의 대변인을 자처한 것이다.[19] 이런 일체감을 만들어 내며, 그녀는 공화국이 내세운 보편주의의 한계를 지적하려고 자신의 상황을 이용했다. 페미니즘의 틀로 바라보면, 그녀의 위상이 보여 주는 부자연스러운 모습은 골칫거리였다. 바이스는 막대한 정치적 영향력을 즐기면서도 형식적인 정치적 권리는 내켜하지 않는 저명한 언론인이었던 것이다.

바이스의 캠페인은 우리에게 친숙한 페미니즘적 테마를 담고 있었다. 공화주의 이데올로기의 모순을 공격하고 바로잡으라고 요구하는 방식이었다. 1930년대 프랑스 공화국은 우익과 좌익에 포위되어 있었다. 공화국을 수호한다는 명목으로 바이스는 여성 투표권을 요구했다. 대통령의 권한이나 내각의 행위, 혹은 정부의 공화주의적 형태의 미래가 논란거리가 되었을 때, 즉 헌법적 위기가 닥칠 때마다 바이스는 투표권 문제를 들고 나왔다(바이스의 책은 바로 그런 식으로 씌어 있다. 체제의 위기를 설명하는 대신에 페미니스트로서 자신이 개입한 이야기를 들려주는 식이다).

인민전선(1930년대 후반 파시즘과 전쟁 위기에 맞서 결성된 반파시즘 연합전선) 기간에 다른 정치적 집단들이 그랬듯이, 바이스 역시 거리로 나가 시위대를 조직하고 행진했다. 그들은 영국의 여성참정권론자들을 본떠 바스티유 광장에 세워진 상에 서로 몸을 묶었다. 그리고 바이스는 투표장 바깥에 모자 상자로 만든 투표함을 만들어 놓고 여기에 여성 출마자를 위한 '표'를 모았다. 정치적 불안정성이 증대하는 시기에 이런 행동이 가져올 위험성을 그녀는 잘 알고 있었다. "이런 극적인 시기에 우리의 권리를 요구하는 것은 미래를 불안해하기 시작한 소위 전문가들에게는 때를 잘못 맞춘 것 같고, 오만하며, 위험하게 여겨졌으리라."[20] 사실 이 캠페인은 여성운동을 도와줄 바로 그 체제를 약화시켰는지도 몰랐다. 그러나 바이스는 운동을 진전시킬 호기가 바로 이때였다고 주장했다. 공화제에 대한 "정부의 무능력"과 "무감각"은 둘 다 폭로되고 이용되어야 했다. 그리고 그 방법은 여성참정권을 주장하여 투표권 행사와 그 잘못된 쓰임에 초점을 맞추는 것이었다.[21]

바이스는 자신이 주도한 캠페인이 국가의 최고 행정 결정기구인 프랑스 국무원에 가져온 충격을 특히 자랑스러워했다. 그녀는 법의 원칙과 실천 사이를 중재하는 것을 직업으로 삼은 이들에게서 본인의 대의명분이 올바르다는 공식적인 인정을 이끌어 냈다고 생각했다.

1935년 5월, (이탈리아 파시스트들과 제휴했던 피에르 라발Pierre Laval이 프랑스 급진파·사회주의자·공산주의자들을 혼란에 빠뜨린 협정을 스탈린과 협상하던 무렵에) 바이스는 파리 지자체의 의원 직을 요구하는 항의 집회를 파리 18구에서 조직하였다.〔당시 외무장관이던 라발과 스탈린이 만나 식민지 정치에 공산당이 개입하지 않기로 합의했다. 이후 알제리 등 식민지 독립운동과 좌익운동 간의 괴리와 혼란이 가중됐다.〕 자신의 조직인 '신여성La Femme Nouvelle'을 동원하여, 투표장 바깥에 앉아 자체 제작한 투표 용지를 건네주고 기입한 투표 용지를 모자 상자에 모은 것이다 (그 결과는 언론에 공표되었다. 바이스는 대중 선전의 필요성을 날카롭게 자각하고 있었다. 결과는 여성 출마자의 승리였다. 이는 여성 권리 지지의 표현으로 해석되었다). 이 과정에서 일부 남자들은 실수로 바이스 측이 제작한 투표 용지를 공식 투표함에 넣었고, 그 투표는 공식 개표 결과에서 제외되었다. 바이스는 이 선거가 무효라고 단언했다. 왜냐하면 모든 투표가 개표되지 않았기 때문이다. 그녀는 센 구와 국무원에 차례로 이의를 제기했다.[22]

국무원은 이 요청을 기각했으나, 이 이의 제기가 지닌 의의와 그녀가 지적한 "형식적 모순"을 마지못해 인정했다. 프랑스 법 체계는 관습법이 아니라 성문법이었다. 그리고 그들이 인정했듯이, 어떤 법도 여성의 투표권을 금지하고 있지 않았다. 현행 법률은 권리의 보편성과 권리를 행사할 수 있는 시민의 자격을 인정하고 있었다. 따라서 여하한 법도 여성에게 투표를 허용한다고 명시할 필요가 없었다. "반대로, 국회는 권리 행사를 공식적으로 금지하는 법률을 통과시켜야 할 것이다." 그러나 입법부는 그런 법률을 통과시킨 적이 없었다. 따라서 국무원은 이렇게 인정할 수밖에 없었다. "논리적으로 … 여성은 모든 선거에서 투표할 권리가 있다."

국무원은 (여성의) 배제가 (함의상 비논리적인) 입법가의 의도라고 해석하여 투표권을 인정하지는 않았다. 하지만 "현행 입법의 상황"에 이 해결책이 달려 있다는 국무원의 언급은 이런 해법의 불완전성을 인정한 것이었다. 국무원의 발표자는 "현행 입법의 상황"이라는 구절의 삽입은 법률적 변화를 요구하는 것이라고 분명하게 지적했다.[23] 바이스의 이의 제기를 우스개로 치부하며 기각하지 않고, 국무원은 그 실익을 인정하였다. 그리고 바이스는 투표권 운동의 궁극적인 승리 과정에서 자신의 성과가 중요한 개념적 · 법적 요인이 되었다고 확신하였다.

논란의 여지가 있지만, 국무원의 결정은 바이스의 빛나는 논리적 사고만큼 대단한 관대함을 일부 공화주의자들이 '성적 민주화'에 발휘했다는 증거였다. 그러나 인과관계를 따지는 그런 문제는 우리의 목적에 비춰보면 초점에서 어긋난다. 흥미로운 것은 페미니스트의 의상을 걸쳤을 때, 공화주의 정치 담론의 결점이 폭로되고 수정되리라는 바이스의 단언이다.

물론 바이스가 최초로 이 모순에 주목한 것은 아니다. 이는 페미니즘의 등록상표 같은 것이다. 바이스는 스스로 자신이 "여성"이라고, 해방시키고자 했던 이들과 같다고 선언하며 어려움에 직면하게 되었다. 바이스에게 그 범주는 성이 아니라 정치적 차별과 관련되어 있었다. 자서전에 묘사된 바이스의 모습은 양 극단을 오간다. 한쪽 끝에는 권리가 없는 여성이 있다. 다른 한쪽 끝에는 바이스가 받아들인 대의 명분의 대상인 보잘것없이 어리석은 여성들보다 사회적으로 지적으로 우월한 (여성이 아닌) 인간이 있다. 그러나 조건부 언급이기는 해도 여성의 위치에서 발언한 것은 불가피하게 남성들과 그녀의 차이를 환기시켰다. 이전에 몸담았던 고위직 외교계에서는 이 남성들과의 사회적·지적 동등성을 누렸던 그녀였다.

바이스의 캠페인에 동료들 중 한 명이 보인 반응은 페미니스트들이 맞닥뜨린 곤란에 주목하게 만든다. 그 곤경이란 원래 그들의 주장이 정당하다고 밝히는 데에 한정되는 것이 아니라, 역사적 기록의 잘못을 수정하는 문제까지 포괄하는 어려움이었다. 1930년대에 난폭한 거리 투쟁을 겪었던 이들에게는 총알보다 투표를 선호하는 오랜 기간 동안의 공화주의적 태도가 특히 두드러지게 나타났다. 이런 이유로 바이스의 동료인 마르크 루카르트Marc Rucart는 페미니스트들의 호전성을 못마땅해했다. 그는 1936년에 〔'좌익 블록'의 주역으로 1929년 사회당 당수, 1936년 반파시즘 인민전선 내각의 수반이 된〕 레옹 블룸Léon Blum 내각의 일원이었고 후에는 드골의 국민해방위원회에 속해 있었다. 수년 후에 루카르트는 바이스에게 페미니스트들의 시가지 데모가 얼마나 그를 화나게 했는지 이야기했다. "투표할 권리는 폭동을 일으킬 권리가 발붙이지 못하게 하는 겁니다, 부인. … 빅토르 위고를 읽어 보지 않으셨습니까?" 바이스의 대답은 그를 깜짝 놀라게 했다. "그럼요, 친애하는 장관님. 그렇지만, 말해 보세요. 그때 우리가 이 투표할 권리를 누렸던가요?" 바이스는 "마르크가 대경실색했다"고 기록했다. "정치적으로, 그는 남자로서만 사고할 수 있었던 것이다."[24]

바이스는 루카르트의 기억 착오가 여성이 정치적 영역에 속하지 않는다는 믿음 탓이라고 보기는 했지만, 달리 보면 (그는 여성에게 투표권을 부여한 내각의 일원이었으므로) 일단 여성이 선거인 명부에 포함되고 나니 여성이 원래부터 거기 있었던 것처럼 생각했을 수도 있다. 공화주의의 모순들 중 하나가 해결된 것이 이전에 모순이 존재했다는 사실을 지워 버린 것이다. 더욱이 속으로 루카르트는 적들이 공화주의에 상처를 입히는 데에 써먹었던 불합리함의 흔적에 페미니즘의 호전성이 아직도 생채기를 내고 있다고 보았다(이 생각이 수년 후 바이스와 대화했을 때 그의 분노를 정당화해 준 것이다). 여기에 비한다면 공화주의는 현재 상태만큼이나 과거에도 일관성 있는 체계로서 손상되지 않은 채 그에게 남아 있었다.

이런 공식적 해석 앞에서 역사가들은 페미니즘을 정의롭지 못한 일에 대한 영웅적 저항의 형식으로 다루고, 이 저항을 개별 여성의 의지로 읽음으로써 역사를 수정하고 싶은 유혹을 느끼게 마련이다. 나는 이 책을 통해 이 문제가 그보다는 훨씬 복잡하다고 주장했다. 페미니즘은 공화주의에 대한 반발이라기보다는 그 결과 중의 하나다. 이 결과는 개인의 보편적 인권에 대한 모순된 발언들이, 또 '성차' 때문으로 여겨지는 배제가 낳은 것이다.

페미니즘은 '성차'를 인정받으려고 하는 동시에 성차가 부적절하다고 주장하려 애쓰는 모순을 말하는 역설적 표현이다. 이 역설이 페미니스트 행위자를 구성한다. 공화주의를 정의하는 조건이 시대에 따라 변해 왔으므로 페미니즘과 페미니스트 행위자도 그러했다. 페미니스트들은 "줄 것이라고는 역설밖에 없는 여성들"(이 책의 원제인 'Only Paradoxes to Offer')이었지만, 그들은 근본적으로 서로 다른 조건 속에서 그렇게 했다. 따라서 페미니즘의 역사적 중요성과 페미니스트 행위자의 정당성은 (그들의 행위가 이 과정에 기여했는지 논란의 여지가 있기는 하지만) 페미니스트들이 최종적으로 투표권을 얻게 해 주었는지의 여부에 기대지 않는다. 바로 이 개인주의의 변화하는 담론 안에서, 공화주의의 불충분한 보편성을 끊임없이 상기시키는 이곳에서, 페미니즘은 비판적 작업을 수행했고 자기 역사를 찾아내야만 했다.

제2의 성, 위계화된 성차

페미니스트들에게 투표권 획득은 축하할 만한 성과였다. 그러나 시몬 드 보부아르Simone de Beauvoir가 곧 "제2의 성"이라고 부르게 되는 여성의 위상을 놓고 볼 때 그것이 전부는 아니었다. 한 번 더, 루이제 바이스의 경험은 쓸모 있는 생각거리를 던져 준다. (그녀의 정치적 이력이 길게 보면 해방된 여성의 것이었더라도) 투표권은 그녀의 희망을 실현시키는 데에는 그다지 좋은 징조가 아니었다.

투표권 획득 후 즉각 급진당에 들어간 바이스는, 조르주 비도Georges Bidault[제2차 세계대전 중 대독일 저항운동을 전개하고, 가톨릭 정당을 결성한 뒤 1944~1946년 드골 임시정부의 외무장관과 총리를 지냈다.]의 새 정부에서 일하게 되리라는 기대를 금방 접어야 했다. 비도는 헌법을 새로 쓸 제헌의회가 조직되자, 바이스에게 여성을 대표해 드골 편에 설 만한 이들에 대하여 조언을 구했다. 바이스가 자기 자신을 거론하자, 비도는 그녀는 자기들이 염두에 두고 있는 그런 사람이 아니라고 말했다. "당신 말입니까! … 아! 안 되지요. 터무니없는 얘깁니다. 우린 훌륭한 여인들이 우릴 난처하게 만드는 걸 원치 않아요!" 바이스는 쓴 웃음을 짓고는 "남편들이 인상적인 성姓을 남겨 준 과부들을 추천해 주었다."[25]

(여성에게 투표권을 주는 결정을 내린 이들은) 이 첫 번째 선거에 미망인들을 선택하겠다고 제안하여, 여성들이 계속 특정한 이익을 지켜 주는 가족 구성원으로, 집단의 일원으로 간주되기를 원했다. 그리고 그들은 선거에 참여할 수 있는 새로운 여성 권리의 중요성을 축소하고 싶어 했다. 결국 여성의 참정권은 삶의 다른 영역으로 넘어갈 필요 없이 그저 주기적으로 되풀이되는 일이었던 것이다. 그래도 시민권은 즉각적인 실현은 아니더라도 개인성을 약속했으며, 여성에게 더 많은 정치적 참여의 길을 열어 주었다. 법을 만든 이들의 의도가 어떠했든 지 간에, 여성은 투표권을 통해 정치적 주체가 되었다. 아이러니하게 도, 참정권은 여성의 계속된 사회적/심리적 의존이라는 권리 박탈과 더욱 날카롭게 대조되었다.[26] 성차의 일반적 문제를 없애 버리는 대신에, 투표권은 여기에 더 큰 주의를 기울이게 했다.

이런 문제는 시몬 드 보부아르의 《제2의 성Le Deuxième Sexe》과 연관이 있다. 1949년에 씌어진 이 책에서, 보부아르는 페미니스트들이 150년 이상 요구해 왔던 정치적 권리가 (그녀의 어법에서 "그저"라는 뜻을 함축하는) "추상적"이고 "이론적"인 것이라고 말했다. 시민권은 여성이 형식적이고 절차적인 의미인 법 앞의 주체로서 남성과 동등하도록 만들었다. 그러나 사회적 · 경제적 · 주체적인 자율성을 획득하게 하는 데에는 실패했다. (드 보부아르도 시민권을 지키는 데에 관심을 기울였지만) 이 문제는 실질적 평등에 관한 것이 아니었다. 추상적 개인이라는 여성의 상태에서 "주권적 주체", 완전히 제 자신을 소유하는 자율적 존재 상태로 넘어간 적은 없다. 이렇게 보면 투표권은 그저 부분적 승리일 뿐이다.

우리가 살고 있는 시기는 변화의 시기다. 언제나 남성에게 속해 있는 이 세계는 아직 그들의 손아귀에 있다. 가부장적 문명의 제도와 가치들은 계속해서 많은 부분에 살아남아 있다. 추상적 권리들은 모든 영역에서 여성에게 완전히 주어진 것이 아니다. … 그리고 추상적 권리들은, 내가 말한 그대로, 여성이 세상에서 확고하게 자리를 잡게 해 준다고 보장하기에 충분하지 않다. 두 성 사이의 진정한 평등은 오늘날에도 존재하지 않는다.[27]

드 보부아르는 여성이 계속 남성에게 '타자'로서 봉사하는 한 완전한 자율적 개인이라는 지위를 얻지 못할 것이라고 주장했다. 여성은 남성적 희망과 공포의 신화적 투사投射였으며, 남성성과 주권의 확인이었다. 경제적인 자유는 여성해방에 필수적 요소이기는 하나(이론적 권리들과 함께 동반되어야 하는 구체적 영역이지만), 궁극적으로 문제는 실존적 차원에 있다. 남성만이 그 존재 조건의 선험성으로 자기 창조를 획득할 수 있다. 여성은 내면적인 삶에 결박되어 있다. 일반적인 여성적 기능의 끝없는 반복에 갇혀서, 여성은 (개인적이고 명확한) 자기가 선택한 대로 살아갈 자유를 거부당한다.[28]

남성이 누리는 이점은 … 인간 존재로서 그가 지닌 소명이 남성으로서의 운명과 전혀 충돌을 일으키지 않는다는 것이다. 남근과 초월성의 동일화는 남성의 현존에 남성의 사회적이고 정신적인 성취를 가져다준다. 남성은 분열되지 않는다. 반면에 여성은 여성성을 실현시키려고 자기를 대상이자 먹이로 내주어야 하며, 주권적 주체라는 여성의 주장을 포기하게 된다.[29]

드 보부아르는 주권적 주체sovereign subject로서 행동하고 자기 삶의 방향을 선택하는 것이 인간임을 증명한다고 믿었다. 그러니 여성은 본질적 인간성의 표현을 거부당하는 존재이다. 드 보부아르가 보기에, 성차는 부차적인 현상이다. 즉, 문화적인 것이지 생물학적인 것이 아니다. 성차는 인간성의 보편성(동일성)을 부정하지 않았으며, 동일성이 인정될 때, 그녀가 쓴 대로라면 "회복될" 때에도 사라지지 않을 것이다. 《제2의 성》 마지막에 드 보부아르는 이렇게 기술했다. "차이 속의 평등을 중시하는 이들은 평등 속의 차이라는 있을 법한 존재를 기꺼이 인정하지 않을 수 없을 것이다. … 사회가 여성에게 주권적 개인성을 회복시켜 준다면, 마음을 움직이는 사랑의 포용력은 파괴되지 않을 것이다."[30]

드 보부아르를 실존주의 철학자로 바라보게 하고 당시 평등 대 차이 논쟁에서 '평등' 쪽에 위치시켜 놓는 것이 이런 생각들이라면, 이는 투표권이 페미니스트들에게 끼친 영향을 되짚어 보는 데에도 도움을 준다.[31] 모든 페미니스트들과 마찬가지로 드 보부아르는 그 시대의 특수한 정치적 · 철학적 담론들의 측면에서 이해되어야만 하기 때문이다. 이 경우에 실존주의와 투표권, 그리고 주권적 주체와 여성이 그런 의미에서 합법적인 존재라는 생각은 아주 중요한 담론적 문맥이다. 투표는 추상적이고 무차별적인 개인과, 차이를 통해서만 정의될 수 있는 개별 자아 사이의 긴장을 해소시키기는커녕 이 둘 사이의 알력을 격화시켰다. 과거에는 이 둘이 모두 남성이었으므로 문제가 쉽게 풀렸다. 그런데 여성이 추상적 개인이 되자 상황이 복잡해졌다. 여성이 주권적 주체라는 주장은 시민으로서의 법적 지위가 뒷받침해 주었다. 이 주장을 "부정하는" 드 보부아르의 언급은 여성의 타고난 인간성에 반하는 것이고, 나아가 법을 위반하는 것이었다.

드 보부아르의 생각에 따르면, 투표권 획득은 여성 종속을 해결한 것이 아니라 모순의 근원을 이동시켰을 따름이다. 더 이상 여성이 권리가 있느냐고 묻는 일은 없다. 여성이 법적 주체가 되었을 때, 자유 공화주의의 보편적 원칙은 정말로 보편적인 것으로 간주될 수 있었다. 물론 실질적 권리의 문제가 남아 있었다. 보통 남성 선거권의 예가 잘 보여 주었듯이, 경제적·사회적 권력의 불평등을 교정하는 데에 형식적 권리의 한계는 더욱 명백해졌다. 평등의 약속과 그 실현 사이의 모순을 지적하며, 여성은 정치적 권리로 입법적 영역에 요구 사항들을 제출할 수가 있었고, 그렇게 했다. 그러나 드 보부아르 생각에 진짜 긴장은 다른 데에 있었다.

여성은 "주체로서가 아니라 역설적으로 주체성을 부여받은 객체로서 남성 앞에 서 있다. 여성은 자신을 자동적으로 자아이자 타자로 간주한다. 이 모순은 좌절을 낳는다."[32] 이 딜레마를 고심하며, 드 보부아르는 여성이 완전히 자율적인 존재로 재현되는 데에 필요한 "내적 변화inner metamorphosis"를 얻게 될지 궁금해했다. "그러나 법, 제도, 관습, 여론, 그리고 모든 사회적 맥락을 바꾼다고 해서, 남성과 여성이 정말로 평등해질 수 있을까?" 드 보부아르는 애매하게 답하였다. 그녀는 한편으로 이 변화들이 진정한 평등 달성의 필수적인 전제 조건이며 점차 진정한 평등을 가져다줄 것이라고 봤지만, 다른 한편으로는 그런 성취는 객체objects에 머무르는 여성의 지위가 가로막는 일종의 초월적 능력을 요구한다고 보았다. "여성에게서 인간 조건의 불확실성과 비참함을 없애느냐의 문제가 아니라, 그것들을 초월하는 방법을 주느냐의 문제다."[33]

드 보부아르의 분석에 내재한 이 긴장감은, 실존주의와 마르크스주의의 만남에 내재한 인과율과 유물론에 관한 갈등의 일부를 재연한다. 이는 또 투표권 획득의 직접적 결과인 페미니즘적 비판의 새로운 맥락을 두드러지게 한다. 여성이 시민이 되자 추상적 개인은 복수화되어 나타났다. 추상적 개인은 기껏해야 무성화된 셈이고, 아마도 남성형으로 남아 있었다고 말하는 편이 더 정확할 것이다. 여성은 투표권을 행사하는 인간man의 한 판본으로 선언되며 이 범주에 포함되었다. 이는 성차가 줄기차게 요구했던 추상적 개인을 정의내리는 문제를 임시 방편으로 부정하거나 회피한 결과였다.

그러나 드 보부아르가 보기에 이 해결책은 "이론적"이었으며, 실천적이지 않았다. 왜냐하면 서로 구별되는 개인들의 구성이 자아/타자 과정process에 별 영향을 주지 못했기 때문이다. 이 과정은 성차를 다원성이 아니라 (개인이 아직도 단수형으로 받아들여졌으므로) 위계질서로 설명하였다. 시민이 된 여성은 (추상적) 개인으로 재현될 수 있었다.

그러나 어떻게 그들이 여성으로 재현될 수 있겠는가?

페미니즘 운동의
못된 성질

참정권 이후의 페미니즘은 역설적 공간 안에서 구축되었다. 이 공간은 시민권(혹은 추상적 개인)의 이름 아래 선언된 여성과 남성의 동일성, 개인 주체의 배타적 남성성의 공간이었다. 한편에는 법적으로 인정받는 보편적 권리의 소유에 따라 당연하게 받아들여지는 평등이 있었고, 다른 한편에는 성차에 따라 당연해 보이는 자연적 사실들에 따른 불평등이 있었다. 평등을 획득하는 데 필요한 명확한 프로그램을 만드는 과정에서 드 보부아르가 겪은 어려움을 이해하는 데에 그치지 않고, '개인'의 정치적·심리적 의미 사이의 불일치라는 가장 최근의 페미니즘 역사를 특징짓는 갈등을 우리가 이해할 수 있는 것은 이런 불일치 때문이다.

경쟁 중인 페미니즘의 이상들은 (여성을 남성과 같다고 보는) 추상적 개인과, (근본적 불일치를 주장하는) 성차로 분명해지는 개인적 자아 사이의 대립에서 이편 아니면 저편을 취해 왔다.

먼저 드 보부아르를 따라 평등을 주장하는 이들은(엘리자베트 바댕테르Elisabeth Badinter는 이편을 대표하는 가장 최근의 대표적 인물이다) 추상적 주체의 편에 선다.[34] 이들은 자유민주주의 법률의 보편 원칙이 인정하는 모든 이가 가진 인권 앞에서는 성차가 무의미하다고 주장한다. 반면, 차이를 주장하는 이들은 성차는 개성의 필수불가결한 결과이며, 추상적 개인주의는 극복할 수 없는 차이를 억압하는 데에 그치지 않고 남성성을 규범화하여 여성 억압을 지속시킨다고 말한다. ("누구를 위한 평등인가?" 뤼스 이리가레이Luce Irigaray는 '보편적 남성성'과 동일해지려는 페미니스트들을 향해 묻는다. "그들(여성들)이 아직도 자신들의 사회경제적 정체성을 확립하는 데 무엇이 필요한지 모른다는 순진한 오류는 내게 충격적이다."[35] 달리 말하면, 여성들은 자기가 바란 조건 속에서 재현될 수 없는 존재로 남는다는 것이다.) 차이의 페미니스트로 불리는 이들의 목표는, 여성의 차이를 자율적 여성 주체성을 재현하는 기초로 삼아 개인 남성 주체를 구성하려고 여성을 대상화하는 과정을 붕괴시키는 것이다.[36]

나의 목표는 이 논란에서 어느 한쪽을 편드는 것이 아니라, 그들의 투쟁이 페미니즘의 결점(루이제 바이스의 회고록에 따르면, 시어도어 젤딘Theodore Zeldin이 "페미니즘 운동의 못된 성질"이라고 언급한 것[37])을 드러내는 것이 아니라는 점을 지적하는 것이었다. 오히려 명백한 것은, 동일성이나 차이를 선택해야 할 분명한 필요성이 (이는 양자택일로 만족될 수가 없다) 성차가 개인이라는 단일 개념에 부과한 어려움을 징후적으로 보여 준다는 사실이다. 페미니즘은 그것이 개인이라는 단일 개념과 역설적인 관계 속에서 구성되는 한, 불가피하게 그 자체의 구성 조건을 재생산한다.

페미니즘의 역사를 다시 읽는 일로 이 역설들을 해결할 수는 없다. 페미니즘은 해결하기 힘든 역설의 자장 안에 있다. 하지만 이런 역설들에 대한 연구는 이를 역사적으로 설명하는 데 필요한 복잡성을 끌어들인다. 나는 페미니즘의 역사에 초점을 맞추었으나, 이 시도의 유용성은 페미니즘 너머 더욱 일반적인 역사 연구로 확장된다. 이 시도는 자기 부정을 만들어 내는 역설과 모순들의 역사적 특수성을 주장하며, 그래서 계속 다시 나타나거나 지속되는 문화적·정치적 표현처럼 보이는 것의 역사성도 강조한다. 그래서 페미니즘의 존재는 (몇 가지 다른 예를 들어 보자면 노동, 사회주의, 반인종주의 운동의 존재는) 시간을 초월한 남성 중심주의(혹은 자본주의나 인종주의)나 자유주의 정치 이론의 고정된 한계들에 대한 저항으로 설명될 수가 없다. 오히려 페미니즘은 (혹은 노동조합주의나 사회주의, 반인종주의는) 서로 다른 순간에 다른 방식으로, 역사적으로 특수한 담론적 모순의 장소에서 태어난다. 정치적인 운동들은 난해한, 때로는 풀기 어려운 모순의 현장에서 출현한다. 그리고 그런 생산물들의 특수성을 밝히는 것이 바로 역사 연구의 초점이다.

페미니즘의 역사는 의식적으로 페미니즘 정치학의 종말을 위해 쓰인 중요하고 복잡한 수단이었다. 나의 목적은, 언뜻 보기에 끝이 없고 종종 과열되기도 하는 평등과 차이에 관한 현대 페미니스트들 간의 논쟁이 부과한 일련의 어려운 문제들을 다루고자, 그런 역사와 대결하는 것이었다. 과거의 페미니스트들과 마찬가지로, 내 생각은 내가 완전히 다룰 수 없는 (그리고 다른 이들이 분석해야만 하는) 담론적 맥락 속에서 형성되었다. 그러나 나는 의식적으로 차이, 역설, 주체의 담론적 형성을 다루는 이론에 의지하였다.[38]

이런 이론들은 내게 페미니스트들이 직면한 딜레마가 다루기 어려운 이유를, 그리고 그들이 이 딜레마에 계속 역설적으로 대응해야만 했던 이유를 다르게 이해하도록 도와주었다. 그러나 페미니스트들은 이 딜레마를 풀거나 다루기 쉽게 만들지 못했으며, 그렇게 할 수가 없었다. 페미니즘에서 가장 주된 것으로 간주되어 온 이 문제(차이 대 평등)는 현재 제출된 대로라면 풀리기가 어렵다. 그러나 다른 식으로 제기될 수 있다면? 성차를 억압하는 개인 권리 담론이 필요없는 페미니즘이 있을 수 있지 않을까? 나는 그렇지 않다고 생각한다. 페미니즘 정치학이 결국에 이 문제를 풀어 낼 것이라는 기대 없이 이 긴장을 이용할 수 있을까? 나는 그렇다고 본다.

이 책의 초점은 페미니스트들이 적어도 두 세기 동안 그렇게 해 왔다고 말하는 데에 있다. 이런 궁극적인 질문들에 대한 내 대답이 아직도 가설에 머무른다면("나는 그렇게 생각하지 않는다" "나는 그렇게 본다"), 그것은 이 대답이 논쟁의 종료가 아니라 토론을 불러일으킨다는 것을 의미한다. 이 토론은 (학문적으로나 정치적으로나) 활발한 운동을 유지하는 데에는 그리 필요하지 않을지 모르나 회피할 수 없다. 역사적으로, 페미니스트들은 자기가 속한 집단의 이데올로기 질서에서 중추적인 문제들, 그래서 문제로 보이지도 않고 심지어 고려되지도 않는 문제들에 직면해야만 했다. 확실하게 일시에 이루어지는 해결책은 이런 종류의 도전 앞에서 존재하지 않았고, 가능하지도 않다. 그러니 논쟁이 계속되는 것은 피할 수 없다.

우리 자신의 역설들을 면밀한 비평적 검토에 맡기는 것은 페미니스트들이 마주한 문제들의 심각성, 그들이 문제를 제기한 창의성, 적대적 해결책을 고집하지 않는 사고방식의 필요성을 이해하는 방법이다.

'성차'를 정치적 재현의 이론에서 다루기 어려운 문제로 만드는 것은 결국 그런 식의 해결책을 취하려는 충동이다. 그리고 페미니즘이 그 불안정한 존재 의미를 확인했던 것은, 여성을 배제하여 성차의 문제를 지워 버리려고 시도한 이론들에 비판적으로 개입했을 때였다.

주

01_페미니즘 역사 다시 읽기

1 프랑스 페미니즘의 역사를 기술한 작업으로는 다음 저작들을 아우를 수 있다. Léon
   Abensour, *Histoire générale du féminisme : Des origines à nos jours*(Paris : Slatkine, 1979) ;
   Maïté Albistur and Daniel Armogathe, *Histoire du féminisme français*, 2 vols.(Paris : Editions
   des Femmes, 1977) ; Patrick K. Bidelman, *Pariahs Stand Up! The Founding of the Liberal
   Feminist Movement in France 1858-1889*(Westport, Conn. : Greenwood Press, 1982) ;
   Suzanne Grinberg, *Historique du mouvement suffragiste depuis 1848*(Paris : H. Goulet, 1926) ;
   Steven C. Hause with Anne R. Kenney, *Women's Suffrage and Social Politics in the French Third
   Republic*(Princeton : Princeton University Press, 1984) ; Laurence Klejman and Florence
   Rochefort, *L'égalité en marche : Le féminisme sous la Troisième République*(Paris : Editions des
   Femmes, 1989) ; James F. McMillan, *Housewife or Harlot : The Place of Women in French Society,
   1870-1940*(New York St. Martin's Press, 1981) ; Claire Goldberg Moses, *French Feminism
   in the Nineteenth Century*(Albany : State University of New fork Press, 1984) : Charles
   Sowerwine, *Sister or Citizen? Women and Socialism in France since 1876*(Cambridge : Cambridge
   University Press, 1982) ; Evelyne Sullerot, *Histoire de la presse féminine en France, des origines
   à 1848*(Paris : Librairie Armand Colin, 1966) ; Marguerite Thibert, *Le féminisme dans le
   socialisme français de 1830 à 1850*(Paris : Marcel Girard, 1926) ; Louise A. Tilly, "Women's
   Collective Action and Feminism in France, 1870-1914," in Louise A. Tilly and Charles
   Tilly, eds., *Class Conflict and Collective Action*(Beverly Hills : Sage, 1981).
2 New York Times, December 31, 1993. 그리고 이 그룹의 성명서가 된 책은 Françoise
   Gaspard, Claude Servan-Schreiber, and Anne Le Gall, *Au pouvoir citoyennes! Liberté, égalité,
   parité*(Paris : Seuil, 1992).
3 이 문제에 대해서는 Geneviève Fraisse, "Quand gouverner n'est pas représenter," *Esprit,*
   no.200(March-April 1994), pp.103-114를 참조했다.
4 Charles Sowerwine and Claude Maignien, *Madeleine Pelletier : Une féministe dans l'arène
   potitique*(Paris : Les Editions Ouvrières, 1992), p.102에서 인용했다.
5 Olympe de Gouges, *Le bonheur primitif de l'homme*(Paris, 1788), p.23 : "Si j'allois plus
   avant sur cette matière, je pourrois m'étendre trop loin, et m'attirer l'inimitié des
   hommes parvenus, qui, sans réfléchir sur mes bonnes vues, ni approfondir mes bonnes
   intentions, me condamneroient impitoyablement comme une femme qui n'a que des

paradoxes à offrir, et non des problèmes faciles à résoudre."

6 '역설paradox'과 '모순contradiction'이라는 용어의 사용에 대해서는 《프티 로베르 사전 the Petit Robert Dictionnaire de la langue francaise》(Paris, 1986)의 p.1353과 p.380를 각각 참조했다.

7 프랑스 공화주의 역사에 대해서는 Brubaker, *Citizenship and Nationhood in France and Germany*(Cambridge, Mass. : Harvard University Press, 1992) ; Peter Campbell, *French Electoral Systems and Elections since 1789*(London : Faber, 1958) ; Claude Nicolet, *L'idée républicaine en France(1789-1924) : Essai d'histoire critique*(Paris : Gallimard, 1982) ; Siân Reynolds, "Marianne's Citizens? Women, the Republic, and Universal Suffrage in France," in Reynolds, ed., *Women, State, and Revolution : Essays on Power and Gender in Europe since 1789*(Brighton : Wheatsheaf Books, 1986), pp.102-112 ; Pierre Rosanvallon, *L'état en France : De 1789 à nos jours*(Paris : Seuil, 1990) 그리고 *Le sacre du citoyen : Histoire du suffrage universel en France*(Paris : Gallimard, 1992) ; David Thompson, *Democracy in France : The Third and Fourth Republics*(London : Oxford University Press, 1958)를 참조했다.

8 *Encyclopédie, ou dictionnaire raisonné des sciences, des arts et des metiers,* 17 vols. (Neufchâtel, 1751-1765 ; 이하 *Encyrclopédie*로 인용), vol.8, pp.684-685 : "Pierre est un homme, Paul est un homme, ils appartiennent à la même espèce ; mais ils different *numériquement* par les différences qui leur font propres. L'un est beau, l'autre laid, l'un savant, l'autre ignorant, et un tel sujet est un *individu* suivant l'étymologie, parce qu'on ne peut plus le diviser en nouveau sujets qui ayent une existence réellement indépendante de lui. L'assemblage de ses propriétés est tel, que prises ensemble elles ne sauraient convenu qu'à lui."

9 *Lettres d'un bourgeois de New Haven à un citoyen de Virginie*(1787), in *Oeuvres de Condorcet*, 12 vols. (Paris, 1847-48), vol.9, p.14 ; Cheryl B. Welch, *Liberty and Utility : The French Idéologues and the Transformation of Liberalism*(New York : Columbia University Press, 1984), p.11에서 인용했다.

10 프랑스혁명 막바지에 콩트 드 클레르몽 토네르Comte de Clermont Tonnère가 유대인에 대해 언급한 것은 이러한 추상화 과정이 어떻게 작동하는지를 보여 준다. "민족으로서의 유대인에게는 모든 것을 거부해야 하지만, 개인으로서의 유대인에게는 모든 것을 승인해 줘야 한다. … 그들은 개인으로서 시민이 되어야 한다." Brubaker, *Citizenship and Nationhood*, p.106에서 인용했다.

11 Stephen Lukes, *Individualism*(New York : Harper and Row, 1973), pp.152-153. 또한 Uday S. Mehta, "Liberal Strategies of Exclusion," *Politics and Society* 18 (December 1990), 427-453 ; 그리고 Marcel Gauchet, "De l'avènement de l'individu à la découverte de la Société," in *Annales : Economies sociétés civilisations* (이하 *Annales E.S.C.*로 인용) 34(May-lune 1979), pp.457-463 참조. 프랑스 자유주의에 대해서는 다음을 참조. Stephen Holmes, *Benjamin Constant and the Making of Modern Liberalism*(New Haven : Yale University Press, 1984) ; Welch, *Liberty and Utility ; William Logue, from Philosophy to Sociology : The Evolution of French Liberalism*(De Kalb : Northern Illinois University Press,

1983) ; François Bourricaud, "The Rights of the Individual and the General Will in Revolutionary Thought," 그리고 Jean Rivero, "The Jacobin and Liberal Traditions," 둘 다 Joseph Klaits and Michael H. Haltzel, eds., *Liberty/Liberté : The American and French Experience*(Washington, D. C. : Woodrow Wilson Center Press ; and Baltimore : Johns Hopkins University Press, 1991). 페미니즘과 자유주의 정치 이론에 대해서 는 Christine Fauré, *La démocratie sans les femmes : Essai sur le libéralisne en France*(Paris : Presses Universitaires de France, 1985) ; Michèle Le Doeuff, *Hipparchia's Choice, An Essay concerning Women, Philosophy, Etc.*, trans. Trista Selous(Oxford : Blackwell, 1990) ; Wai-chee Dimock, "Criminal Law, Female Virtue, and the Rise of Liberalism," *Yale Journal of Law 4*, no.2(Summer 1992) : and Dimock, "Rightful Subjectivity," *Yale Journal of Criticism 4*, no.1(1990)를 참조. 민주주의 이론과 여성의 배제에 대해서는 Geneviève Fraisse, *Muse de la raison : La démocratie exclusive et la différence des sexes*(Aix-en-Provence : Editions Alinéa, 1989)를 참조했다.

12 Lukes, *Individualism*, p.146.

13 Welch, *Liberty and Utility*.

14 Pierre-jean-Georges Cabanis, *Rapports du physique et du moral de l'homme*, 2 vols. (Paris, 1802). 이 부분을 참조하게 해 준 앤드류 아이젠버그Andrew Aisenberg에게 감사한다.

15 Condorcet, "On the Admission of Women to the Rights of Citizenship"(1790), in *Selected Writings*, ed. Keith Michael Baker(Indianapolis : Bobbs-Merrill, 1976), p.98.

16 백인 남성의 개인성이 유색인과의 대조나 '문명'을 통해서 이루어졌다는 말은 아니 다. 18세기 후반부터 젠더는 사회적 정체성과 사적인 정체성에서 점차 중요한 차원이 되고 있었는데, 마찬가지로 남성적 개인을 개념화하는 데에서도 젠더가 결정적이라는 점을 지적하려는 것이다.

17 내가 '개인'이라는 관념 내부의 모순들을 주목할 수 있었던 것은 문학사가 마이 클 워너Michael Warner가 개척해 놓은 미국의 개인주의와 개인적 정체성에 대한 연 구 덕분이다. 워너는 19세기 미국의 맥락에서 이성애가 모순의 해결책이었다고 주 장한다. 이에 대해서는 다음을 참조하라. "Homo-Narcissism : Or, Heterosexuality," in Joseph Boone and Michael Cadden, eds., *Engendering Men*(New York : Routledge, 1990), pp.190-206 ; "The Mass Public and the Mass Subject," in Craig Calhoun, ed., *Habermas and the Public Sphere*(Cambridge, Mass. ; MIT Press, 1992), pp.377-401 ; "New English Sodom," *American Literature 64*, no.1(March 1992), pp.19-29 ; "Thoreau's Bottom," *Raritan 11*, no.3(Winter 1992), pp.53-79 ; "Walden's Erotic Economy," in Hortense J. Spiller, ed., *Comparative American Identities : Race, Sex, and Nationality in the Modern Text*(New York : Routledge, 1991).

18 C. L. R. James, *The Black Jacobins : Toussaint l'Ouverture and the San Domingo Revolution*, 2nd ed.(New York : Vintage Books, 1963), pp.140-141에서 인용했다.

19 Jean-Jacques Rousseau, Discourse on the Origin Inequality, in *The Social Contract and Discourses*, trans. G. D. H. Cole(New York : E. P. Dutton, 1950).

20 Emile Durkheim, *The Division of Labor in Society*(New York : Macmillan, 1933), p.62.

당시 몇몇 대중적인 글에서는, 동일성이 정체성을 융합하고 각각의 범주를 상실하게 할 뿐만 아니라 증오도 불러일으킨다고 되어 있다. 이를테면, 사회주의자 쥘 발레Jules Vallès는 여성 학교와 대학이 "사내가 된 듯한 마음, 그리고 그러한 사내 되기로 남성을 얼마나 경멸하게 만들지 모르는 일이다(le coeur engarçonné, et de cet engarçonnement peut nâitre je ne sais quel mépris de l'homme)"라고 두려워했다. *La Citoyenne, December 26*, 1881. 사회주의자 쥘 발레에게 유제니 피에르Eugénie Pierre가 한 응답에서 인용했다.

21 Durkheim, *The Division of Labor*, p.56

22 Cesare Lombroso and G. Ferrero, *La femme criminelle et la prostituée*, trans. Louise Meille(Paris, 1896) ; Elissa Gelfand, *Imagination in Confinement : Women's Writings from French Prisons*(Ithaca : Cornell University Press, 1983), p.50에서 인용했다.

23 당대의 페미니즘의 이러한 문제는 다음을 참조하라. Anne Snitow, "Gender Diary," in Marianne Hirsch and Evelyn Fox Keller, eds., *Conflicts in feminism*(New York : Routledge, 1990), pp.9-43. '평등 대 차이'라는 딜레마를 넘어서려는 당대의 시도들을 보여 주는 작업들이 있다. Cécile Dauphin et al., "Culture et pouvoir des femmes : Essai d'historiographie," *Annales E.S.C. 41*(March-April 1986), pp.271-293 ; Martha Minow, *Making All Difference : Inclusion, Exclusion, and American Law*(Ithaca : Cornell University Press, 1990) ; Gisela Bork and Susan James, eds., *Beyond Equality and Difference : Citizenship, Feminist Politics, and Female Subjectivity*(London and New York : Routledge, 1992) ; 그리고 *Futur antérieur*의 특집 "Féminismes au présent"(1993). 민주주의 정치에서 평등과 차이의 문제에 대해서는 William E. Connolly, *Identity/Difference : Democratic Negotiations of Political Paradox*(Ithaca : Cornell University Press, 1991)를 보라.

24 일관성에 대해서는 자크 데리다Jacques Derrida, "Structure, Sign, and Play in the Discourse of the Human Sciences," in *Writing and Difference*, trans. Alan Bass (Chicago : University of Chicago Press, 1978), pp.278-294를 참조하라.

25 Luce Irigaray, "The Power of Discourse and the Subordination of the Feminine," in Margaret Whitford, ed., *The Irigaray Reader*(Oxford : Blackwell, 1991), pp.118-132, 특히 pp.122-125를 참조했다.

26 Denise Riley, "Am I That Name?", *Feminism and the Category of "Women" in History*(London : Macmillan, 1988).

27 시민권에 대해서는 *Rosanvallon, Le sacre du citoyen*를 참조. 또한 Carole Pateman, "Promise and Paradox : Women and Democratic Citizenship"(1990년 10월, 온타리오에 있는 요크 대학에서 있었던 The New York Lecture) ; Michèle Riot-Sarcey, "De l'historicité du genre citoyen," in Hans Ulrich Jost, Monique Pavilion, and Francois Vallotton, eds., *La politique des droits. Citoyenneté et construction des genres aux 19e et 20e siècles*(Paris : Editions Kimé, 1994) ; J. M. Barbalet, *Citizenship : Right, Struggle, and Class Inequality*(Minneapolis : University of Minnesota Press, 1988) ; and Catherine Wihtol de Wenden, ed., *La citoyenneté*(Paris : Fondation Diderot, 1988).

28 이 책은 린다 고든Linda Gordon의 *Heroes of Their Own Lives*를 비평하며 내가 행위에 관

해 지적했던 내용을 정교하게 다듬으려는 시도인 셈이다. 나의 서평과 고든과의 의견 교환은 *Signs 15*(Summer 1990), pp.848-860를 참조하라. 내가 제안한 행위의 성질을 가장 간결하게 진술한 것은 Parveen Adams and Jeff Minson, "The 'Subject' of feminism," *m/f* 2(1978), pp.43-61을 참조하면 된다. 또한 미셸 푸코Michel Foucault, 《성의 역사The History of Sexuality》 vol.1 : An Introduction, trans. Robert Hurley (New York : Vintage Books, 1980), p.93에는 이런 구절이 있다. "분명한 것은 유명론자가 되어야 한다는 사실이다. 권력은 제도가 아니며, 구조도 아니다. 우리가 부여받은 특정한 힘 또한 권력이 아니다. 권력이란 특정한 사회의 복잡한 전략적 상황에서 붙여지는 이름이다."

29 정치에서, 오직 역설만을 던져 주는 사람들은 보통 괴팍한 사람이나 엉터리 사기꾼으로 여겨진다. 어떤 분명한 입장을 취하지 못한다는 것이 그들을 배제하는 구실인 듯하다. 페미니스트들이 자신들을 (19세기 내내 반복해 온 대로) "부랑자들pariahs"이라고 명명했을 때, 그들은 선택했거나 그들에게 맡겨진 위치를 그려 보여 주고 있었다. '부랑자들'로서의 페미니스트들에 대해서는 Michèle Riot-Sarcey, *La démocratie à l'épreuve des femmes : Trois figures critiques du pouvoir, 1830-l848*(Paris : Editions Albin Michel, 1994)를 참조하라.

30 Felicia Gordon, *The Integral Feminist : Madeleine Pelletier, 1874-1939*(Minneapolis : University of Minnesota Press, 1990), p.85에서 인용했다.

02_'여성'과 시민의 권리선언

1 M. J. Sydenham, *The French Revolution*(New York : Capricorn Books, 1966), p.63.

2 Elisabeth G. Sledziewski, *Révolutions du sujet*(Paris : Méridiens Klincksieck, 1989), 특히 2장 "La femme, sujet civil et impossible sujet civique," pp.63-128을 참조하라.

3 프랑스혁명기 동안 (두 가지 다른 쟁점으로서) 여성과 페미니즘의 역사를 살펴보고자 한다면 다음 글을 참조하라. Maïté Albistur and Daniel Armogathe의 *Histoire du féminisme français* 1권(Paris : Editions des Femmes, 1977) ; Paule-Marie Duhet, *Les femmes et la Révolution, 1789-1794*(Paris : Julliard, 1971) ; Jane Abray, "Feminism in the French Revolution," *American Historical Review 80*(1975), pp.43-62 ; Jeanne Bouvier, *Les femmes pendant la Révolution*(Paris : E. Figuière, 1931) ; Olwen Hufton, "Women in the French Revolution," *Past and Present 53*(1971), pp.90-108 ; Hufton, "The Reconstruction of a Church, 1796-1801," in Gwynne Lewis and Colin Lucas, eds., *Beyond the Terror : Essays in French Regional and Social History, 1794-1815*(Cambridge : Cambridge University Press, 1983), pp.21-52 ; Scott Lytle, "The Second Set"(September 1793), *Journal of Modern History 26*(1955), pp.14-26 ; Jules Michelet, *Les femmes de la Révolution*(Paris, 1854) ; R. B. Rose, "Women and the French Revolution : The Political Activity of Parisian Women, 1789-94," *University of Tasmania Occasional Paper 5*(1976) ; David Williams, "The Politics

of Feminism in the French Enlightenment," in Peter Hughes and David Williams, eds., *The Varied Pattern : Studies in the Eighteenth Century*(Toronto : A. M. Hakkert, 1971) ; Darline Gay Levy, Harriet Branson Applewhite, and Mary Durham Johnson, eds., *Women in Revolutionary Paris, 1789-1795*(Urbana : University of illinois Press, 1979) ; Marilyn Yalom, *Blood Sisters : The French Revolution in Women's Memory*(New York : Basic Books, 1993).

4 재현에 관해서는 다음을 살펴보라. Hanna Fenichel Pitkin, *The Concept of Representation*(Berkeley : University of California Press, 1972) ; Jacques Derrida, "Sending : On Representation," trans. Peter and Mary Ann Caws, *Social Research* 49(1982), pp.294-326 ; Lynn Hunt, "Hercules and the Radical Images in thr French Revolution," *Representation 2*(Spring 1983), pp.95-117 ; Keith Michael Baker, "Representation," in Baker, ed., *The French Revolution and the Creation of Modern Political Culture*, vol.1 : *The Political Culture of the Old Regime*(Oxford : Pergamon Press, 1987) ; and Paul Friedland, "Representation and Revolution : The Theatricality of Politics and the Politics of Theater in France, 1789-1794"(Ph.D. diss., University of California, Berkeley, 1995).

5 Léopold Lacour, *Les origines du féminisme contemporain. Trois femmes de la Révolution : Olympe de Gouges, Théroigne de Méricourt, Rose Lacombe*(Paris, 1900), pp.6-29. 올랭프 드 구즈의 전기적 접근에 대해서는 Oliver Blanc, *Olympe de Gouges*(Paris : Syros, 1981) ; Benoît Groult, "Introduction : Olympe de Gouges, la première féministe moderne," in *Olympe de Gouges : Oeuvres*(Paris : Mercure de France, 1986 ; cited hereafter as Oeuvres) ; E. Lairtullier, *Les femmes célèbres de 1789 à 1795 et leur influence dans la Révolution*(Paris, 1840) ; and Hannelore Schröder, "The Declaration of Human and Civil Rights for Women"(Paris, 1791) by Olympe de Gouges," *History of European Ideas 11*(1989), pp.263-271 등이 있다. 드 구즈의 "발몽 부인에 관한 기억Mémoire de Madame de Valmont"(1788)은 그녀가 후작의 사생아라는 주장을 뒷받침하는 자료이다. 이것은 *Oeuvres*, pp.215-224에서 똑같이 반복된다.

6 "Procès d'Olympe de Gouges, femme de lettres(12 brumaire an II)," in Alexandre Tuetey, *Répertoire général des sources manuscrites de l'histoire de Paris pendant la Révolution francaise*, vol.10(Paris : Imprimerie Nouvelle, 1912), pp.156-164.

7 가야트리 차크라보르티 스피박Gayatri Chakravorty Spivak이 영역한 자크 데리다 Jacques Derrida의 《그라마톨로지에 관하여Of Grammatology》(Baltimore : Johns Hopkins University Press, 1976)의 2장에서 인용했다. 또한 Paul de Man, *Allegories of Reading : Figural Language in Rousseau, Nietzsche, Rilke. and Proust*(New Haven : Yale University Press, 1979)와 Linda M. G. Zerilli, *Signifying Woman : Culture and Chaos in Rousseau, Burke, and Mill*(Ithaca : Cornell University Press, 1994)의 2장을 참조하라.

8 "Je me suis peut-être égarée dans mes rêveries…" ; Olympe de Gouges, *Le bonheur primitif de l'homme, ou les rêveries patriotiques*(Amsterdam, 1789), p.1.

9 "Je veux moi, ignorante, essayer de m'égarer comme les autres" ; ibid., p.4.

10 De Gouges, Départ de M. Necker et de Madame de Gouges(1790), in *Oeuvres*, p.94 ; de Gouges, *Le bonheur primitif de l'homme*, pp.124, 126.

11 "Je suis un animal sans pareil ; je ne suis ni homme, ni femme. J'ai tout le courage de 1'un, et quelquefois les faiblesses de l'autre" ; de Gouges, *Réponse à la justification de Maximilien Robespierre, addressée à Jérome Pétion*(Paris, 1792), p.10.

12 "Je suis femme et j'ai servi ma patrie en grand homme" ; de Gouges, *Oeuvres de la citoyenne de Gouges*(Paris, n.d.), Vol.1, p.10.

13 "L'homme dont l'imagination est si fort blessée, qu'il se croit malade, quoi qu'il se porte bien" ; "Imagination," in Pierre Richelet, *Dictionnaire de la langue française* ··· 2 vols. (Paris, 1740), vol.2, p.234. 나는 이 장에서 폴 프리드랜드Paul friedland의 이런 언급과 제안에 대단히 만족한다.

14 "Tous les objets des rêves sont visiblement les jeux de 1'imagination" ; "Rêves," in *Encyclopédie*, vol.14, p.223.

15 Jean-Francois Féraud, *Supplément du dictionnaire critique de la langue française par l'abbé Féraud*, 3 vols.(facsimile ed. ; Paris : Ecole Normale Supérieure de Jeunes Filles, 1987-88), vol.1, p.175.

16 앨런 블룸Allan Bloom이 번역한 장 자크 루소Jean-Jacques Rousseau의 《에밀Emile》 혹은 《교육론On Education》(New York : Basic Books, 1979), p.81에서 인용했다.

17 "Imagination"(article by Voltaire), in *Encyclopédie*, vol.8, p.561.

18 Philippe Lacoue-Labarthe, *Typography : Mimesis, Philosophy, Politics*(Cambridge, Mass. : Harvard University Press, 1989), pp.263-264 ; Denis Diderot, *The Paradox of Acting*, trans. Walter Herries Pollack, in William Archer, *Masks or Faces?*(New York : Hill and Wang, 1957), p.18.

19 "Quand elles ont du génie, je leur crois l'empreinte plus originate qu'en nous" ; Denis Diderot, *Sur les femmes*(1772), in Oeuvres(Paris : Brière, 1821), vol.3, p.440.

20 젊은 여성들이 소설책을 읽을 때 범하기 쉬운 위험을 경고한 콩디약Condillac의 설명은 수동적 상상력 개념과 유사하다. 왜냐하면 젊은 여성들은 이야기에 몰입해서 현실로 돌아오지 못하기 때문이다. Jan Goldstein, *Console and Classify : The French Psychiatric Profession in the Nineteenth Century*(Cambridge : Cambridge University Press, 1987), pp.90-94를 보라.

21 "Car il n'est pas donné à l'homme de se faire des idées, il ne peut que les modifier" ; "Imagination," in *Encyclopédia*, vol.8, p.561.

22 Lacoue-Labarthe, *Typography*, pp.255-257.

23 Ibid., p.260. 상상력에 관해서는 다음의 글들을 아우를 수 있다. Richard Kearney, *The Wake of Imagination : Toward a Postmodern Culture*(Minneapolis : University of Minnesota Press, 1988) ; Mary Warnork, *Imagination*(London : Faber, 1976) ; Iris Murdoch, "Ethics and Imagination," *Irish Theological Quarterly* 52(1986) ; Paul Ricoeur의 "L'imagination dans le discours et dans l'action," in *Du texte à l'action : Essais d'herméneutique*, vol.2(Paris : Seuil, 1986) ; and Marie-Hélène Huet, *Monstrous Imagination*(Cambridge,

Mass. : Harvard University Press, 1993).

24 Lacoue-Labarthe, *Typography* p.47에서 인용했다.

25 루소는 몽상에 잠긴 상태를 바람직하다고 보지만, 볼테르는 통제력의 상실을 영구적인 자아의 상실로 간주했다. 루소는《고독한 산책자의 몽상Les rêveries du promeneur solitaire》의 첫 번째 산책에서 다음과 같이 쓴다. "Tiré, je ne sais comment de l'ordre des choses, je me suis précipité dans un chaos incompréhensible où je n'apperçois rien du tous, et plus je pense à ma situation présente et moins je puis comprendre où je suis" : "어떻게 된 일인지는 모르지만 조화로운 세계에서 떨어져 나와, 나는 뭐가 뭔지 도무지 알 수 없는 혼돈 속으로 빠져들었다. 지금 내가 놓여 있는 처지를 생각하면 할수록, 나는 내가 어디에 있는지 더 모르겠다. Jean-Jacques Rousseau, *Les rêveries du promeneur solitaire*(1776), in Oeuvres complètes, ed. Bernard Gagnebin and Marcel Raymond, 4 vols. (Paris : Gallimard, 1959), vol.1, p.995.

26 "Toujours dépourvues d'ordre et de bon sens, [elles] no peuvent être estimées ; on les lit par faiblesse, et on les condamne par raison" ; "Imagination," in *Encyclopédie*, vol.8, p.561.

27 골드스타인Goldstein의《위안과 계급Console and Classify》p.92에서 인용했다.

28 "L'imagination de la veille est une république policée, où la voix du magistrat remet tout on ordre ; l'imagination des songes est la même république dans l'état d'anarchie, encore les passions sont-elles de fréquens attentats contre l'autorité du législateur pendant le temps même où ses droits sont on vigeur" ; "Songe," in *Encyclopédie*, vol.15, p.354. 이 부분은 M. Formey의 *Mélanges philiosophiques*(Leiden, 1754) 2장에서 차용했다. 이 논문에서는 또한 잠잘 때와 깨어 있는 상태, 열정과 이성, 공적인 것과 사적인 것이 구분된다. 공적인 것과 사적인 간의 복잡한 경계에 대해서는 Lucien Jaune, "Le public et le privé chez les Jacobins, (1789-1794)," *Revue fançaise de science politique* 37(April 1987), pp.230-248 ; Lynn Hunt, "The Unstable Boundaries of the French Revolution," in Philippe Ariès and Georges Duby, eds., *A History of Private Life*, trans. Arthur Goldhammer, vol.4(Cambridge, Mass. : Harvard University Press, 1990), pp.13-45 ; and Dena Goodman, "Enlightenment Salons : The Convergence of Female and Philosophic Ambitions," in *Eighteenth-Century Studies 22*, no.3(Spring 1989)을 들 수 있다.

29 "Tout est décousu, sans ordre, sans vérité" ; "Songe," in *Encyclopédie*, vol.15, p.356.

30 "Cette imagination fougueuse, cet esprit qu'on croirait incoercible, un mot suffit pour l'abattre" ; Diderot, *Sur les femmes*, pp.429 and 431.

31 "Une imagination exaltée mène les hommes à l'héroisme et précipite les femmes dans d'affreux égarements" ; *Supplément du dictionnaire...par l'abbé Féraud*, p.175.

32 "Or, s'il est incontestable que des idées suivies se forment en nous, malgré nous, pendant notre sommeil qui nous assurera qu'elles no sont pas produite do même dans la veille?" "Imagination," in *Encyclopédie*, vol.8, p.561.

33 Marcel Raymond, "Introduction," in Rousseau, *Oeuvres complètes*, vol.1, p.lxxviii.

34 Jean-Jacques Rousseau, *Discourse on the Origin of Inequality in The Social Contract and Discourses,* trans. G. D. H. Cole(New York : E. P, Dutton, 1950), pp.247, 229, 241.

35 *Emile* : p.134, 즈릴리Zerilli의《여성을 의미화하기Signifying Woman》 p.55에서 인용했다. 또한 Joel Schwartz, *The Sexual Politics of Jean-Jacques Rousseau*(Chicago : University of Chicago Press, 1984) ; Penny A. Weiss, "Rousseau, Antifeminism, and Woman's Nature," *Political Theory 15,* no.1(February 1987), pp.81-98 ; Gita May, "Rousseau's 'Antifeminism' Reconsidered," in Samia I. Spencer, ed., *French Women and the Age of Enlightenment*(Bloomington : Indiana University press, 1984) pp.309-317도 참조할 만하다.

36 캐럴 브룸Carol Blum의《루소와 덕성의 공화국 : 프랑스혁명기의 정치 언어Rousseau and the Republic of Virtue : The Language of Politics in the French Revolution》(Ithaca : Cornell University Press, 1986), p.208에서 인용했다.

37 Dominique Godineau, "'Qu'y a-t-il de commun entre vous et nous?' : Enjeux et discours opposés de la différence des sexes pendant la Révolution française (1789-1793)," in Irène Théry et Christian Biet, eds., *La famille, la loi, l'état de la Révolution au Code civil*(Paris : Imprimerie Nationale Editions), p.75에서 인용했다. 이러한 오해의 위험은 일찍이 플라톤이 정초하였다. 플라톤의《국가》는 18세기 프랑스에서 신중하게 검토되었다.

"혹시 자넨 모방이 젊은 시절부터 오래도록 계속되면, 몸가짐이나 목소리에서 또는 사고에서 마침내는 습관으로 그리고 성향으로 굳어져 버린다는 사실을 아직 모르고 있는가?"

"그야 익히 알고 있습니다." 그가 말했네.

"그러니 우리가 신경을 쓰며 또한 훌륭한 남자들로 되어야만 된다고 주장하는 이들은 남자이면서 여인을 모방하는 자들을 허용하지는 않을걸세. 그 여인이 젊건 나이가 많건 간에, 또는 남편에게 욕설을 퍼붓거나, 또는 신들에게 맞서려 하며 자신이 행복하다고 생각하고서는 뽐내는 여인이건 간에, 또는 불운과 슬픔 그리고 비탄에 빠져 있는 여인이건 간에 말일세. 뿐만 아니라 병에 걸렸거나 사랑에 빠져 있는 또는 진통을 겪고 있는 여인을 모방하도록 허용할 리도 만무할걸세."

"절대로 없을 것입니다."

"노예의 일을 하고 있는 남녀 노예들을 모방하는 일 또한 어쨌든 허용하지 않을걸세."

"그 또한 허용하지 않을 것입니다."

"못되고 비겁한 사람들… 아니 될 것 같네. 그리고 나는 이들이 언행에 있어서 스스로 미친 사람들을 닮도록 버릇을 들여서는 안 된다고 생각하네. 이들이 미쳤거나 못된 남녀들을 알아차릴 수 있다면, 그들이 하는 어떤 짓도 하거나 모방해서는 아니 될 것이기 때문일세."

플라톤,《국가Republic》(111.395d-396b), trans. Paul Shorey, in *The Collected Dialogues* ed. Edith Hamilton and Huntington Cairns(Princeton : Princeton University Press, 1961). 라쿠 라바르트Lacoue-Labarthe의《타이포그래피 Typography》 pp.43-44에서 인용했다.

38 Jonas Barish, *The Antitheatrical Prejudice*(Berkeley : University of California Press, 1981), pp.256-294 ; and Patrick Coleman, *Rousseau's Political Imagination : Rule and Representation in the "Lettre à d'Alembert"*(Geneva : Librairie Droz, 1984).

39 Nina Rattner Gelbart, *Feminine and Opposition Journalism in Old Regime France : Le Journal des Dames*(Berkeley : University of California Press, 1987), pp.212-213.

40 Groult, "Introduction," in *Oeuvres*, p.27.

41 "Ce n'est point à moi à répondre de tout mon sexe, mais s'il faut en juger par moi-même, je peux mettre trente pièces à l'étude" ; de Gouges, *Le bonheur primitif de l'homme*, p.75.

42 De Gouges, *Lettre au Peuple, ou projet d'une caisse Patriotique par une citoyenne*(Paris, 1788), p.8.

43 Keith Baker, "Defining the Public Sphere in Eighteenth-Century France : Variations on a Theme by Habermas," in Craig Calhoun, ed., Habermas and the Public Sphere(Cambridge, Mass. : MIT Press, 1992), pp.181-211 : Baker, "Politics and Public Opinion under the old Regime : Some Reflections," in Jack R. Censer and Jeremey D. Popkin, eds., *Press and Politics in Prerevolutionary France*(Berkeley : University of California Press, 1987), pp.204-246 ; Mona Ozouf, "Opinion publique," in Keith Michael Baker, ed., *The French Revolution and the Creation of Modern Political Culture* vol.1 : *The Political Culture of the Old Regime*(Oxford : Pergamon Press, 1987), pp.419-434 ; Daniel Gordon, "Public Opinion' and the Civilizing Proress in France : The Example of Morellet," *Eighteenth-Century Studies 22*, no.3(Spring 1989) ; Joan Landes, *Women and the Public Sphere in the Age of the French Revolution*(Ithaca : Cornell University Press, 1988) ; Roger Chartier, *Cultural Origin of the French Revolution*(Durham : Duke University Press, 1991). 공적 영역에 대한 대부분의 논의는 위르겐 하버마스Jürgen Habermas의《공론장의 구조변동 : 부르주아 사회의 한 범주에 관한 연구Structural Transformation of the Public Sphere : An Inquiry into a Category of Bourgeois, Society》에 기대고 있다. Thomas Burger and Frederick Lawrence(Cambridge, Mass. : Harvard University Press, 1989)가 영역했다.

44 Dena Goodman, "Public Sphere and Private Life : Toward a Synthesis of Current Historiographical Approaches to the Old Regime," *History and Theory 31*, no.1(1992), pp.1-20. 또한 Goodman, "Enlightenment Salons : The Convergence of Female and Philosophic Ambitions," *Eighteenth-Century Studies 22*, no.3(Spring 1989).

45 Gelbart, *Feminine and Opposition Journalism*, especially pp.29-37.

46 이 논쟁에 관해서는 Harriet B. Applewhite and Darline G. Levy, eds., *Women and Politics in the Age of the Democratic Revolution*(Ann Arbor : University of Michigan Press, 1990) ; Marie-France Brive, ed., *Les femmes et la Révolution française : Modes d'action et d'expression nouveaux droits-nouveaux devoirs*, 3 vols.(Toulouse : Presses Universitaires du Mirail, 1989-1991) ; Paul Fritz and Richard Melton, eds., *Woman in the Eighteenth Century and Other Essays*(Toronto and Sarasota : Hakkert, 1976) ; Olwen H. Hufton, *Women and the Limits of Citizenship in the French Revolution*(Toronto : University of Toronto Press, 1992) ; Sara E. Melzer and Leslie W. Rabine, eds., *Rebel Daughters : Women and the French Revolution*(New

York : Oxford University Press, 1992) ; Samia I. Spencer, ed., *French Women and the Age of Enlightenment*(Bloomington : Indiana University Press, 1984)를 보라.

47 De Gouges, *Le bonheur primitif de l'homme*, p.104

48 Ibid., p.27.

49 Condorcet, "On the Admission of Women to the Rights of Citizenship"(1790), in *Selected Writings*, ed. Keith Michael Baker(Indianapolis : Bobbs-Merrill, 1976), p.98.

50 Ibid., p.102.

51 Baker, "Defining the Public Sphere," p.202.

52 콩도르세에 대해서는 베이커Baker의 "Defining the Public Sphere"와 *Condorcet : From Natural Philosophy to Social Mathematics*(Chicago : University of Chicago Press, 1975)를 참조하라.

53 De Gouges, *Le cri du sage : Par une femme*(1789), in *Oeuvres*, p.91.

54 "C'est une femme, qui ose se montrer si forte, et si courageuse pour son Roi, et pour sa Patrie" ; de Gouges, *Remarques patriotiques : Par la citoyenne, auteur de la Lettre au Peuple*(1788) in Oeuvres, p.73.

55 "C'est une femme, qui ose se montrer si forte, et si courageuse pour son Roi, et pour sa Patrie" ; de Gouges, *Remarques patriotiques : Par la citoyenne, auteur de la Lettre au Peuple*(1788) in Oeuvres, p.73.

56 "Laissons à part mon sexe : L'héroïsme et la générosité sont aussi le partage des femmes et la Révolution en offre plus d'un exemple" ; 그루Groult의 《오브리Oeuvres》 서문 p.48에서 인용했다.

57 Lairtullier, *Les femmes célèbres*, p.93.

58 Abbé de Sièyes, *Préliminaire de la Constitution : Reconnaissance et exposition raisonnée des Droits de l'Homme et du Citoyen*, William H. Sewell, Jr의 "Citoyen/La Citoyenne : Activity, Passivity, and the Revolutionary Concept of Citizenship," in Colin Lucas, ed., *The French Revolution and the Creation of Modern Political Culture, vol.2 : The Political Culture of the French Revolution*(Oxford : Pergamon Press, 1988), p.110에서 인용했다.

59 Richard Tuck, *Natural Rights Theories : Their Origin and Development*(Cambridge : Cambridge University Press, 1979), pp.5-6 ; 또한 Sewell, "Le Citoyen/La Citoyenne" ; Pierre Rosanvallon, *Le sacre du citoyen : Histoire du suffrage Universel en France*(Paris : Gallimard, 1922), pp.41-101 ; and Florence Gauthier, *Triomphe et mort du droit naturel en Révolution, 1789-1795-1802*(Paris : Presses Universitaires de France, 1992)를 보라.

60 M.1. Sydenham, *The French Revolution*, p.67에서 인용했다.

61 재현의 이론에 대해서는 Keith Michael Baker, "Representation Redefined," in *Inventing the French Revolution : Essays on French Political Culture in the Eighteenth Century*(Cambridge : Cambridge University Press, 1990), pp.224-251과 Rosanvallon, *Le sacre du citoyen*를 참조하라.

62 Levy, Applewhite, and Johnson, *Women in Revolutionary Paris*, p.220에서 인용했다.

63 Béatrice Slama, "Ecrits de femmes pendant la Révolution," in Brive, *Les femmes et la*

Révolution française, vol.2, pp.291-306.

64 이 문제에 대해서는 데리다의 《그라마톨로지에 관하여》와 조나단 컬러Jonathan Culler의 《탈구조주의 : 구조주의 이후의 이론과 비평Deconstruction : Theory and Criticism after Structuralism》(Ithaca : Cornell University Press, 1982)을 보라.

65 "N'est-ce pas mon bien? n'est-ce pas ma propriété?" De Gouges, *Le bonheur primitif de l'homme*, p.76.

66 "O vérité sublime, qui m'a toujours guidée, qui soutiens mes opinions, ôte-moi les moyens d'écrire si jamais je peux trahir ma conscience éclairée par ta lumière" ; de Gouges, *Lettre au Peuple*, p.9.

67 Slama, "Ecrits de femmes," p.297에서 인용했다.

68 "J'ai eu la manie d'écrire ; j'ai eu celle de me faire imprimer" ; Chantal Thomas, "Féminisme et Révolution : Les causes perdues d'O1ympe de Gouges," in *La Carmagnole des muses : L'homme de lettes et l'artiste dans la Révolution*(Paris : Librairie Armand Colin, 1988), p.309에서 인용했다. 혁명기의 여성 작가에 대해서는 Carla Hesse, "Reading Signatures : Female Author ship and Revolutionary Law in France, 1750-1850," *Eighteenth-Century studies 22*, no.3(Spring 1989)을 보라. 또한 Hesse, *Publishing and Cultural Politics in Revolutionary Paris, 1789-1810*(Berkeley : University of California Press, 1991)을 참조하라. 카를라 헤세Carla Hesse가 뉴욕 공립도서관에 소장되어 있는 드 구즈에 관한 정리되지 않은 자료집의 존재를 알려 주고, 이 자료집을 복사해 준 것에 진심으로 감사한다.

69 "Mais en politique et en philosophie, vous ne deviez pas vous attendre à me voir traiter une semblable matière ; aussi ce n'est qu'en rêve que j'ai pu l'exercer" ; de Gouges, *Séance royale. Motion de Monseigneur le Duc d'Orléans, ou Les songes pariotiques*(Paris, 1789), p.3.

70 "Jean-Jacques avait trop de lumières pour que son génie ne l'emportât pas trop loin…" ; "qui me ressons de cette première ignorance, et qui suis plarcée et déplacée en même temps dans ce siècle éclairé, mes opinions peuvent être plus justes que les siennes" : de Gouges, *Le bonheur primitif de l'homme*, p.6.

71 "Je suis, dans mes écrits, l'élève de la nature ; je dois ètre, comme elle, irrégulière, bizarre. même ; mais aussi toujours vraie, toujours simple" ; de Gouges, *Le cri du sage*, p.96.

72 "Cherche, fouille et distingue, si tu le peux, les sexes dans 1'administration de la nature. Partout tu In trouveras confondus, partout ils coopèrent avec un ensemble harmonieux à ce chef-d'oeuvre immortel" : de Gouges, *Déclaration des droits de la femme, dédiée à la Reine*(1791), in Oeuvres, p.101.

73 "La couleur de 1'homme est nuancée, comme dans tous les animaux que la ature a produits, ainsi que les plantes et les minéraux. Pourquoi le jour ne le dispute-t-il pas à nuit, le soleil à la lune, et les étoiles au firmament? Tout est varié, et c'est là la beauté de la Nature. Pourquoi donc détruire son Ouvrage?" De Gouges, *Réflexions sur les hommes nègres*(1788), in *Oeuvres*, pp.84-85.

74 *Repentir de Madame de Gouges*(September 1791). 이 팸플릿에서 그녀는 헌법을 비판한다는 이유로 그녀의 애국심을 의심하는 사람들에게 이렇게 답한다. 이러한 자신의 비판은 "나의 상상력이 방황하던" 때였다고. p.1.

75 "Eh bien, Sire, une femme, un être ignoré, un esprit visionnaire … a le courage d'avertir son Roi du seul moyen qui peut sauver la France" ; de Gouges, *Séance royale … ou Les songes pariotiques*, pp.6, 11, 30.

76 "On s'approchera peut-être de la réalité" ; ibid., p.19.

77 주디스 버틀러Judith Butler의《의미를 체현하는 육체Bodies That Matter》중 "환상적인 자기 정체성과 성의 문제Phantasmatic Identification and the Question of Sex,"(New York : Routledge, 1993), pp.93-120을 보라.

78 In the *Encyclopédie*, vol.5, p.601, 본뜸은 "장점, 미, 다른 사람의 행동을 존중하는 고귀하고 관대한 열정, 다시 말해 그것을 모방하거나 넘어서려고 하는 것"으로 규정된다. 시기나 질투의 감정과는 아무런 공통점이 없다. 오히려 본뜸은 용기 있는 행동을 촉발한다. 자신의 자아를 구축하는 기반이 되는 모델을 제공해 주기 때문이다.

79 De Gouges. *Lettre au peuple*, pp.30, 23.

80 "Le même vice, le même penchant avoit subiugué sa raison et sa vertu" ; de Gouges, *Le bonheur primirtif de l'homme*, pp.18 and 25.

81 레오폴드 라쿠르는 이러한 청혼은 도덕을 명분으로 불륜을 합법화한다는 점에서 잘못이라고 주장한다. 그는 이것이 그녀의 "귀족주의적" 사고에서 나왔다고 평가했다. Lacour, *Trois femmes de la Révolution*, pp.87-88.

82 Levy, Applewhite, and Johnson, *Women in Revolutionary Paris*, p.170에서 인용했다.

83 이중적이고 모순적인 효과로서의 대리보충에 대해서는 자크 데리다의 개념이 유용하다. 이 대리보충은 흘러넘치고 또한 완성을 위해서도 필수적인 어떤 것으로서의 첨가와 대체이다. 이것의 현존은 과잉이면서 동시에 현재에 완결되고 충족되었다고 말해지는 것이 실은 불완전하다는 사실을 폭로한다. Jacques Derrida, *Positions*, trans. Alan Bass(Chicago : University of Chicago Press, 1981), especially p.43 ; and Derrida, *Of Grammatology* pp.141-164. 대리보충의 개념을 명확하게 알고 싶다면 바바라 존슨이 데리다의 *Disseminations*를 번역하면서 쓴 역자 서문(Chicago : University of Chicago Press, 1981), p.xiii을 살펴보라.

84 *Déclaration*, pp.99-112. 이 문서에 대한 다른 해석을 보고 싶다면, Ute Gerhard, "Droits de l'homme-Droits de la femme en 1789," in Liliane Crips et al., *Nationalismes, féminismes, exclusions. Mélanges en l'honneur de Rita Thalmann*(Frankfurt and Paris : Peter Lang, 1994), pp.421-435를 보라.

85 Francis Ronsin, *Le contrat sentimental : Débats sur le mariage, l'amour, le divorce, de l'Ancien Régime à la Restauration*(Paris : Aubier, 1990) ; Roderick Phillips, *Family Breakdown in Late Eighteenth-Century France : Divorces in Rouen, 1792-1803*(Oxford : Oxford University Press, 1980) ; Phillips Putting, *Asunder : A History of Divorce in Western Society*(Cambridge : Cambridge University Press, 1988) ; James F. Traer, *Marriage and the Family in Eighteenth-Century France*(Ithaca : Cornell University Press, 1980).

86 이것에 대해 다르게 접근한 예는 캐롤 페이트만의 '성적 계약' 개념이다. 드 구즈는 사회계약의 근간이 되고, 이에 따라 여성이 이 사회계약의 개념에서는 평등을 확보하지 못하는 성적 계약(여성의 교환에 관한 남성들의 합의)을 폭로하고 이를 전복시켰다. Pateman, *The Sexual Contract*(Stanford : Stanford University Press, 1988). 또한 Gail Rubin, "The Traffic in Women : Notes on the 'Politiral Economy' of Sex," in Rayna R. Reiter, ed., *Toward an Anthropology of Women*(New York : Monthly Review Press, 1975), pp.157-210.

87 다른 무엇보다 순결과 여성의 정절과 연관된 여성의 미덕에 대해서는 Dorinda Outram, *The Body and the French Revolution*(New Haven : Yale University Press, 1989), p.126 ; and Outram, "Le Langage mâle de la Vertu : Women and the Discouse of the Frenrh Revolution," in Peter Burke and Roy Porter, eds., *The Social History of Language*(Cambridge : Cambridge University Press, 1987), pp.120-135가 있다. 더 폭넓은 미덕의 개념에 대해서는 Blum, *Rousseau and the Republic of Virtue*가 유용하다.

88 De Gouges, *Le bonheur primitif de l'homme*, pp.12, 14.

89 여기서 나는 자크 라캉과 그에 대한 페미니스트 해석자들의 작업에 빚지고 있다. Drurilla Cornell, *Beyond Accommodation : Ethical Feminism, Deconstruction, and the Law*(New York : Routledge, 1991) ; Elizabeth Grosz, *Jacques Lacan : A Feminist Introduction*(New York : Routledge, 1990) ; and Jane Gallop, *Reading Lacan*(Ithaca : Cornell University Press, 1985)이 그것이다.

90 드 구즈가 제출한 원리, 정치적 계약, 사적 이해관계의 연관성은 1791년 9월에 쓴 짧은 평문 Repentir de Madame de Gouges에서 분명하게 드러난다. 이 평문에서 그녀는 헌법을 비판했다는 이유로 그녀의 애국심을 의심하는 사람들을 반박한다.

91 일부 역사가들은 여성의 권리가 군주제와 조화될 수 있다는 드 구즈의 믿음에 기초해 새롭고 더 민주주의적인 경향을 혼합한 '귀족적' 페미니즘을 드 구즈가 만들었다고 본다. 이 점에 대해서는 Louis Devance, "Le féminisme pendant la Révolution française," in *Annales historiques de la Révolution française*, no. 227(January-March 1977), p.352와 Lacour, *Trois femmes de la Révolution*, pp.57-58을 참조하라.

92 *Archives parlementaires 63*(1781-1799), p.564.

93 Levy, Applewhite, and Johnson, *Women in Revolutionary Paris*, p.215에서 인용했다.

94 Ibid., p.219.

95 Ludmilla J. Jordanova, "'Guarding the Body Politic' : Volney's Catechism of 1793," in Francis Barker et al., eds., 1789 : *Reading, Writing Revolution. Proceedings of the Essex Conference on the Sociology of Literature, July 1981*(University of Essex, 1982), p.15.

96 Londa Schiebinger, "Skeletons in the Closet : The First illustrations of the Female Skeleton in Eighteenth-Century Anatomy," *Representations 14*(Spring 1986), p.51에서 인용했다. 또한 Thomas Laqueur, "Orgasm, Generation, and the Politics of Reproductive Biology," *Representations 14*(1986), p.3도 참조하라.

97 Yvonne Knibiehler, "Les médecins et la 'Nature féminine' au temps du Code civil," *Annales E.S.C. 31*(1976), p.835에서 인용했다. 원문은 루소의 《에밀》에서 찾을 수 있고,

데니즈 릴리Denise Riiey가 "Am I That Name?" *Feminism and the Category of "Women" in History*(London : Macmillan, 1988), p.37, n.57에서 재인용했다. 또한 D. G. Charlton, *Hew Images of the Natural in France*(Cambridge : Cambridge University Press, 1984) ; Jean Borie, "Une gynécologie passionéee," in J.-P Aron, ed., *Misérable et glorieuse : La femme du XIX siècle*(Paris : Fayard, 1980), pp.153-189과 Michelle Le Doeuff, "Pierre Roussel's Chiasmas : From Imaginary Knowledge to the Learned Imagination," *Ideology and Consciousness 9*(1981-82), pp.39-70도 참조하라.

98 Madelyn Gutwirth, *The Twilight of the Goddesses : Women and Representation in the French Revolutionary Era*(New Brunswick, N.J. : Rutgers University Press, 1992). 또한 Yvonne Knibiehler and Catherine Fouquet, *L'histoire des mères du moyen-âgr à nos jours*(Paris : Editions Montalba, 1980)도 보라. 영국의 관점을 대비해서 보고자 한다면 Ruth Perry, "Colonizing the Breast : Sexuality and Maternity in Eighteenth-Century England," *Journal of the History of Sexuality 2*(October 1991), pp.204-234가 좋다.

99 여기서 나는 이러한 재현에서 가슴을 남근으로 규정하는 굿워스와 다른 사람들의 견해에 동의하지 않는다.

100 Gutwirth, *The Twilight of the Goddesses*, p.364. 이 축제와 드 구즈가 에탕페에서 희생된 자크 앙리 시모노 시장을 기리기 위해 1792년 6월에 썼던 것을 비교해 보면, 좋은 참조점이 될 만하다. 이때 꽃으로 장식한 수백 명의 여성이 그를 환영하기 위해 거대한 행렬을 이루었다. (드 구즈의 해석에 따르면) 이는 국가의 영웅을 알아보고 이에 보답하는 여성들의 역량을 증명하는 것이다. 드 구즈는 자유를 상징하는 한 여성이 앞장서고, 국민병이 대장의 지휘 하에 뒤따르는 이 행렬이 고대 공화국의 영광을 되살리고, 프랑스의 적들에게 여성 시민이 얼마나 강력한지를 보여 주는 계기가 되었으면 하고 바랐다. 드 구즈는 이 사건을 여성들의 단결과 적극적인 정치 참여를 위한 하나의 전범으로 삼고자 했다. 이러한 형상이 여성의 더욱 적극적이며, 보완적인 역할로 읽힐 수도 있었으리라. 그러나 1793년 축제에서 여성은 어떠한 정치적인 역할도 부여받지 못했다.

101 Maximilien Robespierre, "On the Principles of Political Morality," in *History of Western Civilization : Selected Readings*(Chicago : College of the University of Chicago, 1964), pp.79-80.

102 *Oeuvres de la citoyenne de Gouges*(n.d.), p.15.

103 "à réprimer en moi ces mouvemens d'exaltation dont une âme sensible devroit toujours se défier, et dont les factieux seuls savent si bien tiler parti" ; de Gouges, *Réponse à la justification de Robespierre*, p.1.

104 Ibid., p.15.

105 이 비난과 사건은 "Procès d'Olympe de Gouges"에 기록되어 있다. Tuetey, *Répertoire général*, pp.156-164.

106 Ibid., p.159.

107 Outram, *The Body in the French Revolution* ; and François Furet, "The Logic of the Terror," in *Interpreting the French Revolution*, trans. Elborg Forster(Cambridge : Cambridge

University Press, 1981).

108 "Olympe de Gouges, née avec une imagination exaltée, prit son délire pour une inspiration de la nature. Elle voulut être homme d'état. Elle adopta les projets des perfides qui voulaient diviser la France. Il semble que la loi ait puni cette conspiratrice d'avoir oublié les vertus qui conviennent à son sexe" ; Lairtullier, *Les femmes célèbres*, p.140 에서 인용했다. 이것은 며칠 뒤 쇼메트의 논평과 거의 다를 바가 없다. "사납고, 남자 같고, 무례한 올램프 드 구즈, 그녀는 가정주부의 역할을 저버렸다. 그녀가 정치에 참여하고 범죄를 저질렀기 때문이다. … 이러한 여성 미덕의 상실은 교수형뿐이다." (Levy, Applewhite, and Johnson, *Women in Revolutionary Paris*, p.220에서 인용) 쇼메트의 공격은 논리 정연한 목소리로 위험한 오해를 방지하고 제거하는, 말하자면 자연적 질서인 여성성과 남성적 현실을 보호하는 독설가 행정장관의 면모를 띤다. 디드로가 인용한 의사와 행정장관과 같이, 쇼메트의 "말 한마디로"가 드 구즈의 전염병으로 이차 감염이 우려되는 다른 여성들의 증상을 없앤 셈이다.

109 De Gouges, *Réponse à la justification de Robespierre, p.8 ; and de Gouges, Compte moral rendu et dernier mot à mes chers amis*(Paris, n.d.), p.5.

110 De Gouges, Le bonheur primitif de l'homme, p.1. 실비아 셰퍼는 고맙게도 이 점을 잘 지적해 주었다.

111 *Bulletin du Tribunal criminel révolutionnaire*, (1793), Levy, Applewhite, and Johnson, *Women in Revolutionary Paris*, p.255에서 인용했다.

112 "Procès d'Olympe de Gouges," in Tuetey, *Répertoire général*, pp.163-164.

113 "Imagination," in Pierre Claude Victoire Boiste, *Dictionnaire universel de la langue française* …, 6th ed.(Paris : Verdiere, 1823), p.354.

114 "Plus d'une fois elle surprit les hommes les plus éloquens de l'époque par la richesse de son imagination et la fécondité de ses idées ; et ce fut,à vrai dire, le côté brillant de la célébrité qu'elle ne tarda pas à conquerir" ; Lairtullier, *Les femmes célèbres*, pp.51, 68.

115 Devance, "Le féminisme pendant la Révolution française," p.345에서 인용했다.

116 Jules Michelet, *Les femmes de la Révolution*(1854), in *Oeuvres complètes*, vol.16 (Paris : Flammarion, 1980), pp.400, 401.

117 Levy, Applewhite, and Johnson, *Women in Revolutionary Paris*, p.259에서 인용했다.

118 Devance, "Le féminisme pendant la Révolution française," p.346에서 인용했다.

119 Ibid., p.347.

120 라쿠르는 그녀의 상상력을 적극적인 성격에서 찾고, 지롱드 당원인 롤랑 부인과 비교해 이 점을 우호적으로 평가했다. "Mais, à son imagination fertile et brûlante, à son coeur d'apôtre, donnez des moyens d'expression patiemment acquis, elle apparâit supérieure même à Mme Roland par l'étedue et la nouveauté des vues" ; *Trois femmes de la Révolution*, p.5.

121 "Plusieurs ont du, à l'exemple d'Olympe de Gouges, payer de leur vie même leour dévouement à la Justice et à la Verité" ; Jeanne Deroin, *Almanach des femmes*, 1853, p.15.

1 전기적이고 역사적인 세부 사항은 다음을 참조하라. Léon Abensour, *Le féminisme sous le regne de Louis-Philippe et en 1848*(Paris : Plon-Nourrit, 1913) ; Laure Adler, *A l'aube du féminisme : Les premières journalistes*(1830-1850)(Paris : Payot, 1979) ; Adler, "Flora, Pauline et les autres," in lean-Paul Aron, ed., *Misérable et glorieuse : La femme du XIXe siècle*(Paris : Fayard, 1980) ; Maïté Albistur and Daniel Armogathe, *Histoire du féminisme français*, vol.2(Paris : Editions des Femmes, 1977) ; dossier "J. Deroin," Bibliothèque Marguerite Durand, Paris ; Adrien Ranvier, "Une féministe de 1848 : Jeanne Deroin," La révolution de 1848 4(1907-08), pp.317-355, 421-430 ,480-498 ; Michèle Riot-Sarcey, *La démocratie à l'épreuve des femmes : Trois figures critiques du pouvoir, 1830-1848*(Paris : Editions Albin Michel, 1994) ; Riot-sarcey, "La conscience féministe des femmes on 1848 : Jeanne Deroin et Désirée Gay," in Stephane Michaud, ed., *Un fabuleux destin : Flora Tristan*(Dijon : Presses Universitaires de Dijon, 1985) ; Riot-Sarcey, "Histoire et autobiographie : Le 'Vrai livre des femmes' d'Eugénie Niboyet," *Romantisme* 56(1987) Riot-Sarrey, "Une vie publique privée d'histoire : Jeanne Deroin ou l'oubli de soi," Université de Paris VIII *Cahiers du CEDREF* 1(1989), special issue : "Silence : Emancipation des femmes entre privée d'histoire" ; Michèle Serrière, "Jeanne Deroin," in *Femmes et travail*(Paris : Editions Martinsart, 1981) ; Marguerite Thibert, *Le féminisme dans le socialisme français de 1830 à 1850*(Paris : Marcel Giard, 1926) ; Edith Thomas, *Les femmes de 1848*(Paris : Presses Universitaires de France, 1948) : Linda Zerilli, "Motionless Idols and Virtuous Mothers : Women, Art, and Politics in France : 1789-1848," *Berkeley Journal of Sociology* 27(1982).

2 1848년 대혁명의 역사에 대해서는 다음을 참조하라. Maurice Agulhon, *La république au village*(Paris : Mouton, 1970), *Une ville ouvrière au temps du socialisme utopique : Toulon de 1815 à 1851*(Paris and The Hague : Mouton, 1970), and *1848 ou l'apprentissage de la république*(Paris : Seuil, 1973) ; Peter Amann, *Revolution and Mass Democracy : The Paris Club Movement in 1848*(Princeton : Princeton University Press, 1975) : Robert Balland, "De l'organisation à la restriction du suffrage universel en France(1848-1850)," in Jacques Droz, ed., *Réaction et suffrage universel en France et en Allemagne*(1848-1850)(Paris : Rivière, 1963) : Louis Blanc, *Pages d'histoire de la révolution de février 1848*(Paris : Au Bureau du Nouveau Monde, 1850) : Fredrick de Luna, *The French Republic under Cavaignac, 1848*(Princeton : Princeton University Press, 1969) : Rémi Gossez, *Les ouvriers de Paris, vol.1 : L'organisation, 1848-1851*, Bibliothèque de la Révolution de 1848, vol.24(La Roche-sur-Yon : Imprimerie Centrale de l'Ouest, 1967) : Karl Marx, *The Class Struggles in France*(1848-1850)(New York : International Publishers, n.d.) : John M. Merriman, *The Agony of the Republic : The Repression of the Left in Revolutionary France, 1848-1851*(New Haven : Yale University Press, 1978) : Bernard H. Moss, *The Origins of the French Labor Movement :*

The Socialism of Skilled Workers, 1830-1914(Berkeley : University of California Press, 1976) : Roger Price, *The French Second Republic : A Social History*(Ithaca : Cornell Universitr Press, 1972) : William H. Sewell, Jr., *Work and Revolution in France : The Language of Labor from the Old Regime to 1848*(Cambridge : Cambridge University Press, 1980) : Charles Tilly and Iynn Lees, "Le peuple de juin 1848," *Annales E.S.C.* 29(September-october 1974), pp.1061-91.

3 "Le droit au travail a son origine et sa légitimité dans les clauses fondamentales et implicites du pacte social et son justificatif dans l'obligation naturelle de travailler" ; Félix Ponteil, *Les institution de la France de 1848 a 1870*(Paris : Presses Universitaires de France, 1966), p.271에서 인용했다.

4 "Le droit au travail est celui qu'a tout homme de vivre on travaillant. La société doit, par les moyens productifs et généraux dont elle dispose et qui seront organisés ultérieurement, fournir du travail aux hommes valides qui ne peuvent s'en procurer autrement" ; ibid.

5 "Il n'y a pas un citoyen qui puisse dire à l'autre, 'tu es plus souverain que moi!'" "A dater de cette loi, il n'y a plus de prolétaires en France" ; "Proclamation du Gouvernement provisoire à la nation, au suiet des élections prochaines,"(Paris, March 16, 1848), in *Recueil complet des actes du Gouvernement provisoire*(février, mars, avril, mai 1848) (Paris : Librairie August Durand, : 1848), pp.148-149. Ponteil, *Les institutions*, pp.269-352 ; and Comité National du Centenaire de 1848, *Procès-verbaux du Gouvernement provisoire et de la Commission du pouvoir exécutif(24 février-22 juin J848)*(Paris : Imprimerie Nationale, 1950)도 참조하라.

6 Joseph Garnier, ed., *Le droit au travail à l'Assemblée nationale : Recueil complet de tous les discours prononcés dans cette mémorable discussion*(Paris, 1848), p.112에서 인용했다.

7 Etienne Balibar, *Masses, Classes, Ideas : Studies on Politics and Philosophy before and after Marx*, trans. James Swenson(New York and London : Routledge, 1994)의 제2장과 9장. 또한 Pierre Rosanvallon, *Le sacre du citoyen : Histoire du suffrage universel en France*(Paris : Gallimard, 1992), pp.280-281 ; and Jacques Rancière's introduction to Geneviève Fraisse, *La raison des femmes*(Paris : Plon, 1992), pp.12-13도 참조하라.

8 "La loi electorale provisoire que nous avons faite est la plus large qui, chez aucun peuple de la terre, ait jamais convoqué le peuple à l'éxercice du suprême droit de l'homme, sa propre souveraineté" ; "Proclamation... au sujet des élections," in *Receuil complet* p.149.

9 1848년의 페미니즘에 대해서는 다음을 참조하라. Claire Goldberg Moses, *French Feminism in the Nineteenth Century*(Albany : State University of New York Press, 1984) and "Saint-Simonian Men/saint-Simonian Women : The Transformation of Feminist Thought in 1830s France," *Journal of Modern History* 54(June 1982), pp.240-267 ; C. G. Moses and Leslie Wahl Rabine, *Feminism, Socialism, and French Romanticism*(Bloomington : Indiana University Press, 1993) ; Laure Adler, *A l'aube du féminisme* ; Louis Devance, "Femme, famille, travail et morale sexuelle dans l'idéologie de 1848," *Romantisme*,

nos.13-14(1976), pp.79-103 ; Marguerite Thibert, "Une apôtre socialiste de 1848 : Pauline Roland," *La révolution de 1848* 22(1925-26), pp.478-502, 524-540 ; and Edith Thomas, *Pailine Roland : Socialisme et féminisme au XIXe siècle*(Paris : Marcel Rivière, 1956). 영국과의 비교는 다음을 참조하라. Sally Alexander, "Women, Class, and Sexual Difference in the 1830s and 1840s : Some Reflections on the Writing of a Feminist History," *History Workshop*, no.17(Spring 1984), pp.125-149 ; and Barbara Taylor, *Eve and the New Jerusalem : Socialism and Feminism in the Nineteenth Century*(New York : Pantheon, 1983).

10 "Nous venons vous demander si les femmes sont romprises dans cette grande géméralité aussi bien qu'elies le sont dans le droit concernant les travailleurs ; nous sommes d'autant plus fondées à vous faire cette demande que vous ne les avez pas désignées dans les catégories d'exclusion" ; Jules Tixerant, *Le féminisme à l'époque de 1848 dans l'ordre politique et dans l'ordre économique*(Paris : V. Girard et E.. Brière, 1908), p.40에서 인용했다. 배제를 항목화한 법령에 대해서는 다음을 참조하라. "Décret du Gouvernement provisoire qui convoque les assemblées électorales, décide le mode d'élection et fuxe le nombre des députés"(Paris, March 5, 1848) and "Instruction du Gouvernement provisoire pour l'exécution du décret du 5 mars 1848, relatif aux élections générales"(Paris, March 8, 1948), both in *Recueil complet*, pp.54-55, 79-81.

11 어떤 관료적 형식주의는 혁명적인 지방 행정부의 모든 행동을 특징지었다. Claude Nicolet, *L'idée républicaine en France(1789-1924) : Essai d'histoire critique*(Paris : Gallimard, 1982) : Geneviève Fraisse, "L'usage du droit naturel dans les écrits feministes(1830-50)," in Stéphane Michaud, ed., *Un fabuleux destin : Flora Tristan*(Dijon : Editions Universitaires de Dijon, 1985) : and Roger Soltau, *French Political Thought in the Nineteenth Century*(London : Bouverie House, 1931)를 참조하라.

12 Jacques Donzelot, *L'invention du social : Essai sur le déclin des passions politiques*(Paris : Fayard,1984). 또한 Sewell, *Work and Revolution*, pp.143-144, pp.219-242도 참조하라.

13 6월의 날들에 대해서는 2번 주석에 적어 둔 작업과 Alexis de Tocqueville, *Recollections*, trans. Alexander Teixeira de Mattos(Westport, Conn. : Greenwood Press, 1979)를 참조하라. 국립 작업장에 대해서는 Donald C. Mckay, *The National Workshops : A Study in the French Revolution of 1848*(Cambridge, Mass. : Harvard University Press, 1965)를 살펴보라. 이 작업장에 대한 여성들의 항의는 Joan W, Scott, "Work Identities fur Men and Women : The Politics of Work and Family in the Parisian Garment Trades in 1848," in *Gender and the Politics of History*(New York : Columbia University Press, 1988), pp.93-112를 참고하라.

14 Alexandre Ledru-Rollin, *Journées illustrées de la révolution de 1848*(Paris : Plon, n.d.), p.291. Paul Bastid, *Doctrines et institutions politiques de la seconde république*, 2 vols.(Paris : Librairie Hachette,1945)의 설명도 참고하라. 전체 토론은 Garnier, *Le droit au travail*를 참조하라.

15 "Du point de vue de la justice, le droit au travail est parallèle au droit de propriété. L'homme qui no possède pas est 1'esclave de celui qui possède. Le droit au travail

est la seule reponse à faire au communisme, puisque le travail permet de devenir propriétaire" ; Bastid, *Doctrines et institution*, vol.2, p.79.

16 헌법 제13조는 이렇다. "La Constitution guarantit aux citoyens la liberté du travail et de l'industrie. La société favorise et encourage le développement du travail par l'enseignement primaire gratuit, l'éducation professionnelle, l'égalité de rapports entre le patron et l'ouvrier, les institutions de prévoyance et de crédit, les institutions agricoles, les assoriations volontaires, et l'établissement, par l'Etat, les départements et les communes, de travaux publics propres à employer les bras inocrupés ; elle fournit l'assistanre aux enfants abandonnés, aux infirmes et aux vieillards sans ressources, et que leurs familles ne peuvent secourir" ; ibid., p.326.

17 "Le droit au travail implique le droit de propriété dans la personne de l'ouvrier, qui veut y parvenir comme et par les mêmes moyens que nous y sommes parvenus ; car sans notre travail personnel ou sans celui de nos péres comment y serions-nous parvenus?" ibid., p.55.

18 "Que [l'homme] travaille pour lui-même ou pour vous, vous sentez encore qu'il est homme comme vous ⋯ politiquement, y reconnaissez-vous un homme, votre égal, un citoyen" : Ledru-Rollin, *Journées illustrées de la révolution de 1848*, p.291. 1848년의 노동권에 대해서는 다음을 참조하라. Bastid, *Doctrines et institutions*, vol.1, pp.242-246 ; vol.2, pp.36-58, 79-81 ; Charles Seignobos, "Le Comité de Constitution de 1848," *Bulletin de la Société d'histoire moderne* 2(1913-14), pp.277-279 ; Henry Michel, "Note sur la Constitution de 1848," *La révolution de 1848* 1(1904), pp.41-56 ; *Recueil complet*, pp.148-149 ; Ledru-Rollin, *Journées illustrées de la révolution de 1848*, pp.287-291 ; Ponteil, *Les institutions*, p.271. 노동권에 대한 논의의 어떤 부분은 1793년 6월 헌법의 권리선언을 참고했다. 헌법 제16조: "Le droit de propriété est celui qui appartient à tout citoyen de jouir et de disposer à son gré de ses biens, de ses revenus, du fruit de son travail et de son industrie" ; Lucien Jaume, *Le discours jacobic et la démocratie*(Paris : Fayard, 1984), p.412.

19 Garnier, *Le droit au travail*, pp.48-49에서 인용했다.

20 Bastid, *Doctrines et institutions*, vol.2, p.325.

21 부성父性에 대한 페미니스트 논쟁에서 이러한 연관을 밝힌 작업이 있다. 이에 대해서는 Françoise Picq, "Par-delà la loi du pére : Le débat sur la recherche de la paternité au Congrès féministe de 1900," *Les temps modernes* 34, no.391(February 1979), pp.1199-1212를 참조하라.

22 Meeting of July 25, p.1848, *Compte rendu des Séances de l'Assemblée nationale*, vol.2(Paris 1849), p.646.

23 "La place convenable et légitime de la femme est la vie privée et non la vie publique ; elle perd toujours à quitter l'une pour l'autre et les souvenirs historiques de la présence des femmes dans les assemblées politiques suffisent pour les en exclure" ; ibid. Tixerant, *Le féminisme à l'époque de 1848*, p.26도 참고하라.

24 *Compte rendu des séances de l'Assemblée nationale*, p.651.

25 Ibid., p.646.

26 Jeanne Deroin, "Lettre d'une femme à M. Athanase Coquerel"(1848), wall poster, Bibliothèque Nationale Lb54 p.925.

27 "Une assemblée législative entièrement composée d'hommes est aussi incompétente pour faire des lois qui régissent une société composée d'hommes et de femmes que le serait une assemblée entièrement composée de privilégiés pour discuter les intérêts des travailleurs ou une assemblée des capitalistes pour soutenir l'honneur du pays" ; *L'opinion des femmes* 4(May 1849). 《여성의 견해L'opinion des femmes》 신문은 부정기적으로 출간되었다. 첫 발행은 1848년 8월이었다. 더 정기적인 출판은 1849년 1월에 시작되었다. 1월호가 제1호로 붙여졌는데, 3월 10일에 제2호가 출간되었고, 4월 10일에 제3호, 5월에 제4호가 나왔다. 제5호는 6월이나 7월에 나왔으리라 여겨지는데, 제5호의 사본은 찾을 수가 없었다. 마지막 호인 제6호는 8월에 나왔다.

28 인용된 것은 새 헌법의 원칙 선언 중 첫 부분이다. : "Le travail intellectuel et corporel est la condition fondamentale de l'existence morale in physique des individus, des sociétés, du genre humain." 이러한 언급은 여성의 참정권을 합리화하기 위한 "La constitution," *L'opinion des femmes*, August 21, 1848에서 인용되었다.

29 첫 번째 혁명의 이러한 문제에 대해서는 Florence Gauthier, *Triomphe et mort du droit naturel en révolution*(Paris : Presses Universitaires de France, 1992)을 참조하라.

30 "Les citoyens doivent aimer la Patrie, servir la Republique, la défendre au prix de leur vie, participer aux charges de l'Etat en proportion de leur fortune ; ils doivent s'assurer, par le travail, des moyens d'existence, et, par la prévoyance, des ressources pour l'avenir : ils doivent concourir au bien-être commun en s'entraidant fraternellement les uns les autres, et à l'ordre général on observant les lois morales et les lois écrites qui régissent la société, la famille et l'individu" ; *Préambule*, sec. VII, in Bastid, *Doctrines et institutions*, vol.2, p.325.

31 Giovanna Procacci, "Sociology and Its Poor," *Politics and Society* 17(1989), p.183. 또한 Procacci, *Gouverner la misère : La question sociale en France, 1789-1848*(Paris : Seuil, 1993)을 참조하라.

32 Procacci, "Sociology and Its Poor," p.183. 또한 Donzelot, *L'invention du social* ; and Michel Foucault, "Omnes et Singulatim : Towards a Criticism of 'Political Reason,'" in *The Tanner Lectures on Human Values*(Salt Lake City : University of Utah Press, 1981), pp.223-254를 참조하라.

33 Auguste Comte, *A General View of Positivism*, Denise Riley, "Am I That Name?" Feminism and the category of "Women" in History(London : Macmillan, 1988), p.48에서 인용했다.

34 "La moralité d'une nation tient surtout à la moralité des femmes … Pas de dévouement public sans vertus privées, pas de vertus privées sans respect pour la famille, ce temple où la mère se dévoue avec une si complète abnègation" ; *La voix des femmes*, March 20,

1848.

35 "En posant mon candidature à l'Assemblée legislative, j'accomplis ma devoir : C'est au nom de la moral publique et au nom de la justice que je demande que le dogme do l'égalité ne soit plus un mensonge" ; *L'opinion des femmes*, no.4(May 1849).

36 "Le fruit doit porter le nom de l'arbre qui lui donna la vie, non celui du jardinier qu'y greffa le bourgeon" ; E. Casaubon, *La femme est la famille*(Paris : Gauthier, 1834), p.8. 또한 Susan K. Grogan, *French Socialism and Sexual Difference : Women and the New Society, 1803-44*(London : Macmillan, 1992)를 보라.

37 Gautier, "De l'affranchissement des femmes," *Le peuple*, January 15, 1849.

38 *L'opinion des femmes*, no.4(May 1849). 이 시기에 페미니스트들이 제기한 의무에 대한 문제는 Geneviève Fraisse, "Les femmes libres de 1848. Moralisme et féminisme," *Les révoltes logiques*, no.1(December 1975), pp.23-50을 참조하라.

39 "Le devoir et le droit sont corrélatifs. Mais pour exercer le droit et accomplir le devoir il faut le pouvoir" ; Jeanne Deroin, "Les tours". 이 글은 레옹 리셰Léon Richer의 신문 *Le droit des femmes*, October 7, 1883에 실린 "La récherche de la paternité"에 대한 여러 서신 중 하나이다.

40 "Mais c'est surtout cette sainte fonction de mère, qu'on oppose comme incompatible avec l'exercice des droits de citoyenne, qui impose à la femme le devoir de veiller sur l'avenir de ses enfants et lui donne le droit d'intervenir non seulement dans tous les actes de la vie civile, mais aussi dans tous les actes de la vie politique" ; *L'opinion des femmes*, no.2(March 10, 1849).

41 Scott, "Work Identities for Men and Women."

42 이렇게 모성성을 호소한 것에 대한 또 다른 해석으로는 Moses, *French Feminism*, pp.132-136을 보라.

43 *Almanach des femmes*, 1853, p.73.

44 플로라 트리스탕Flora Tristan은 이렇게 썼다. : "유대인들은 죽어 있었고 천하게 여겨졌는데 예수가 그들을 일으켜 세웠다. 오늘날 기독교인들은 죽어 있고 천대받는데, 가장 강한 여성인 플로라 트리스탕이 그들을 일으켜 세울 것이다. 오! 나는 내 안에 새로운 세계를 느낀다. 무너지고 죽어 가는 낡은 세계에 이 새로운 세계를 부여할 것이다." Flora Tristan, *Le tour de France*, 2 vols.(Paris : François Maspero, 1980), vol.2, p.231. 또 Egérie Casaubon, *Le nouveau contrat Social ou la place à la femme*(Paris, 1834), p.21를 보라. 동정녀 마리아에 대해서는 Marina Warner, *Alone of All Her Sex*(New York : Alfred A. Knopf, 1976)를 보라. 더 일반적인 담론으로 다음을 참조하라. Thomas Kselman, *Miracles and Prophecies in Nineteenth-Century France*(New Brunswick, N.J. : Rutgers University Press, 1983) ; Stéphane Michaud, "Science, droit, religion : Trois contes sur les deux natures," *Romantisme*, no.13-14(1976) ; Michael Marrus, "Cultures on the Move : Pilgrims and Pilgrimages in Nineteenth-century France," *Stanford France Review* 1(1977), pp.205-220 ; Barbara Corrado Pope, "Immaculate and Powerful : The Marian Revival in the Nineteenth Century," in Clarissa Atkinson, Constance Buchanan, and Margaret

R. Miles, eds., *Immaculate and Powerful : The Female in Sacred Image and Social Reality*(Boston : Beacon Press, 1985), pp.173-200 ; Sandra Zimdars-Swartz, *Encountering Mary from La Salette to Medjugorje*(Princeton : Princeton University Press, 1991).

45 *La voix des femmes*, March 28, 1848.

46 Jeanne Deroin, "Profession de foi," p.40. 드로앵의 "Profession de foi"는 1831-1834 년에 걸쳐 생 시몽 아카이브St. Simon Archives의 *Le Globe*의 편집자들이 옮겨 적었다. 아르세날 도서관Bibliothèque de l'Arsenal에서 필사된 자료를 이용할 수 있다. Fonds Enfantin, 7608, no. 39. 이 자료의 사본을 나와 공유해 준 클레어 골드버그 모스Claire Goldberg Moses에게 감사한다.

47 *La voix des femmes*, March 20, 1848. 이론적인 논의는 다음을 찾아보라. Jacques Lacan : "우리는 상징 기능을 뒷받침하는 것이 아버지의 이름(the name-of-the-father)이라 는 것을 인식해야만 한다. 역사의 여명에서부터 아버지의 이름은 그 자신의 인격을 법 의 형상과 동일시해 왔다." ; Lacan, *Ecrits : A Selection*, trans. Alan Sheridan(New York : Norton, 1977), p.67. 또한 Elizabeth Grosz, *Jacques Lacan : A Feminist introduction*(New York : Routledge, 1990) ; and Mary O'Brien, *The Politics of Reproduction*(Boston and London : Routledge and Kegan Paul, 1981)를 참고할 것.

48 생시몽주의 여성들 사이에서 성姓 떼어 버리기 운동에 대해서는 다음을 참조하라. Moses, *French Feminism*, pp.132-136 ; Claire Démar, *L'affranchissement des femmes*(Paris : Payot, 1976) ; Lydia Elhadad, "Femmes prénommées : Les proletaires saint-simoniennes redactrices de 'La femme libre,' 1832-34," *Les révoltes logiques*, nos.4 and 5(1977) ; Elhadad, "Textes sur l'affranchissement des femmes, 1832-33," *Les révoltes logiques*. no.2(1976) ; S. Joan Moon, "The Saint- Simonian Association of the Working-Class Women, 1830-1850," in *Proceedings of the Fifth Annual Meeting of the Western Society for French History*, ed. Joyce Duncan Falk(Santa Barbara, Calif., 1978) ; Leslie W. Rabine, "'Ecriture Féminine' as Metaphor," *Cultural Critique* 8(Winter 1987-88), pp.19-44 ; and Suzanne Voilquin, *Souvenirs d'une fille du peuple, ou La Saint-simonienne en Egypte*(Paris : François Maspero, 1978).

49 "De tous les noms dont on marque la femme soit du père, ou du mari, je n'aime que le petit nom qui lui est propre" ; 피에르 르루Pierre Leroux에게 보낸 편지 L'Espérance, June 1858, Michèle Riot-Sarcey, "Une vie publique provée d'histoire," p.3에서 인용.

50 드로앵과 함께 체포된 많은 사람들은 결혼을 거부해서 검찰관의 비웃음을 샀다. 이 는 그들의 범죄 행위와 파괴 시도의 증거로 추가되었다. 검찰관은 "결혼하지 않은 어 머니란… 결혼의 적이오. (왜냐하면) 불공평을 숭배하기 때문이오. … 더 말할 것도 없소. 그녀 말대로라면, 아무도 사적 재산권을 소유할 수 없소."라고 폴린 롤랑Pauline Roland을 신랄하게 비판했다. Thomas, *Les femmes de 1848*, pp.75-77.

51 "L'on ne peut trouver étrange que la femme se réfugie dans le sentiment chrétien et que, voyant la dignite humaine outrage en elle, elle veuille dépouiller la nature humaine et se revêtir de la nature angélique pour s'affranchir de la brutale domination de l'homme et d'une humiliante servitude" ; Jeanne Deroin, *Du célibat*(Paris, 1851), p.13.

52 생시몽 운동의 여성사에 대해서는 Moses, French Feminism, pp.41-116,와 "Saint-Simonian Men/saint-Simonian Women"를 참고하라.

53 Jeanne Deroin, "La mission des femmes," *L'opinion des femmes*, no.2(March 10, 1849).

54 Deroin, *Du célibat*, p.14.

55 "L'égalité politique des deux sexes, c'est-à-dire l'assimilation de la femme à l'homme dans les fonctions politiques, est un de ces sophismes que repoussent non point seulement le logique, mais encore la conscience humaine et la nature des choses" ; Proudhon, *Le peuple*, April 12, 1849.

56 "C'est parce que la femme est l'égale de l'homme et qu'elle no lui est pas semblable, qu'elle doit prendre part à l'oeuvre de la réforme sociale" ; Jeanne Deroin, "Unité sociate, religieuse et politique," *La démocratie pacifique*, April 13, 1849.

57 *La voix des femmes*, March 26, 1848.

58 "Que Dieu a joint ainsi, que l'homme ne le sépare point" : "Les femmes au gouvernement et au peuple français," 1848년 3월 16일에 제출한 탄원서. *L'opinion des femmes*, no.4(May 1849)에 재판再版되었다.

59 Pierre Leroux, *De l'humanité, de son principe et de son avenir ; où se trouve exposée la vrai définition de la religion et où l'on explique le sens, la suite et l'enchaînement du mosaïsme et du christianisme*, 2nd ed., 2 vols.(Paris : Perrotin, 1845), p.532. 르루Leroux는 남성이 자고 있는 동안 신이 남성의 갈비뼈로 여성을 창조했다는 관념에 반하는 성서의 증거가 있다고 주장했다. 그는 랍비의 성서 구절을 인용해, 갈비뼈 이야기가 사실은 자웅동체를 동등하게 두 부분으로 분리한 것에 대한 이야기라고 주장했다.

60 Naomi Schor, "Feminism and George Sand : *Lettres à Marcie*," in Judith Butler and Joan Scott, eds., *Feminist Theorize the Political*(New York : Routledge, 1992), pp.41-53. Schor, *George Sand and Idealism*(New York : Columbia University Press, 1993)도 참고하라.

61 "C'est le type un et une, être mâle par la virilité(!), femme par l'intuition divine, la poésie. Elle s'est faite homme par l'esprit ; elle est restié femme par le côte maternel, la tendresse infuie" ; Adler, *A l'aube du féminisme*, p.138에서 인용했다.

62 생시몽주의에 대해서는 다음을 참고하라. Robert B. Carlisle, *The Proffered Crown : St. Simonianism and the Doctrine of Hope*(Baltimore : Johns Hopkins University Press, 1987) ; David Owen Evans, *Social Romanticism in France 1830-1843*(Oxford : Clarendon Press, 1951) ; Moses, "Saint-Simonian Men/saint-Simonian Women" ; Kari Weil, "feminocentric Utopia and Male Desire : The New Paris of the Saint Simonians," : in Libby Falls Jones and Sarah Webster Goodwin, eds., *Feminism, Utopia and Narrative, Tennessee Studies in Literature*, vol.32(Knoxville : University of Tennessee Press, 1990) ; Weil, "From General Will to Masculine Desire : Sexual Politics in the 'Paris of the Saint Simonians'"(미발간 논문, 1987) ; Weil, "'A Spectacle of Faith' : Saint-Simonianism and Gender at the Dawn of the Industrial Revolution"(미발간 논문, 1987) ; Henry Rome d'Allemagne, *Les saint-Simoniens, 1827-1837*(Paris : Grand, 1930) ; George Iggers, *The Doctrine of Saint-Simon : An Exposition, First Year, 1828-29*(Boston : Beacon Press, 1958) ;

Frank Manuel and Fritzie Manuel, *Utopian Thought in the Western World*(Cambridge, Mass. : The Belknap Press of Harvard University Press, 1980).

63 Leroux, *De l'humanite*, pp.530-531 ; and Leroux, *De l'égalité*(Paris : Boussat 1848), p.44. 또한 다음을 참고하라. Armelle Le Bras-Chopard, *De l'égalité dans la différence : Le socialisme de Pierre Leroux*(Paris : Presses de la Fondation Nationale des Sciences Politiques, 1986) ; Paul Bénichou, *Le temps des prophètes : Doctrines de l'âge romantique*(Paris : Gallimard, 1977) ; A. J. L. Busst, "The Image of the Androgyne in the Nineteenth Century," in Ian Fletcher, ed., *Romantic Mythologies*(New York : Barnes and Noble, 1967), pp.1-96 ; and Kari Weil, *Androgyny and the Denial of Sexual Difference*(Charlottesville : University Press of Virginia, 1992).

64 "Dieu a crée l'être humain à son image. Il l'a crée mâle et femelle ; il l'a animé du souffle divin et des deux moitiés d'un méme être il a formé l'individu social, l'homme et la femme pour s'animer, se compléter et marcher ensemble vers un méme but. Il a fandé la société humaine" ; Deroin, *Cours de droit social pour les femmes*(Paris, 1848), p.2. 처음에는 *La politique des femme*에 실린 연속 기사로 발표되었고, 나중에 팸플릿으로 재발간되었다.

65 *La political des femmes* 1 (June 18-24, 1848).

66 Barbara Johnson, *A World of Difference*(Baltimore : Johns Hopkins University Press, 1987), p.191.

67 "A l'oeuvre hommes de l'avenir! républicains, socialistes de toutes les écoles, à l'oeuvre! Appelez enfin, franchement à vous, la femme, cette moitiè de votre âme, de votre coeur, de votre intelligence trop longtemps méconnue et délaissée : travaillez ensemble à fonder l'ère nouvelle, la loi de l'avenir, loi toute de solidarité, d'indulgence et d'amour" ; Jeanne-Marie, "De la femme," *L'opinion des femmes*, no.1(January 1, 1849). 잔-마리 Jeanne-Marie는 드로앵의 필명 중 하나였다. *Evelyne Sullerot, Histoire de la presse féminine en France, des origines à 1848*(Paris : Librairie Armand Colin, 1966), pp.151-152를 볼 것.

68 *L'opinion des femmes*, no.4(May 1849).

69 Ranvier, "Une féministe de 1848," pp.334-335에서 인용했다.

70 "En politique, l'opinion des femmes quelles que soient leurs tendances républicaines ou aristocratiques, peut encore se résumer en une pensée d'amour et de paix ⋯ Elles s'accordent toutes à vouloir que la politique de la paix et du travail vienne remplacer cette politique égoiste et cruelle qui excite les hommes à s'entre-détruire. Dans toutes les théories sociales, ce que les femmes ont le mieux compris c'est le principe de l'association" ; "Qu'est-ce que l'opinion des femmes?" *L'opinion des femme*, August 21, 1848.

71 *L'opinion des femme*, no.4(May 1849).

72 "La vie privée convient seule à la femme ; elle n'est pas faite pour la vie publique" ; Athanase Coquerel, Deroin's "Lettre d'une femme à M. Coquerel"에서 인용했다.

73 "Or, dans l'humanité, la femme a une nature tout à fait distincte de celle de l'homme.

L'homme est apprenti, producteur et magistrat : la femme est élève, ménagère et mère de famille. Il faut à la femme des conditions sociales toutes différentes" ; Tixerant, *Le féminisme à l'époque de 1848*, p.86에서 인용했다.

74 "Le rôle de la femme n'est point la vie extérieure, la vie de relation et d'agitation, mais bien la vie intime, celle du sentiment et de la tranquillité du foyer domestique. Le socialisme n'est pas venu seulement pour restaurer le travail ; il est venu aussi pour réhabiliter le ménage, sanctuaire de la famille, symbole de l'union matrimoniale … nous invitons nos soeurs à méditer ce que nous venons dr dire et à bien se pénétrer de cette verité, que la pureté et la moralité gagnent plus dans les fêtes patriarcales de la famille que dans le manifestations bruyantes de la vie politique" ; *Le Peuple*, December 27, 1848, p.2.

75 Tixerant, *Le féminisme à l'époque de 1848*, p.86에서 인용했다.

76 Deroin, "Profession de foi," p.12.

77 Deroin, *Almanach des femmes*, 1853, p.11.

78 "A la triple face : materielle, intellectuelle et morale dans le travail" ; 1848년 3월 6일에 보낸 탄원서, *L'opinion des femmes*, no.4(May 1849).

79 Jeanne Deroin, "Unité sociale, réligieuse et politique," *La démocratie pacifique*, April 13, 1849.

80 Gautier, "De l'affranchissement des femmes," *Le Peuple*, January 15, 1849.

81 Ernest Legouvé, *Histoire morale des femmes*(Paris, 1849). 드로앵은 르구르베의 여성 지위 향상 요구에 열광적으로 환호하고, 책 일부의 재발간을 약속했다. *L'opinion des femmes*, no.2(March 10, 1849). 르구르베의 언급은 *Marc de Villiers du Terrage, Historie des clubs de femmes et des légions d'amazones 1793-1848-1871*(Paris : Plon-Nourrits, 1910), p.334를 참조하라. 또한 Karen Offen, "Ernest Legouvé and the Doctrine of 'Equality in Difference' for Women : A Case Study of Male Feminism in Nineteenth-Century French Thought," *Journal of Modern History* 58, no.2(June 1986), pp.452-484도 보라.

82 헌법의 전문은 드로앵 덕분으로 생각된다. ; Edouard Dolléans, "Féminisme et syndicalisme," in Charles Moulin, ed., *1848 : Le livre du centenaire*(Paris : Editions Atlas, 1948), pp.245-246. 또한 de Villiers, *Histoire des clubs de femmes* ; and Thibert, *Le féminisme dans le socialisme*, p.320 참조하라.

83 "Travailler insensiblement a faire effacer les différences qui existent entre le costume masculin et le costume féminin ; sans pour cela dépasser les limites de la pudeur et du ridicule, ni même sans s'éloigner des formes gracieuses et de bon goût. Ce sera, du reste, un changement dont les hommes, à voir leur tenue de croque-mort, n'auront guère sujet de plaindre" ; *Les Vésuviennes, ou la Constitution politique des femmes*(Paris, 1848), p.26.

84 Theodore Stanton, ed., *The Woman Question in Europe*(New York : G. Putnam's Sons, 1884), p.243에서 인용했다.

85 적대적인 남성 방관자들이 여성클럽 모임을 망치자, 회장은 "첫 번째 혁명"의 경험을

환기시켜 이에 응수했다. : "에… 그리스도 역시 … 십자가 위에서 야유당하고 조롱당했다." Frank Paul Bowman, *Le Christ romantique*(Geneva : Librarie Droz, 1973), p.105.

86 카툰을 덧붙여서 드로앵을 캐리커처한 기사들이 있었다. 이를테면, *L'Illustration*, April 21, 1849, pp.123-125를 찾아보라.

87 보편선거와 개인의 권리에 대해서는 Tixerant, *Le feminisme à l'époque de 1848*, pp.31-32 ; "L'histoire des femmes," *Annaler E.S.C.* 41(March-April 1986), pp.288-289를 보라.

88 *La voix des femmes*, March 20, 1848.

89 "Inspirées et dirigées par le sentiment du droit et de la justice, nous avons accompli un devoir en reclamant le droit do prendre part aux travaux de l'Assemblée Iégislative" ; *L'opinion des femmes*, no.4(May 1849).

90 "Fortifiées par le sentiment intime de la grandeur de notre mission, de la sainteté de notre apostolat et profondément convaincue de l'importance et de l'opportunité de notre oeuvre, si éminemment si radicalement révolutionnaire et sociale, nous avons accompli notre devoir en refusant de quitter la tribune" ; ibid.

91 Deroin, "Profession de foi."

92 "Vous me fermez les voies du monde, vous me déclarez subalterne et mineure ; mais il me reste dans ma conscienre un sanctuaire où s'arrête la force do votre bras comme le despotime de votre esprit. Là nul signe d'infériorité ne flétrit mon existence, nul asservissement n'enchaîne ma volonté et ne l'empêche de se tourner vers la sagesse" ; *Almanach des femmes*, 1853, p.95. 이 기사는 '마리Marie'의 서명이 있기는 하나 드로앵이 쓴 것은 아닌 듯한데, 드로앵 역시 보여 주었던 관점을 표명하고 있다.

93 "Quand M. Eugène Pelletan me dit un jour que j'agissais comme si je tirais un coup de pistolet dans la rue pour attirer l'attention, il avait raison, mais ce n'était pas pour attirer l'attention sur moi, mais sur la cause à laquelle je me dévouais" ; letter from Deroin to Léon Richer, Fonds Bouglé, Bibliothèque Historique de la Ville de Paris, Serrière, "Jeanne Deroin," p.26에서 인용했다.

94 Ranvier, "Une feministe de 1848," pp.341-343에서 인용했다. 또 다음을 참고하라. J. Deroin, *L'Association fraternelle des démocrates socialistes des deux sexes pour l'affranchissement politique et social des femmes*(Paris 1849) ; Deroin, *Lettre aux Associations sur l'organisation du crèdit*(Paris, 1851) ; and Henri Desroches, *Solidarités ouvrières : Sociétaires et compagnons dans les associations coopératives*(1831 -1900)(Paris, 1981), pp.59-73.

95 Moses, *French Feminism*, p.148에서 인용했다.

96 Ibid.

97 모리스의 조사弔辭 텍스트는 알려져 있지 않다.

98 "Comme tous les initiateurs d'une idée nouvelle … [elle] a frayé la route sans atteindre le but : elle est montée à l'échafaud sans obtenir le droit de monter à la tribune." "En 1849, one femme vient encore frapper à la porte do la cité, réclamer pour les femmes le droit de partiriper aux travaux de l'Assemblée Iégislative. Ce n'est pas au vieux monde qu'elle s'addresse … Le moment est venu pour la femme do prendre

part au mouvement social, à l'oeuvre de régénération qui se prépare" 이 부분은 Alexandre Zévaès, "Une candidature féministe en 1849," in *La révolution de 1848*(Paris : Bibliothèque Nationale, 1948), p.129.에서 인용하였다.

99 이 시기의 역사는 아래의 글들을 참고할 수 있다. Linda Orr, *Headless History : Nineteenth Century French Historiography of the Revolution*(Ithaca : Cornell University Press, 1990) and Jules Michelet : Nature, History, and Language(Ithaca : Cornell University Press, 1976) ; Stephen Bann, *The Clothing of clio : A Study of the Representation of History in Nineteenth-Century Britain and France*(Cambridge : Cambridge University Press, 1984) ; Roland Barthes, "Historical Discourse," in Michael Lane, ed., *Structuralism : A Reader*(London : Jonathan Cape, 1970), pp.145-155 ; Christina Crosby, *The Ends of history : Victorians and "The Woman Question"*(New York and London : Routledge, 1991) ; and Thérèse Moreau, *Le Sang de l'Histoire : Michelet, l'histoire, et l'idée de la femmes au XXXe siècle*(Paris : Flammarion, 1982).

100 타이핑된 이 편지의 사본이 파리의 Marguerite Durand 장서 목록의 'J. Deroin' 파일에 들어 있다.

101 "Maintenant il ne faut plus de pionniers impulsifs et téméraires, il faut joindre le talent au dévouement, orner la vérité par la beauté du style, c'est pourquoi le ne puis vous offrir mon inutile concours" ; Adler, *A L'aube du féminisme*, p.211에서 인용했다.

102 Madelein Pelltier, *La femme vierge*(Paris, 1933), p.95.

04_여성의 권리는 사회문제다

1 사회주의자들의 가족적 수사학에 대해서는, Joan W. Scott, "Mayors versus Police Chiefs : Social Municipalities Confront the French State", in John Merriman, ed., *French Cities in the Nineteenth Century*(London : Hutchinson, 1988), pp.230-245를 참조하라.

2 사회주의의 역사에 대해서는 Claude Willard, *Le Mouvement socialiste en France(1893-1905) : Les Guesdistes*(Paris : Edition Sociales, 1965)를 참조하라.

3 "공화국을 바라는 것은 아니라는 한 가톨릭 법률학자의 동의에 따라서, 우익 대통령과 정부가 집권한 왕정 옹호 집단이 공화국을 세웠다. – 그리고 이는 한 표차로 통과되었다." David Thomson, *Democracy in France : The Third and Fourth Republics*(London : Oxford University Press, 1958), p.90

4 Pierre Rosanvallon, *Le Sacre du citoyen : Histoire du suffrage universel in France*(Paris : Gallimard, 1992), pp.307-338. 또 Jean Rivero, "The Jacobin and Liberal Tradition," in Josesh Klaits and Michael H. Haltzel, eds., *Liberty/Liberté : The American and French Experiences*(Washington, D.C. : Woodrow Wilson Center Press ; and Baltimore : Johns Hopkins University Press, 1991), p.128을 참조하라.

5 Rogers Brubaker, *Citizenship and Nationhood in France and Germany*(Cambridge, Mass. : Harvard University Press, 1992), p.107에서 인용. Eugen Weber, *Peasants into Frenchmen : The Modernization of Rural France, 1870-1914*(Stanford : Stanford University Press, 1976) 그 리고 Antoine Prost, *L'histoire de l'enseignement en France, 1800-1967*(Paris : Librairie Armand Colin, 1968)을 또한 참조하라.

6 이러한 종류의 교육은 알튀세가 주체의 '호명'으로 언급한 것의 한 예이다. Louis Althusser, "Ideology and Ideological State Apparatuses" in *Lenin and Philosophy*, Trans. Ben Brewster(New York : Montly Review Press, 1974), pp.127-186.

7 "Il se dit, par opposition à politique, des conditions qui, laissant en dehors la forme des gouvernements se rapportent au développement intellectuel, moral, et matériel des masses populaires. La question sociale" ; E. Littré, ed., *Dictionnaire de la langue française*(Paris, 1877), p.1957.

8 '사회적인 것'에 대한 논의로는 Denis Riley, "Am I That Name?", *Feminism and the Category of "Women" in History*(London : Macmillan, 1988), pp.44-66. 프랑스에서 사회 적인 것에 대한 논의는 Jacques Donzelot, *L'invention du social : Essai sur le déclin des passions politiques*(Paris : Fayard, 1984)가 있다.

9 George D. Sussman, *Selling Mother's Milk : The Wet-Nursing Business in France, 1715-1914*(Urbana : University of Illinois Press, 1982) ; Sylvia Schafer, "Children in 'Moral Danger' and the Politics of Parenthood in Third Republic France, 1870-1914"(Ph.D. diss., University of California, Berkeley, 1992) ; Andrew Aisenberg, "Contagious Disease and the Government of Paris in the Age of Pasteur"(Ph.D.diss., Yale University, 1993) ; Mary Lynn Stwart, *Women, Work, and the French State : Labour Protection and Social Patriarchy, 1897-1919*(Kingston, Ont. : McGill-Queen's University Press, 1989) ; and Esther Kanipe, "The Family, Private Property, and the State in France, 1870-1914"(Ph.D.diss., University of Wisconsin, Madison, 1976).

10 François Ewald, "A Concept of Social Law", in Gunther Teubner, ed., *Dilemmas of Law in the Welfare State*(Berlin and New York : W. de Gruyter, 1986), pp.40-75 ; 그리 고 Donzelot, L'invention du social. 연대주의를 상세하게 다룬 텍스트로는, Eugène d'Eichtal, ed., *La solidarité sociale*(Paris : Institut de France, Académie des Sciences Morales et Politiques, 1903). 프랑스에서 복지국가의 출현에 대한 매우 흥미로운 해석으로는, François Ewald, *L'état providence*(Paris : Bernard Grasset, 1986)가 있다.

11 Alain Corbin, "Backstage", in Philippe Ariès and George Duby, eds., *A History of Private Life*, trans. Arthur Goldhammer, vol.4(Cambridge, Mass. : Harvard University Press, 1990), pp.451-668 ; 특히 "The Secret of the Individual", pp.457-548을 보 라. 또한 Roxanne Panchasi, "Characteristically 'Modern' : Handwriting, Identity, and Psychology in France"(seminar paper, Rutgers University, January 1995)를 참조하라.

12 Charles Brunot, "Etude sur la solidarité sociale comme principe des lois," in d'Eichtal, *La solidarité sociale*, pp.25-84, 특히 58-59. 또한 Ewald, *L'état providence* ; Schafer, "Children in 'Moral Danger'" ; Aisenberg, "Contagious Disease" ; Joshua Hamilton Cole, "The

Power of Large Numbers : Population and Politics in Nineteenth-Century France"(Ph. D. diss., University of California, Berkeley, 1991)를 참조했다.

13 Emile Durkheim, "Sociology in France," in Robert Bellah, ed., *Emile Durkeim on Morality and Society : Selected Writings*(Chicago : University of Chicago Press, 1973), p.13.

14 Emile Durkheim, *The Division of Labor in Society*, trans. George Simpson(New York : Free Press, 1964), p.62.

15 Edward, "A Concept of Social Law"p.52, n.30에서 인용했다.

16 위의 글, p.53에서 인용했다.

17 Michell Perrot, "Le discours de la Grève," in *Les ouvriers en Grève : France 1871- 90*, vol.2(Paris : Mouton, 1974), pp.607-644.

18 영국의 심리학자 알렉산더 베인Alexander Bain의 *The Emotions and the Will*(1859)을 인용하고 있는 Durkheim, *The Division of Labor*, p.55에서 참조했다.

19 Léon Brougeois, *La Solidarité*(1895), Stephen Lukes, *Emile Durkheim : His Life and Works*(New York : Harper and Row, 1972), p.352에서 인용했다. ; Brunot, "La Solidarité sociale," p.70 : "Le droit individuel de chacun est égales au droit individuel des autres ; c'est que tous ces droits sont réellement des untées de même espèce, comparables les unes aux autres, interchangeables, et égales entre elles." 또한 Theodore Zeldin, France : 1848-1945, vol.1 : *Ambition, Love and Politics*(Oxford : Oxford University Press, 1973), pp.640-682 그리고 J. E. S. Hayward, "The Official Social Philosophy of the French Third Republic : Léon Brougeois and Solidarism," *International Review of Social History* 6(1961), pp.19-48을 참조하라.

20 "Tout le monde ne peut pas remplir le même rôle : la diversité est au contraire indispensable á la bonne harmonie de la société ⋯ Le devoir imposé à tous est différent pour chacun. Le droit inhérent à l'individu est égal pout tous" ; "Une objection banale," *La Citoyenne*, March 6, 1881, in Edith Taïeb, ed., *Hubertine Auclert : La Citoyenne. Articles de 1881 à 1891*(Paris : Syros, 1982), p.95.

21 Michelle Perrot, "L'égole de la ménagère dans le discours des ouvriers français au XIXe siècle," in *Mythes et répresentations de la femme XIXe siècle*(Paris : Champion, 1977), pp.105-121 ; and Perrot, "Le syndicalisme français et les femme : Histoire d'un malentendu," *Aujourd'hui* 66(March 1984), pp.41-49. 그리고 Charles Sowerwine, *Les femmes et le socialisme*(Paris : Press de la Fondation Nationale des Sciences Politiques, 1978)도 참조하라.

22 Durkheim, *The Division of Labor*, p.60.

23 Ibid. 르 봉Le Bon에 대해서는 다음을 참조하라. Susanna Barrows, *Distorting Mirrors : Visions of the Crowd in Late Nineteenth-Century France*(New Haven : Yale University Press,1981) ; Ruth Harris, *Murders and Madness : Medicine, Law, and Society in the Fin dr Siècle*(Oxford : Clarendon Press, 1989) ; and Robert A. Nye, *The Origins of Crowd Psy chology : Gustave Le Bon and the Crisis of Mass Democracy in the Third Republic*(Beverly Hills : Sage, 1975).

24 Durkheim, *The Division of Labor*, p.58.

25 "L'idée de subordonner l'exercice du droit à une question de rôle, avant d'été invoquée par les adversaires du votes der femmes, a servir d'objection au suffrage universel pour les hommes" ; "Une objection banale," *La Citoyenne*, March 6, 1881, in Taïeb, *Auclert*, p.94.

26 "Une République qui maintiendra les femmes dans une condition d'infériorité, ne pourra pas faire les hommes égaux" ; "Rapport de Hubertine Auclert au 3e Congrès national ouvrier," in Madeleine Reberioux, Christiane Dufrancatel, and Béatrice Slama, "Hubertine Auclert et la question des femmes à 'l'immortel congrès'(1879)," *Romantisme* 13-14(1976), p.123.

27 "Le suffrage des femmes," *La Citoyenne*, February 5-March 4, 1883, in Taïeb, Auclert, p.132.

28 리셰 그룹은 이후 '여성들의 미래를 위한 연합'(Association pour l'Avenir des Femmes), 그 다음에는 '여성의 진보를 위한 모임'(Société pour l'Amélioration du Sort de la Femme), 또 '여성의 진보와 여성 권리 회복을 위한 모임'(Société pour l'Amélioration du Sort de la Femme et la Revindication de Ses Droits)으로 불렀다. 이에 대해서는 Steven C. Hause, *Hubertine Auclert : The French Suffragette*(New Haven : Yale University Press, 1987), p.31 참조했다.

29 세부적인 전기적 사실들은 Hause, *Hubertine Auclert* ; Taïeb, "Preface," in Auclert, pp.7-53을 참조했다.

30 Hause, *Hubertine Auclert*, p.78.

31 "Pour la femme, la possession de son nom et la possession de son revenu ou de son salarie : voilà le fondement de la liberté dans le mariage" ; "Le nom et l'argent," *La Citoyenne*, August 1889, in Taïeb, *Auclert*, p.73.

32 "Alors, désespérée de ne point voir aboutir mes efforts légaux, j'ai songé que les hommes avaient fait des barricades pour pouvoir voter…" ; Taïeb. "Prefare," in *Auclert*, p.43에서 인용했다(이러한 변호에 설득되지 않았던 재판관들은 그녀에게 형을 언도했고, 5년간 선행을 펼치라며 집행유예를 내렸다).

33 Hause, *Hubertine Auclert*, p.79에서 인용했다.

34 "Jamais on n'a essayé de prendre un nombre déterminé d'enfants des deux sexes, de les soumettre à la même méthode d'éducation, aux mêmes conditions d'existence" ; "Rapport de Hubertine Auclert," *Romantisme*, 13-14(1976), p.124. 이 텍스트는 별도의 팸플릿으로도 출판되었다. H. Auclert, *Egalité sociale et politique de la Femme et de l'Homme(Discours prononcé au Congrès ouvrier socialiste de Marseille)*(Marseilles, 1879).

35 "L'objection qu'on fait aux femmes de leur ignorance de la vie publique est nolle puisque c'est seulement par la pratique qu'on peut s'intier à la vie publique" ; "Malheur aux absentes!" *La Citoyenne*, May 8, 1881, in Taïeb, *Auclert*, p.112.

36 Neil Herta, "Medusa's Head : Male Hysteria under Political Pressure," *Representations* 4(fall 1983), 27-54 ; Gay Gullickson, "La Pétroleuse : Represen -ting Revolution," *Feminist Studies* 17(Summer 1991), pp.240-265 ; Edith Thomas, *Les "pétroleures"*(Paris :

Gallimard, 1963).

37 Edwin Child의 말은 Gullickson, "La Pètroleuse," p.250에서 인용했다.

38 Christiane Dufrancatel, "L'oratrice," in Reberioux, Dufrancatel, and Slama, "Hubertine Auclert et la question des femmes," p.134에서 인용했다.

39 Jules Michelet, *Du prêtre, la femme et la famille*(Paris, 1845). 이 책은 1845년판 이래로 판을 거듭하여 출판되었다. 1900년판에는 연대주의 철학자 알프레드 푸이에Alfred Fouillée의 평이 들어 있다.

40 Hause, *Hubertine Auclert*, p.41에서 인용했다.

41 "Il y a déjà tant d'incompétences qui s'occupent do politique, que je ne verrais pas sans inquiétudes les femmes se jeter dans la mêlée des partis. Dans les pays catholiques, le vote de la plupart des femmes serait celui de leurs conffsseurs, qui recevraient eux-mêmes le mot d'ordre de Rome. Au lieu de contribuer au progrès, il amènerait, je crois, un recut. Attendons ; la question me semble prématurée" ; Rosanvallon, *Le sacre*, p.394 에서 인용했다.

42 Steven C. Hause with Anne R. Kenney, *Women's Suffrage and Social Politics in the French Third Republic*(Princeton : Princeton University Press, 1984), p.16에서 인용했다.

43 프랑스혁명의 위대한 사회주의 역사는 반혁명에서 여성의 역할을 참고하여 여성이 종교적으로 충실하다는 생각을 지속시키고 있었다. Jules Michelet, *Les femmes de la Révolution*(Paris, 1854) 참조. ; Alphonse Aulard, *Le culte de la raison et de l'Etre suprême, 1793-94*(Paris, 1892) ; idem, *Paris pendant la réaction thermidorienne et sous le Directoire*(Paris, 1898-1902) ; Jean Jaurès, *Histoire socialiste de la Révolution française*, 8 vols.(Paris, 1922-1924).

44 "Le nom et l'argent," *La Citoyenne*, August 1889, in Taïeb, *Auclert*, pp.71, 76.

45 "Une objection banale," *La Citoyenne*, March 6, 1881, in Taïeb, *Auclert*, p.92.

46 *La Citoyenne*, February 13, 1881.

47 "Les chiffres sont éloquents, ils prouveront mieux que des mots que nous avons raison de nous méfier" ; "Pourquoi les femmes veulent contrôler les budgets," *La Citoyenne*, June 5, 1887, in Taïeb, *Auclert*, p.104.

48 이러한 조사나 설문은 Aisenberg, "Contagious Disease," chap.5를 참조하라.

49 "Rapport de Hubertine Aurlert," p.128.

50 Jacques Alary, *Le travail de la femme dans l'imprimerie typographique : Ses conséquences physiques et morales*(Paris, 1883), pp.15, 18 : "elle se déforme, prend le regard, la voix. et l'allure grossière des hommes qu'elle fréquente dans l'atelier ; elle retombe enfin à l'état de nature ou de simple femelle" ; "Quelle est la negresse de la Havane ou la circassienne de Constantinople qui consentirait à èchanger la maison turque ou l'hacienda espagnole contre une place dans l'imprimerie?"

51 H. Aurlert, "La femme imprimeur," *La Citoyenne*, December 3, 1883-January 6, 1884, in Taïeb, *Auclert*, pp.80-84.

52 "Les hyporcites," *La Citoyenne*, March 27, 1881 : "L'homme a fait ces lois et même a

notre époque d'athéisme et de libre examen, il les conserve religieusement."

53 "Pour contrebalancer l'influence fâcheuse des femmes réactionnaires, il faudrait l'influence bienfaisant des femmes républicaines" ; *Le droit politique des femmes*(Paris, 1878), p.10.

54 "Montrons que nous ne sommes pas avec eux. Levons-nous, et que, d'un bout à l'autre de la France, notre cri de protestation soit entendu. Disons bien haut au monde que nous voulons la lumière, la liberté" ; letter signed by Auclert, *Le petit parisien*, June 1, 1877, in Taïeb, *Auclert*, p.10.

55 "Le suffrage des femmes," *La Citoyenne*, February 5-March 4, 1883, ibid., p.132.

56 "On ne peut exiger de la nature humaine plus de perfection qu'elle n'en comporte ; pendant que les hommes feront seul les lois, ils les feront pour eux contre nous ; " ibid., p.133.

57 Michelle Perret, *Les ouvriers en grève : France 1871-1890*, 2 vols.(Paris : Mouton, 1974) ; and Harvey Goldberg, *Jean Jaurès*(Madison : University of Wisconsin Press, 1963)를 참조하라.

58 설득의 한계에 대해서는 Ellen Rooney, *Seductive Reasoning : Pluralism as the Problematic of Contemporary Literary Theory*(Ithaca : Cornell University Press, 1989)를 참조하라.

59 Auclert, "L'académie et la langue," *Le Radical*, April 18, 1898. in Taïeb, *Auclert*, pp.15-17 : "N'est-ce pas à force de prononcer certains mots, qu'on finit par en accepter le sens qui tout d'abord heurtait?" "La féminisation initiate est celle de la langue, car le féminin non distinctement établi sera toujours absorbé par le masculin." 또한 Mary Poovey, "Figures of Arithmetic, Figures of Speech : The Discourse of Statistics in the 1830s," *Critical Inquiry* 19(Winter 1993), pp.256-276을 참조하라.

60 E. Littré, ed., *Dictionnaire de la langue française*(Paris, 1877), p.1078.

61 *Le Temps*, May 17, 1880 ; *Gil Blas*, March 12, 1880.

62 이 역사에 대해서는 다음을 참조하라. Hause with Kenney, *Women's suffrage*, pp.212-247 ; Laurence Klejman and Florence Rochefort, *L'égalité en marche : Le féminisme sous la Troisième République*(Paris : Editions des Femmes, 1989), pp.262-302 ; and Patrick K. Bidelman, *Pariahs Stand Up! The Founding of the Liberal Feminist Movement in France, 1858-1889*(Westport, Conn. : Greenwood Press, 1982).(1884년에 인정된 이혼의 권리를 포함하여) 시민법에서 여성의 이해관계를 용인한 것에 대해서, 그리고 더 폭넓게는 제3공화국의 가족법 입법에 대해서는 다음을 참조하라. Schafer, "Children in 'Moral Danger'" ; Esther Kanipe, "The family, Private Property, and the State" ; Claudia S. Kselman, "The Modernization of Family Law : The Politics and Ideology of Family Reform in Third Republic France"(Ph.D. diss., University of Michigan, 1980).

63 "On s'est aperçu qu'il est, dans la vie publique, un grand nombre d'intérêts que la femme est aussi apte, plus apte que l'homme à surveiller et à servir" ; Ferdinand Buisson, *Le vote des femmes*(Paris, 1911), p.2.

64 Ibid., p.208.

65 "Intérêt," in Littré, Dictionnaire de la langue française, pp.131-132. '이해관계' 개념에 대한 분석은 다음을 참조하라. Gareth Stedman Jones, *Languages of Class : Studies in English Working Class History, 1832-1982*(Cambridge : Cambridge University Press, 1983), p.xx. "처음부터 이해관계를 인식하고 규정하는 것이 정치적 언어의 담론 구조이기 때문에, 일차적이고 물질적인 이해관계에 대한 표현을 획득했다고 해서 정치적 언어를 해독할 수 있는 것은 아니다. 그러므로 우리는 정치적 언어 바로 그 안에서 이해관계와 자기 동일시, 불만, 열망이 생산되는 것을 연구해야 한다."

66 "A ceux qui nous accuseront d'étre exclusifs, de faire de la question des femmes une question partirulière, nous rèpondons que nous serons obligès de faire une question des femmes aussi longtemps qu'il y aura une situation particulière faite aux femmes, et qu'avant que cette situation ait cessé d'exister, avant que la femme ait le pouvoir d'intervenir partout où ses intérêts sont en jeu pour les défendre, un changement dans la condition économique ou politique de la société ne remédierait pas au sort de la femme" ; *La Citoyenne*, February 13, 1881.

67 "La femme ménagère nationale mettra bien plus d'humanité que de gloire dans sa fonction" ; "Pourquoi les femmes veulent contrôler les budgets," *La Citoyenne*, June 5, 1887 ; and "La politique n'intéresse pas les femmes," *La Citoyenne*, July 3, 1881, both in Taïeb, Auclert, pp.111, 106.

68 "Rapport de Hubertine Auclert," p.123.

69 Ibid. : "Je viens, toute pénétrée d'estime pour cette grande assrmblée, le premier des corps libres élus en France depuis tant de siècles, qui permette à une femme, non parte qu'elle est ouvrière, mais parce qu'elle eat femme-c'est-t-dire exploitée-esrlave déléguée de neuf millions d'esclaves, de faire entendre les réclamations de la moitié déshéritée du genre humain."

70 Ibid., p.129 : "Nous nous adressons à vous, prolétaires, comme à nos compagnons d'infortune, pour appuyer notre droit à sortir de la servitude." "Vous êtes électeurs, vous avez la puissance du nombre, tous vous êtes femmes Par le coeur, vous êtes nos frères. Aidez-nous à nous affranchir."

71 Beatrice Slama, "Le discours," in Rebérioux, Dufrancatel, and Slama, "Hubertine Auclert et la question des femmes," p.137.

72 "il n'est pas possible, en effet, d'être à la fois homme et femme, on troverait étrange qu'un homrne cumulât dans la famille le rôle de père et de mère et l'on admet que les hommes cumulent dans la commune ce double rôle" ; Auclert, *Le vote des femmes*(Paris, 1908), p.13.

73 Ibid.. p.106, 20.

74 Ibid., pp.23, 57, 217.

75 Ibid., p.215.

76 "Les législateurs libres-penseurs mutilent le corps social, rentrachant la moitié de ses membres, pour s'épargner l'impur contact féminin" ; ibid., p.57.

77 "Les Françaises ont le sens de l'utilitarianisme démocratique. Quand elles seront électeurs it éligibles, elles forceront les assemblées administratives et législatives à se pénétrer des besoins humains et à les satisfaire" ; ibid., p.20.

78 H. Auclert, *Les femmes Arabes en Algérie*(Paris, 1900), p.63.

79 "C'est en voyant le préjuge de race dominer tout en Algérie, que l'on comprend bien l'absurdité du préjugé de sexe. Ainsi la race arabc, si belle et si bien douée, est absolument méprisée par les europeens qui, rarement cependant sont aussi beaux et posstdent autant d'aptitudes naturelles que les arabes. Et voyez cette contradiction. to français vainqueur dit au musulman : "Je méprise le race, mais j'abaisse ma loi devant la tienne ; je donne au Koran le pas Sur le Code." ; ibid.

80 Edward Said, *Orientalism*(New York : Vintage, 1979).

81 H. Auclert, *Le vote des femmes*, pp.196-197.

82 "Quand les femmes qui ont dans I'Etat les mêmes interêts que les hommes, seront comme ceux-ci, armeés des droits nécessaires pour se protéger, pour se défender, pour ascensionner ; la France, en possession de l'intégralité de sa force cérebrale, prendra dans le monde un rôle prépondérant" ; ibid., p.217.

83 Ibid., pp.15-17, 23, 71-195.

84 Alary, *Le travail de la femme*, p.57.

85 Ibid., p.9 : "Il est inadmissible que l'homme puisse vivre à l'état de frelon et rester à la maison pour soigner le ménage."

86 "Les femmes à l'assaut des urnes," L'Eclair, May 4, 1908, Hause, *Hubertine Auclert*, p.xvii 에서 인용했다.(이러한 정보를 주고, 또 오클레르의 일기장 사본을 선뜻 빌려 준 스티븐 호스Steven Hause에게 감사한다.)

87 Sigmund Freud, *The Standard Edition of the Complete Psychological Works*, trans. and ed. James Strachey(London, 1955). 거세에 대한 참조는 vol.19, p.144, n.3 ; vol.22, p.24 ; "Medusa's Head," vol.18, pp.273-274.

88 Freud, "Medusa's Head," p.273.

89 Ibid., p.274.

90 Ibid., p.273.

91 이 부분에서 나는 "Medusa's Head : Male Hysteria under Political Pressure," *Representations* 4(Fall 1983), pp.27-54.에서 보여 준 닐 헤르츠Neil Hertz의 분석에 빚지고 있다. 아울러 Christina Crosby, *The Ends of History : Victorians and "The Woman Question"*(New York and London : Routledge, Chapman, and Hall, 1991), p.41와 Freud's "Fetishism," in Standard Edition, Vol.21, pp.152-157를 참조하라.

92 "Est-ce que notre démission d'hommes que dame Hubertine nous demande? Qu'elle le dise franchement" ; Emile Villemot, *Le Gaulois*, June 7, 1877.

93 "Etre homme ou être femme n'importe pas plus dans la distribution des fonctions sociales, qu'être grand ou petit, brun ou blond, gras ou maigre" ; "La sphère des femmes" *La Citoyenne*, February 19, 1882.

94 "En devenant citoyenne, la Française remplira encore mieux le devoir, puisque son rôle d'éducatrice s'étendra de l'unité à la collectivité humaine et que sa sollicitude maternelle embrassera la nation entière" ; Auclert, *Le vote des femmes*, p.10.

95 Ibid., p.60. 당시 여성 선거권 투쟁의 용어는 또한, 1882년부터 불거져 1889년에야 법률이 통과된 이민자들의 시민권 투쟁에 영향받은 것으로 보인다. Brubaker, *Citizenship and Nationhood* 참조했다.

96 Auclert, *Le vote des femmes*, p.49 and p.46 : "Il serait infiniment moins facile aux hommes d'être mères qui aux femmes d'être soldats."

97 H. Auclert, "Programme électoral des femmes," *La Citoyenne*, August 1885, p.42, in Taïeb, *Auclert*, p.43.

98 Ibid., p.41.

99 "Le suffrage des femmes," *La Citoyenne*, February 5–March 4, 1883, ibid., p.132.

100 "Le 89 des femmes," *La Citoyenne*, June 1889, ibid., p.126

101 Hause, *Hubertine Auclert*, p.206에서 인용.

102 Ibid., pp.216–218.

103 "Nécrologie, Mme. Hubertine Auclert," *La femme de demain*, May 1914 ; article in the Fonds Auclert, Bibliothèque Marguerite Durand.

104 Hause, *Hubertine Auclert*, p.218.

105 "Le suffrage est une machine à progrès. De même que beaucoup d'inventions modernes, qui ne deviennent utilisables qu'à l'aide de certaines combinaisons, le suffrage a besoin de toutes les énergies féminines et masculines de la nation, pour devenir l'instrument d'évolution capable de transformer l'état social" ; Auclert, *Le vote des femmes*, p.5.

106 Ibid, 특히 pp.15–19, 50–52, 65–195.

05_"나는 오로지 나다"

1 "N'être femme comme la société suppose" ; Doctoresse Pelletier, "Mémoire d'une féministe," 출판되지 않은 회고록, 서류 모음집 "마들렌 펠티에M. Pelletier," Fonds Marie-Louise Bouglé, Bibliothèque Historique de la Ville de Paris, p.1.

2 M. Pelletier, *La femme en lutte pour ses droits*(Paris, 1908), p.48.

3 이 연구에 대해서는 데니즈 릴리Denise Riley의 "그 이름이 나인가Am I That Name?"를 보라. *Feminism and the Category of "Women" in History*(London : Macmillan, 1988), p.51.

4 "Le seul devoir de la société est de n'entraver personne dans l'exercice de son activité ; que chacun s'oriente dans la vie comme il lui plaît et à ses risques et perils" ; Pelletier, *La femme en lutte*, p.41.

5 타니아 모델스키Tania Modleski가 쓴 구절이다. 모델스키는 '여성'의 범주를 역사화하

려는 다양한 시도를 비판했는데, 이는 그녀가 잘못 이해한 것이다. 그녀는 이런 접근들이 젠더를 역사화하여 성차를 탈-본질화한다고 믿었다. 《여성 없는 페미니즘 : "포스트모더니즘" 시대의 문화와 비평Feminism without Women : Culture and Criticism in a "Postfeminism" Age》(New York and London : Routledge, 1991).

6 "Elle sera un individu avant d'étre un sexe" ; M. Pelletier, "Les femmes et le féminisme," *La revue socialiste*, January 1906, p.44.

7 "Suppression de l'heritage, instrurtion gratuite à tous les degrès, large assistance aux enfants, vieillards et malades, plus de distinctions de classes, plus d'adoration de l'argent. L'intelligence et le travail seuls moyens de parvenir" ; Pelletier, "Mémoire," p.30.

8 전기에 대해서는 펠리시아 고든Felicia Gordon의 상세한 묘사를 참조하라. *The Inthgral Feminist : Madeleine Pelletier, 1874-1939*(Minneapolis : University of Minnesota Press,1990) ; Charles Sowerwine and Claude Maignien, *Madeleine Pelletier : Une féministe dans l'arène politique*(Paris : Les Editions Ouvrières, 1992) ; Charles Sowerwine, "Madeleine Pellrtier(1874-1939) : Femme, médecin, militante," *L'information psychiatrique* 9 (November 1988), 1183-93 ; Sowerwine, "Madeleine Pelletier(1874-1939) : Socialism, Feminism and Psychiatry, or Making It in a Man's World," lecture, University of Bath, November 2, 1987 ; Sowerwine, "Socialism, Feminism, and Violence : The Analysis of Madeleine Pelletier," *Proceedings of the Annual Meeting of the Western Society for French History* 8(1980) ; and Christine Bard, ed., *Madeleine Pelletier(1874-1939) : Logique et infortunes d'un combat pour l'égalité*(Paris : Côté-Femmes, 1992). 또한 마릴린 박서Marilyn Boxer의 "When Radical and Socialist feminism Were Joined : The Extraordinary Failure of Madeleine Pelletier," in Jane Slaughter and Robert Kern, eds., *European Women of the Left : Socialism, Feminism, and the Problems Faced by Political Women, 1880 to the Present*(Westport, Conn. ; Greenwood Press, 1981), pp.51-74 ; Marilyn Boxer and Jean Quataert, eds., *Socialist Women : European Socialist Feminism in the Nineteenth and Early Twentieth Centuries*(New York : Elsevier, 1978)를 보라.

9 성적 요소가 없는 개인주의에 대해서는 Stephen Lukes의 《개인주의 individualism》(New York : Harper and Row,1973)와 조지 케테브George Kateb의 《내적 대양 : 개인주의와 민주주의 문화The Inner Ocean : individualism and Democratic Culture》(Ithaca : Cornell University Press, 1992)를 참조하라.

10 이 문제에 대해서는 R. C. Grogin, *Bergsonian Controversy in France, 1990-1914* (Calgary : University of Calgary Press, 1988) ; Zeev Sternhell, *Ni droire ni gauche : L'idéolohie fasciste en France*(Paris : Seuil, 1983) ; Eugen Weber, *Action Française : Royalism and Reaction in Twentieth-Century France*(Stanford : Stanford University Press, 1962)를 보라.

11 프랑스에서 무의식의 '발견'은 프로이트의 번역(1922)보다 앞서며, 현재 초기의 주류 정신분석학적 사고로 여겨지는 것과는 매우 다르다. 1880~1890년까지 프랑스 정신분석학자들은 성이나 섹슈얼리티를 심리적 삶의 구조에서 근본 요소로 간주하지 않았고, 무의식을 주체성 분석의 출발점으로 삼지도 않았다. 오히려 이들은 병리학적인 행동의 원인 혹은 앙리 베르그송이 직관적인 '생의 약동'으로 명명한 무의식을 정

신의 구성 요소 중 하나로 여겼다. 또는 구스타브 르 봉이 말한 바, 군중 행위와 민족 '심리', 인종적 '특성'과 같은 집단적인 현상을 설명해 주는 '비가시적인 원인' 혹은 '잠재적인 힘'으로 파악되었다. Elizabeth Roudinesco, *Histoire de la Psychanalyse en France*, vol.1 : 1885-1939(Paris : Seuil,1986) ; Rosi Braidotti, *Patterns of Dissonance*(New York : Routledge, 1991) ; and Henri F. Ellenberger, *The Discovery of the Unconscious : The History and Evolution of Dynamic Psychiatry*(New York : Basic Books, 1970)와 Jan Goldstein, *Console and Classify : The French Psychiatric Profession in the Nineteenth Century*(Cambridge : Cambridge University Press, 1987)와 같은 책을 참조하라.

12 Gustave Le Bon, *The Crowd : A Study of the Popular Mind*(New York : Viking Press, 1960), pp.6-7.

13 세균에 대한 비유는 르 봉이 자주 차용했다. 같은 책, pp.18, 28, 126.

14 "Certains ensembles de conditions déterminant les acts de la conscience sans âtre nécessairement connus de celle-ci" ; Henri Bergson, "L'inconscient"(1909), in Bergson, *Mélanges*(Paris : Presses Universitaires de France, 1972), p.807. 베르그송에 대해서는 질 들뢰즈Gilles Deleuze의《베르그송주의Bergsonism》를 보라. trans. Hugh Tomlinson and Barbara Habberjam(New York : Zone Books, 1991) ; and Martin Jay, *Downcast Eyes : The Denigration of Vision in Twentieth-Century French Thought*(Berkeley : University of California Press, 1993).

15 "Tout ce qui peut apparaître dans un état conscient quand intervient cet instrument groississant qu'on appelle l'attention, pourvu qu'on étende beaucoup le sens de ce dernier mot et qu'il s'agisse d'une attention élargie, intensifiée, qu'aucun de nous ne possède jamais tout entière" ; Bergson, "L'inconscient," p.809.

16 Le Bon, *The Crowd*, p.42.

17 Ibid., pp.102-103.

18 한 예로 Robert A. Nye, *The Origins of Crowd Psychology : Gustave Le Bon and the Crisis of Mass Democracy in the Third Republic*(Beverly Hills : Sage, 1975) ; and Susanna Barrows, *Distorting Mirrors : Visions of the Crowd in Late Nineteenth-Century France*(New Haven : Yale University Press, 1981)와 Ruth Harris, *Murders and Madness : Medicine, Law, and Society in the Fin de Siècle*(Oxford : Clarendon Press, 1989) ; and Robert Nye, *Crime, Madness, and Politics in Modern France : The Medical Concept of National Decline*(Princeton : Princeton University Press, 1984)를 들 수 있다.

19 르 봉Le Bon,《군중The Crowd》, p.6. 르 봉은 언어가 너무 변덕스러워서 "언어, 특히 사어의 완벽한 번역은 거의 불가능하다. … 우리는 현대 생활이 우리의 지식에 부여한 그대로의 이미지와 관념을 완전히 다른 관념과 이미지에 덧씌운다. 예전의 삶이 생존 조건에 순응해 종족의 정신에 새겨 놓은 이미지와 관념은 현재 우리의 것과는 어떠한 유사점도 없다."고 했다. ibid., p.104.

20 Ibid., pp.106-107.

21 Ibid., pp.36-37.

22 Ibid., p.50.

23 Ibid., p.39. 20세기 전환기의 여성혐오증에 대해서는 Annelise Maugue, *L'identité masculine en crise : Au tournant du siècle, 1871-1914*(Paris : Editions Rivages, 1987)를 검토하라.

24 Le Bon, *The Crowd*, p.185.

25 Grogin, *The Bergsonian Controversy*, pp.175-176.

26 이것은 위의 책, 30쪽을 보라. 이 모든 것은 니체적인 특징을 띠고 있다 "당신이 보아 왔듯이, 의식은 실제로 개인의 실존에 속하는 것이 아니라 오히려 인간의 사회적이고 대중적인 본질에 속한다고 나는 생각한다. … 원래 우리의 행동은 개성적이고, 고유하며, 무한한 개인과 양립할 수 없는 것이다. 이것은 의심의 여지가 없다. 그러나 우리가 우리의 행동을 의식으로 번역하자마자, 이것은 더 이상 그렇게 간주되지 않는다. Friedrich Nietzsche, *The Gay Science, as cited in Kateb, The inner Ocean*, p.235.

27 "Nous allons voir que les contradictions inhérentes aux problèmes de la causalité, de la liberté, de la personnalité en un mot, n'ont pas d'autre origine, et qu'il suffit, pour les écarter, de substituer le moi réel, le moi concret, à sa représentation symbolique" ; Henri Bergson, "Essai sur les données immédiates de la conscience"(1888), in *Oeuvres*(Paris : Presses Universitaires de France, 1970), p.92.

28 "Une psychologie qui fait une plate si large et si belle à la sensibilité" ; Bergson, "Les deux sources do la morale"(1932), in *Oeuvres*, p.1012.

29 "Moins capable d'emotion. Il s'agit, bien entendu, de la sensibilité profonde, et non pas de l'agitation en surface" ; ibid. 모라스와 방다에 대한 반박은 그로긴Grogin의 《베르그송 학파의 쟁점들The Bergsonian Controversy》, pp.181, 187에서 재인용했다. 방다는 베르그송이 철학자가 아니라 문학자였을 뿐이라고 주장했다. 그의 문체는 삶을 축복하고, 느낌을 관념보다, 여성을 남성보다, 음악을 조각보다 우위에 두고 있다는 점에서 여성적이다. 모라스는 베르그송의 여성성을 그의 낭만주의와 그가 "충동의 형이상학"을 간직한 유대인이라는 사실과 연관시켜 다루고 있다.

30 Bergson, "Essai sur lea donnés immédiates," in *Oeuvres*, p.109.

31 Le Bon, *The Crowd*, p.106.

32 Madeleine Pelletier, *L'éducation féministe des filles*(Paris, 1914), p.11.

33 민주주의의 성차 문제는 에티엔 발리바르Etienne Balibar의 《대중, 계급, 관념 : 마르크스 이전과 이후의 정치와 철학에 대한 연구Masses, Classes, Ideas : Studies on Politics and Philosophy before and after Marx》에 실린 "인간과 시민의 권리Rights of Man and Rights of Citizens"를 보라. trans. James Swenson(New York and London : Routledge, 1994), p.55.

34 Madeleine Pelletier, *Philosophie sociale : Les opinion, les parties, les classes*(Paris, 1912), pp.1-3.

35 Pelletier, "Mémoire," p.46.

36 "Il faut étre des hommes socialement" ; ibid., p.18.

37 "Une loi mystérieuse ; un arrangement particulier du tissus osseux qui aurait avec le sexe des rapports aussi étranges qu'inconnus … Si la femme a un crâne plus lourd que son fémur ce n'est pas en tant que femme ; mais en tant qu'être plus grêle et dont le tissu musculaire et osseux est moins développé que celui de l'homme" ; Madeleine

Pelletier, "Recherches sur les indices pondéraux du crâne et des principaux os longs d'une série de squelettes japonais," *Bulletins et mémoires de la Société d'anthropologie de Paris*, 5th ser., 1, no.1(1900), p.519.

38 Ibid., p.523.

39 "Cette sorte de chimie mentale dont les réactions sont encore inconnues" ; ibid., p.524.

40 Pelletier, *L'éducation féministe*, p.64 ; and *La femme en lutte*, p.41.

41 "Le fossé profond qui sépare psychologiquement les sexes est avant tout l'oeuvre de la sociéte" ; Madeleine Pelletier, *L'amour et la maternité*(Paris, 1923), p.9.

42 "L'observation des petits enfants dans leurs jeux, montre qu'au début de la vie, la mentalité est la même dans l'un et l'autre sexe ; c'est la mère qui commence à créer le sexe psychologique et le sexe psychologique féminin est inférieur" ; Pelletier, *L'éducation féminste*, p.11.

43 Pelletier, "Les femmes et le féminisme," p.44 ; *La femme en lutte*, p.32. 이 주제에 관한 최근 논의는 주디스 버틀러Judith Butler의 《의미를 체현하는 육체Bodies That Matter》 (New York and London : Routledge, 1993), pp.1-2를 보라.

44 "A la longue, et sous l'influence des individualités d'élite, des évolutions sociales s'effectuent" ; Pelletier, *L'éducation féministe*, p.64.

45 "Outre les services qu'il peut prendre en cas de danger, le revolver a un pouvoir psychodynamogène, ce fait seul de le sentir sur soi rend plus hardi" ; Madeleine Pelletier, *L'émancipation sexuelle de la femme*(Paris, 1926), p.9.

46 Shari Benstock, *Women of the Left Bank*, Paris 1900-1940(Austin : University of Texas Press, B 986), p.48.

47 Pelletier, *La femme en lutte*, p.38.

48 펠티에가 아리아 리에게 1911년 11월 2일 보낸 편지는 고든Gordon의 《페미니스트 전집The Integral Feminist》, p.173을 보라. 펠티에는 이 편지에 "구원자 페미니스트 펠티에 의학박사, 순수한 독신녀Sault féministe, Dr. Pelletier, vierge incorruptible"라고 서명했다.

49 Pelletier, "Mémoire," p.35.

50 펠티에가 1911년 2월에 아리아 리에게 보낸 편지는 고든의 《페미니스트 전집The Integral Feminist》, p.18에서 인용했다. 1933년 소설 《독신여성La femme vierge》에서 펠티에는 또한 여성의 베일을 남성에 대한 복종의 상징으로 비판했다. 프랑스의 역사에서 베일에 대한 설명은 Marni Kessler의 "Women's Surveillance : Strategies of Effacement in Late NineteenthCentury French Avant-Garde Painting"(Ph.D. diss. in progress, Yale University)을 참조하라.

51 Jacques Lacan, "The Meaning of the Phallus," in Juliet Mitchell and Jacqueline Rose, *Feminine Sexuality : Jacques Lacan and the école freudienne*(New York : Pantheon Books, 1982), p.82.

52 Lacan, cited in ibid., p.84. 또한 Drucilla Cornell, *Beyond Accommodation : Ethical Feminism, Deconstruction, and the Law*(New York and London : Routledge, 1991), 특히 p.53 ;

Elizabeth Grosz, *Jacques Lacan : A Feminist Instruction*(London and New York : Routledge, 1990) ; Jane Gallop, "Reading the Phallus," in her *Reading Lacan*(Ithaca : Cornell University Press, 1985), pp.133-156 ; and Rose and Mitchell's introduction to *feminine Sexuality*에서 참조했다.

53 Pelletier, *L'éducation féministe*, p.10 ; *La femme en lutte*, p.31 ; "Mémoire," pp.9, 35, 38. 또한 Benstock, *Women of the Left Bank*, p.48 ; and Mary Louise Roberts, "Sampson and Delilah Revisited : The Politics of Women's Fashion in 1920s France," *American Historical Review* 98, no.3(June 1993), pp.657-684.

54 "Ce sont les porteurs de cheveux courts and de faux cols qui ont toute les libertés, tous les pouvoirs, eh bien! Je porte moi aussi cheveux courts et faux cols à la face des sots et des méchants, bravant les injustices du voyou de la rue, et de la femme esclave en tablier de cuisine" ; Pelletier, "Les demi-émancipées," La Suffragiste, January 1912, Christine Bard, "La virilisation des femmes et l'égalité des sexes," in Bard, *Madeleine Pelletier*, p.92에서 인용했다. 평등과 남성적 관습의 일체성은 Laure-Paul Flobert, *La femme et le costume masculin*(Lille, 1911), p.3 : Breeches "représentait l'autorité, la culotte étant le privilège de l'homme, c'est-à-dire du maître."에 언급되어 있다.

펠티에는 의복 문제를 분명하게 의식하고 있었다. 개인에게 부과되는 사회의 압력을 논할 때, 그녀는 의복을 하나의 사례로 인용했다. : "La moindre originalité de couleur, de formes dans nos vêtements, la façon de nos cheveux, nos gestes, notre allure générale arme les mille bras de la société. Qu'est-ce que le mois de prison infligé au voleur en comparaison des injures, des sarcasmes que devrait endurer l'homme qui par example aurait la fantasie de s'habiller d'une robe de soie jaune et de se promener ainsi sur les boulevards parisiens, que dis-je les sarcasmes, la force armée interviendrait pour l'emprisonner pendant un temps indéterminée dans un asile d'aliénés?" A.M. Pelletier, *L'individualisme*(Paris, 1919), p.82.

55 "Les demi-émancipées," 고든Cordon의《페미니스트 전집The Integral Feminist》, p.155 에서 인용했다.

56 Madeteine Pelletier, "Du costume," *La Suffragiste*, July 1919.

57 Bard, "La virilisation," pp.96-97. 또한 Sowerwine and Maignien, *Madeleine Pelletier*, p.122를 보라.

58 M. Pelletier, "War Diary," 고든Gordon의《페미니스트 전집The Integral Feminist》, p.142에서 인용했다.

59 Gordon, *The Integral Feminist*, pp.154-155 ; Claude Maignien, "L'expérience communiste ou la foi en l'avenir radicaux," in Bard, *Madeleine Pelletier*, p.160 ; and Sowerwine and Maignien, *Madeleine Pelletier*, pp.156-157.

60 통과에 대해서는 버틀러Butler의《의미를 체현하는 육체Bodies That Matter》, pp.167-186을 참조하라.

61 "A force de jouer le personnage que l'on veut paraître, on finit par l'être un peu en réalité" ; Pelletier, *Philosophie sociale*, p.112.

62　펠티에가 1911년 2월에 아리아 리에게 보낸 편지는 Sowerwine, "Madeleine Pelletier : Making It in a Man's World," p.25에서 인용했다.

63　고든Gordon의 《페미니스트 전집The Integral Feminist》, p.122에서 인용했다.

64　Pelletier, "Mémoire," p.38.

65　Jane Gallop, *The Daughter's Seduction : Feminism and Psychoanalysis*(Ithaca : Cornell University Press, 1982), p.120.

66　Pelletier, "Mémoire," p.38.

67　펠티에가 1911년 2월에 아리아 리에게 보낸 편지는 Sowerwine, "Madeleine Pelletier : Making It in a Man's World," p.25에서 인용했다.

68　1916년 경찰 보고서는 고든Gordon의 《페미니스트 전집》 p.122에서 인용했다. 레즈비언의 도시 파리에 대해서는 Benstock, *Women of the Left Bank*를 참조하라.

69　"Je n'ai pas voulu faire l'éducation de mon sens génital ; un tel choix n'est que la conséquence de la situation injuste faite à la femme" ; Marie-Victoire Louis. "Sexualité et prostitution," in Bard, *Madeleine Pelletier*, p.117에서 인용했다.

70　"Certes, je considère que la femme est libre de son corps, mais ces affaires de bas ventres me dégoutent profondément : moi, aussi, je suis vierge" ; 위의 책, p.113에서 인용했다.

71　Monique Wittig, "One Is Not Born a Woman," *Feminist Issues* 1, no.2(Winter 1981), 53.

72　Benstock, *Women of the Left Bank*를 보라.

73　Madeleine Pelletier, *Une vie nouvelle*(Paris, 1932), p.206. 그녀의 동성애관은 P. Vigré d'Octon의 *La vie et l'amour : Les doctrines freudiennes et la psychoanalyse*(Paris : Editions de l'Idée Libre, 1934), pp.71-72에 실린 논의를 참조하라. 이 시기 동성애를 둘러싼 관념의 변천에 대해서는 Anthony Copley의 *Sexual Moralities in France, 1780-1980 : New Ideas on the Family, Divorce, and Homosexuality*(London and New York : Routledge, 1989)를 보라.

74　Pelletier, *L'émancipation sexuelle*, pp.20-22.

75　Pelletier, *Une vie nouvelle*, p.60.

76　"La femme désire : l'instinct sexuel parle aussi en elle" ; Pelletier, *L'émancipation sexuelle*, p.39. In *L'amour et la maternité*, Pelletier wrote(p.11) : "Dans un roman récent, 'La Garçonne,' Virtor Margueritte a présenté une femme qui fait ce que fait un garçon et prétend être quand mâme honnâte ; le livre, bien que timide, a fait scandale. Le public, qui admet la prostitution, ne reconnaît pas à la femme le droit de se conduire comme se conduisent tous les hommes." 남자아이에 대해서는 Mary Louise Roberts의 *Civilization without Sexes : Reconstruction Gender in Postwar France, 1917-1927*(Chirago : University of Chirago Press, 1994), pp.46-62를 보라. 또한 Ann Marie Sohn, "La garçonne face à l'opinion publique : Type littéraire ou type social des années 20?" *Le mouvement social* 80(1972)를 참조하라.

77　Madeleine Pelletier, *Le droit au travail pour la femme*(1931), in Claude Maignien, ed., *Madeleine Pelletier : l'éducation féministe des filles*(Paris : Editions Syros, 1978), p.161.

78 "La femme affranchie ne se sent pas diminuée par une initiation sexuelle qu'elle a voulue ⋯ L'acte sexuel n'est pas le don de la personne. C'est la réunion éphémère de deux âtres de sexe différent ; son but est le plaisir" ; Pelletier, *L'amour et la maternité*, p.11. 또한 Pelletier, *Le célibat : Etat supérieur*,(n.d., probably 1908), p.6을 보라.

79 "Plus do cohabitation et c'en sera fini des haines familiales si bien décrites par freud" ; Pelletier, *Le célibat*, p.6.

80 "L'individualisme aura fait comprendre que chacun n'étant qu'à lui ne se donne à personne" : Pelletier, *L'individualisme*, p.74.

81 Pelletier, *La femme en lutte*, p.37.

82 "Avant tout, c'est l'individu qui est sacré ⋯ il a le droit absolu de vivre à sa guise, de procréer ou de ne pas procréer. En voulant, dans un intérît national, mettre un frein aux libertés individuelles, on fait toujours plus de mal que de bien" ; Pelletier, *L'émancipation sexuelle*, p.59.

83 "L'enfant qui est né est un individu, mais le foetus au sein de l'utérus n'en est pas un ; il fait partie du corps de la mère" ; Madeleine Pelletier, *Le droit à l'avortement*, in Maignien, *Madeleine Pelletier*, p.137.

84 Pelletier, *L'émancipation sexuelle*, p.57.

85 "La sexualité est une fonction naturelle, mais ce n'est pas une fonction noble" ; Pelletier, *L'amour et la maternité*, p.13. 그녀가 Vigné d'Octon에 끼친 영향력은 *La vie et l'amour*(p.70) : sex "est l'expression d'un besoin ⋯ comme le besoin de manger et de respirer"를 참조하라.

86 "La gamme des joies animales est vite parcourue ⋯ Mais la vie de l'intellectuel est infiniment plus variée" ; Pelletier, *L'individualisme*, p.104.

87 "Au lieu d'être la femelle penchée sur sa couvée, comme une mère poule, la femme sera un être pensant, artisan independant de son bonheur" ; Madeleine Pelletier, *La rationalisation sexuelle*(Paris, 1935), p.72.

88 Pelletier, *L'éducation féministe*, p.114. 또한 펠티에의 《사랑과 모성 L'amour et la maternité》, p.10을 보라.

89 Madeleine Pelletier, *La femme vierge : Roman*(Paris, 1933), p.16.

90 "Certes, elle n'était pas sans sexe ; elle aussi éprouvait des désirs, mais elle avait dû les refouler pour être libre, elle ne le regrettait pas ⋯ Elle, Marie, avait remplacé l'amour par la vie cérébrale, mais combien peu sont capables de le faire. Plus tard la ffmme pourra s'affranchir sans renoncer 3 l'amour. IL no sera plus pour elle une chose vile ⋯ La femme pourra, sans être diminuée, vivre sa vie sexuelle" ; ibid., p.241.

91 "La dépopulation, loin d'être un mal, est un bien essentiel, corollaire de l'évolution générale des êtres, elle est l'expression de la victoire de l'individu sur l'espèce" ; Pelletier, *L'émancipation sexuelle*, p.60.

92 "Tous les individus étaient semblables et il n'y avait pas de sexe. La reproduction se faisait par des oeufs que les individus allaient prendre dans un établissement special

maintenu à une température élevée" ; Pelletier, *Une vie nouvelle*, p.188.

93 Pelletier, *L'amour et la maternité*, p.21.

94 "Je suis et je suis seul ··· Avant la réflexion, je me croyais rattaché aux hommes et aux choses par toutes sortes de fils ··· A la réflexion, j'ai compris que tous res liens sont illusoires et que je suis bien seul, la seule réalité" ; Pelletier, *L'individualisme*, pp.4-95.

95 "Je suis seul et tout m'est extérieur" ; ibid., p.95.

96 "L'individualisme est en contradiction avec la démocratie telle que le vulgaire la comprend" : ibid., p.116.

97 "Devoir, dévouement, sacrifice, je ne vous connais pas, vous êtes des mots et je sais qu'avec ces mots on ne veut que me tromper" ; ibid., p.94.

98 Pelletier, "Les femmes et le féminisme," p.41 ; *Philosophie sociale*, pp.143 and 146 ; *L'éducation féministe*, p.64 ; *Mon voyage aventureux en Russie communiste*(1922), 고든Gordon의 《페미니스트 전집The Integral Feminist》 p.163에서 인용했다.

99 "La nuit les bandes d'hommes ivres parcouraient les rues en exhibant leurs organes et en hurlant des propos obscènes" ; Pelletier, *Une vie nouvelle*, p.37.

100 Ibid., p.201.

101 "La masse se désinteressait des affaires publiques" ; ibid., p.178.

102 Pelletier, "Mémoire," p.6. 그녀와 무정부주의와의 연관성에 대해서는 고든Gordon 의《페미니스트 전집 The Integral Feminist》, p.21을 참조하라.

103 Pelletier, "Mémoire," p.43.

104 "Ma conception de la maçonnerie serait ainsi celle d'une oligarchie éclairée assez forte pour obliger le gouvernement à compter aver elle, et qui n'aurait pas les défauts des autres oligarchies puisque ses rangs seraient ouverts à toutes les intelligences" ; M. Pelletier, "L'idéal maçonnique"(1904), Sowerwine and Maignien, *Madeleine Pelletier*, pp.56-57에서 인용했다.

105 "Dans un groupement politique qui ne parle pas n'existe pas" ; Pelletier, *La femme en lutte*, pp.65-66.

106 Ibid., p.72.

107 Ibid., p.156.

108 Ibid., p.152. "Je suis taillée pour la lutte politique," 그녀는 1913년에 아리아 리에 게 이렇게 썼다 ; "사람들은 나를 여성이라는 이유로 거부한다on me refuse parce que femme" ; Sowerwine and Maignien, *Madeleine Pelletier*, p.91에서 인용했다.

109 Pelletier, "Mémoire," p.43.

110 M. Pelletier, "Ma candidature à la députation"(1910), 고든Gordon의 《페미니스트 전집The Integral Femimist》, p.126에서 인용했다.

111 Maignien, "L'expérience communiste," p.164.

112 프랑스의 신멜서스주의의 역사에 대해서는 Francis Ronsin, *La grève des ventres : Propagande neo-Malthusienne et baisse de la natalité française XIX-XXe siècles*(Paris : Aubier Montagne, 1980) ; Angus McLaren, "Abortion in France : Women and the Regulation

of Family Size 1800-1914," *French Historical studies* 10(Spring 1978), pp.461-485. 20
세기 초 출산촉진정책에 대해서는 Roberts, *Civilization without Sexes*, pp.93-147 ; and
Joshua H. Cole, "'There Are Only Good Mothers' : The Ideological Work of Women's
Fertility in Late Nineteenth-Century France," *French Historical studies* 20(Spring 1996)을
참조할 수 있다.

113 Angus McLaren, "Sex and Socialism : The Opposition of the French Left to Birth
Control in the Nineteenth Century," *Journal of the History of Ideas* 27(1976), pp.475-492 ;
André Armengaud, "Mouvement ouvrier et néomalthusianisme au début de XXe siècle,"
Annales de démographie historique, 1966, pp.7-19 ; Léon Gani, "Jules Guesde, Paul Lafargue
et les problèmes de la population," *population* 34, nos. 4-5(July-October 1979),
pp.1023-43 ; Alfred Sauvy, "Les Marxistes et le malthusianisme," *Cahiers internationaux de
sociologie* 41(July-December 1966), 1-14. 펠티에는 다음과 같이 논하고 있다 : "나는 종
종 통합사회당PSU(Parti Socialiste Unifié)이 어째서 신멜서스주의의 주장에 적대적인
지 궁금하다. 결국 폴 로빈Paul Robin은 신멜서스주의를 순수한 사회조직체로 만들었
다. 한 개혁가로서 그는 프롤레타리아가 출산을 현명하게 제한하여 노동 강도를 줄임
으로써 노동자의 몸을 증진시키기를 원했다. … 이렇게 이해하면, 신멜서스주의는 어
떤 의미에서 사회주의와 구분된다. … 그러나 자발적인 출산 통제는 사회 이론과 반
드시 연관되지는 않는다. 하지만 미래 사회를 염두에 둔다면, 현재 노동계급 가족이 6
명의 아이보다 2명의 아이를 먹여 살리는 일이 훨씬 쉬우리라는 점은 분명하다. 고든
Gordon의《페미니스트 전집The Integral Feminist》, p.137에서 인용했다.

114 Cornell, Beyond Accommodation, pp.9, 13.

115 Pelletier, *L'amour et la maternité*, p.6.

116 고든은《페미니스트 전집The Integral Feminist》, p.261, n.8에서 납득할 만한 증거를
대고 있다. 또한 Léonor Penalva, "Madeleine Pelletier : Une approche Psychanalytique,"
in Bard, *Madeleine Pelletier*, pp.141-144를 보라.

117 고든Gordon의《페미니스트 전집 The Integral Feminist》, p.48에서 인용했다.

118 Ibid., p.219.

119 Ibid., p.228.

120 Ibid., p.230.

121 "Tout le groupe est là … et même une partie des groupes de H. Auclert et de Mme
Oddo. On me félicite. C'est la première fois que le féminisme comparait devant les
tribunaux. On me souhaite bon courage" ; Pelletier, "Mémoire", pp.25-26.

122 펠티에는 투표권의 중요성을 "회고록Mémoire"의 마지막 페이지에서 서술하고 있
다. 빨간 가죽 장정의 책으로 앞면에는 손으로 그린 그녀의 초상화가 새겨져 있고, "의
학박사 펠티에 : 한 페미니스트의 기록"이라는 제목이 붙어 있다. 그녀는 한 명의 "애
국자"라는 지위를 거부했는데, 이는 남성이 전쟁에 징집되면(1914년에), 여성도 이 일
을 똑같이 행할 수 있도록 허용되어야 한다고 생각했기 때문이다. p.47.

123 Pelletier, *La femme vierge*, p.95.

124 "Je puis dire que j'ai toujours été féministe ; du moins depuis que j'eu l'âge de

comprendre" ; Pelletier, "Mémoire," p.1.

125 "D'ailleurs je reste féministe. Je le resterai jusqu'à ma mort" ; ibid., p.46.

126 "La valeur sociale de la mère et de la ménagère, vertus féminines et vices masculins" ; ibid., p.16.

127 "Nous voulons l'égalité, voilà tout-le droit do vote" ; ibid.

128 "Une jeune avocate me dit 'conduisez-nous à la virtoire!' Je sens mon coeur qui bat très fort. Pendant une minute, ma parole, j'ai cru que c'était arrivé! Mais cela n'arrivera pas si tôt" ; ibid., p.16.

129 "Evidemment, la présidente était sympathique, mais le féminisme, au travers de l'esprit un peu confus de la vieille militante, lui appraissent comme quelque chose de très faible, et elle l'aurait voulu si fort!" Pelletier, *La femme vierge*, p.99.

130 펠티에는 종종 잔 다르크를 이용했는데, 그 이유는 잔 다르크의 처녀성이 그녀의 성을 초월하게 해 주었다는 것이었다. 펠티에는 리에게 "의학박사 펠티에, 오를레앙의 해방자Docteur Pelletier, capable de délivrer Orléans"라고 쓴 편지를 1911년에 보냈다. 자신을 이렇게 지칭한 것은 비단 이 편지만이 아니다. ; Louis, "Sexualité et prostitution," p.118.

131 "On pouvait rouler Paris, on ne trouverait pas une autre Marie" ; Pelletier, *La femme vierge*, p.110.

132 Ibid., pp.126, 151.

133 "C'est Marie, je ne suis pas morte, personne ne meurt. Je vois le monde nouveau qui s'avance. Travaillez, travaillez, marchez vers la lumière par dessus les tombeaux, le monde nouveau s'avance" ; ibid., p.253.

06_평등이냐 차이냐

1 Maurice Durverger, *Manuel de droit constitutionel et de science politique*(Paris : Presser Universitaires de France, 1948), p.304.

2 Steven C. Hause with Anne R. Kennel, *Women's Suffrage and Social Politics in the French Third Republic*(Princeton : Princeton University Press, 1984) ; Pierre Rosanvallon, *Le sacre du citoyen : Histoire du suffrage universel en France*(Paris : Gallimard,1992), pp.393-412 ; Laurence Klejman and Florence Rochefort, *L'égalitéen marche : Le féminisme sous La Troisième République*(Paris : Editions des femmes, 1989). pp.261-301.

3 제4공화국 헌법 조문은 David Thomson, *Democracy in France : The Third and fourth Republics*, 3rd ed.(London and New York : Oxford University Press, 1958), pp.273-291에 번역되어 있다. Peter Campbell, *French Erectoral Systems and Elections since 1789*(London : Faber and Faber, 1958), pp.102-113도 참고하면 좋다.

4 Hause with Kenney, *Women's Suffrage in the Third Republic*, p.251.에서 인용했다. 투표권 논

의 과정에서 드골의 역할에 대해서는 Albert du Roy and Nicole du Roy, *Citoyennes! Il y a cinquante ans, le vote des femmes*(Paris : Flammarion, 1994)에 잘 나와 있다.

5 "L'accession mondiale des femmes àun statu civil identique àcelui des hommes est sans doute le plus grand phénomène collectif de la première moitiéde ce siècle. Nous n'en connaissons pas encore toutes les conséquences, mais il me Plaît d'y avoir eu ma part" ; Louise Weiss, *Mémoires d'une Européene*, vol.3 : *Combats pour les femmes 1934-39*(Paris : Albin Michel, 1980), p.268.

6 Thomson, *Democracy in France*, p.232.

7 Durverger, *Manuel de droit*, p.304. 사실 1944년 이후의 선거에 이러한 결정적인 '젠더 간의 차이'는 없었던 것으로 보인다. 이를 측정할 수 있는 명쾌한 방법도 없다. 투표함 두 개를 놓고 하나에는 여성이, 다른 하나에는 남성이 투표하게 해 보자는 사회학자 뒤르베르제Durverger의 제안은 받아들여지지 않았다. 그렇게 했다면 아이러니한 일이 되었을 것이다. 1930년대에 파리에서는 투표권이 없는 현실에 항의하는 표시로 페미니스트들이 여성들의 비합법적인 표를 모으려고 성별이 구분된 투표함들을 투표장 바깥에 놓아 두었기 때문이다. 여성들이 투표했던 방식에 대해서는 Maurice Durverger, *La participation des femmes àla vie politique*(Paris : UNESCO, 1955)와 Janine Mossuz -Lavan, "Le vote des femmes en France(1945-1993)," *Revue française de science politique* 43, no.4(August 1993), pp.673-689를 참고할 수 있다.

8 Félix de Grand' Combe(Felix Francois Boillot), *The Three Years of Fighting France, June 1940-June 1943*(London : Wells, Gardner, & Darton, 1943), p.83.

9 "Les Français n'ont qu'une seule patrie … La France est et restera une et indivisible" ; Charles de Gaulle, *Discours et messages du Général de Gaulle(18 juin 1940-31 décembre 1941)*, 2 vols.(London : Oxford University Press, 1942), vol.2, p.83. 임시정부에 관해서는 Gordon Wright, *The Reshaping of French Democracy*(New York : Fertig, 1970)과 Grand' Combe, *The Three Years of Fighting France*.를 참조하라.

10 식민지인들에게까지 단결이라는 수사학적 제스처를 보여 주려고 한 시도들이 또 있다. 드골의 연설들은 식민지인을 민족-국가the nation 안에 포함시키는 데에 중점을 두었다(*Discours et messages*의 여러 부분에서 드러난다). 1946년 헌법은 "프랑스는 인종 또는 종교적 차별이 없는 권리와 의무의 평등에 기반하여, 해외 영토의 인민들과 함께 연합체를 형성한다."고 규정하였다(Thomson, *Democracy in France*, p.275). 보편주의에 입각한 제4공화국의 이런 면은 여성참정권과 식민지 해방의 관계처럼, 별도의 연구를 해야 한다. 식민지인의 시민권에 대해서는 Rogers Brubaker, *Citizenship and Nationhood in France and Germany*(Cambridge, Mass. : Harvard University Press, 1992) ; and Etienne Balibar, "Propositions sur la citoyenneté," in Catherine Wihtol de Wenden, ed., *La citoyennetéet les changements de structures sociales et nationales de la population Française*(Paris : Fondation Diderot, 1988), pp.221-234. 등을 참고하라.

11 바이스를 전기적으로 연구하려면 6권 분량의 그녀의 회고록을 비롯한 아래의 글들을 살펴볼 수 있다. *Mémoires d'une Européene*, Michael Bess, *Realism, Utopia, and Mushroom Cloud : Four Activist Intellectuals and Their Strategies for Peace, 1945-89*(Chicago : University of Chicago

Press, 1993) ; Nicole Zand, "La mort de Louise Weiss," *Le Monde*, May 28, 1983, pp.1 and 9.

12 "Sans le dur combat que j'avais mené, les Françaises auraient-elles, àce moment -là, obtenu leurs droits politiques? Oui, incontestablement, grâce à la conjoncture internationale" ; Weiss, *Combats pour les femmes*, p.268.

13 "Sans ce combat, la décision du général de Gaulle eut étéle fait du Prince au lieu de répondre àune aspiration. Une comparaison s'impose. Imaginons le débarquement des Anglo-Américans en Normandie sans maquisards pour se porter àleur rencontre. La France eut étélibérée quand même, toutefois l'événement au lieu de demeurer une victorie stratégique, prit immédiatement figure exemplaire" ; ibid.

14 공화국을 일구거나 보호하려고 투쟁한다는 개념은 첫 번째 프랑스혁명기로 거슬러 올라가며, 중요한 공화주의적 담론으로 지속된다. 여기에서 바이스가 내세운 어떤 고결한 대의를 완수한다는 것은 그런 투쟁을 의미한다.

15 펠티에와 바이스는 한 번 이상 스쳐간 적이 있다. 둘 다 1921년 러시아에 있었으며, 1936년 6월에 세 여성이 레옹 블룸의 인민전선 내각에 교육, 보건, 과학조사부 차관으로서 거명된 것이 참정권에 어떤 의미를 갖는지를 토론하려고 포부르의 클럽에서 열린 행사에 참석하였다. Charles Sowerwine and Claude Maignien, *Madeleine Pelletier : Une féministe dans l'arène politique*(Paris : Les Editions Ouvrières, 1992), p.201. 여성 차관들에 대해서는 Julian Jackson, *The Popular Front in France : Defending Democracy, 1934-38*(Cambridge : Cambridge University Press, 1988), p.151을 참고하라. 바이스는 페미니즘의 주장들을 매수하려는 시도라고 보았기 때문에 차관직을 거절했다고 말한다. 그리고 그 자리를 받아들인 여성들(특히 이전에 페미니스트였던 Cécile Brunschweig)이 보여 준 소심함에 경악하였다. 바이스는 회고록 한 장의 제목을 "세 마리 제비가 여름을 몰고 올 수는 없다Three Swallows Do Not Make a Summer"라고 달아 이런 '진전'을 재검토한다. *Weiss, Combats pour les femmes*, pp.123-126.

16 "Avoir quittél'influente Europe Nouvelle pour me consacrer àdes malheureuses priveés de tous droits et donc de toute importance, leur semblait une étrange folie" ; Weiss, *Combats pour les femmes*, p.26.

17 뤼스 이리가레이Luce Irigaray의 표현이다. Margaret Whitford, ed., *The Irigaray Reader*(Oxford : Blackwell, 1991), p.126.

18 Weiss, *Combats pour les femmes*, p.18.

19 "고의적으로" 그리고 전복적으로 "여성적 역할"을 가장하는 문제에 대해서는 Luce Irigaray, "The Power of Discourse and the Subordination of the Feminine," in Whitford, *The Irigaray Reader*, p.124.를 보는 것이 좋다.

20 "Revendiquer nos droits en une période si dramatique semblerait inopportun, insolent, dangereux àdes gens de métier qui commençaient àtrembler pour leur avenir" ; Weiss, *Combats pour les femmes*, p.90.

21 Ibid., p.114.

22 프랑스 국무원the Conseil d'Etat에 대해서는 Thomson, *Democracy in France*, pp.59-60.

를 참조하라.

23 Weiss, *Combats pour les femmes,*, p.92.에서 인용했다.

24 "Le droit de vote supprime le droit de l'insurrection, Madame . . Vous n'aviez donc pas lu Victor Hugo?" "Si, mon cher ministre. Mais, dites-moi, jouis-sons nous de ce droit de vote?" Cited ibid., p.32.

25 Ibid., p.268.

26 피에르 로진발롱Pierre Rosanvallon은 너무 조급하게, 너무 낙천적으로 여성 투표권을 여성들이 자율적 개인성을 성취한 증거로 본다. 책을 통틀어, 그는 사회적 현실이 법적 권리와 대립한다고 보는 시각을 보이며, 개인이라는 개념에 담긴 역사적 변화들을 무시하고 개인이라는 개념 자체가 가진 모순을 경시하고 있다. *Le sacre du citoyen,* "L'avènement de la femme-individu," pp. 393-412.

27 Simone de Beauvoir, *The Second Sex*, trans. and ed. H. M. Parshley(New York : Vintage Books, 1974), p.150.

28 Ibid., pp.xxxiii and 486.

29 Ibid., p.758.

30 Ibid., p.813.

31 드 보부아르와 당대 페미니즘에서 그녀가 차지한 위상에 대해서는 아래의 글들을 참고할 수 있다. Deirdre Bair, *Simone de Beauvoir*(New York : Simon and Schuster, 1990) ; Judith Butler, "Variations on Sex and Gender : Beauvoir, Wittig and Foucault," in Seyla Benhabib and Drucilla Cornell, eds., *Feminism as Critique*(Minneapolis : University of Minnesota Press, 1987), pp.128-142 ; Naomi Srhor, "This Essentialism Which Is Not One : Coming to Grips with Irigaray," *difference 1*(Summer 1989), pp.38-56 ; Margaret Whitford, "Introduction," in The Irigaray Reader, pp.23-25 ; and Claire Duchen, *Feminism in France : From May '68 to Mitterrand*(London : Routledge and Kegan Paul,1986).

32 Beauvoir, *The Second Sex,* p.799.

33 Ibid., pp.806, 809-810.

34 Elisabeth Badinter, *L'un est l'autre*(Paris : Editions O. Jacob, 1986) ; Badinter, *X, Y, de l'identitémasculine*(Paris : Editions O. Jacob, 1992) ; Badinter, *L'amour en plus*(Paris : flammarion, 1980).

35 Luce Irigaray, "Equal to Whom?" trans. Robert L. Mazzola, *differences 1*(Summer 1989), p.70.

36 이 문제에 대해서는 아래의 글들을 보라. Schor, "This Essentialism Which Is Not One ; " Duchen, *Feminism in France Rosi Braidotti, Patterns of Dissonance*(New York : Routledge, 1991) ; and Sandrine Garcia, "Un cas de dispute : Egalitéou différence" (Etude annexe au Diplome d'Etudes Approfondies de Sociologie, Ecole des Hautes Etudes en Science Sociales, n.d.). 나는 뤽 볼탕스키Luc Boltanski에게 감사한다. 그의 세미나에서 접한 가르시아Garcia의 글은 1990년에 있었던 훌륭한 라디오 토론을 전재하여 큰 도움을 주었다. 프랑스 문화 프로그램에서 이루어진 이 토론은 정치철학자 알랭 펭킬크로트Alain Finkielkraut의 사회로 바당테르Badinter와 이리가레이가 벌인 것

이다.

37 Theodore Zeldin, France 1848-1945, vol.1 : Ambition, Love and Politics (Oxford : Oxford University Press, 1973), p.350, n.4.

38 A brief list includes Michel Foucault, *The Archaeology of Knowledge*, trans. A. M. Sheridan Smith(New York : Harper Colophon Books,1976) and *The History of Sexuality*, vol.1 : An Introduction, trans. Robert Hurley(New York : Vintage Books, 1980) ; the special issue of *Cahiers Confrontation* 20(Winter 1989), "Après le sujet, qui vient?" ; Louis Althusser, "Ideology and Ideological State Apparatuses," in *Lenin and Philosophy*, trans. Ben Brewster(New York : Monthly Review Press, 1974) ; Luce Irigaray, *Speculum of the Other Woman*, trans. Gillian C. Gill(Ithaca : Cornell University Press, 1974) ; and Irigaray, This *Sex Is Not One*, trans. Catherine Porter(Ithaca : Cornell University Press, 1975).

페미니즘 위대한 역사

2006년 6월 25일 초판 1쇄 발행
2017년 3월 10일 개정판 1쇄 발행
2024년 9월 10일 개정판 3쇄 발행

지은이 | 조앤 W. 스콧
옮긴이 | 공임순·이화진·최영석
펴낸이 | 노경인·김주영

펴낸곳 | 도서출판 앨피
출판등록 | 2004년 11월 23일
주소 | (01545) 경기도 고양시 덕양구 향동로 218
      (향동동, 현대테라타워DMC) B동 942호
전화 | 02-710-5526 팩스 | 0505-115-0525
블로그 | blog·naver·com/lpbook12
전자우편 | lpbook12@naver·com

ISBN 979-11-87430-10-0 93300